GERSTENBERG VERLAG

50 Klassiker

PROZESSE

Berühmte Rechtsfälle von der Antike bis heute

dargestellt von Marie SAGENSCHNEIDER

unter Mitarbeit von Ulrike Braun

»Im Namen des Volkes …«

Das Volk um ein Urteil zu bitten kann heikel sein. Sokrates erfuhr es am eigenen Leib, als er seine 500 Richter verprellte. Andererseits sicherte ihm der tödliche Schierlingsbecher einen Platz in der Geschichte. Angeblich hatte auch Pontius Pilatus dem Volk die Entscheidung überlassen und nach der klaren Antwort: »Er werde gekreuzigt!« erleichtert konstatiert: »Ich bin unschuldig am Blut des Gerechten.« Kein Wort davon ist wahr. Denn als allmächtiger Statthalter Roms in Judäa hatte Pilatus es nicht nötig, auf Volkes Stimme Rücksicht zu nehmen, und mit unbedeutenden, aber die Ordnung störenden Anführern kleiner Sekten pflegte er kurzen Prozess zu machen. Wie sollte er ahnen, dass seine in wenigen Minuten getroffene Entscheidung das Fundament einer Weltreligion

■ Christus vor Pilatus. Relief vom so genannten Sarkophag der Schlüsselübergabe

schuf? Wer würde Jesus, geschweige denn Pilatus heute kennen, hätte es nie diesen Prozess gegeben? Auch der Steinmetz Amonpanefer, der mehr als tausend Jahre vor Jesu Geburt mit seiner Diebesbande Königsgräber im alten Ägypten plünderte, wäre ohne ein Gerichtsverfahren wohl in Vergessenheit geraten. Was wüssten wir über den letzten Inka-Herrscher Atahualpa, der das wohl höchste Lösegeld der Geschichte zahlte und trotzdem von den spanischen Conquistadores betrogen wurde? Sie alle haben Andy Warhols Maxime »Jeder Mensch kann für Augenblicke Berühmtheit erlangen« weit übertroffen – und das ohne Fernsehen, allein durch einen Prozess.

Natürlich verhält es sich auch umgekehrt. Zahlreiche Gerichtsverfahren erregten nur deshalb Aufsehen, weil man es mit prominenten Angeklagten zu tun hatte. Im Mittelalter war die Inquisition anerkanntes Recht, das, so grausam es uns heute erscheint, damals niemand als außergewöhnlich empfand. Da bedurfte es schon Berühmtheiten, um den Voyeurismus jener Tage zu befriedigen. Was Galileo Galilei und Jan Hus widerfuhr, ist repräsentativ für viele Verfahren, denen sich unbekannte Wissenschaftler und Theologen ausgesetzt sahen. Oder Tausende vermeintlicher und ech-

ter Kommunisten einige Jahrhunderte später vor der modernen Form der Inquisition: dem McCarthy-Ausschuss für »unamerikanische Umtriebe«, dem Robert J. Oppenheimer zum Opfer fiel. Auch 1895 hätte die Presse kaum so viel Wirbel um einen alltäglichen Homosexuellen-Prozess veranstaltet, wenn der Angeklagte nicht zufällig der gefeierte Schriftsteller Oscar Wilde gewesen wäre. Und wen reißt heute noch ein schlichter häuslicher Streit mit Todesfolge vom Hocker? Würde man sich deswegen monatelang vor den Fernseher setzen, um ja kein Detail dieses Verfahrens zu verpassen? Nein, außer der Angeklagte heißt O. J. Simpson und ist ein nationales Sportidol. Dann verfolgen wir alle gebannt, ob er aus seinem Starstatus Kapital schlagen kann, oder ob es ihm vielleicht doch so ergeht wie all den armen Würstchen, die allein, ohne einen kostspieligen Anwalt vor ihrem Richter stehen.

Prozesse sind wie ein Drama, befand schon Friedrich Dürrenmatt. Zuweilen im wahrsten Sinne des Wortes, denkt man an die Moskauer Schauprozesse und die Inszenierungen vor Roland Freislers Volksgerichtshof. Sie ähneln auch deshalb einem Schauspiel, weil die Rollen klar verteilt sind. Die Besetzung besteht mindestens aus einem Richter und einem Angeklagten, im idealen Fall kommen noch Staatsanwalt und Verteidiger hinzu. Und jeder Pro-

■ Galilei vor dem Inquisitionstribunal

■ Die Hinrichtung Ludwigs XVI.

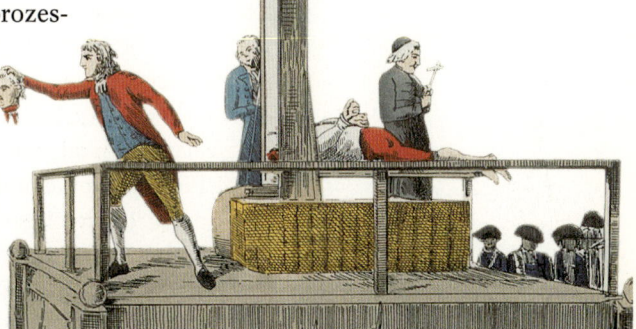

■ Szene mit Djimon Hounsou aus dem Film *Amistad* von Steven Spielberg, 1997

zess erzählt eine spannende Geschichte. Sie handelt von individuellen Schicksalen, Intrigen, Zufällen, den Verhältnissen einer Epoche, und stets fragt man sich bang: Wird am Ende die Gerechtigkeit siegen?

Oft genug fällt das Happy End aus, greift das Publikum zum Taschentuch – oder quittiert die Aufführung mit Buhrufen und Pfiffen. Fehlurteile wie gegen die der Atomspionage verdächtigten Rosenbergs oder gegen die Anarchisten Sacco und Vanzetti führten weltweit zu Protesten. Die Richter und Geschworenen jedoch glaubten, ein korrektes Urteil gefällt zu haben. Selbst das ausgefeilteste Paragraphenwerk schützt nicht vor Justizirrtümern. Recht ist häufig Interpretationssache. Es kann im Sinne des Angeklagten, aber auch zu seinen Ungunsten ausgelegt werden. Entscheidend ist, wer die Spielregeln bestimmt: »Wie wollen Sie ein Land regieren, wenn Sie seine Justiz nicht beherrschen?«, lässt Steven Spielberg in seiner Verfilmung des Amistad-Prozesses den spanischen Gesandten fragen und skizziert damit die Rechtssysteme, wie sie über Jahrhunderte bestanden. Bis das Volk, beziehungsweise dessen Oberschicht, dagegen aufbegehrte. Die Kämpfe, die Karl I. und Ludwig XVI. mit ihren Parlamenten ausfochten, sind Ausdruck dieses Konflikts. Es entbehrt nicht der Ironie, dass beiden ein ungerechter Prozess gemacht werden musste, um der Aufklärung, um mehr sozialer Gerechtigkeit den Weg zu ebnen.

An Prozessen kann man Weltgeschichte ablesen. Und man kann mit ihnen Weltgeschichte schreiben. Denn nicht selten wurden Gerichtsverfahren von den Angeklagten fast absichtlich provoziert, um Fragen der Rassentrennung, des Frauenwahlrechts, der Abstammungslehre in einem öffentlichen Forum zu diskutieren – und gleichzeitig auf den Prüfstand zu stellen. Rosa Parks, Susan B. Anthony, John T. Scopes sind Beispiele dafür. Recht ist eben kein Selbstläufer. Immer wieder begegnen uns einzelne Personen, die sich engagiert um mehr Gerechtigkeit bemüht haben. Der Sklaverei-Gegner Lewis Tappan, der sich für die Amistad-Gefangenen einsetzte, zählt dazu, der Staatsanwalt Fritz Bauer, ohne den das Auschwitz-Verfahren vielleicht nie zustande gekommen wäre, die Richter Giovanni Falcone und Paolo Borsellino, die tapfer der sizilianischen Mafia auf die Pelle rückten. Sie alle haben dazu beigetragen, das humanitäre Gewissen in der Rechtssprechung zu verankern.

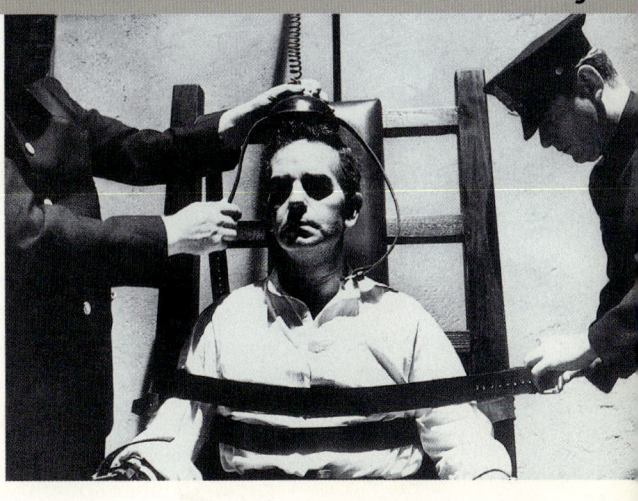

■ Hinrichtugnsszene mit Piccardo Cucciolla als Nicola Sacca in dem Film *Sacco und Vinzetti* von Guilano Montaldo, 1970

Einen Idealzustand wird man sicherlich nie erreichen. Aber es zeichnen sich Fortschritte ab. Das humanitäre Gewissen gewinnt langsam globalen Charakter. Erste Versuche fanden in Nürnberg statt, weitere mit den internationalen Tribunalen für Ex-Jugoslawien und Ruanda. Ihre Rechtmäßigkeit zweifelt inzwischen kaum noch jemand an, einige Kriegsverbrecher stellen sich sogar freiwillig. Künftig sind solche nachträglich geschaffenen Gerichte nicht mehr nötig, denn im April 2002 trat endlich das Statut für einen ständigen internationalen Strafgerichtshof in Kraft. Seine Richter sollen Weltrecht sprechen – im Namen der Völker.

■ Die Ankläger und Richter des UN-Kriegsverbrechertribunals in den Haag

Grabraub im alten Ägypten
Grabräuberprozesse (1150–1080 v. Chr.)

»Wir drangen in die Gräber von Theben-West ein, und wir brachten das Silber und Gold, das wir in den Gräbern fanden, auf die Seite. Wir verkauften es im Hafen von Theben. Es war der Fischer des Bürgermeisters von Theben, der uns übersetzte, und sein Anteil war exakt der gleiche wie unserer.« Geständnis eines Grabräubers, eines Kupferschmieds aus Deir el Medineh, der soeben seine Kumpane verraten hatte.

■ Die Grabstätte Tutanchamuns blieb nahezu unversehrt. Die vollständig erhaltene Totenmaske des ägyptischen Königs der 18. Dynastie (um 1346–1337 v. Chr.) gibt einen Vorstellung davon, welch wertvolle Schätze durch Grabraub andernorts verloren gegangen sind.

Sterben war teuer im alten Ägypten. Denn niemand wagte es, Osiris unvorbereitet gegenüberzutreten. Der Gott der Unterwelt galt als oberste und letzte Instanz, der sich jeder früher oder später zu stellen hatte. Die Ägypter glaubten an ein Leben nach dem Tod – unter einer Voraussetzung: Der Leichnam musste vor dem Verfall bewahrt werden. Bis zu siebzig Tage dauerte das Mumifizierungsritual. In einer komplizierten Prozedur entfernte man die Eingeweide, entzog dem Körper die Feuchtigkeit, behandelte ihn mit Ölen, Harzen sowie wohlriechenden Essenzen und wickelte die Leiche sorgsam in lange Leinenstreifen. Um den Aufenthalt im Jenseits so angenehm wie möglich zu gestalten, ließ der Verstorbene seine Grabkammer mit dem Nötigsten ausstatten: Nahrungsmittel, Gefäße, Möbel, Götterfiguren, Gold- und Silberschmuck. Allein schon die Bestattung eines einfachen Arbeiters kostete vierzig Monatslöhne. Auf heutige Verhältnisse umgerechnet, wären bei einem Einkommen von 2500 Euro immerhin 100 000 Euro fällig. Ein Beamter zahlte sogar hundert Monatslöhne. Unvorstellbare Summen verschlangen die Begräbnisse der Pharaonen. Den innersten der drei Särge Tutanchamuns fertigte man aus hundertzehn Kilogramm reinen Goldes; dafür hätte ein Handwerker dreitausend Jahre arbeiten müssen.

Kaum ein Volk betrieb einen derartigen Totenkult wie die Ägypter. Und doch blieb fast kein Grab eines Herrschers ungestört. Räuber griffen zu, wann immer sich die Gelegenheit bot. Selbst die gewaltigen Steinmassen der Pyramiden,

die im Inneren den Dieb durch laby-
rinthartige, zum Teil tote Gänge oder
Fallen in die Irre führen sollten, erwie-
sen sich als unsicher. In der 18. Dynastie, um 1500 v. Chr., verlegten die
Pharaonen ihre Grabstätten ins the-
banische Westgebirge, versteckten sie
tief im Felsen. Das Tal der Könige entstand. Wer in die Grabkammer Ramses' II. gelangen wollte, musste erst
einen zwölf Meter tiefen senkrechten
Schacht überwinden, danach einen

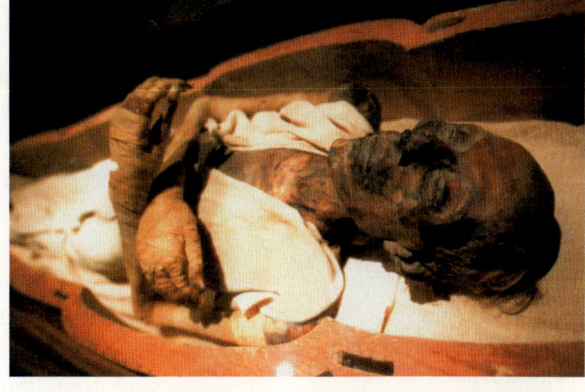

siebzig Meter langen Gang, der über weite Strecken nur kriechend
zu bewältigen war. Aber alle Vorsicht nützte wenig. Um 1000 v.
Chr. nahmen die Raubzüge dermaßen zu, dass sich die zuständigen Priester genötigt sahen, einige der toten Pharaonen in ein geheimes Sammelgrab umzubetten – mit Erfolg, denn erst um 1880
stießen »moderne« Grabräuber auf die Mumien.

■ Das Grab des ägyptischen Pharaos Ramses II. wurde von Grabräubern geplündert. Die Mumie des Pharao ist heute im Ägyptischen Muse-um in Kairo zu sehen. Grab-schmuck und -beigaben sind verschwunden.

   Wie nur gelangten die Diebe im alten Ägypten dennoch in die
raffiniert versteckten und bestens geschützten Kammern? Wer
kannte sich gut genug aus, um an die Schätze heranzukommen?
Nun, es waren häufig jene Handwerker, die man damit betraut
hatte, die prächtigen Gräber zu bauen: Steinmetze, Maurer, Maler,
die nicht besonders üppig entlohnt wurden und die angesichts der
unermesslichen Reichtümer in Versuchung gerieten. Einer der ge-
fährlichsten Banditen, der im Tal der Könige zu Zeiten der 19. Dynastie sein Unwesen trieb, hieß Paneb. Die Verbrechen des Vorarbeiters sind nachzulesen auf einem Papyrus, den Archäologen
in den 1920er Jahren bei Ausgrabungen entdeckten.
Paneb schreckte vor nichts zurück. Mord und Totschlag warf ihm die Anklage vor, Vergewaltigungen,
Bestechung, und selbstverständlich machte er auch
vor keiner Grabkammer halt. Kaum war Sethos II.
unter der Erde, räumte Paneb dessen Grab rigoros
aus, er soff sogar den Wein des Pharaos weg und ver-
wendete einen Teil des Diebesguts, um seinen eigenen Weg ins Jenseits zu verschönern. Jahrelang ter-
rorisierte Paneb die ganze Region. Widersacher
meuchelte er hin, die Wächter der Königsgräber
brachte er durch Geschenke dazu, beide Augen zu-
zudrücken, das Stillschweigen der Beamten, die eigentlich Recht und Ordnung gewährleisten sollten,

Wir fanden die ehrwürdige Mumie dieses Königs mit einer langen Reihe von golde-nen Amuletten und Schmucksachen um den Hals und den Kopf mit Gold bedeckt. Wir rissen das Gold ab, das wir an der ehrwürdigen Mumie dieses Gottes fan-den, und ebenso seine Amulette und Schmucksachen, die an seinem Hals hin-gen, und die Hüllen, in denen er ruhte.
**Geständnis eines Grabräubers aus dem 12. Jahrhundert v. Chr.
(Neues Reich)**

■ Die Handwerkersiedlung Deir el Medineh und der ptolemäische Tempel in Theben-West. In einem Brunnen in Deir el Medineh fand man zahlreiche beschriebene Tonscherben und einige Papyri, die über das soziale und wirtschaftliche Leben der Arbeiter Auskunft geben, darunter auch die Dokumente zum Grabräuberprozess.

»Der Geist des Toten wird dem Dieb den Hals umdrehen wie einer Gans.«
Grabinschrift, die Diebe abhalten sollte

erkaufte sich Paneb, indem er ihnen seine Arbeiter umsonst zur Verfügung stellte. Die Korrumpierbarkeit von Wachen, Beamten, zuweilen auch Priestern und Tempelangestellten führte dazu, dass sich im Laufe der 20. Dynastie ein regelrechtes Bandenwesen bildete, die Grabraubzüge das Ausmaß organisierter Kriminalität annahmen. Schließlich sandte der Pharao eine hochkarätig besetzte Untersuchungskommission nach Theben, an der Spitze sein Wesir Chaemwese, der nach ihm zweithöchste Richter des Landes. Tatsächlich gelang es zügig, eine achtköpfige Diebestruppe festzunehmen und ihnen durch die damals üblichen Foltermethoden die Wahrheit zu entlocken: »Sie wurden befragt durch Stockschläge, und ihre Hände und Füße wurden verdreht.« Das wirkte immer. Die von Chaemwese gefassten Räuber gestanden alles, verrieten ihre Kumpane, die Hehler offenbarten ein weitverzweigtes Netz von Mittätern. Steinmetz Amonpanefer schockierte seinen Richter sogar mit der Aussage: »Viele Bewohner des Landes raubten wie wir und sind ebenso schuldig wie wir.« Doch vorerst musste sich der Wesir damit begnügen, den Rest der Beute zu sichern, die königlichen Schreiber notierten penibel die Fundstücke, immerhin noch je fünf Kilo Gold und Bronze, achtzehn Kilo Silber sowie Berge feinster Kleidungsstücke und Stoffe. Die Todesstrafe war den Grabräubern gewiss – obwohl die Papyri mit dem Urteilsspruch nicht überliefert sind. Vieles spricht dafür, dass der Vorarbeiter Paneb der Gerechtigkeit ebenfalls nicht entging. Denn auf einer der von Archäologen ausgegrabenen Tonscherben fand sich der lapidare Satz: »Jahr 6 Siptah (1287 v. Chr.), Hinrichten des Vorarbeiters.«

Wenige Pharaonengräber blieben über die Jahrtausende fast unberührt. Tutanchamun hatte Glück. Seine letzte Ruhestätte wurde verschüttet und entging so als einziges Grab im Tal der Könige den Räubern. Erst 1922, über 3000 Jahre nach dem Tod des Pharaos, entdeckte der englische Archäologe Howard Carter die mit kostbaren Schätzen ausgestattete Kammer. Doch einige der Grabbeigaben, wie der zweite innere Sarg oder die goldenen Bänder an der Mumie, stammten eigentlich aus dem Grab von Tutanchamuns Vorgänger Semenchkare. Auch unter Pharaonen kam es also vor, dass man sich gegenseitig bestahl. Einen Prozess gab es deswegen wohl nie. Wer hätte über einen Herrscher, der seine Herkunft von den Göttern ableitete, urteilen sollen?

GRABRÄUBERPROZESSE

 ÜBERLIEFERUNG

Einer der größten Verbrecher in Deir el Medineh, der Handwerkerstadt am Steilhang der thebanischen Berge, war der Arbeiter Paneb. Man kennt ihn aus einer Anklageschrift aus der Zeit des Siptah, eines Königs der späten 19. Dynastie. Panebs Namen erwähnen auch andere Papyri und Tonscherben, dort aber finden sich keine Hinweise auf seine kriminellen Taten. Er wurde in der Zeit Ramses' II. geboren, klaute schon in jungen Jahren und schreckte vor Gewalt nicht zurück. Systematisch plünderte er Gräber, darunter viele Königsgräber, und machte auch vor Tempelbesitz nicht Halt. Mehrmals wurde er ertappt, aber es passierte ihm nichts – sein Einfluss im Dorf war zu groß. Als der Wesir Chaemwese, der Stellvertreter des Königs und höchste Richter, einmal eine Strafe über ihn verhängte, konnte Paneb den König davon überzeugen, vom Wesir angegriffen und verletzt worden zu sein. Der König entließ daraufhin den Richter. Durch seine guten Beziehungen zum Hof konnte Paneb seine Machtposition weiter ausbauen. Mittels Bestechung gelang es ihm immer wieder, seine Verurteilung abzuwenden. Menschen, die ihm durch Zeugenaussagen hätten gefährlich werden können, brachte er um. Schließlich verfasste ein Dorfbewohner eine Anklageschrift, die seine Vergehen auflistete, und versteckte sie außerhalb des Ortes unter einem Stein. Ob Paneb verurteilt wurde, lässt sich nicht mit Si-

cherheit sagen. Er starb in der Regierungszeit des Siptah und der Königin Tausret im Alter von etwa 50 bis 60 Jahren.

Nachgeschichte

Grabraub war eine einträgliche Erwerbsquelle. Immer wieder versuchte die Staatsmacht, den Dieben auf die Spur zu kommen. Als gegen Ende der 20. Dynastie die Grabplünderungen überhand nahmen, ergriff die Regierung harte Gegenmaßnahmen. Es wurden Kommissionen aus den höchsten Beamten gebildet. Aus der Ramessidenzeit sind Gerichtsprotokolle erhalten, die über die Überführung und Verurteilung von Dieben Auskunft geben, darunter auch das Protokoll einer Untersuchungskommission, die zur Regierungszeit des Pharaos Ramses IX. die Königsgräber in West-Theben inspizierte. Diese Kommission leitete sogar der Wesir persönlich. Neun von zehn der überprüften Gräber waren zu diesem Zeitpunkt noch unversehrt. Anders dagegen verhielt es sich mit den Privatgräbern in der thebanischen Nekropole: Alle Gräber waren aufgebrochen und geplündert, die Leichname aus den Särgen gezerrt worden. In zahlreichen Verhören, in denen Verdächtige gefoltert wurden, versuchten die Beamten zu dieser Zeit das Ausmaß des Grabraubes und die dahinter stehende Organisation zu ermitteln. Geständnisse ergaben, dass Personen aus allen Be-

rufsständen und sozialen Schichten direkt oder indirekt am Grabraub beteiligt waren. Es gab unzählige Hausdurchsuchungen. Bei vielen Handwerkern in Deir el Medineh, aber auch in der Stadt Theben selbst, entdeckte man Diebesgut. Was allerdings mit der beschlagnahmten Beute geschah, ob die Familien der Verstorbenen sie zurückhielten oder sie in den Schatzkammern der Verwaltungen verschwand, ist unbekannt. Ein Grabräuber musste mit der Todesstrafe rechnen. Wie die ertappten Hehler bestraft wurden, weiß man nicht genau; vermutlich mit Verbannung oder Zwangsarbeit in Steinbrüchen und Goldminen oder mit Verstümmelungen.

 EMPFEHLUNGEN

Lesenswert:
Christian Jacq: *Das Tal der Könige. Geschichte und Entdeckung eines Monuments der Ewigkeit*, München 2000.

Rose-Marie und Rainer Hagen: *Ägypten. Menschen – Götter – Pharaonen*, Köln 1999.

Besuchenswert:
Die Ägyptischen Museen in Turin, Liverpool und Kairo besitzen Gerichtsprotokolle aus der Ramessidenzeit.

Im British Museum in London befindet sich die Anklageschrift, die die Verbrechen Panebs auflistet.

Das Tal der Könige in Ägypten.

 AUF DEN PUNKT GEBRACHT

Der in der 20. Dynastie zur organisierten Kriminalität ausufernde Grabraub wirkt gerade in einer Kultur befremdlich, in der alles auf ein Leben im Jenseits ausgerichtet war und jeder zusah, dass er die Bestattungsriten penibel befolgte. Aber die Verführungskraft der unermesslichen Schätze minderte die Ehrfurcht vor den Toten doch erheblich.

Ein Opfer der Demokratie?
Prozess gegen Sokrates (399 v. Chr.)

■ Porträtbüste des Sokrates nach Lysipp. Paris, Louvre

■ *Sokrates schreibt Plato.* Buchmalerei, 13. Jahrhundert. Aus dem Buch der Weissagungen. Oxford, Bodleian Library

»Sokrates tut Unrecht, indem er nicht an die Götter glaubt, an die die Stadt glaubt, sondern andere, neue dämonische Wesen einführt; außerdem tut er Unrecht, indem er die Jugend verdirbt. Als Strafe wird der Tod beantragt.«

Die Jugend verdorben haben? Das war maßlos übertrieben. Beeinflusst hat Sokrates seine Schüler zweifellos. Wie er, obwohl er schon auf die Siebzig zuging, barfuß und etwas schäbig gekleidet über Athens Marktplätze stromerte, jeden, vom Handwerker bis hin zum Politiker in Gespräche verwickelte, mit scheinbar harmlosen Fragen oder beißendem Spott in Bedrängnis brachte, das begeisterte alle, nicht nur junge Menschen. Seine Opfer allerdings, die am Ende fast immer als Dummköpfe dastanden, machte er sich zu Feinden.

Sokrates war ein stadtbekanntes Original, eine schräge, wenig ansehnliche Gestalt, weit entfernt vom anspruchsvollen Schönheitsideal jener Epoche. Und Geld brachte er auch keines nach Hause, weil er seinen philosophischen Unterricht, den er in den Straßen abhielt, gratis gab. Kein Wunder, dass seine Frau Xanthippe ganz zänkisch wurde.

Dabei hatte Sokrates einen handfesten Beruf erlernt: Steinmetz, wie sein Vater. Aber er wollte lieber ein Denker sein, seiner inneren Stimme folgen, die er »daimonion« nannte und die ihn hieß, sich auf die Suche nach dem Wesen der Dinge zu begeben. »Ich weiß, dass ich nichts weiß«, lautete sein Motto und, wie sein Schüler Xenophon später schrieb, forschte er danach, »was fromm, was göttlich, was schön, was gerecht, … was Tapferkeit, was Feigheit, was Staat, was Staatsmann, was Herrschaft über Menschen sei«. Sokrates interessierte sich für alles und wagte es, mit dem Vertrauten zu brechen. Und das Athen im 4. Jahrhundert v. Chr. war genau das richtige Pflaster dafür.

Seit es Griechenland gelungen war, die Perser zurückzudrängen, erlebte Athen einen immensen Aufschwung. Innerhalb kürzester Zeit wandelte es sich zu einer Großmacht, zum kulturellen und wirtschaftlichen Zentrum der griechischen Welt. Athen war die Stadt der unbegrenzten Möglichkeiten. Sogar politisch, denn man hatte etwas Unerhörtes eingeführt: die Demokratie!

Alle Bürger sollten über wichtige Angelegenheiten mitentscheiden, die meisten öffentlichen Ämter wurden ausgelost. Jeder konnte sich darum bewerben. Um Richter zu werden, musste man lediglich zwei Voraussetzungen erfüllen – mindestens dreißig Jahre alt und unbescholten sein. Und, nicht zu vergessen: männlich und frei. Frauen und Sklaven nämlich blieben diese Rechte verwehrt. Obwohl relativ schlicht, funktionierten die Regeln dieser Staatsform erstaunlich gut. So gab es keine Staatsanwaltschaft, die Verbrecher vor Gericht brachte, sondern jeder durfte jeden anklagen. Das hätte ein Tummelplatz für Willkür und persönliche Rachefeldzüge sein können. Aber die Ankläger gingen ein Risiko ein: Wenn sie es nicht schafften, mindestens ein Fünftel der Richter zu überzeugen, drohte ihnen selbst eine empfindliche Strafe. Und wegen des Losverfahrens waren Absprachen im Vorhinein zwecklos. Dennoch ließen sich die Athener oft genug zu Urteilen hinreißen, die sie später bedauerten – und die prompt zu einem Prozess gegen die Ankläger führten. Aber das waren Ausnahmen. Die erste Demokratie der Welt war eine Erfolgsgeschichte und hätte es ohne den Übermut der Athener auch lange bleiben können. Doch kaum waren die Perser vertrieben, ging es ihnen nun um die Vorherrschaft im Inne-

■ *Der Tod des Sokrates.* Gemälde, 1781, von Jacques Louis David (1748–1825). New York, Metropolitan Museum of Art

Xanthippe sprach zu Sokrates:
»Du bist schon wieder blau?«
Er sprach: »Bist du auch sicher des'?«
Kein Mensch weiß was genau.
Er gilt noch heut als Philosoph
Und sie als böse Frau.
                    Bertolt Brecht, *Alfabet*

ren des griechischen Reiches, den Kampf gegen Sparta, das auf dem Lande als unbesiegbar galt. Rund drei Jahrzehnte sollte der Peloponnesische Krieg dauern, an dessen Ende, 404 v. Chr., Athens bedingungslose Kapitulation stand.

Sparta ließ den Stolz der Stadt, die Langen Mauern, schleifen, die sich über sechsundzwanzig Kilometer bis nach Piräus erstreckten, und installierte eine Gruppe neuer Machthaber: die so genannten dreißig Tyrannen, unter denen sich auch frühere Schüler von Sokrates befanden. Viele Bürger Athens verloren ihr gesamtes Vermögen, wurden umgebracht oder gingen ins Exil, nur dreitausend erhielten das Bürgerrecht. Zu ihnen gehörte auch Sokrates.

Der Spuk dauerte nur sechs Monate, dann setzten sich die Demokraten wieder durch; sie sahen sich jedoch gezwungen, auf einen Kompromiss mit Sparta einzugehen. Die Tyrannen und ihre Helfer wurden amnestiert, der konfiszierte Besitz musste nicht wieder herausgegeben werden. Das schuf böses Blut.

> *Sokrates aber hat als erster die Philosophie vom Himmel herunterge-*
> *holt, in den Städten angesiedelt, sie sogar in die Häuser eingeführt*
> *und sie gezwungen, nach dem Leben, den Sitten und dem Guten und*
> *Bösen zu fragen.* Cicero, *Gespräche in Tusculum*, V, 10

Jeder, der wie Sokrates die Schreckensherrschaft unbeschadet überstanden hatte, geriet nun in den Verdacht, ein Kollaborateur, zumindest aber ein stiller Komplize des tyrannischen Regimes gewesen zu sein. Offen gegen solche Leute vorzugehen war allerdings unmöglich, schließlich hatte man sich mit Sparta geeinigt, niemanden zur Verantwortung zu ziehen. Also ersann man andere Methoden, sich zu rächen. Zum Beispiel durch Prozesse. Sokrates war nicht der einzige, den es traf.

Nur, wofür sollte man ausgerechnet ihn belangen? Er war ein Querulant, ja, und seine Fragerei konnte extrem lästig sein, aber er galt als rechtschaffen und gesetzestreu und hatte sogar noch mit vierzig Jahren an drei Feldzügen im Peloponnesischen Krieg teilgenommen.

Allein mit dem Vorwurf, die Jugend verdorben zu haben, hätten sich Sokrates' Gegner gar nicht erst vor die Richterschar wagen dürfen. Also verfielen sie auf »Asebie«, Gottlosigkeit, Missachtung der Staatsreligion. Mit Verweis auf seine »innere Stimme«, die ihm befahl, das Wesen des Menschen und der Dinge zu ergründen, warfen sie Sokrates vor, neue Götter eingeführt zu haben. Das durfte man nicht auf die leichte Schulter nehmen. Vor allem in diesen wirren Zeiten, und nach den demütigenden Niederlagen, schien der Glaube an die Götter des Olymp das einzige verlässliche Fundament. Trotzdem schätzte der Beamte, der die Anklage entgegennahm, das Verfahren offenkundig als wenig gewichtig ein, denn er legte fest, dass fünfhundert Richter vollkommen ausreichend seien. Nach dem Gesetz konnte er bis zu fünfzehnhundert verlangen. Der Prozess begann früh am Morgen, an einem Tag im Jahre 399 v. Chr. Das Prozedere war einfach: Erst ergriff der Ankläger das Wort, dann der Angeklagte, es gab keine Anwälte, keine Nachfragen, die per Wasseruhr ermittelte Redezeit war begrenzt, bis zum Abend sollte die Sache erledigt sein. Man ging

■ *Sokrates im Korbe.* (Nach Aristophanes, *Die Wolken*, 1. Akt: Strepsiades befragt Sokrates). Umrissstich, 1792, von Wilhelm Müller. Goethe schrieb 1772 in einem Brief an Herder: »Sokrates galt mir für einen trefflichen weisen Mann, der wohl im Leben und Tod sich mit Christo vergleichen lasse.«

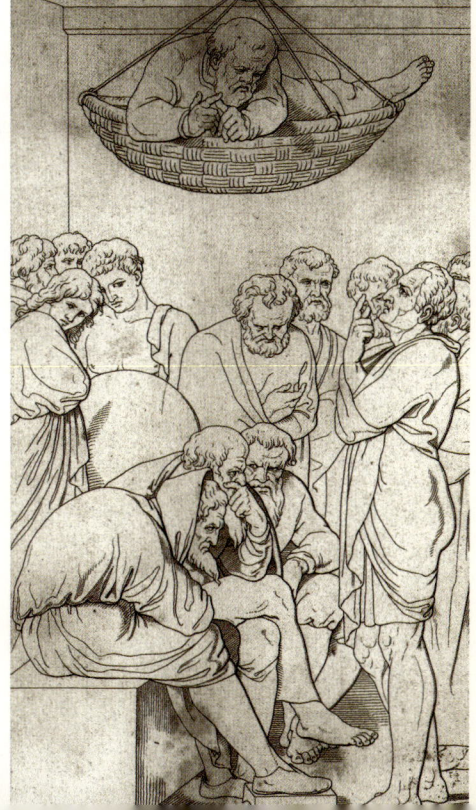

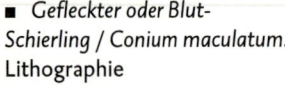

■ *Socratis Abschied.* Sokrates trinkt den Schierlingsbecher. Kupferstich von Matthäus Merian d. Ä. (1593–1650)

■ *Gefleckter oder Blut-Schierling / Conium maculatum.* Lithographie

davon aus, dass jeder in der Lage war, für sich selbst zu sprechen. Die Richter hatten lediglich über Schuld oder Unschuld zu befinden und, wenn nötig, in einer zweiten Runde über die Höhe der Strafe.

Wäre Sokrates zu Konzessionen bereit gewesen, hätte er sich sicherlich dank seiner Redegewandtheit retten können. Das knappe Ergebnis spricht dafür: 280 stimmten für schuldig, 220 für unschuldig. Sokrates gelang es, sämtliche Anklagepunkte ad absurdum zu führen, indem er, ganz in gewohnter philosophischer Manier, einen der Ankläger ins Kreuzverhör nahm. Aber er trumpfte zu sehr auf, machte klar, dass er nichts bereute und genauso weiterzumachen gedachte wie bisher. Eine unglaubliche Provokation! Als er dann noch – es ging bereits um die Frage: Todesstrafe oder Verbannung? – behauptete, eigentlich müsste man ihn für das, was er getan habe, mit der höchsten politischen Auszeichnung, die Athen zu vergeben hatte, belohnen, einem Essen im »Prytaneion«, dem Rathaus, war das Maß endgültig voll. Nun forderten 360 Richter den Tod des Philosophen.

Den Rat seiner Freunde, zu fliehen, wies Sokrates zurück. Er blieb – und ließ sich den Schierlingsbecher reichen.

Noch mit seinen letzten Worten widerlegte er den Vorwurf der Asebie. Man möge, sprach er, dem Asklepios einen Hahn opfern. Asklepios war der Gott der Heilkunst. Und Götter waren die einzigen Wesen, die Sokrates für wirklich weise hielt.

PROZESS GEGEN SOKRATES

ÜBERLIEFERUNG

Sokrates hat keine Schriften verfasst. Was wir über sein Leben und seine philosophischen Auffassungen wissen, beruht vor allem auf Überlieferungen seiner Schüler Xenophon (um 431–um 354 v. Chr.) Platon (um 427–um 347 v. Chr.) sowie von Aristoteles (384–322 v. Chr.) und dem Schriftsteller Diogenes Laertius (3. Jh. n. Chr) Da die verschiedenen Quellen widersprüchliche Angaben über seine Person und Philosophie machen, lässt sich kein einheitliches Bild von der historischen Persönlichkeit des Sokrates gewinnen. Sowohl Platon als auch Xenophon haben eine *Apologia Sokratus*, eine *Verteidigungsrede des Sokrates* geschrieben, die sich formal und inhaltlich allerdings sehr voneinander unterscheiden und in der Argumentation teils widersprechen. Die *Apologia* von Platon, der im Gegensatz zu Xenophon selbst Beobachter des Prozesses gewesen ist, hat das Sokrates-Bild über die Jahrtausende geprägt. Zwei weitere Werke Platons, die Dialoge *Kriton* und *Phaidon*, zeigen Sokrates, der nach dem Urteil noch dreißig Tage im Gefängnis saß, in letzten philosophischen Gesprächen. Im *Phaidon* schildert Platon in ergreifender Weise, wie Sokrates in Anwesenheit seiner engsten Freunde den Schierlingsbecher leert.

Sokrates wurde um 469 v. Chr. als Sohn des Steinmetzen Sophroniskos und der Hebamme Phainarete in Athen geboren. Von seinem Vater lernte er das Bildhauerhandwerk. In welchem Umfang er diesen Beruf ausgeübt hat, ist nicht bekannt. Dem Schriftsteller Pausanias (um 110–nach 180) zufolge, der eine zehnbändige *Beschreibung Griechenlands* verfasste, stand eine von Sokrates geschaffene Plastik der drei Grazien am Aufgang der Akropolis. In der ersten Phase des Peloponnesischen Krieges nahm Sokrates als Hoplit, als Schwerbewaffneter, an den Feldzügen von Poteidaia, Delion und Amphipolis teil und zog die Aufmerksamkeit der Athener durch seine Tapferkeit auf sich. Als Ratsherr verschaffte er sich in seiner Heimatstadt Ansehen durch engagiertes Eintreten für Gerechtigkeit und die Einhaltung der Gesetze. Er war mit Xanthippe verheiratet und hatte drei Kinder. Seine Frau, über die es kaum zuverlässige Informationen gibt, wurde schon im Altertum zu Unrecht der Inbegriff des zänkischen Eheweibs. Sokrates' Hauptinteresse galt der Philosophie. Täglich regte er auf Athens Straßen und Marktplätzen Diskussionen an und philosophierte insbesondere mit den Jugendlichen aus angesehenen Familien der Stadt über Grundfragen der Ethik und Politik. Wegen Leugnung der Götter und Verführung der Jugend wurde er im Jahr 399 angeklagt und zum Tode durch Schierling verurteilt.

Künstlerische Bearbeitung

In seiner berühmten Komödie *Die Wolken* (423 v. Chr.) gab der Dichter Aristophanes (um 445–385 v. Chr.) Sokrates, den er für einen Sophisten hielt, der Lächerlichkeit preis. Rund dreißig Jahre nach der Entstehung des Stücks bezeichnete Platon diese Karikatur in seiner *Verteidigungsrede* als einen ersten Anlass für den Prozess. Ein Bild mit dem Thema *Tod des Sokrates* von Charles Alphonse Dufresnoy hängt in den Uffizien in Florenz, ein weiteres von Jacques Louis David (1787) im Metropolitan Museum of Art in New York.

EMPFEHLUNGEN

Lesenswert:
Gottfried Martin: *Sokrates*, Reinbek 1994.

Hörenswert:
Die Verteidigungsrede des Sokrates. Texte nach und um Sokrates. Platon / Xenophon. Gesprochen von Rainer Hauer, Bad Hersfeld 2000. Audio-CD.

Platon, Friedrich Dürrenmatt: *Apologie des Sokrates / Der Tod des Sokrates.* Gesprochen von Wolfgang Reichmann, Wermattswil 1992. Audiokassette/Audio-CD.

Renard Petr Ebn: *Apologia Sokratus*, für Soli, Chor und Orchester.

Besuchenswert:
Ein Rundgang über die Agora, den alten Marktplatz von Athen, gibt einen Eindruck vom wichtigsten Wirkungsbereich des Sokrates.

AUF DEN PUNKT GEBRACHT

Wissbegier gepaart mit Spott – auch nach heutigen Maßstäben wäre Sokrates vielen suspekt. Nur würde man ihm im 21. Jahrhundert den Schierlingsbecher ersparen.

Notstandsgesetz gegen einen Verschwörer
Der Senat gegen Catilina (63 v. Chr.)

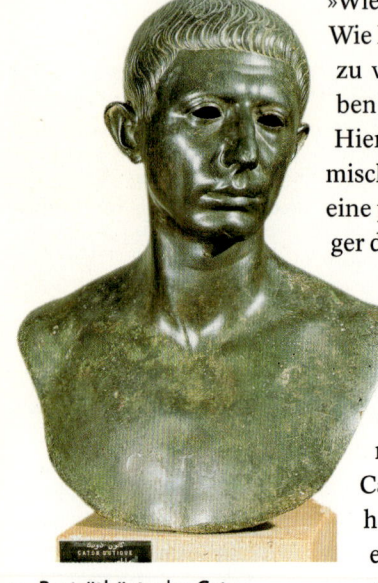

■ Porträtbüste des Cato Uticensis. Bronze, römisch, kaiserzeitlich. Rabat, Archäologisches Museum

»Wie lange, Catilina, willst du unsere Geduld noch missbrauchen? Wie lange soll diese deine Raserei ihr Gespött mit uns treiben? Bis zu welchem Ende soll die zügellose Frechheit ihr Haupt erheben? … Was für Zeiten, was für Sitten!«

Hier sprach ein Intimfeind Catilinas: Cicero, einer der zwei römischen Konsuln des Jahres 63. Ihm ging es jedoch um mehr als eine persönliche Fehde; es drohte der Umsturz, ein einzelner Bürger der römischen Republik griff nach der Macht. Und gerade weil es bis dahin noch keine stichhaltigen Beweise, sondern lediglich anonyme Anschuldigungen gab, heizte Cicero dem Senat, vor dem auch Catilina erschienen war, mächtig ein. Wenn er Catilina dazu brachte, die Stadt zu verlassen, so Ciceros Kalkül, dann hätte dieser sich selbst demaskiert. Dabei bezweifelten nur wenige Senatoren, dass Catilina eine Verschwörung plante. Knapp drei Wochen zuvor hatten sie dem »senatus consultum ultimum« zugestimmt, einer Art Notstandsgesetz, das die höchsten politischen Instanzen Roms ermächtigte, alles zu tun, um einen Aufstand niederzuschlagen. Ohnehin wussten die Senatoren: Catilina war nicht zu trauen, obwohl er einer der ihren war.

Lucius Sergius Catilina entstammte einer alten Patrizierfamilie, gehörte also zur römischen Aristokratie, die seit jeher die Geschicke des Staates lenkte und sich einem besonderen Ethos verpflichtet fühlte: »gloria« und »dignitas«, Würde durch Leistung. Catilina pfiff auf diesen Moralkodex. Er scheute nicht davor zurück, sogar Angehörige zu ermorden, wenn es seinen Interessen diente, und hatte sich als Statthalter in Afrika derart offenkundig bereichert, dass er sich in Rom einem Prozess stellen musste. So schnell wie er zu Geld kam, gab er es auch wieder aus. Ein Hasardeur war er, korrupt, skrupellos – und ehrgeizig. Catilina setzte alles daran, das wichtigste Amt im Staat zu erobern, er wollte Konsul werden.

Zweimal schon hatte er sich beworben und jedes Mal den Kürzeren gezogen – zuerst ausgerechnet ge-

Beim Herkules! Wenn mich meine Sklaven so fürchteten, wie dich alle deine Mitbürger fürchten, würde ich glauben, mein Haus verlassen zu müssen. Und du hältst es nicht für nötig im Hinblick auf die Stadt?

Cicero, der versucht, Catilina aus der Stadt zu treiben, damit er sich als Rebell entlarvt.
Aus: *Erste Rede gegen Catilina*

gen Cicero, einen Anwalt, der sich aus kleinen Verhältnissen bis ganz nach oben gearbeitet hatte, was der standesbewusste Führungszirkel nur selten zuließ.

Als nichts mehr half, rüstete Catilina zum Putsch. Verbündete zu finden fiel nicht schwer. Unzufriedene und Desperados gab es in Rom 63 v. Chr. zuhauf: verarmte Bauern und Veteranen, städtischen Plebs, Adelige, die in Geldschwierigkeiten steckten. Ihnen versprach Catilina ein neues Ackergesetz, Schuldenerlass und größere politische Teilhabe. Das kam gut an in jenen Tagen, in denen die sozialen Gegensätze immer wieder zu Machtkämpfen führten, bis hinein in die zentralen politischen Gremien. Das Regierungssystem Roms, das einst für einen Stadtstaat entworfen worden war, stellte sich als völlig ungeeignet heraus, um ein Weltreich zusammenzuhalten. Catilina war jedoch weit davon entfernt, ein Sozialrevolutionär zu sein. Er dachte keineswegs daran, seine Zusagen einzuhalten.

Vorerst machte ihm der stets gut informierte Cicero einen Strich durch die Rechnung. Ein Attentat, das Catilina gegen den Konsul geplant hatte, scheiterte; nur wenige Stunden später trat Cicero vor den Senat, und mit einer fulminanten Rede schaffte er es, Catilina zu isolieren. Die Oberschicht rückte von ihm ab, dem Verschwörer blieb nur die Flucht zu seinen Truppen. Kaum war er dort eingetroffen, erklärten ihn die Senatoren zum »hostis populi Romani«, zum Staatsfeind. Damit hatte Catilina alle Bürgerrechte verwirkt, jeder durfte ihn ungestraft töten.

Aber noch war der Umsturz nicht abgewendet. Catilinas Spießgesellen befanden sich nämlich nach wie vor in der Stadt, sie soll-

■ *Cicero beschuldigt Catilina im Senat der Verschwörung.* Fresko, 1889, von Cesare Maccari. Rom, Palazzo Madama. In seiner ersten Rede gegen Catilina fand Cicero deutliche Worte: »Catilina, du bist nicht der Mann, den jemals Scham von Schande, Furcht von Gefahr und Vernunft von Wahnsinn zurückgehalten hätte.«

■ Marcus Tullius Cicero. Marmorne Porträtbüste. Florenz, Galleria degli Uffizi

Bei den ewigen Göttern, mein Aufruf geht an euch, die ihr seit je eure Häuser, Landsitze und Gemälde höher bewertet habt als den Staat: Wenn ihr die Dinge, an die ihr euch klammert, behalten, wenn ihr für eure Vergnügungen eure Ruhe haben wollt, dann wacht endlich auf und nehmt Anteil am Staatsleben! Rede Catos vor dem Senat, nach: Sallust, Catilinae Coniuratio

ten mit einem Volksaufstand den Boden für die Übernahme Roms bereiten.

Und wieder war es Cicero, der ihnen auf die Schliche kam. Ihm fiel ein Brief in die Hände, der die Pläne der Verschwörer enthüllte. Endlich hatte er es schwarz auf weiß! Die Verbrecher wurden verhaftet, der Senat kam erneut zusammen. Nun entbrannte eine leidenschaftliche Debatte darüber, wie mit den Gefangenen zu verfahren sei. Durften die Senatoren überhaupt ein Urteil fällen? Der Senat war kein Gerichtshof. Laut Gesetz musste über Kapitalverbrechen, die von römischen Bürgern begangen worden waren, das Volk entscheiden.

Dabei sollte es bleiben, verlangte der damals noch recht junge Caesar, ansonsten liefe man Gefahr, per Notstandsregelung die staatliche Ordnung außer Kraft zu setzen und einen Präzedenzfall zu schaffen, der Willkür Tür und Tor öffne. Caesar plädierte dafür, Milde walten zu lassen, die Verbrecher zu verbannen und ihr Vermögen einzuziehen. So mancher in der Runde zeigte sich geneigt, dem zuzustimmen, zumal man mit dem einen oder anderen Verschwörer verwandt war. Dann aber betrat der Senator Cato die Szene. Er erinnerte an den alten Grundsatz, wonach

■ *Cicero auf der Rednerbühne. Holzstich*

ein geständiger Krimineller auch ohne Prozess umstandslos exekutiert werden konnte. Cato beschwor den Senat, die Gefahr des Hochverrats nicht zu unterschätzen. Noch sei sie nicht gebannt. Und was für einen Sinn hätte es, die Gerichte anzurufen, wenn der Staatsstreich geglückt sei? Nein, jetzt sofort gelte es, gegen den Feind in den eigenen Reihen zu handeln: »Unsere Freiheit und unser Dasein stehen auf dem Spiel!«

Das beeindruckte ungemein. Catos Antrag, die Aufrührer hinzurichten, wurde mehrheitlich angenommen, die Strafe – Tod durch Erdrosseln – umgehend vollstreckt.

Catilina starb zwei Monate nach seinen Mitverschwörern. Bei Pistoria traf er auf die Truppen des Senats. Tapfer kämpfte er bis zum Schluss, wofür ihm selbst seine Gegner Respekt zollten. »Catilina fand man unter den Leichen seiner Feinde«, notierte der römische Historiker Sallust. »Er atmete noch ein wenig und trug den Trotz in seinen Mienen, den er im Leben gezeigt hatte.«

CATILINA

BIOGRAPHIE

Lucius Sergius Catilina wurde um 108 v. Chr. geboren. Wie Cicero gehörte er um 90 v. Chr. der »cohors praetoria« des Konsuls Pompeius Strabo an und nahm am Bundesgenossenkrieg (Marsischer Krieg) teil. Später war er ein Anhänger des Feldherrn und Politikers Lucius Cornelius Sulla und als dessen Scherge berüchtigt. Er soll mehrere Morde verübt haben, darunter an Quintus Caecilius, dem Mann seiner Schwester, und an Marius Gratidianus, dem Bruder seiner Frau Gratidia. Im Jahr 73 wurde Catilina angeklagt, eine Vestalin, eine zur Keuschheit verpflichtete Priesterin und Hüterin des Herdfeuers, verführt zu haben, kam aber ohne Strafe davon. Nachdem er 68 die Prätur erreicht hatte, war er 67/66 Statthalter in der Provinz Afrika und nutzte diese Position, um sich durch skrupellose Ausbeutung zu bereichern. Nach seiner Rückkehr nach Rom verwehrte ihm die Staatsführung, sich 65 um das höchste Staatsamt der römischen Republik, das Konsulat, zu bewerben. Die Kandidatur für das Jahr 64 verhinderte vermutlich ein Prozess wegen Erpressung; bei den Wahlen dieses Jahres fiel das Amt des Konsuls an Cicero und Gaius Antonius. Zur gleichen Zeit soll Catilina an einem Mordkomplott gegen die Staatsführung beteiligt gewesen sein, der als die »Erste Catilinarische Verschwörung« in die Geschichte einging. Die näheren Umstände dieses Komplotts konnten jedoch nicht aufgedeckt werden, und so blieb ein

Prozess aus. Nachdem Catilina sich auch 63 vergeblich um das Konsulat beworben hatte, beschloss er, sein Ziel gewaltsam durchzusetzen, und machte sich dazu die erhebliche Unzufriedenheit in der Bevölkerung zunutze. Er plante einen bewaffneten Aufstand in Etrurien – Cicero wurde jedoch rechtzeitig gewarnt. Der Senat verhängte daraufhin den Ausnahmezustand; durch das »Senatus consultum ultimum« erteilte er den Konsuln die uneingeschränkte Vollmacht, Maßnahmen zur Niederschlagung des Aufstands zu treffen. Wenig später konnte auch ein Attentat auf Cicero vereitelt werden. In der daraufhin einberufenen Senatssitzung am 7. November 63 hielt Cicero die erste seiner vier Catilinarischen Reden, die zweite folgte am nächsten Tag. Mitte November erklärte der Senat Catilina offiziell zum Staatsfeind. Zwei Wochen später gelang es Cicero, führende Mitglieder der Verschwörung in Rom festzunehmen und des Hochverrats zu überführen. In seiner dritten Rede am 3. Dezember berichtete er dem römischen Volk von der Verhaftung der Catilinarier, die vierte, die er am 5. Dezember vor dem Senat hielt, galt ihrer Bestrafung. Auf Senatsbeschluss wurden sie umgehend hingerichtet. Catilina kam im Januar 62 bei Pistoria (heute Pistoia) in Etrurien ums Leben; er starb im Kampf gegen die Truppen, die die Staatsführung gegen ihn und den Rest seines Heeres ausgesandt hatte. Wegen

des juristisch zweifelhaften Todesurteils musste Cicero im Jahr 58 in die Verbannung gehen.

Künstlerische Bearbeitung

Catilinas Putschversuch, seine Aufdeckung und Niederwerfung, ist so gut bekannt wie wenige Ereignisse der untergehenden römischen Republik. Die vier Catilinarischen Reden Ciceros (106–43 v. Chr.) von 63 v. Chr. wurden drei Jahre später veröffentlicht (Catilinariae orationes). Mehr als zwanzig Jahre nach dem Vorfall verfasste der Geschichtsschreiber Sallust (86–34 v. Chr.) eine Monographie Über die Verschwörung des Catilina (De coniuratione Catilinae). Auch durch den griechischen Philosophen und Biographen Plutarch (um 46–um 120 n. Chr.) ist das Ereignis überliefert, außerdem durch die griechischen Geschichtsschreiber Appian (2. Jh. n. Chr.) und Cassius Dio Cocceianus (um 155–um 235). Beide haben eine Geschichte Roms verfasst.

EMPFEHLUNGEN

Lesenswert:
Cicero: Vier Reden gegen Catilina, Stuttgart 1995.
Sallust: Die Verschwörung des Catilina, Stuttgart 1995.

Marion Giebel: Marcus Tullius Cicero, Reinbek 2000.

AUF DEN PUNKT GEBRACHT

Einer allein gegen den Staat: Das hätte klappen können, denn die römische Republik war angeschlagen. Ein letztes Mal setzte sie sich erfolgreich zur Wehr – indem sie die Verfassung missachtete.

Der kurze Prozess gegen Jesus
(33 n. Chr.)

»Du redest nicht mit mir? Weißt du nicht, dass ich die Macht habe, dich freizulassen, und Macht habe, dich zu kreuzigen?«

Starke Worte. Aber ein Statthalter Roms konnte sie sich leisten. Pontius Pilatus verwaltete die Provinz Judäa, eine schwierige Region am äußeren Rande des römischen Reiches, geprägt von Unruhen, vom Widerstand gegen die Herrschaft der Cäsaren. Deshalb war dorthin ein Mann entsandt worden, der sich beim Militär emporgearbeitet hatte und einen der höchsten Ränge im Staat bekleidete.

Pontius Pilatus war ein Ritter, über ihm standen nur Kaiser Tiberius und die Senatoren. Er gehörte zur Elite Roms, die auf die jüdische Religion mit Verachtung blickte, sie für Aberglaube oder Atheismus hielt. Als Präfekt von Judäa kam Pilatus jedoch nicht umhin, sich mit der jüdischen Oberschicht – den Hohepriestern, Schriftgelehrten und Großgrundbesitzern – zu arrangieren. Nur so gelang es ihm, die aufsässige Provinz unter Kontrolle zu halten.

Im Grunde interessierte Pontius Pilatus sich herzlich wenig für den Angeklagten, der ihm gegenüberstand: Jesus von Nazareth, ein Jude, ein unbedeutender Wanderprediger, der seit zwei, drei Jahren mit einer Schar von Anhängern durch Galiläa zog, das kommende Reich Gottes verkündete und die eine oder andere wundersame Heilung vollbracht haben sollte. Wenn es weiter nichts war!

Da gab es Aufrührer ganz anderen Kalibers. Diesen Barabbas zum Beispiel. Ein Verbrecher, der mit seiner Bande die Gegend unsicher machte, plünderte und mordete, sich aber als Rebell gegen Rom feiern und sogar König nennen ließ. Ein Räuber, der es verdiente, am Kreuz zu sterben.

■ Ron Randell als Lucius und Hurd Hatfield als Pontius Pilatus in dem Film *König der Könige* von Nicholas Ray, USA 1961

Jesus, der gelernte Zimmermann, schien hingegen völlig harmlos zu sein. Dieser Angeklagte war ein Ärgernis, das die Hohepriester Pilatus eingebrockt hatten – zu einem denkbar ungünstigen Zeitpunkt. Denn das Passahfest nahte, die Gläubigen strömten in Massen nach Jerusalem, und man musste besonders wachsam sein; die Kooperation der Tempeloberen war wichtiger denn je. Zumal Pilatus sie gerade wieder gegen sich aufgebracht hatte, als er eine Wasserleitung bauen lassen wollte. Ein verdienstvolles Vorhaben, aber er verlangte dafür Geld aus der Tempelkasse. Das war gar nicht gut angekommen. Also sollte er jetzt wohl besser Rücksicht nehmen auf die Wünsche der Hohepriester. Normalerweise kümmerte sich der Präfekt nicht um Religionsstreitigkeiten, außer sie bedrohten die öffentliche Ordnung. Und das schien hier der Fall zu sein. Den Hohepriestern war es bitter ernst. Dieser Jesus wagte es, ihre Position infrage zu stellen!

Es ging nämlich das Gerücht, Jesus sei der Messias, der Erlöser, der Sohn Gottes. Er selbst hatte das zwar nie behauptet, aber er war auch ein schlauer Bursche. Stets hielt er zweideutige Antworten parat, man be-

■ Enrique Irazoqui als Jesus in dem Film *Das 1. Evangelium – Matthäus*. Pier Paolo Pasolini inszenierte 1964 die europäische Kunstfilm-Antwort auf Hollywoods Bibelepen vor der kargen Kulisse Siziliens. Sein Jesus ist der sozialrevolutionäre Messias des Urchristentums.

Und als der Morgennebel zerrann,
Da sah ich am Wege ragen,
Im Frührotschein, das Bild des Mannes,
Der ans Kreuz geschlagen.

Mit Wehmut erfüllt mich jedes Mal
Dein Anblick, mein armer Vetter,
Der du die Welt erlösen gewollt,
Du Narr, du Menschheitsretter!
Heinrich Heine, *Deutschland.*
Ein Wintermärchen

> *Zwar ist es 1800 Jahre her, seitdem Jesus Christus hier auf Erden wan-*
> *delte; aber es ist ja kein Ereignis wie andere Ereignisse, die erst, als ver-*
> *gangen, in die Geschichte übergehen, um dann, als längst vergangen,*
> *in Vergessenheit zu geraten. Nein, seine Gegenwart hier auf Erden wird*
> *niemals Vergangenheit und somit auch noch nie vergangener – wann*
> *anders Glauben auf Erden ist; denn, wenn es keinen Glauben gibt,*
> *dann ist es wahrlich im selben Augenblick lange her, seit er lebte.*
>
> Sören Kierkegaard

kam ihn kaum zu fassen. Schon einmal wollten die Hohepriester ihn festnehmen lassen und dachten sich eine Falle aus: »Ist es recht«, horchten sie Jesus aus, »dass man dem Kaiser Steuern zahlt?« Vor allem die Kopfsteuer, die Rom erhob, erboste die Strenggläubigen, verstieß sie doch gegen das Gebot, keinen anderen Herrn neben dem eigenen Gott zu dulden. Wer nun erwartet hatte, Jesus würde sich auf die Seite des Volkes schlagen, wurde enttäuscht: »Gebt dem Kaiser, was des Kaisers ist. Und Gott, was Gottes ist.«

■ Christus vor Pilatus. Relief vom so genannten Sarkophag der Schlüsselübergabe. Marmorne Plastik, 4. Jahrhundert. Arles, Musée Lapidaire

Typisch Jesus. Denn er predigte das Gegenteil vom Widerstand gegen Rom: den Feind lieben, im Zweifelsfall eher noch die andere Wange hinhalten, alles vermeiden, was die Römer zum Angriff provozieren könnte. Jeglicher Widerstand, schärfte er seinen Jüngern ein, stärke den derzeitigen Zustand, der nur ein vorübergehender sein sollte, bis das Reich Gottes käme. Daraus ließ sich beim besten Willen keine Anklage zimmern. Erst der Vorfall im Tempel verschaffte den Hohepriestern eine Möglichkeit, gegen den Unruhestifter vorzugehen. Jesus war handgreiflich geworden. Er hatte versucht, die Geschäftsleute aus dem Tempel zu vertreiben. Dass an den heiligen Stätten ein reger Handel blühte, war nichts Ungewöhnliches, entsprach aber nicht den Lehren der Bibel. Den Tempeloberen musste es peinlich sein, dass Jesus sie auf ihrem ureigenen Terrain bloßstellte. Und hatte er nicht sogar den Untergang des Tempels angekündigt?

»Wir haben gehört«, behaupteten Zeugen, »dass er sagte: Ich will diesen Tempel, der mit Händen gemacht ist, abbrechen und in drei Tagen einen anderen bauen, der nicht mit Händen gemacht ist.«

Eine glatte Lüge. Jesus hatte lediglich prophezeit: »Nicht ein Stein wird auf dem anderen bleiben, der nicht zerbrochen werde.« Ohnehin galten die Aussagen der Zeugen nicht viel, da sie sich widersprachen.

Die Hohepriester, die Jesus vor dem Synhedrion, der obersten Instanz der jüdischen Verwaltung, verhörten, mussten sich also etwas anderes einfallen lassen. Und so verleiteten sie ihn dazu, sich als Messias zu bekennen.

»›Bist du denn Gottes Sohn?‹ Er sprach zu ihnen: ›Ihr sagt's, ich bin's.‹« Ein klarer Fall von Gotteslästerung. Damit war für das Synhedrion die Sache entschieden, Jesus wurde unverzüglich an Pontius Pilatus überstellt.

■ *Christus vor Pilatus,*
Passionsaltar, 1502, von Jörg
Breu d. Ä. (um 1475/76–1537),
Melk, Benediktinerstift

Er allein, als Stellvertreter des Kaisers und militärischer Oberbefehlshaber in Judäa, hatte das Recht, über Kapitalverbrechen zu urteilen und die Todesstrafe zu verhängen – zudem es, wie die Hohepriester argumentierten, um mehr ging als eine simple Religionsangelegenheit. Wer sich Sohn Gottes nennt, macht sich des Hochverrats schuldig, da er dem Kaiser den unangefochtenen, einzigartigen Rang streitig macht. Das ist Majestätsbeleidigung!

Pilatus blieb ungerührt. Diese jüdischen Religionsfanatiker gingen ihm auf die Nerven. Leider brauchte er sie, um die Ruhe im Lande zu wahren, nur davon hing seine Stellung ab.

Würde es nicht ausreichen, Jesus ein wenig zu züchtigen und ihn dann auf freien Fuß zu setzen? Vorausgesetzt, er distanzierte sich von den dubiosen Vorwürfen der Hohepriester.

Aber der Angeklagte machte ihm einen Strich durch die Rechnung. Denn Jesus schwieg. Einzig auf die Frage, ob er wirklich der König der Juden sei, antwortete er: »Du sagst es.« Was alles und nichts bedeuten konnte. War das ein schlichtes Ja? Oder ist die Interpretation des Johannes-Evangeliums richtig, wonach dieser

Jesus … versuchte nicht das Böse mit dem Bösen zu überwinden. Er bezwang das Böse mit dem Guten. Blinder Hass hatte ihn ans Kreuz geschlagen, er aber antwortete mit Liebe. Martin Luther King

■ *Kreuzigung*, Gemälde, 1449, von Konrad Laib, tätig um 1449/1457. Wien, Museum mittelalterlicher österreichischer Kunst

Sie haben dir übel mitgespielt
Die Herrn vom hohen Rate
Wer hieß dich auch reden so rücksichtslos
Von der Kirche und vom Staate.
        Heinrich Heine, Deutschland.
            Ein Wintermärchen

Satz als Verneinung gewertet werden muss, weil Jesus lediglich meinte: *Du* sagst es, *du* bist derjenige, der das behauptet, nicht ich.

Letztlich spielte es keine Rolle. Entscheidend war, dass Jesus sich weigerte, weiter mit Pilatus zu reden. Selbst die Folter ließ er klaglos über sich ergehen, und er sprach auch kein Wort zu den Soldaten, die ihn während der Geißelung verhöhnten und verspotteten.

Dieses renitente Schweigen wog schwerer als der Verdacht, Jesus sei ein Aufrührer. Eine solche Widerspenstigkeit durfte sich ein Präfekt nicht gefallen lassen. Denn »contumacia«, Widersetzlichkeit gegen den Statthalter, war gleichzeitig eine Missachtung des Kaisers und konnte mit dem Tod am Kreuz bestraft werden.

Der Prozess wird nur wenige Minuten gedauert haben; man hielt sich nicht lange mit diesem Fall auf. Verhaftung, Verhör, Folterung, Hinrichtung – alles in nur knapp 24 Stunden.

Mehr durfte Jesus auch nicht erwarten, schließlich zählte er zu den »peregrinus«, den Nicht-Römern, und entstammte der gesellschaftlichen Unterschicht. Für ihn war Pilatus die erste und letzte Instanz; das Recht, an den Kaiser zu appellieren, besaßen nur die Bürger Roms oder die Oberschichten in den besetzten Gebieten.

Die prägnanteste Formel für dieses kurze Verfahren gegen Jesus hat der deutsche Jurist Weddig Fricke gefunden, der seinem Jesus-Buch den Titel gab: *Standrechtlich gekreuzigt.*

PROZESS GEGEN JESUS

 ## ÜBERLIEFERUNG

Die wichtigsten Quellen für das Leben Jesu sind die vier Evangelien des Neuen Testaments. Zwischen 65 und 100 n. Chr. verfasst, stützen sie sich auf mündliche Überlieferungen. Die spärlichen nichtchristlichen Quellen wie die *Jüdischen Altertümer* von Josephus Flavius, Tacitus' *Annalen* oder der *Talmud* erwähnen zwar seine Persönlichkeit, liefern aber keine weiteren Erkenntnisse über seine Biographie. Jesus wurde 4 v. Chr. oder etwas früher vermutlich im galiläischen Nazareth in Palästina geboren. Mit etwa dreißig Jahren empfing er durch den Bußprediger Johannes die Taufe im Jordan und begann danach als prophetischer Wanderlehrer durch Galiläa zu ziehen. Im Mittelpunkt seiner Botschaft stand das nahende Reich Gottes. Die Zeit seines öffentlichen Handelns betrug zwei oder drei Jahre. Das historisch sicherste Ereignis ist seine Kreuzigung. Zuvor von Pontius Pilatus, dem römischen Statthalter der Provinz Judäa, als der »König der Juden« zum Tode verurteilt, starb er höchstwahrscheinlich im Jahr 30. An seiner Verurteilung und Hinrichtung waren Teile der jüdischen Oberschicht in Jerusalem, Leute aus dem Volk und die römische Besatzungsmacht beteiligt – jeweils mit unterschiedlichem Interesse an seiner Beseitigung.

Nachgeschichte

Die Evangelien berichten, dass am selben Abend ein oder zwei Mitglieder des Hohen Rates von Pontius Pilatus den Leichnam Jesu erbaten und ihn dann in einem Felsengrab bestatteten. Drei Tage später war das Grab leer. Seine Anhänger deuteten das Verschwinden des Leichnams im Sinne der Auferstehung vom Tod und gaben damit den entscheidenden Anstoß zur Begründung des Christentums. Der kurze Prozess gegen Jesus erwies sich als der folgenreichste in der Weltgeschichte. Laut der Darstellung der Evangelien hatte das jüdische Volk Jesus' Tod gefordert und ihn verspottet, Pilatus erscheint als Unschuldiger. Über Jahrhunderte hinweg hat das Christentum behauptet, »die« Juden seien schuld an der Kreuzigung Jesu – eine Behauptung, auf der der christliche Antijudaismus und der rassistische Antisemitismus wesentlich aufgebaut haben. Nach der Gründung Israels 1948 beantragten christliche Theologen aus verschiedenen Ländern vor dem Obersten Gericht eine Revision des Prozesses gegen Jesus. Die Anträge mussten aber abgelehnt werden, da die Evangelien als Grundlage für eine Prozessrevision nicht ausreichen.

Künstlerische Bearbeitung

Seit frühchristlicher Zeit ist die Leidensgeschichte Jesu eines der Hauptthemen der bildenden Kunst und inspirierte Schriftsteller und Musiker ebenso wie die ersten Filmemacher. Bereits 1897 stellten die Brüder Lumière mit ihrem 14-minütigen Film *La vie et la passion de Jésu-Christ* einen der ersten Jesusfilme vor. Seitdem hat Jesus eine unvergleichliche Filmkarriere durchlaufen. Vor allem die in Hollywood gedrehten Monumentalverfilmungen seines Lebens wurden bekannt. Heftige Kontroversen löste 1964 Pier Paolo Pasolinis Verfilmung des Matthäusevangeliums aus. Die dem traditionellen Bibelkino geistig und formal entgegengesetzte Version eines kämpferischen Christus, der soziales Engagement predigt, gilt bis heute als einer der wichtigsten Filme zu diesem Thema.

 ## EMPFEHLUNGEN

Lesenswert:

Chaim Cohn: *Der Prozess und Tod Jesu aus jüdischer Sicht*, Frankfurt/Main 2001.

David Flusser: *Jesus*, Reinbek 2000.

Sehenswert:

Il Vangelo secondo Matteo. Regie: Pier Paolo Pasolini. Italien 1964.

Monty Python's Life of Brian. Regie: Terry Jones, mit Graham Chapman, John Cleese, Terry Gilliam, Eric Idle, Terry Jones; Michael Palin. USA 1979.

Jesus of Montreal. Regie: Denys Arcand, mit Lothaire Bluteau, Catherine Wilkening. Kanada/F 1989.

Besuchenswert:

Der Tempelberg und die Grabeskirche über dem vermuteten Grab Jesu in Jerusalem.

 ## AUF DEN PUNKT GEBRACHT

Schweigen ist nicht immer Gold. Aber hätte Jesus sich verteidigt, wären die Christen vielleicht nur eine kleine, längst vergessene Sekte geblieben und wäre Pontius Pilatus in den Tiefen der Geschichte verschwunden.

Der Sturz des Löwen
Prozess gegen Heinrich, Herzog von Sachsen und Bayern (1178–1180)

Der Kaiser scheute keine Demütigung. Sogar zu einem Kniefall ließ er sich herab, um die Hilfe seines Vasallen zu erbitten. Niemand hatte erwartet, dass die Begegnung 1176 in Chiavenna derart dramatisch verlaufen würde.

Kaiser Friedrich I., der wegen seines rotblonden Bartes Barbarossa genannt wurde, brauchte dringend Unterstützung. Sein fünfter Feldzug gegen die widerspenstigen Norditaliener war in eine Krise geraten. Zu früh hatte er einen Teil der Truppen nach Hause geschickt, und nur einer konnte diesen strategischen Fehler rasch wieder wettmachen: Heinrich der Löwe, Herzog von Sachsen und Bayern, ein Vetter und alter Verbündeter Barbarossas.

Seit fast einem Vierteljahrhundert bestimmten Kaiser und Vasall die Geschicke des Landes. Es war ihnen gelungen, den Machtkampf zwischen dem Herrschergeschlecht der Staufer, dem Bar-

■ *Friedrich Barbarossa. Unterwerfung Heinrichs des Löwen.* Reichstag zu Erfurt, November 1181. Heinrich unterwirft sich Kaiser Friedrich I. Barbarossa. Schulwandbild. Farblithographie nach einer Zeichnung von Osmar Schindler (1869–1927)

barossa angehörte, und dem der Welfen, aus dem Heinrich stammte, zu beenden. Gemeinsam hatten sie Papst Alexander III. getrotzt, das Schisma, die Spaltung der Kirche getragen, um die Macht Roms zu beschränken. Barbarossa erwartete zu Recht, sich in einer Notlage auf diese Allianz verlassen zu können, denn Heinrich war dem Kaiser durch einen Treueeid verpflichtet. Und ihm verdankte er auch seine außergewöhnliche Stellung im deutschen Reich.

1156, wenige Jahre nachdem Barbarossa zum König gewählt und zum Kaiser gekrönt worden war, belehnte er Heinrich, der damals schon den Titel Herzog von Sachsen trug, zusätzlich mit dem Herzogtum Bayern. Das war neu: ein Vasall des Kaisers, der zwei Herzogtümer in seiner Hand vereinigte, also seinem Lehnsherrn sogar gefährlich werden konnte! Doch Heinrich erwies sich der Gunst würdig: Er beteiligte sich an den Kriegen, zu denen Friedrich I. seine Vasallen rief, stand ihm stets tapfer und mutig zur Seite. Gleichzeitig setzte er alles daran, sein Machtgebiet auszudehnen, gründete Städte, wie etwa München oder Lübeck, und begann den locker zusammengefügten Herrschaftsbezirk zu einem in sich geschlossenen Territorium umzuwandeln. Dabei ging er nicht zimperlich zu Werke, schreckte vor keinem Kampf zurück. Natürlich nahmen die anderen Fürsten, deren Besitz plötzlich infrage gestellt wurde, das nicht einfach hin. Die Klagen beim Kaiser häuften sich. Es nützte wenig: Barbarossa entschied in der Regel im Sinne des Löwen.

Der hatte, vor allem auch nach seiner Heirat mit Mathilde, einer Schwester Richard Löwenherz' und Tochter des englischen Königs Heinrich II., fast schon königlichen Status erlangt. Sein ohnehin ausgeprägtes Selbstbewusstsein steigerte sich zum Hochmut –

■ Allegorie auf den Besitzverlust Heinrichs des Löwen. Nach der Ächtung durch Friedrich I. Barbarossa 1179/80 wurden die Lehen unter weltlichen und geistlichen Fürsten aufgeteilt. Gemälde, Braunschweig 1675. Braunschweig, Städtisches Museum

»Ich war sonst nicht gewohnt, hier von irgendjemand Geleit zu erhalten, sondern es anderen zu gewähren.« Angeblicher Ausspruch Heinrichs des Löwen, als er vor Barbarossas Heer bei Lübeck kapitulierte und vom Kaiser freies Geleit zugesagt bekam

So wurde der einst im Römischen Reich berühmteste und mächtigste Herzog gedemütigt und gestürzt. Endlich hatte er sich ergeben, und nach dem Spruche der Fürsten wurden ihm Name und Amt eines Herzogs genommen, dazu alle Lehen, die er vom Reiche und von Bischöfen hatte; außerdem zwang man ihn, auf drei Jahre das Reichsgebiet zu verlassen. Kommentar der zeitgenössischen Kölner Königschronik zum Sturz Heinrichs des Löwen

■ *Barbarossas Fußfall vor Heinrich dem Löwen.* März 1176: Friedrich bittet vergeblich um Hilfe im Krieg gegen den lombardischen Städtebund. Bildpostkarte, nach einem Fresko von Hermann Wislicenus (1825–1899), im Reichssaal der Kaiserpfalz in Goslar

und verleitete ihn zu einer folgenreichen Fehleinschätzung. Zwar war Heinrich umgehend auf Wunsch des Kaisers in die Burg von Chiavenna, nördlich des Comer Sees, geeilt und zeigte sich auch bereit, Barbarossa Truppen zur Verfügung zu stellen – aber er verlangte einen hohen Preis: die Reichsvogtei Goslar, die üppige Silbervorkommen besaß und ein wichtiger wirtschaftlicher Stützpunkt im Norden des deutschen Reiches war. Diese Anmaßung konnte und wollte der Kaiser nicht dulden. Den Forderungen des Löwen nachzugeben hätte bedeutet, ihn als Gleichberechtigten anzuerkennen. Lieber riskierte Barbarossa eine militärische Niederlage, als auf diesen Erpressungsversuch einzugehen.

Chiavenna markiert den Anfang vom Ende des Bündnisses zwischen Kaiser und Vasall. Fortan richtete sich die Politik Barbarossas gezielt gegen den aufmüpfigen Herzog. Friedrich I. versöhnte sich mit dem Papst, den er über zwei Jahrzehnte lang befehdet hatte, und verfügte, dass einigen Bischöfen der Besitz, der ihnen von Heinrich streitig gemacht worden war, zurückgegeben werden müsse. Zum ersten Mal griff der Kaiser in innersächsische Angelegenheiten ein. In Heinrichs Herrschaftsgebiet kam es daraufhin an allen Ecken und Enden zu Auseinandersetzungen. Die Bischöfe versuchten, ihre Ansprüche geltend zu machen, Heinrich antwortete mit Waffengewalt.

Schließlich lud Barbarossa die verfeindeten Parteien zu einem Reichstag nach Speyer. Dort erhob der Löwe schwere

Anschuldigungen gegen seine Rivalen, aber auch diese warfen ihm vor, den Landfrieden gebrochen zu haben.

Normalerweise bemühte sich der Kaiser, der ein Mann des Ausgleichs war, in solchen Fällen zu vermitteln. Diesmal jedoch nahm er die Klagen an und setzte einen Termin für den Prozess fest. Mitte Juni 1179 wollte man den Streit auf dem Reichstag in Worms verhandeln. Heinrich, dem allmählich schwante, dass vor allem er sich gegen die Vorwürfe zur Wehr setzen sollte, erschien erst gar nicht.

Der Herzog hätte wissen müssen, dass dies ein Fehler war. Denn nun erging ein Urteil, dass Heinrich der Acht verfallen würde, sollte er sich auch künftig weigern, vor Gericht aufzutreten. Der Achtspruch bedeutete eine vorläufige »Friedloserklärung«. Wer binnen Jahr und Tag – einem Jahr, sechs Wochen und drei Tagen – eine Buße zahlte, konnte sich aus der Acht lösen. Erst danach wurde es wirklich ernst.

Der Löwe blieb stur, ignorierte zwei weitere Vorladungen und zog stattdessen wieder in den Kampf. Seine Feinde wurden immer zahlreicher, und Heinrich geriet langsam in eine prekäre Lage. Er bat den Kaiser um eine Unterredung. Doch Barbarossa, kaum noch bereit, Frieden mit seinem Vasallen zu schließen, verlangte als Buße die unerhörte Summe von 5000 Mark. Seine Rechnung ging auf. Trotzig wies Heinrich das Angebot zurück.

Jetzt wurde er mit einem zweiten Prozess konfrontiert. Friedrich I. selbst trat als Kläger auf. Er beschuldigte den Löwen, seine Pflichten als Lehnsmann verletzt zu haben, die unbedingten Gehorsam gegenüber dem Kaiser verlangten. Indem Heinrich dem königlichen Gericht fern geblieben war, hatte er dieses Gebot missachtet.

Er tat es erneut. Der Vasall boykottierte auch das zweite, lehnsrechtliche Verfahren gegen ihn. Am 13. Januar 1180 erhielt er die Quittung. Heinrich wurden beide Herzogtümer und sämtliche andere Reichslehen aberkannt, er verlor seine Stellung als Reichsfürst. Friedrich I. splittete das Territorium in kleinere Gebiete auf und verteilte es neu – wovon hauptsächlich Heinrichs Erzfeinde profitierten. Nachzulesen waren diese Entscheidungen in der *Gelnhäuser Urkunde*, einem Dokument mittelalterlicher Sprachkunst: Es bestand aus einem einzigen, sehr langen und verschachtelten Satz.

Das Urteil zu vollstrecken fiel allerdings nicht leicht, denn Heinrich zog erneut in den Kampf gegen seine

■ Grabmal Heinrichs des Löwen und seiner Gemahlin Mathilde, Kalkstein, vor 1250. Braunschweig, Dom

■ Heinrich der Löwe. Gemälde, um 1836, von Christian Tunica (1795–1836). Braunschweig, Herzog Anton Ulrich-Museum

> *So möge die Gesamtheit der gegenwärtigen wie der zukünftigen Getreuen des Reiches wissen, dass Heinrich, ehemals Herzog von Bayern und Westfalen, darum weil er der Kirche Gottes und der Edlen des Reiches Freiheit dadurch, dass er sich ihrer Besitzungen bemächtigte und ihre Rechte minderte, schwer unterdrückt hatte, auf drängende Klage der Fürsten und sehr vieler Edler, weil er, obwohl durch Ladung aufgerufen, sich unserer Majestät zu stellen verschmäht habe und für diese Widerspenstigkeit dem Spruch der Fürsten und Schwaben seines Standes auf unsere Acht verfallen sei ...*
>
> Aus der Gelnhäuser Urkunde, 13. April 1180

Widersacher, konnte sich sogar lange Zeit erfolgreich behaupten. Im August 1181 musste er jedoch vor der Übermacht der kaiserlichen Truppen kapitulieren.

Und so wie der Kaiser fünf Jahre zuvor in Chiavenna zur symbolischen Demutsgeste bereit gewesen war, zwang er nun Heinrich, seine Unterwerfung öffentlich mit einem Kniefall zu inszenieren. Dann schickte er ihn für drei Jahre nach England ins Exil. Später versuchte Heinrich noch einmal, durch Feldzüge Gebiete im Norden Deutschlands in seine Gewalt zu bringen, wurde wieder besiegt und ein zweites Mal verbannt. Erst ein Jahr vor seinem Tod versöhnte er sich mit dem neuen Kaiser, Heinrich IV. Dessen Vorgänger Barbarossa war wenige Jahre zuvor bei seinem letzten Kreuzzug ertrunken. Am 6. August 1195 starb Heinrich der Löwe in Braunschweig. Dort wurde er auch beigesetzt, in dem Dom, den er hatte bauen lassen.

Erst Mitte des 13. Jahrhunderts gelang es den Welfen, wieder eine zentrale Stellung im Norden des Reiches und damit in der deutschen Geschichte zu erlangen. Gleichzeitig setzte der Niedergang der Staufer ein, die, nach nur einhundert Jahren, ihre bedeutende Rolle für immer einbüßten.

■ Braunschweiger Löwe. Diese Bronzeskulptur eines Löwen auf einem hohen Sockel wurde 1166 im Auftrag Heinrichs des Löwen auf dem Burgplatz aufgestellt und 1989 durch eine Kopie ersetzt.

HEINRICH DER LÖWE

 BIOGRAPHIE

Heinrich der Löwe, einer der populärsten und zugleich umstrittensten Herrscher des deutschen Mittelalters, wurde um 1129 geboren – weder Ort noch Zeitpunkt seiner Geburt sind bekannt. Er war der einzige Sohn von Heinrich X., dem Stolzen, aus der Familie der Welfen. Als Heinrich der Stolze starb, hinterließ er seinem kaum zehnjährigen Sohn den Konflikt mit König Konrad III. aus dem Geschlecht der Staufer, der ihm kurz zuvor seine beiden Herzogtümer Bayern und Sachsen aberkannt hatte. 1142 bekam Heinrich der Löwe Sachsen zurück und unter Friedrich I. Barbarossa, seinem Vetter, 1156 auch Bayern, verkleinert allerdings um die zu einem eigenen Herzogtum erhobene Mark Österreich. Bald nach seinem Regierungsantritt in Sachsen begann Heinrich vor allem im Norden und Nordosten des Heiligen Römischen Reiches seine herzogliche Macht auszudehnen und erhielt dabei die volle Rückendeckung Friedrich Barbarossas. Friedrich übertrug ihm das Recht der Errichtung von Bistümern und der Einsetzung von Bischöfen, der Investitur, von dem Heinrich bei der Neugründung der Bistümer Oldenburg, Mecklenburg und Ratzeburg Gebrauch machte. An vielen Orten trieb er die Stadtentwicklung voran, so zum Beispiel in Schwerin, Stade, Bremen und Lüneburg. 1159 gründete Heinrich Lübeck neu und sicherte damit der Hanse den Ostseehandel, den er durch Verträge mit Gotland, Schweden und Nowgorod förderte. Die Burg Dankwarderode in Braunschweig baute er sich zur Residenz aus. Als Ausdruck seiner Hoheit und Gerichtsbarkeit ließ Heinrich 1166 das Löwendenkmal errichten, eines der berühmtesten Bronzebilder Deutschlands. Dafür, dass er seine politischen Ziele mit großer Rücksichtslosigkeit durchsetzte und sich zahlreiche Feinde machte, steht unter anderem die Gründung Münchens 1157/58, die er mit einem Gewaltstreich gegen den Bischof von Freising durchsetzte. Heinrich, von Friedrich Barbarossa immer wieder begünstigt, erwies sich seinerseits dem Kaiser als wichtige politische und militärische Stütze. Mehr als zwanzig Jahre standen im Zeichen eines kooperativen Nebeneinanders von Staufern und Welfen. 1176 fand der gemeinsame Herrschaftsausbau ein abruptes Ende, als Heinrich Friedrich in Chiavenna die erbetene Hilfe gegen den Lombardenbund verweigerte. 1180 wurde Heinrich in Gelnhausen geächtet und verlor seine Herzogtümer. Nach anfänglichem Widerstand unterwarf er sich und ging 1181 in die Verbannung zu seinem Schwiegervater Heinrich II. von England. 1194 kehrte er nach Braunschweig zurück, wo er am 6. August 1195 starb.

Künstlerische Bearbeitung

Heinrichs Person und einzelne Ereignisse aus seinem Leben wurden schon früh Gegenstand der Sage, die über Deutschland hinaus Verbreitung fand, wie etwa in der tschechischen und russischen Literatur. Die älteste literarische Fassung der Sage von Heinrich dem Löwen ist das um 1300 von einem alemannischen Dichter verfasste Epos *Reinfried von Braunschweig*. Sie knüpft an Heinrichs Pilgerfahrt nach Jerusalem im Jahr 1172 an. Es heißt, Heinrich habe von dieser Reise einen Löwen mitgebracht, der ihm über den Tod hinaus seine Anhänglichkeit bewahrt habe, bis er am Grab Heinrichs gestorben sei. An der Tür des Braunschweiger Doms sind angeblich Kratzspuren des Löwen zu sehen.

 EMPFEHLUNGEN

Lesenswert:
Karl Jordan: *Heinrich der Löwe. Eine Biographie*, München 1996.

Besuchenswert:
Im Braunschweiger Dom, den Heinrich 1173 errichten ließ, befindet sich sein Grab. Das zwischen 1230 und 1240 entstandene Grabmal gehört zu den eindrucksvollsten Werken der niedersächsischen Bildhauerkunst des 13. Jahrhunderts. In dem Dom ist auch ein Faksimile des von Heinrich in Auftrag gegebenen Evangeliars ausgestellt, ein Hauptwerk mittelalterlicher Kunst in Deutschland, das um 1188 entstand.

Die Burg Dankwarderode.

 AUF DEN PUNKT GEBRACHT

Ein politischer Prozess, der ganz nach den Normen des damaligen Rechts geführt wurde. Eine taktische Meisterleistung Barbarossas – und ein böses Erwachen für Heinrich den Löwen.

»Hängt das Schwein!«
Prozesse gegen Tiere (9. bis 19. Jahrhundert)

»Wir möchten bezeugen, dass sie in Worten und Taten und all ihren Lebensgewohnheiten eine äußerst anständige Person ist.« Eidesstattliche Erklärung des Gemeindepfarrers und der Dorfbewohner des französischen Dorfes Vanvres, die sich damit 1750 für eine Eselin einsetzten, die Sodomie-Opfer geworden war

■ Szene aus dem Historienkrimi *Pesthauch des Bösen* von 1993. Die bizarre Geschichte erzählt, wie in einem französischen Dorf zur Zeit der Renaissance ein Schwein des Mordes an einem Kind bezichtigt wird.

Der Täter hatte leichtes Spiel: Die Mutter weilte im Dorf, der Vater hütete das Vieh, zurückgeblieben war der Säugling, allein in seiner Wiege. Ungehindert betrat der Bösewicht das Haus, machte sich über sein wehrloses Opfer her – ein grausames Gemetzel, das der arme Wurm nicht überlebte. Aber der Mörder wurde zügig entdeckt, in einem Gerichtsverfahren zum Tode durch den Strick verurteilt und vom Scharfrichter aufgeknüpft.

Der Täter war ein Schwein. Im Wortsinn. Tiere endeten im Mittelalter nicht selten am Galgen; noch im 18. Jahrhundert henkte man in England ein Schwein, das ebenfalls ein Kind getötet hatte. Selbstverständlich erhielt es einen ordentlichen Prozess mit Richter, Ankläger, Verteidiger und vor großem Publikum. Bei der Urteilsvollstreckung mussten alle Schweine der Region anwesend sein – der Abschreckung wegen. In einem anderen Fall, der sich 1379 in Frankreich zutrug, sollte gleich die ganze Herde dran glauben, weil sie tatenlos zusah, wie einer ihrer Artgenossen den Sohn des Schweinehirten hinmeuchelte. Der Herzog von Burgund begnadigte schließlich die restlichen Tiere, um eine wirtschaftliche Katastrophe abzuwenden.

Ob große oder kleine Viecher, vor Gericht waren alle gleich: Pferde, Schweine, Esel, Maikäfer, Ameisen, Kröten. Natürlich wusste auch der mittelalterliche Jurist, dass Tiere dem Verfahren intellektuell kaum folgen konnten; und die Geistlichen stritten lange, ob mehrbeinige Wesen überhaupt eine Seele besäßen. Aber

man glaubte an Gut und Böse, an Gott und den Teufel, der auch in Gestalt eines Tieres auftreten und die Menschen aufs Übelste beeinflussen konnte. Religiöse Vorstellungen, gepaart mit Tradition und Aberglaube, führten zu den bizarrsten Prozessen. Im Mittelpunkt stand die Tat. Sie musste gesühnt werden, zuweilen sogar von den Opfern. Das galt vor allem in Fällen von Sodomie. Hier konnte man sich offiziell ab 1532 auf die »Constitutio Criminalis Carolina«, das von Kaiser Karl V. erlassene Strafgesetzbuch, berufen. Doch auch jenseits europäischer Grenzen war Sex mit Tieren verpönt und strafbar – für den Schänder und den Geschändeten. Als 1662 in New Haven, im Staat New York, Mrs. Potter ihren Ehemann in flagranti mit einer Hundedame erwischte, konnten sich die Ertappten ausrechnen, was ihnen blühte. Zwar brachte der Vergewaltiger zum Beweis seiner Reue die Hündin um, aber ein Prozess ließ sich trotzdem nicht vermeiden. Und jetzt erst offenbarte sich der gesamte Umfang des Verbrechens. Das Gericht bescheinigte Mr. Potter, vom Teufel besessen zu sein, und schickte ihn auf den Galgenhügel. Ihm folgten: eine Kuh, zwei Kälber, drei Schafe, zwei Schweine.

Es kam sogar vor, dass auch Gegenstände der Gerichtsbarkeit unterstellt wurden. Im 14. Jahrhundert richtete man ein ganzes Haus samt der dazugehörenden Tiere hin, weil sie die Vergewaltigung der Hausfrau nicht verhindert hatten. Zuweilen aber ließen die Richter Milde walten. Als im 18. Jahrhundert in England ein Kutscher bei einem Unfall ums Leben kam, verurteilte man das Pferd zum Tode. Da jedoch die Besitzerin des Tieres bei der Verkündung des Richterspruchs in Ohnmacht fiel, wurde der Gaul begnadigt, allerdings vom Kutsch- zum Arbeitspferd degradiert.

Während weltliche Gerichte bei Tierprozessen fast ausschließlich die Todesstrafe kannten, standen der Kirche wesentlich vielfältigere Möglichkeiten zur Verfügung; mal sprach sie den Kirchenbann aus, wie 1559 in Dresden, als Spatzen durch unbotmäßiges Gezwitscher des Pfarrers Predigt störten, mal exkommunizierte sie den Delinquenten oder exorzierte ihn. Haus- und Nutztiere fielen in der Regel in die Zuständigkeit der weltlichen Justiz. Die Kirche hingegen nahm sich mit Vorliebe der Schädlinge an, prozessierte unter anderem gegen Raupen, Schnecken, Heuschrecken, Mäuse und Ratten. Dieses Kleingetier vor Gericht zu zitieren gestaltete sich oft schwierig. Den Pflichtverteidiger ei-

■ In diesem Prozess ist der Angeklagte ein Schwein. Es wird beschuldigt, ein Kind getötet zu haben. Stich, 1457

Die Vorladung ist null und nichtig, da ein solches Verfahren voraussetzt, dass die geladenen Parteien mit Willen und Vernunft begabt und deshalb imstande sind, Verbrechen zu begehen. Dies ist hier nicht der Fall. Was die Tiere betrifft, so existiert gerechterweise keine verhandlungsfähige Sache. Sie sind in keiner Weise gebunden und unfähig, Verträge zu schließen. Umso weniger kann die Rede von einem Delikt sein, da die rationalen Gaben fehlen, die wesentlich zur Befähigung eines Verbrechens befähigen.

Mittelalterlicher Jurist, der Insekten zu verteidigen hatte

A Cat hung up in Cheapside, habited like a Priest.

■ Dieser Stich von 1554 zeigt eine von Protestanten gehängte Katze, die vermutlich die Katholiken darstellen soll. Während der Kreuzzüge verbrannten die Christen Katzen als Symbol für Araber.

»So ein Mensch mit einem Viehe, Mann mit Mann, Weib mit Weib Unkeuschheit treibet, die haben auch das Leben verwirket, und man soll sie der gemeinen Gewohnheit nach mit dem Feuer vom Leben zum Tode retten.«

Artikel 116 der Carolina; entspricht dem 20. Kapitel des 3. Buches Moses: Sodomie als Tötungsdelikt

ner Rattenfamilie, die die Gerstenvorräte einer ganzen Provinz in der Bourgogne vertilgt hatte, brachte der Zeitfaktor an den Rand der Verzweiflung. Es sei schlicht unmöglich, seine Mandanten termingerecht beizubringen, klagte er, denn sie lebten über mehrere Dörfer verstreut, und der Weg sei außerordentlich gefährlich, schließlich lauerten dort Todfeinde wie Katzen. Eine zweite Vorladung erfolgte. Auch 1519 im Tiroler Stelvio berücksichtigten Kirchenrichter die besonderen Bedrohungen, denen die Tierchen ausgesetzt waren. Sie gewährten einer zu ewiger Verbannung verurteilten Schar Feldmäuse freies Geleit, um sie vor blutrünstigen Hunden und Katzen zu schützen. Eltern mit minderjährigen Jungen und schwangeren Mäusen räumte man eine zusätzliche Frist von 14 Tagen ein.

Ein wahrhaft christliches Urteil fällte das Kirchengericht der alten französischen Bischofsstadt St. Jean de Maurienne 1546: »Gott hat die Erde mit Früchten und Pflanzen bedeckt, sodass sie alle seine Geschöpfe ernähre«, sprachen die Richter und wiesen damit eine Klage von Weinbauern ab, die sich vergebens Hilfe erhofften im Kampf gegen eine Horde gefräßiger grüner Käfer. Vielleicht, mutmaßte das Gericht, habe Gott das lästige Kleinvieh gesandt, um die Bauern für ihre Sünden zu strafen? Die Bauern versuchten es fortan mit kirchlichen Messen, auch einer Prozession um die Weinberge, und siehe da: Die Käfer verzogen sich. Allerdings tauchten sie vierzig Jahre später wieder auf, und der Interessenskonflikt um die Weinberge musste erneut verhandelt werden. Die Verteidiger der Krabbler verwiesen auf den alten Richterspruch, während die Bauern dreist argumentierten, die Tiere seien den Menschen untertan und hätten deshalb zu weichen; notfalls solle man sie exkommunizieren! Offenkundig auf Drängen des Gerichts schlugen die Kläger dann einen Vergleich vor. Großzügig boten sie den Käfern an, ihnen eine eigene Wiese zur Verfügung zu stellen, sich selbst wollten sie lediglich ein Durchgangsrecht vorbehalten, die Nutzung der darauf befindlichen Quellen und das Recht auf Zuflucht im Kriegsfall. Die Käfer, beziehungsweise deren Verteidiger, lehnten ab. Die Vegetation entspräche nicht ganz dem Geschmack ihrer Mandanten. Wie das Verfahren ausging, ist ungewiss. Die letzten Seiten der Prozessdokumente wurden von Ratten zernagt.

PROZESSE GEGEN TIERE

GESCHICHTE

Noch bis ins 19. Jahrhundert hinein wurden im Abendland Tiere von weltlichen oder kirchlichen Gerichten zum Tode verurteilt. Rund hundertfünfzig Tierprozesse seit dem 9. Jahrhundert sind bekannt, ein Großteil davon fand in Frankreich statt. Am häufigsten waren die Angeklagten im Tierprozess Schweine. Im frühen Mittelalter hatte die Schweinehaltung in weiten Teilen Mitteleuropas an Umfang deutlich zugenommen. Schweine wurden nicht mehr nur auf dem Land, sondern auch in den Städten gehalten. Da sie unter dem Schutz des Heiligen Antonius standen, durften sie sich in den Straßen und Häusern frei bewegen. Nicht selten verursachten sie Unfälle. So kam zum Beispiel 1131 der Kronprinz Philippe von Frankreich ums Leben, als er durch einen Eber vom Pferd geworfen wurde. Schweine, die einen Menschen tödlich verletzt hatten, konnten wegen Mordes zum Tode verurteilt werden. Während des Prozesses und bei der Hinrichtung kleidete man die Angeklagten an. Oft wurde solch ein Tier lebendig begraben oder langsam mit Stricken erdrosselt und der tote Körper, zur Abschreckung für die anderen Tiere, aufgehängt. Weitere Strafen für Tiere waren unter anderem Verbrennen, Enthaupten, Steinigen, Blenden, Auspeitschen, Teeren und Federn, Abschlagen von Gliedmaßen oder Ausdärmen. Was zählte, war die Tat, nicht der Täter, egal ob dieser tierischer oder menschlicher Natur war. Vor weltliche Gerichte kamen im allgemeinen nur Haus- und Nutztiere. Demgegenüber prozessierte die Kirche oft gegen Schädlinge wie zum Beispiel Mäuse, Ratten, Maulwürfe, Kröten, Insekten, Raupen und besonders häufig gegen Heuschrecken. Dabei ging es meist um die Frage, wer das Anrecht auf ein bestimmtes Gebiet habe: der Mensch oder das Tier? So gestand ein Gericht Mitte des 17. Jahrhunderts Raupen, die sich durch das Tessin fraßen, zwar ein Recht auf Leben, Freiheit und Glücksstreben zu, verwies sie aber von den Feldern und Wiesen in den Wald. Ein anderer Fall ist aus dem Franziskanerkloster San Antonio in Brasilien bekannt: Dort klagten 1713 Mönche gegen weiße Ameisen, die das Grundstück überfallen hätten. Der Anwalt der Ameisen argumentierte, die Ameisen seien bereits sehr viel länger anwesend als die Mönche, und erwähnte nebenbei, dass sie im übrigen auch ein bisschen fleißiger seien. Die Franziskaner wurden angewiesen, den Ameisen eine Ersatzbleibe zu verschaffen. Das Urteil wurde ordnungsgemäß vor dem Ameisenhaufen verlesen. Glaubt man der Klosterchronik, dann sind die Ameisen sofort geschlossen in die neue Heimat losmarschiert. Im Gegensatz zur Philosophie, die sich seit der Antike immer wieder mit dem Wesen und den Rechten der Tiere auseinandersetzte und sie in Beziehung zum Menschen betrachtete, spielt die Tierjustiz als Teilgebiet der Rechtsgeschichte kaum eine Rolle und ist nur wenig erforscht.

Künstlerische Bearbeitung

Um einen Tierprozess in Frankreich zur Zeit der Renaissance geht es in Leslie Megaheys Thriller *Pesthauch des Bösen* (1993, *The Hour of the Pig*). Ein junger, ehrgeiziger Pariser Anwalt erhält den Auftrag, in einem noch stark mittelalterlichen Traditionen verhafteten Dorf ein Schwein zu verteidigen, das des Mordes an einem Kind angeklagt ist. Nachdem er seinen anfänglichen Widerstand gegen diese sinnlose Aufgabe aufgegeben hat, stößt er im Zusammenhang mit seinen detektivischen Nachforschungen auf Ungereimtheiten und die Spur des wahren Täters.

EMPFEHLUNGEN

Sehenswert:
Pesthauch des Bösen (The Hour of the Pig). Regie: Leslie Megahey; mit Colin Firth, Amina Annabi, Jim Carter, Donald Pleasence. GB/F 1993.

AUF DEN PUNKT GEBRACHT

Wie die Hexenverfolgungen waren auch Tierprozesse ein Versuch, Katastrophen wie Hungersnöte, Unfälle oder Morde erklärbar zu machen. Doch die rechtliche Eigenverantwortung eines Schweins hat Grenzen. Wer Tieren allzu menschliche Züge verleihen will, sei gewarnt!

Wegbereiter der Reformation
Prozess gegen Jan Hus (1415)

Jan Hus war skeptisch. Angst hatte er auch. Konnte man Kaiser Sigismund trauen? Noch hielt er den versprochenen Schutzbrief nicht in den Händen, der ihm freies Geleit für die Hin- und Rückreise zusicherte. Das machte die Fahrt nach Konstanz zu einem Wagnis. Aber durfte er sich dieses Weltereignis wirklich entgehen lassen? Das so bedeutende Konzil in Konstanz, auf dem alles versammelt sein würde, was Rang und Namen hatte, und das ihm die Chance bot, seine Thesen endlich vor einer großen Öffentlichkeit darzulegen!

Natürlich fuhr Jan Hus nach Deutschland. Es war pure Selbstüberschätzung. Denn das Konzil dachte gar nicht dran, sich von diesem böhmischen Theologen sagen zu lassen, die Kirche nehme sich selbst zu wichtig. Die Diskussion, wie Jan Hus sie sich erhofft hatte, fiel aus. Stattdessen wurde er verhört und verurteilt. Böhmen sah er nie wieder.

■ Zdenek Stepánek als Jan Hus in dem gleichnamigen Film von Otakar Vâvra, CSSR 1954

Jan Hus' Heimat war längst in Verruf geraten. Ganz Europa sprach vom »Ketzerland Böhmen«. Besonders Prag, ein politisches und kulturelles Zentrum des Heiligen Römischen Reiches, galt als Ort der Aufsässigkeit. Die junge nationalistische Bewegung wäre vielleicht noch hinnehmbar gewesen. Rebellion gegen die kirchliche Ordnung jedoch – wie dieser Hus sie predigte – durfte unter keinen Umständen geduldet werden! Das hätte die Krise, in dem das Papsttum steckte, weiter vertieft. Und gerade diesen Konflikt wollte man ja auf dem Konstanzer Konzil beenden.

Seit 1378 war die Christenheit des Abendlandes gespalten. Erst gab es zwei, dann sogar drei Päpste, die sich gegenseitig bekämpften. Ihr Dauerkrieg verschlang viel Geld. Der Ablasshandel blühte und erwies sich als einträgliches Geschäft: Fast jeder glaubte daran, sich von seinen Sünden loskaufen zu können.

Da kirchliche und weltliche Herrschaft damals aufs Engste miteinander verknüpft waren, kamen die Fürstenhäuser Europas nicht umhin, Position zu beziehen – mal für den einen, mal für den anderen Gegenpapst, die Fronten wechselten regelmäßig. Vierzig Jahre lang kehrte keine Ruhe ein, und am Ende hatte die Amts-

> *Ihr Rang ist hoch, ihr Sinn niedrig. Die Zunge geschäftig, die Hand lässig – viel Gerede, wenig Furcht. Sie sind blinde Wächter, stumme Herolde, lahme Läufer und Ärzte, die die Krankheit nicht kennen.*
>
> Angeblich Jan Hus in einer Predigt gegen den Klerus

kirche ihre Glaubwürdigkeit beinahe vollständig eingebüßt. Allenthalben forderte man eine Reform der Kirche. Es war in Mode gekommen, die Missstände öffentlich anzuprangern. Selbst Pierre d'Ailly, der später als Kardinal über Jan Hus zu Gericht saß, hatte in jungen Jahren einen kritischen »satyrischen Brief an die Geistlichkeit« verfasst. Doch die Ideen dieser Böhmen und ihres Anführers Hus gingen vielen entschieden zu weit.

Auch jenseits der Grenzen seines Landes war Jan Hus eine Berühmtheit: ein Aufrührer zwar, aber von untadeligem Lebenswandel, der durch fulminante Predigten viele Anhänger um sich geschart hatte. Er stammte aus kleinen Verhältnissen. 1370 im südböhmischen Husinec geboren – von dem sich sein Name ableitete –, zog er als junger Mann nach Prag. Fortan bestimmte die erst 1348 gegründete Universität sein Leben. Er erlangte die Magisterwürde in Philosophie, studierte Theologie und brachte es 1409/10 sogar zum Rektor der Hochschule. Seine Laufbahn schien vorgezeichnet. Zumal nur wenige Jahre darauf König Wenzel IV. verfügte, dass den tschechischen Landeskindern mehr Rechte an der Universität eingeräumt werden müsse – zulasten der bis dahin dominierenden deutschen Professoren. Schon seit geraumer Zeit lagen beide Fraktionen miteinander im Streit. Die Machtfrage war nur ein Aspekt; im Mittelpunkt des Zwistes standen die Freiheit

»Indem man Hus hinrichtete, hat man ihn erst zum Leben erweckt.«
 Leopold von Ranke, Historiker

■ Jan Hus (Zdenek Stepánek) bei der Anhörung vor dem Konzil in Konstanz

■ Am 6. Juli 1415 wird Jan Hus auf dem Konzil zu Konstanz als Ketzer hingerichtet. Die Abbildung zeigt seine Entkleidung und den Weg zum Scheiterhaufen. Buchmalerei, 15. Jahrhundert

der Lehre und speziell die Thesen eines englischen Theologen, dessen Tod bereits zwanzig Jahre zurücklag: John Wyclif. Seine Attacken gegen die Amtskirche waren außergewöhnlich radikal. Er rief die Vertreter des Klerus dazu auf, sich von allem Weltlichen abzuwenden, Reichtum und Besitz zu entsagen. Schließlich habe Jesus, als er auf Erden wandelte, es genau so vorgelebt. Und sein Wort, also die Bibel, müsse der Maßstab für das Tun der Kirche sein. Wer dies missachte, sei nicht würdig, ein kirchliches Amt zu bekleiden. Damit rüttelte Wycliffe an den Grundfesten des Papsttums, und es ist fast ein Wunder, dass er dem Scheiterhaufen entkam.

Konservative Theologen wie die deutschen Professoren in Prag lehnten diese Thesen entrüstet ab. Sie wollten die Autorität des Papsttums gewahrt wissen. Bei den tschechischen Intellektuellen hingegen stießen sie auf großen Widerhall. Jan Hus begeisterte sich ebenfalls für die Schriften Wycliffes und fand sogar eine passende Bühne, um diese zu verkünden. Nach seiner Priesterweihe hatte man ihn an die Bethlehemkapelle in Prag berufen. Hier war Jan Hus ganz in seinem Element. Er predigte in tschechischer Sprache anstatt, wie sonst üblich, in Latein und verkündete die Lehren seines Meisters, obwohl sie inzwischen als Ketzerei verdammt worden waren. Hus kümmerte es wenig. Wortgewaltig geißelte er das Verhalten des Klerus und scheute sich nicht, die Geistlichen beim Namen zu nennen, die er für Sünder hielt. Dieser Affront verlangte nach einer Antwort. Sie erfolgte zügig. Die Kirche untersagte ihm die Ausübung des Priesteramts. Jan Hus predigte weiter. Er wurde mit einem Bann belegt. Jan Hus fügte sich nicht. Noch hielt König Wenzel seine schützende Hand über ihn, was sich aber schlagartig änderte, als der Ablasshandel auch in Böhmen Einzug hielt. Wenzel gestattete die Geldeintreiberei, weil ein Teil der Einnahmen in seine Kassen floss. Es kam zum Bruch zwischen Hus und dem König. Dann verhängte die Kirche einen Bann über ganz Prag, die theologische Fakultät der Universität schloss Jan Hus vom Lehrbetrieb aus. Er floh in den Süden Böhmens.

Drei Jahre später erhielt er die Einladung nach Konstanz. Das Konzil begann 1414 und sollte vier Jahre dauern. Alle wichtigen

Vertreter des Klerus und der weltlichen Herrscherhäuser des Abendlandes hatten sich zum Konzil eingefunden, das auf Initiative des römisch-deutschen Kaisers Sigismund einberufen worden war. Sigismund wollte einen Schlussstrich unter das Schisma setzen, das Europa in solche Wirren gestürzt hatte. Dies traf sich mit den Interessen des Klerus, der mehrheitlich nach einer Reform verlangte und danach, das Ansehen der Kirche wiederherzustellen. Um den stark erschütterten Glauben zu festigen, musste man Zeichen setzen. Die störenden Ketzer sollten zur Räson gebracht werden.

Allerdings hatte Sigismund nicht die Absicht, Märtyrer zu schaffen. Ihm lag am Frieden in Prag, denn er spekulierte darauf, die Nachfolge seines Bruders Wenzel auf dem böhmischen Thron anzutreten. Vielleicht könnte man Hus dazu bringen, seine Irrlehren zu widerrufen? Der Fall musste unbedingt geklärt werden!

Im November 1414 erreichte Jan Hus Konstanz. Seine Feinde warteten schon. Sie sorgten dafür, dass Jan Hus, nur wenige Wochen nach seiner Ankunft, festgenommen wurde. Über das schriftliche Versprechen Sigismunds, ihm freies Geleit zu gewähren, sah man geflissentlich hinweg – und der Kaiser ließ es durchgehen. Den meisten Kirchenvertretern war an einem Todesurteil gegen Hus wenig gelegen. Eine Unterwerfung hätte der Autorität des Papsttums sehr viel mehr genutzt. Aber Jan Hus machte ihnen einen Strich durch die Rechnung. In drei Verhören vor dem Konzil wich er keinen Millimeter von seinen Überzeugungen ab. Das Wort der Bibel sei das allein gültige, und jeder – ob Papst oder Kardinal – habe sich nach diesem Wort zu richten: »Ein Papst, Bischof oder Prälat, der in Todsünde lebt, ist kein Papst, Bischof oder Prälat.« Es kam noch schlimmer. Hus verkündete, dass seine strikten Ansichten auch auf weltliche Herrscher gemünzt seien: »Ein König, der in Todsünde lebt, ist vor Gott kein König.« Da riss selbst Sigismund der Geduldsfaden.

Das Konzil verurteilte Jan Hus zum Tod auf dem Scheiterhaufen: »Seine Schriften sind samt und sonders zu verbrennen, in allen Sprachen. Wer

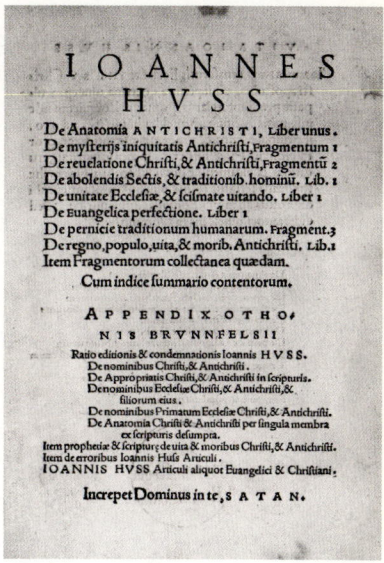

■ *De Anatomia Antichristi.* Werk von Jan Hus über den Antichrist. Herausgegeben von Otto Brunfels. Straßburg, um 1525. Erste Seite. Holzschnitt

■ Konstanz. Konzilsgebäude, in dem Jan Hus verurteilt wurde. Zeichnung, 25. September 1869, von Victor Hugo (1802–1885). Paris, Musée Victor Hugo

… dass ihr ihn sowohl sicher und völlig unbehindert durchreisen, wohnen oder verweilen als auch vollkommen freizügig wieder zurückkehren lasset.

Aus dem für Jan Hus ausgestellten Geleitbrief Sigismunds

»Jan Hus, niemand lebt ohne Sünde.«
König Sigismund während des Konstanzer Konzils

seinen Lehren anhängt, ist durch den Inquisitor am jeweiligen Ort anzuklagen wegen Ketzerei.« Letzte Versuche, Jan Hus zum Widerruf zu bewegen, scheiterten. Am 6. Juli 1415 übergab man ihn den Flammen.

Ruhe kehrte danach nicht ein. Zwar gelang es dem Konzil, die Einheit der Kirche herbeizuführen – die drei Gegenpäpste waren kurzerhand abgesetzt und verurteilt, ein neues Oberhaupt der Kirche gewählt worden –, aber genau dies empörte die Anhänger von Hus besonders. Hatte das Konzil damit im Grunde nicht genau das getan, was es ihrem Anführer vorwarf: die Autorität des Stellvertreter Gottes auf Erden infrage gestellt? Einige Tage lang waren Jan Hus und einer der Gegenpäpste im Gefängnis sogar Zellennachbarn gewesen.

In Böhmen formierte sich eine Protestbewegung, und 1419 kam es zur offenen Rebellion. Sie ging als »Hussitenkriege« in die Geschichte ein.

■ Porträt des Jan Hus. Kolorierter Holzschnitt aus einem Sammelwerk, Ende des 16. Jahrhunderts

Hundert Jahre nach dem Tod von Jan Hus sollte ein anderer Reformator endgültig die Trennung der Kirche in eine katholische und protestantische einläuten: Martin Luther, der – aus Verärgerung über den Ablasshandel – am 31. Oktober 1517 seine fünfundneunzig Thesen an die Schlosskirche zu Wittenberg schlug. Ein Brief, den Jan Hus aus dem Gefängnis an Freunde schrieb, kann man als prophetischen Hinweis darauf lesen; in Anspielung auf seinen Namen nennt er sich »husa« – die arme Gans, die für den Kochtopf bestimmt ist: »Heute bratet ihr eine magere Gans, aber über hundert Jahre werdet ihr einen Schwan singen hören – den werdet ihr nimmer braten.« Der Schwan wurde später das Symbol für Martin Luther.

JAN HUS

BIOGRAPHIE

Über Herkunft, Kindheit und Jugend von Jan Hus ist nur wenig bekannt. Um 1370 im südböhmischen Husinec geboren, ging er im nahegelegen Prachatice zur Schule, danach studierte er Philosophie und Theologie in Prag. Im Jahre 1400 wurde er zum Priester geweiht. Als Universitätslehrer und volkssprachiger Prediger an der Bethlehemkapelle gewann er in Prag viele Anhänger, schaffte sich gleichzeitig aber auch Neider und Feinde. Unter dem Einfluss der Schriften des englischen Kirchenreformers John Wyclif (um 1330–1384) exponierte er sich zunehmend als Kritiker des Kirchenlebens. Er wandte sich vor allem gegen Macht- und Besitzansprüche des Papstes und kirchlicher Institutionen und predigte ein asketisches Leben. Auch den Prager Erzbischof machte er sich mit seinen Angriffen zum Gegner. Dieser verbot die Schriften Wyclifs und ließ sie verbrennen. Obwohl 1411 mit einem Bann belegt, trat Jan Hus weiterhin öffentlich für die Wyclifschen Thesen ein, bis er 1412 die Stadt verlassen musste. Er ging nach Südböhmen und schrieb dort sein Hauptwerk Von der Kirche (1413, De ecclesia), in dem er seine Kirchenlehre entwickelte, die darin gipfelte, dass er der Herrschaftsordnung der Kirche jede Autorität absprach, wenn sie sich nicht auf die Aussage der Bibel berief. Auf Initiative des römisch-deutschen Kaisers und Königs von Ungarn Sigismund machte sich Hus im Oktober 1414 auf, um seine Thesen auf dem Konstanzer Konzil zu rechtfertigen. Trotz des königlichen Geleitbriefes wurde er kurz nach seiner Ankunft gefangen genommen. Wyclifs Lehren wurden in Konstanz erneut verdammt, gegen Jan Hus eröffnete das Konzil im Juni des folgenden Jahres einen Prozess, der mit seiner Verurteilung als Ketzer und Hinrichtung auf dem Scheiterhaufen am 6. Juli 1415 endete. Seine Asche streute man in den Rhein, ebenso die Erde unter dem Scheiterhaufen. Nichts sollte von ihm übrig bleiben. Damit konnte aber nicht verhindert werden, dass es später unter seinen Anhängern zum Brauch wurde, etwas Erde von der Stelle, auf der er verbrannt worden war, mitzunehmen.

Nachgeschichte

Der Tod von Jan Hus führte in Böhmen zu schweren Unruhen, die 1419 in Prag zu den sogenannten Hussitenkriegen eskalierten. Erst 1433 leiteten Zugeständnisse des Baseler Konzils (1431–1449) an die Hussiten den Frieden ein. Das politische Verdienst von Hus ist die kirchlich-nationale Verselbstständigung der Tschechen. Auf ihn beriefen sich in den folgenden Jahrhunderten Protestanten, Liberale, Nationalisten und schließlich auch die Dissidenten. Er schuf eine einheitliche tschechische Schriftsprache und leistete mit seinen Schriften einen maßgeblichen Beitrag zur tschechischen Literatur. Seit Anfang der 1990er Jahre wird in der Öffentlichkeit die Hus' Rehabilitierung durch die katholische Kirche diskutiert. Anlässlich des internationalen Hus-Symposiums im Dezember 1999 in Rom sprach Papst Johannes Paul II. gegenüber dem tschechischen Staatspräsidenten Vaclav Havel sein tiefes Bedauern über den grausamen Tod des böhmischen Kirchenreformers aus.

Künstlerische Bearbeitung

Ein Beispiel für eine musikalische Bearbeitung des Falls Hus ist das Oratorium Johann Hus op. 82 von Carl Loewe (1843). In der Literatur setzten sich mit ihm zum Beispiel der ungarische Schriftsteller Gyula Hay in dem Drama Gott, Kaiser und Bauer (1935) auseinander und Wilhelm Wolfgang Schütz in dem Theaterstück Vom freien Leben träumt Jan Hus. Szenen aus einer böhmischen Rebellion (1977).

EMPFEHLUNGEN

Lesenswert:
Peter Hilsch: Johannes Hus. Prediger Gottes und Ketzer, Regensburg 1999.

Besuchenswert:
Das Jan-Hus-Haus in Konstanz. Das Gebäude, in dem Johannes Hus während des Konstanzer Konzils bis zu seiner Festnahme gewohnt hatte, ist heute ein Museum.

AUF DEN PUNKT GEBRACHT

Die Macht der Kirche einschränken zu wollen und ihre Autorität anzuzweifeln kann tödlich sein. Das Urteil gegen Jan Hus wurde nie widerrufen, machte ihn aber zum tschechischen Nationalhelden.

Die Jungfrau von Orléans
Prozesse gegen Jeanne d'Arc (1431)

»Als ich 13 Jahre alt war, hörte ich eine Stimme von Gott, die kam, um mich zu leiten. ... Und nachdem ich sie dreimal gehört hatte, erkannte ich, dass es die Stimme eines Engels war.«

Wer Stimmen hört, macht sich verdächtig. Und Jeanne vernahm sie fortan fast täglich. Sie befahlen ihr, nach Frankreich aufzubrechen, zu Robert de Baudricourt, dem Kommandanten der Festung Vaucouleurs. Dieser werde ihr helfen, nach Orléans zu gelangen, damit sie die Stadt von der Belagerung befreie. Danach müsse sie nur noch dafür sorgen, dass der König in Reims gekrönt werde.

Das war schon starker Tobak für ein dreizehnjähriges Bauernmädel. Es sollte noch vier Jahre dauern, bis Jeanne d'Arc diesen Einflüsterungen nachgab – und Frankreich rettete.

Seit nahezu neunzig Jahren lag das französische Königreich schon im Krieg mit England. Beide Seiten beharrten auf ihrem Anspruch, die Nachfolge des letzten Kapetingers, Karls IV., anzutreten, der 1328 kinderlos gestorben war. Frankreich geriet, vor allem durch Streit in den eigenen Reihen, in eine immer schwierigere Position. Das mächtige Herzogtum Burgund machte gemeinsame Sache mit den Engländern. Die Normandie hatten sie bereits erobert, Paris ebenso, im Oktober 1428 begann die Belagerung von Orléans. Sollte es gelingen, diese letzte bedeutende Bastion zu stürmen, wäre der Weg frei zu den Gebieten südlich der Loire. Frankreich stand kurz vor einer vernichtenden Niederlage – mit einem Regenten an der Spitze, der noch nicht gekrönt worden war: dem Dauphin Karl VII.

In dieser Situation beschloss Jeanne, dass es nun an der Zeit sei, die Befehle der »Engel« zu befolgen. Auch an ihr war der Krieg nicht spurlos vorbeigegangen. Ihr ganzes Leben hatte sie in Domrémy verbracht, einem lothringischen Dorf an der östlichen Grenze Frankreichs. Mehrmals mussten die Bewohner vor den angloburgundischen Truppen fliehen und fanden später den Ort verwüstet vor. Jetzt, mit gerade 17 Jahren verließ Jeanne heimlich ihre Familie und machte sich auf nach Vaucouleurs. Natürlich glaubte ihr der Festungskommandant zunächst kein Wort. Er empfahl sogar, sie mit ein paar Ohr-

■ Ingrid Bergman als Johanna von Orléans in dem gleichnamigen Film von Victor Fleming, USA 1948. Der Film wurde mit zwei Oscars ausgezeichnet.

■ *Jeanne d'Arc bei der Krönung Karls VII.* Gemälde, 1854, von Jean-Auguste-Dominique Ingres (1780–1867). Paris, Musée du Louvre

feigen nach Hause zu schicken. Jeanne blieb hartnäckig. Schließlich schaffte sie es, erst Baudricourt und dann den König von ihrer Mission zu überzeugen. Auf nach Orléans! In Rüstung, mit Schwert und einem weißen Banner zog die Jungfrau in eine aussichtslose Schlacht. Nicht dass man ihr die militärische Führung anvertraut hätte – dennoch war es Jeanne, die die Wende herbeiführte. Sie bewies erstaunliches strategisches Geschick. Ihre Kühnheit und unerschrockene Art rissen die Soldaten mit. Die Engländer sahen sich zum Rückzug gezwungen, Jeanne d'Arc wurde über Nacht zur Heldin.

Zielstrebig ging sie daran, den zweiten Teil ihrer Mission zu erfüllen. Jeanne drängte den zögerlichen Dauphin, sich nach Reims zu begeben. Stolz ritt sie an Karls Seite in die Stadt ein, in der seit fast einem Jahrtausend Frankreichs Könige gekrönt wurden. Es sollte der Höhepunkt ihrer kurzen Karriere sein.

Johanna war ein bewundernswertes und erstaunliches Mädchen, welches das wankende und fast zerstörte Reich der Franzosen wieder aufgerichtet und den Engländern schwere Niederlagen zugefügt hat. Ob es Gottes- oder Menschenwerk war, ist schwer zu entscheiden.
Papst Pius II. (1405–1464)

> *Die erhabene Jeanne d'Arc bewies, dass der französische Genius in Augenblicken der Gefahr für die nationale Unabhängigkeit jedes Wunder bewirken kann.*
> Napoleon Bonaparte

Nun wollte Jeanne auch Paris erobern, so wie ihr vorhergesagt war. Der König willigte nur widerstrebend ein, er setzte auf Verhandlungen mit seinen Gegnern, ohne zu erkennen, dass diese längst zum nächsten Schlag rüsteten. Der Angriff auf Paris misslang. Hatten die Stimmen Jeanne diesmal getäuscht? Es kam noch schlimmer. Wenige Monate später geriet die kämpferische Jungfrau in Gefangenschaft des mit England verbündeten Herzogs von Burgund. England triumphierte – und bot eine hohe Summe, um diese »Hexe«, die ihnen eine solche Schmach beigebracht hatte, in die Hände zu bekommen. Karl VII. hingegen, der Jeanne kurz zuvor in den Adelsstand erhoben hatte, rührte keinen Finger. War ihm seine tapfere Helferin zu mächtig geworden?

■ *Das Martyrium der Jeanne d'Arc.* Holzstich, koloriert, um 1860. Bilderbogen (Épinal)

Der Zuschlag ging also an England. Dessen Kronrat ermächtigte den Bischof von Beauvais, Pierre Cauchon, Jeanne »wegen

ihres Aberglaubens, ihrer Irrlehren und anderer Verbrechen gegen die göttliche Majestät« den Prozess zu machen.

Nach mehreren Fluchtversuchen hatte man die Gefangene in Ketten gelegt und nach Rouen gebracht. Hier sollte das Ketzerverfahren stattfinden – streng nach den Regeln der Inquisition, obwohl sich der politische Charakter des Prozesses nicht leugnen ließ. Umso mehr bemühte man sich, den Anschein von Korrektheit zu wahren. Die Crème de la Crème der klerikalen Welt jener Tage saß über Jeanne zu Gericht: sechzig Professoren, Domherren, Mönche und Weltgeistliche, alle gewiefte Theologen, vertraut mit sämtlichen Finessen der kirchlichen Lehre. Ihnen stand eine junge Frau vom Lande gegenüber, die zwar gläubig, doch nur mäßig gebildet war.

Aber wie trat sie auf! Überraschend klug, schlagfertig, selbstbewusst bis zur Arroganz. Fragen der Richter, die ihr nicht passten, beschied Jeanne rotzfrech mit den Worten: »Hat das mit Eurem Prozess zu tun?« »Übergeht das, fahrt fort.« Selbst vor Drohungen machte sie nicht halt: »Wenn Ihr gut über mich unterrichtet wäret, müsstet Ihr wünschen, dass ich nicht in Euren Händen wäre. Ich habe nichts getan, als was mir die Offenbarung aufgetragen hat.«

Dass sie sich außerdem weigerte, die Männerkleidung, die sie seit zwei Jahren trug, abzulegen, erzürnte die geistlichen Herren besonders, denn dies galt als schwerer Verstoß gegen das Gebot der Kirche und hätte mit Folter bestraft werden können. Die Verhöre, zuerst öffentlich, dann im Gefängnis, zogen sich über drei Monate hin. Der Angeklagten beizukommen erwies sich als ausgesprochen mühsam. Nie wich Jeanne von ihrem Glauben ab, dass die Stimmen, die sie hörte, direkt von Gott gesandt seien. Und er allein war für sie die höchste Instanz. Die Aufforderung der Richter, Jeanne solle den Autoritätsanspruch der irdischen Kirche anerkennen und sich ihrem Urteil unterwerfen, parierte sie

■ *Jeanne d'Arc beim Verhör durch den Kardinal von Winchester in ihrer Zelle.* Gemälde, 1824, von Paul Delaroche (1797–1836). Rouen, Musée des Beaux-Arts

»Du hast eine falsche Auffassung von der Freiheit des menschlichen Willens.«
Aus der Urteilsbegründung

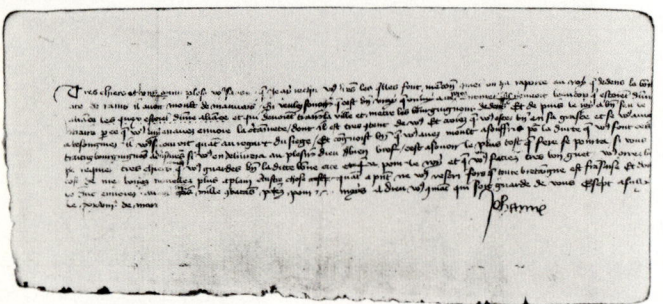

Brief der Jeanne d'Arc an die Bürger von Reims, Sully, 18. März 1429, mit eigenhändiger Unterschrift

elegant: »Ich berufe mich auf unseren Herrn, der mich gesandt hat, auf unsere Liebe Frau und alle Heiligen des Paradieses. Es scheint mir, dass unser Herr und die Kirche ein und dasselbe ist. Das ist ganz einfach. Warum macht Ihr damit Schwierigkeiten?«

Am Morgen des 24. Mai 1431 führte man die Angeklagte zum Scheiterhaufen. Die Richter waren zu dem Schluss gekommen, »dass diese Offenbarungen und Erscheinungen Aberglaube, Sinnestäuschungen sind, böse und vom Teufel.« Kaum hatte Bischof Cauchon mit der Urteilsverkündung begonnen, geschah das Unerwartete: Jeanne brach zusammen und widerrief. Vielleicht hatte sie bis dahin gehofft, befreit zu werden. Die Richter wandelten die Strafe in lebenslänglichen Kerker um.

Drei Tage später machte Jeanne eine neuerliche Kehrtwendung. Sie erschien wieder in Männerkleidung. Dieser Affront führte flugs zu einem neuen Prozess. Er dauerte nur einen Tag.

Am 30. Mai 1431 starb die Jungfrau von Orléans auf dem Scheiterhaufen. Ihre Asche streute man in die Seine.

Auf Betreiben des französischen Königs, der Jeanne einst im Stich gelassen hatte, wurde der Prozess fünfundzwanzig Jahre später wieder aufgerollt. Dafür gab es einen politischen Grund: Karl VII. konnte es nicht zulassen, dass er seinen Thron einer »Hexe« verdankte. Aber er wollte auch keinen Streit mit der Kirche, die wenig Lust verspürte, ihr eigenes Urteil revidieren zu müssen. Und so klagte man nur jene Richter an, die längst das Zeitliche gesegnet hatten. Das Rehabilitierungsverfahren war eine einzige Farce, von Unparteilichkeit keine Spur. Es endete mit einem Freispruch Jeanne d'Arcs.

Zu diesem Zeitpunkt gehörte Paris längst wieder zu Frankreich, die Engländer hatten sich vom Kontinent zurückgezogen. Jeannes dritte Vision war Wirklichkeit geworden.

Bischof, ich sterbe durch Euch … Ich werde Euch vor Gott dafür verantwortlich machen.

Jeanne d'Arcs letzte Worte an ihren Richter, Bischof Pierre Cauchon

JEANNE D'ARC

 BIOGRAPHIE

Jeanne d'Arc kam um 1412 in Domrémy-la-Pucelle in Lothringen als Tochter einer Bauernfamilie zur Welt. Im Alter von siebzehn Jahren folgte sie den »Stimmen«, von denen sie sich berufen fühlte, die Stadt Orléans von der Belagerung der Engländer zu befreien. Mit Einwilligung des späteren Königs Karl VII. begleitete sie das französische Heer, dem am 8. Mai 1429 die Befreiung von Orléans gelang. Damit war dem Hundertjährigen Krieg eine entscheidende Wende gegeben. Am 17. Juli 1429 führte Jeanne d'Arc Karl VII. zur Krönung nach Reims. Im Jahr darauf geriet sie in burgundische Gefangenschaft und wurde den Engländern ausgeliefert, die 1431 ihren Prozess in Rouen veranlassten. Als Zauberin und Ketzerin angeklagt, wurde sie von über sechzig Geistlichen, Juristen, Professoren und Medizinern verhört und zum Feuertod verurteilt. Drei Notare protokollierten den Prozess. Kurz vor der Vollstreckung des Urteils unterschrieb sie eine Abschwörungsformel. Das Gericht änderte das Urteil daraufhin in lebenslängliche Haft. Drei Tage später widerrief Jeanne d'Arc und wurde am 30. Mai 1431 auf dem Marktplatz von Rouen verbrannt.

Nachgeschichte
1450 leitete Karl VII. die Revision der Verdammung von Jeanne d'Arc ein. Alle Zweifel an der Legitimität seiner Herrschaft sollten damit aus der Welt geräumt werden. Da aber die Kirche kein Interesse daran hatte, das eigene Urteil zu revidieren, machte man aus dem Fall eine Art Privatangelegenheit: Man ließ Jeannes Mutter im Namen der Familie einen Brief an den Papst richten mit der Bitte, die Verurteilung ihrer Tochter aufzuheben. Ende 1455 wurde der neue Prozess eröffnet. Nachdem zahlreiche Zeugen zum Leben und Wirken von Jeanne d'Arc befragt worden waren, wurde sie 1456 in der Kathedrale Notre-Dame in Paris rehabilitiert. 1909 wurde sie von Pius X. selig, 1920 von Papst Benedikt XV. heilig gesprochen und zur zweiten Schutzpatronin Frankreichs erklärt. Ihr Feiertag ist der 30. Mai, der Tag ihrer Hinrichtung.

Künstlerische Bearbeitung
Die Auseinandersetzung mit dem Schicksal und Wesen der Jeanne d'Arc war – vor allem in Frankreich – schon früh Gegenstand dichterischer Gestaltung und wurde zu einem bedeutenden Thema der Weltliteratur, wobei die Bearbeitung häufig durch religiöse Verehrung und romantische Glorifizierung bestimmt ist. Friedrich Schiller dichtete in seiner Tragödie Die Jungfrau von Orleans (1801) das historische Ende von Jeanne d'Arc um: Sie befreit sich aus ihrer Gefangenschaft und erzielt im Kampf noch einmal den Sieg für Frankreich. Tödlich verwundet, stirbt sie mit einer göttlichen Vision vor Augen. Die Veröffentlichung der Prozessakten 1841 trug zu einer Entmythologisierung des Stoffs bei. Weitere Dramen verfassten George Bernard Shaw, Die heilige Johanna (1923), Jean Anouilh, Jeanne oder die Lerche (1953) und Bertolt Brecht, der drei Johanna-Stücke schrieb: Die heilige Johanna der Schlachthöfe (1929/30), Die Gesichte der Simone Machard (1942/43) und Der Prozess der Jeanne d'Arc zu Rouen 1431 (1952).

 EMPFEHLUNGEN

Lesenswert:
Georges und Andrée Duby: Die Prozesse der Jeanne d'Arc, Berlin 1999.

Friedrich Schiller: Die Jungfrau von Orléans, Stuttgart 1997.

George Bernard Shaw: Die heilige Johanna. Dramatische Chronik, Frankfurt/Main 1990.

Bertolt Brecht: Der Prozess der Jeanne d'Arc zu Rouen 1431. Nach dem Hörspiel von Anna Seghers, Stücke, Band 12, Frankfurt/Main 1992.

Sehenswert:
Die Passion der Johanna von Orléans (La Passion de Jeanne d'Arc). Regie: Carl Theodor Dreyer; mit Maria Falconetti. 1928.
Johanna von Orléans (Joan of Arc). Regie: Victor Fleming; mit Ingrid Bergman, USA 1948.

Besuchenswert:
Domrémy-la-Pucelle; das Geburtshaus von Jeanne d'Arc ist heute ein Museum.

 AUF DEN PUNKT GEBRACHT

Jeanne d'Arc hatte offenbar einen besseren Draht zu Gott als die Kirchenmänner, die sie verurteilten. Auf dem Schlachtfeld triumphierte sie – unterlag jedoch am Ende der politischen Macht.

Der letzte Inka
Prozess gegen Atahualpa (1533)

■ Christopher Plummer als Atahualpa und Leonard Whiting als Page Martin in dem Film *Der Untergang des Sonnenreiches* von Irving Lerner, Großbritannien 1969

»Ich werde ihn als meinen Freund und Bruder empfangen«, ließ Pizarro seine Boten ausrichten. Von wegen. Die Falle für den Inkaherrscher war längst ausgelegt. Und Atahualpa tappte arglos hinein. Warum auch hätte er in diesen weißhäutigen Fremden eine Gefahr sehen sollen? Viele Zehntausende Krieger umgaben und schützten ihn, den allmächtigen Sohn des Sonnengottes, dessen Reich sich über viertausend Kilometer entlang der südamerikanischen Westküste erstreckte, vom heutigen Kolumbien über Ecuador, Peru, Bolivien bis Chile und Argentinien: uneinnehmbar für eine Hand voll Spanier.

Als Francisco Pizarro 1532 in diese unerforschte Region aufbrach, lag die Entdeckung Amerikas gerade erst vier Jahrzehnte zurück. Hernán Cortés hatte Mexiko erobert, für sich und die spanische Krone immense Schätze erbeutet. Nun wollte auch Pizarro seinen Anteil. Mit einer knapp zweihundertköpfigen Truppe segelte er von Panama aus los. Monatelang kämpften er und seine Mannen sich durch unwegsame Dschungel, über abenteuerlich steile Gebirgspfade, bis sie schließlich ins sagenumwobene »Reich des Goldes« vordrangen. Geschwächt durch Krankheiten und den langen Marsch, bezogen sie Quartier in der Stadt Cajamarca, die sie verlassen vorfanden. Atahualpa erwartete sie bereits.

Da entsann Pizarro sich einer List, die Cortés schon zehn Jahre zuvor angewendet hatte, um den Aztekenherrscher Montezuma und dessen Reich in seine Hände zu bekommen. Die freundliche Einladung, der Atahualpa am 16. November 1532 folgte, führte in einen Hinterhalt. Unvermittelt stürzten sich die Conquistadores auf die Inkakrieger, die, von den Kanonen und den ihnen unbekannten Pferden völlig überrascht, kaum Widerstand leisteten. Tausende von ihnen wurden getötet, Atahualpa als Geisel genommen. Damit gelang es Pizarro, den zentralistisch organisierten und ganz auf den Herrscher ausgerichteten Inkastaat sofort zu schwächen, denn nun konnte er die Autorität Atahualpas nutzen, um durch ihn die Inkabevölkerung zur Kooperation zu bewegen.

Atahualpa verstand schnell, dass

■ *Gefangennahme des Inca von Peru durch Pizarro.* Farblithographie nach einer Zeichnung von August C. Haun (1815–1894)

die Spanier vor allem eines suchten: die unermesslichen Goldschätze, von denen sie so viel gehört hatten – und die es tatsächlich gab. Gold glänzte an den prachtvollen Tempeln und Palästen, die Sänfte Atahualpas bestand aus reinem Gold, selbst die Kleidungsstücke des Königs und seines Hofstaats waren kostbar glänzend bestickt. Den Inka galt Gold als Symbol für die Sonne, die sie als obersten Gott verehrten und als deren Sohn sie ihren Herrscher ansahen. Die Conquistadores ahnten, dass da noch viel mehr zu holen war. Nur wie sollte man Atahualpa dazu zwingen, die geheimnisvollen Orte preiszugeben? Pizarro versuchte es mit einem Deal. Wenn Atahualpa ein Lösegeld zahle, werde er freigelassen. Der Inkakönig ging darauf ein und bot das wohl höchste Lösegeld der Geschichte. »Atahualpa sagte, er würde einen Raum voller Gold geben«, hielt der Privatsekretär Pizarros schriftlich fest. »Dieser Raum war 22 Fuß lang und 17 Fuß breit und sollte bis zu einer weißen Linie auf halber Höhe angefüllt werden, was etwa anderthalb Mal mannshoch war. Er sagte, dass er den Raum bis zu dieser Höhe mit verschiedenen Gegenständen aus Gold, mit Krügen, Töpfen und anderen Stücken anfüllen würde.« Atahualpa hielt Wort. Aus allen Himmelsrichtungen schleppten Inka in den nächsten Monaten ein wahres Vermögen an. Unverzüglich ließ Pizarro das Gold einschmelzen, wertvolle Kulturgüter gingen für immer verloren. Ein Fünftel der Goldbarren schaffte man nach Spanien, sie standen dem König zu, die übrigen behielt Pizarro für sich und seine Mannschaft.

Mitte April 1533 kam endlich Verstärkung. Diego de Almagro, der Expeditionspartner Pizarros, traf in Cajamarca ein und drängte darauf, rasch weiterzuziehen, zu noch unentdeckten Schätzen aufzubrechen. Atahualpa habe seine Schuldigkeit getan, er sei

■ Porträt von Francisco Pizarro. Kupferstich nach zeitgenössischem Bildnis. Aus: *Die unbekannte neue Welt*, von O. Dapper, Amsterdam 1673

FRANCISCO PISARRO

■ Hernando de Soto wird um 1532 von Pizarro zu König Atahualpa von Peru mit Truppen ausgesandt. Zeitgenössischer Kupferstich von Theodor de Bry (1528–1598)

Nach meinem Dafürhalten hätte es einer gründlichen Untersuchung und Klärung bedurft, bevor man einen solchen Schuldspruch fällt und einen Menschen umbringt, der so viel Gutes getan und so reiche Schätze verschenkt hat, ohne dass bis zum heutigen Tage einem Spanier das geringste Leid geschehen ist.

Gaspar de Espinosa, Gouverneur von Panama, in einem Schreiben an den spanischen König Karl I.

bloß eine Belastung, überhaupt: Was zähle schon das Leben eines Eingeborenen! Zugleich verbreitete sich das Gerücht, der Inkaherrscher, der zwar gut bewacht wurde, dem man aber gestattete, seinen Hofstaat zu empfangen, plane eine Revolte. Pizarro, von allen Seiten unter Druck gesetzt, gab nach – und beging den Verrat. Die Fürsprecher Atahualpas schickte er auf eine Erkundungstour, und kaum hatten sie Cajamarca verlassen, rief er ein Sondergericht zusammen, geleitet von ihm und Almagro. In verdächtiger Eile verurteilte man den Inkaherrscher nun zum Tode, aus einem fadenscheinigen Grund: Aufruhr gegen die spanische Krone. Pizarro stellte Atahualpa vor die Wahl. Entweder er bekehre sich zum Christentum, dann würde man Barmherzigkeit walten lassen und ihn mit der Garotte erwürgen – ansonsten drohe der Scheiterhaufen. Atahualpa entschied sich für das schnellere Ende. Pizarro möge sich um seine Kinder kümmern, bat er. »Das waren seine letzten Worte«, notierte ein Augenzeuge. »Die anwesenden Spanier sprachen für sein Seelenheil das Credo, und anschließend wurde er erdrosselt. An jenem Abend – es war schon spät – blieb sein Leichnam auf der Plaza, damit jedermann sehe, dass er tot war.«

Die Sonne der Inka in Peru war untergegangen. Atahualpa starb als der letzte unabhängige Herrscher des »Goldreiches«, das innerhalb weniger Jahre vollends zerfiel. Ein Nachfolger Atahualpas, Herrscher von Pizarros Gnaden, machte den Conquistadores angeblich ein Angebot, das das »Lösegeld« seines Vorgängers weit übertraf. Er schüttete einen Becher voll Maiskörner auf den Tisch, nahm eines in die Hand und sagte: »Das ist alles, was ihr von dem Gold der Inka zu rauben vermochtet.« Er versprach den Eroberern, die restlichen Schätze des Inkastaates auszuhändigen, wenn sie das Land für immer verließen. Die Spanier lehnten ab. Sie besetzten eine Region nach der anderen, stahlen alles Gold, das sie finden konnten, versklavten ganze Dörfer und wüteten so rigoros, dass die einheimische Bevölkerung radikal dezimiert wurde.

Mit der Hinrichtung Tupac Amarus 1572 erlosch die Inkadynastie. Er hatte sich mit seinen wenigen Kriegern tief ins Gebirge zurückgezogen, nach Vilcabamba, der letzten Stadt der Inkas. Sie ist bis heute unauffindbar. Und noch immer machen sich Schatzsucher auf, um nach den legendären Reichtümern der Inka zu fahnden.

ATAHUALPA

BIOGRAPHIE

Atahualpa, der dreizehnte und letzte Herrscher des Inkareichs im westlichen Südamerika, wurde um 1502 geboren. Unter seinem Vater, Huayna Capac, erlangte das Reich, das anfangs nur aus der Stadt Cuzco und näherer Umgebung bestanden hatte, seine größte Ausdehnung: Es umfasste über 900 000 km² und reichte von der heutigen Grenze zwischen Ecuador und Kolumbien im Norden bis zum Rio Maule in Mittelchile im Süden, vom Pazifik im Westen bis zu den Anden im Osten. Seine Bewohner nannten es »das Reich der vier Himmelsrichtungen«. Als Huayna Capac 1525 während eines Feldzuges überraschend an den Folgen einer Epidemie starb, hinterließ er drei Söhne, die Anspruch auf seine Nachfolge erheben konnten. Einer von ihnen erlag nur wenige Tage nach dem Vater derselben Epidemie. Zwischen den beiden anderen Söhnen, Atahualpa und Huascar, kam es zu einem Streit um die Thronfolge. Huascar, der sich zum Zeitpunkt des plötzlichen Todes seines Vaters in Cuzco befand, ließ sich dort, im Zentrum der Macht, zum König krönen. Atahualpa, der Huayna Capac auf dem Feldzug begleitet hatte, blieb mit dem Heer in Quito im Norden des Reiches und erhielt Unterstützung von den erfahrenen väterlichen Generälen. Einige Jahre lang herrschte zwischen den Brüdern Frieden, dann aber kam es zu kriegerischen Auseinandersetzungen, aus denen Atahualpa schließlich als Sieger hervorging.

In einer Schlacht bei Cuzco 1532 nahmen seine Truppen Huascar gefangen. Mitten in diesen Zeiten des Bürgerkriegs trafen die Spanier unter Francisco Pizarro an der nördlichen Küste des Inkareichs ein. Die Nachricht von ihrer Ankunft erreichte Atahualpa noch, bevor er in Cuzco ankam. Er unterbrach daraufhin seine Reise in Cajamarca, auf halbem Wege zwischen Quito und Cuzco, im nördlichen Hochland des heutigen Peru. Dort geriet er am 16. November 1532 in spanische Gefangenschaft. Obwohl er die Lösegeldforderung Pizarros erfüllte – er ließ den Gefängnisraum bis zur Höhe seines ausgestreckten Armes mit Gold füllen –, wurde er am 29. August 1533 zum Tod auf dem Scheiterhaufen verurteilt. Vor die Wahl gestellt, ließ er sich im letzten Moment taufen und erreichte damit die Umwandlung des Urteils in Erdrosseln. Seinen Bruder Huascar hatte Atahualpa, während er sich in spanischer Gefangenschaft befand, töten lassen, aus Sorge, dieser könne sich mit den Eroberern gegen ihn verbünden. Diese Tat führten die Spanier kurz darauf als einen der Anklagepunkte an, die den Prozess gegen Atahualpa legitimieren sollten.

Nachgeschichte

Im Dezember 1533 eroberte Pizarro mit seinen Begleitern Cuzco. 1539 brachten die Spanier das Inkareich ganz unter ihre Kontrolle, der Widerstand seitens der Inka war damit aber noch nicht beendet.

Bastion der Gegenwehr wurde die Stadt Vilcabamba am östlichen Abhang der Anden. Vierzig Jahre hielten die kriegerischen Auseinandersetzungen zwischen den Eroberern und den Inka an, bis die Spanier Vilcabamba 1572 einnahmen und den letzten Thronanwärter, Tupac Amaru, in Cuzco hinrichteten. Pizarro wurde 1541 in Lima von Anhängern seines Rivalen Diego de Almagro ermordet; bald nachdem die Spanier der Inkaherrschaft ein Ende gesetzt hatten, war unter ihnen ein heftiger Streit um die Aufteilung der eroberten Gebiete ausgebrochen.

EMPFEHLUNGEN

Lesenswert:
Catherine Julien: *Die Inka. Geschichte. Kultur. Religion*, München 1998.

Besuchenswert:
Der Lösegeldraum in Cajamarca (Cuarto del Rescate), in dem die Spanier Atahualpa gefangen hielten und der dann bis zu seiner Armhöhe mit Gold gefüllt wurde.

Die Stadt Cuzco, in der sich Inkaruinen und Bauten der Kolonialzeit, teilweise auf inkaischen Fundamenten errichtet, finden. Cuzco ist außerdem Ausgangspunkt für Exkursionen in die Ruinenstadt Machu Picchu, das berühmteste Relikt der Inka.

AUF DEN PUNKT GEBRACHT

Die Goldgier der spanischen Conquistadores kostete Millionen Indios das Leben, eine ganze Kultur wurde vernichtet. Der Inkaherrscher Atahualpa war eines der prominentesten Opfer dieses kolonialistischen Völkermordes.

Ein Scheidungsskandal verändert Europa
Prozess gegen Thomas More (1535)

»Mein einziger Liebling, dieser Brief soll Euch von der Einsamkeit künden, in der ich mich seit Eurer Abreise befinde. Eure Zuneigung und meine Liebesglut sind der Grund dafür. Denn sonst könnte ich es nicht für möglich halten, dass Eure Abwesenheit mich nach so kurzer Zeit derart betrübt.«

Auch ein Despot hat Gefühle. Heinrich VIII. war ein tyrannischer König, vielleicht sogar ein Wüstling. Er verschliss sechs Frauen. Aber diese Anna Boleyn, die seine zweite Gemahlin werden sollte, liebte er wirklich. Was ihn nicht daran hinderte, sie drei Jahre nach der Hochzeit dem Henker zu übergeben. 1528 jedoch, als er diesen leidenschaftlichen Brief schrieb, war er verrückt nach ihr. Und wollte sie unbedingt heiraten. Es gab nur ein kleines Problem: die erste Ehefrau, Katharina von Aragon. Sie, die ihm bisher nicht den ersehnten männlichen Thronfolger geboren hatte, weigerte sich, in die Annullierung der Ehe einzuwilligen, und wusste dabei den Papst auf ihrer Seite.

Über ein Jahr schon verhandelte Heinrich nun mit Rom. Doch Papst Klemens VII. waren die Hände gebunden. Er fürchtete sich vor Karl V., dem mächtigen Kaiser des Heiligen Römischen Reiches, einem Neffen Katharinas. Gerade erst hatten Karls Truppen Rom geplündert und den Papst sieben Monate lang gefangen gehalten. So etwas vergisst man nicht. Sämtliche Versuche, eine Lösung in der Eheaffäre zu finden, scheiterten. Kardinal Wolsey, der als Lordkanzler Heinrichs die Gespräche mit Rom führte, zog sich den Unwillen des Königs zu und musste von seinem Amt zurücktreten. Wer aber konnte diesen Mann, der so viele Jahre lang geschickt die Außenpolitik Englands bestimmt hatte, ersetzen?

Heinrichs Wahl fiel auf seinen alten Freund Thomas More (latinisiert: Morus), der ihm seit mehr als einem Jahrzehnt treu diente. More war nicht nur ein praxiserfahrener und unparteiischer Jurist. Er hatte sich auch als Humanist und Übersetzer einen Namen gemacht, Bücher wie *Utopia* verfasst, in dem er mit ironischem Augenzwinkern den idealen Staat entwarf, und gemeinsam mit Erasmus von Rotterdam Werke des griechischen Schriftstellers Lukian ins Lateinische übertragen. Ausgerechnet Texte dieses Spötters und Atheisten? Das erstaunte manchen Zeitgenossen,

■ *Thomas Morus.* Später kolorierter Holzschnitt von Tobias Stimmer (1539–1584)

> *Die schlichte Wahrheit ist, dass Heinrich VIII. ein unerträglicher Rauf-*
> *bold und Schurke war, eine Schande für die Menschheit, eine fettige*
> *und blutige Narbe der Geschichte Englands.*
>
> Charles Dickens, *A Child's History of England*, 1852–1854

denn Thomas More mochte zwar Satiren und Doppelbödigkeiten, galt aber in Glaubensfragen als strikter Verteidiger der Römischen Kirche. Einige Jahre lang liebäugelte er sogar damit, ins Kloster zu gehen. Ketzer und Protestanten wie Martin Luther gehörten zu Mores Feindbildern. Diese Abweichler überzog er mit wüsten Traktaten, was ihn übrigens mit Heinrich VIII. verband, den erst seine Eheprobleme zum Bruch mit Rom trieben. 1521 noch hatte Heinrich das Buch *Assertio septem sacramentorum* veröffentlicht: eine Rechtfertigung der traditionellen Lehre von den sieben Sakramenten und eine Gegenschrift zu Luther. Der Papst war davon so angetan, dass er Heinrich den Titel »Defensor Fidei«, Verteidiger des Glaubens, verlieh.

■ Heinrich VIII., 1536, von Hans Holbein d. J. (1497–1543). Lugano, Sammlung Thyssen-Bornemisza

Mit Mores Ernennung zum Lordkanzler gelang dem englischen König ein cleverer Schachzug. Man konnte sie als Signal an die Orthodoxie in Rom interpretieren; gleichzeitig befriedigte sie auch die reformatorisch Gesinnten, weil Thomas More der erste Laie in diesem Amt war. Einen Verbündeten in Scheidungsangelegen-

■ Szene aus Fred Zinnemanns Historiendrama *Ein Mann zu jeder Jahreszeit* mit Paul Scofield, Großbritannien 1966

heiten durfte Heinrich sich allerdings kaum erhoffen. More machte kein Hehl daraus, dass er den Angriff auf die Autorität des Papstes nicht guthieß. Er glaubte jedoch, die Spaltung abwenden zu können.

Aber Heinrich hatte schon begonnen, sich Schritt für Schritt von der Römischen Kirche zu lösen. Er kämpfte nun mit harten Bandagen und mit Unterstützung des Unterhauses. Die Parlamentarier, die mehrheitlich dem Klerus kritisch gegenüberstanden, verabschiedeten zahlreiche Gesetze, die der Kirche schwer zu schaffen machten, und Heinrich erweckte Regelungen zu neuem Leben, die bisher kaum jemand beachtet hatte. Man erinnerte sich, dass nach altem Brauch kein Engländer vor einen römischen Gerichtshof zitiert werden dürfe. Heinrich verlangte also, seinen Fall in

Ein Mann kann seinen Kopf verlieren, ohne dabei an seiner Seele Schaden zu erleiden. Ich hoffe zwar, Gott wird es nicht zulassen, dass ein guter und weiser Fürst die langjährigen Dienste eines treuen Untertans mit solchem Undank vergilt; ich will aber dennoch nicht vergessen, dass solche Fälle auf der Welt keineswegs unmöglich sind.

More in einem Brief aus dem Tower an seine Tochter Margaret

England zu verhandeln. Der Papst ließ ihn abblitzen. Daraufhin setzte das Parlament das Praemunire-Statut in Kraft. Es erlaubte Heinrich, bei allen päpstlichen Dekreten zu entscheiden, ob sie für England Gültigkeit haben sollten. Wer einen päpstlichen Erlass ohne Einwilligung des Königs befolgte, dem drohte Kerkerhaft oder Konfiszierung des Besitzes. Der Krieg zwischen Kirche und König gipfelte 1531 in einer Anklage gegen den gesamten englischen Klerus. Er wurde gezwungen, sich mit einem üppigen Bußgeld freizukaufen und Heinrich VIII. als Schutzherren und Oberhaupt der englischen Kirche anzuerkennen – mit dem Zusatz »soweit es das Gesetz Gottes erlaubt«. Diese Einschränkung wurde zwei Jahre später endgültig gestrichen.

Am 15. Mai 1532 unterwarf sich der Klerus. Es war ein Montag. Am Dienstag, dem 16. Mai trat Thomas More vom Amt des Lordkanzlers zurück. Angeblich aus gesundheitlichen Gründen. Tatsächlich hatte er es satt, des Königs Politik vor dem Parlament vertreten zu müssen. Künftig wollte er sich aus allem heraushalten. Das gelang nur für wenige Monate. Dann begann das Kesseltreiben. Der in Ungnade gefallene More musste sich gegen die absurdesten Vorwürfe zur Wehr setzen, die er aber widerlegen konnte. Im März 1534 wurde es ernst. Das Parlament verfügte per Gesetz eine Änderung der Thronfolge. Sie sollte fortan auf die Kinder übergehen, die Heinrich mit Anna Boleyn zeugen würde. Er hatte sie im Jahr zuvor geheiratet, ohne von Katharina geschieden zu sein. Das Gesetz enthielt zudem einen Passus, in dem das Parlament die Annullierung der ersten Ehe des Königs feststellte. Damit sprach man dem Papst offiziell die Oberhoheit über die Kirche Englands ab. Jeder Bürger konnte verpflichtet werden, einen Eid auf diese Parlamentsakte zu leisten. Wer es wagte, diese Beschlüsse öffentlich zu kritisieren, musste mit einem Prozess wegen Hochverrats und der Todesstrafe rechnen.

Vier Wochen nachdem das Gesetz verabschiedet worden war, zitierte man Thomas More vor die Königliche Kommission. Er zählte zu den wenigen, die es ablehnten, einen solchen Schwur zu tun: »Wahrlich, mein Gewissen sagt

■ *Die Verhaftung und die Hinrichtung von Thomas More.* Gemälde, 1591, von Antoine Caron (um 1515–1593). Blois, Musée Municipal

De optimo Reipublicæ Statu,
Libellus verè aureus.

Ordentliche vnd Außführliche
Beschreibung
Der oberaus herrlichen vnd gantz
wunderbarlichen / doch wenigen
bißhero bekandten Insul

V T O P I A :

Sampt vmbständlicher Erzeh-
lung aller derselben Gelegenheiten/Städten/
vnd der Einwohner des Lands Sitten/ Gewohnhei-
ten vnd Gebräuchen: Darinnen gleichsam in einem Muster oder Model eigentlich fürgestellt vnd angezeigt wird/
die beste weis vnd art einer löblichen vnd wolbestellten Policey
vnd Regiments: Zumahl fast kurtzweilig vnd auch
nützlich zu lesen vnd zu betrachten:

Erstlich durch den Hochgelährten vnd
Weitberümpten Herrn Thomam Morum,
des Königreichs Engelland Obristen Cantzler / in La-
teinischer Sprach an tag gegeben / Nun aber mit sonderm
fleiß in vnser Deutsche Sprach vbergesetzt:

Durch

⌷⌂◊⊡⌑ ⌂⊡⌐⌂⌐⌐⌐⌑⊡⌐⌐

v. ⌂⊡⌐⌑⌷⊡⌂

Gedruckt zu Leipzig / in verlegung Henning
Grossen des Jüngern / Anno 1612.

■ Titelblatt der deutschen Ausgabe von Thomas Mores berühmtem Werk *Utopia*, Leipzig 1612. Die Originalausgabe erschien im Jahr 1516.

mir, dass ich den Eid nicht ablegen kann, ohne meine Seele der Gefahr ewiger Verdammnis auszusetzen.« Welcher Teil des Gesetzes sein Gewissen derart beunruhigte, dass er lieber den Kerker in Kauf nahm als den Eid zu leisten, verschwieg More der Kommission. Hier taktierte der gewiefte Jurist. Thomas More nämlich glaubte, man werde ihn kaum einer Sache wegen verurteilen können, zu der er sich gar nicht geäußert hatte. In den Tower warf man ihn dennoch. Alle Versuche, ihn durch Verhöre zu einer eindeutigen Aussage zu verleiten, scheiterten. Auch in dem Prozess, der am 1. Juli 1535 stattfand, kamen die Richter nicht weiter – bis Kronanwalt Richard Rich zum Meineid griff. Er berichtete von einem Gespräch mit More im Tower, in dem der Angeklagte gesagt habe, ein König könne zwar vom Parlament ernannt und abgesetzt werden, nicht aber ein Oberhaupt der Kirche. Dass zwei der Zeugen, die bei dem Gespräch zwischen Rich und More dabei gewesen waren, sich daran nicht erinnern konnten, interessierte niemanden. Die Geschworenen benötigten lediglich fünfzehn Minuten, um auf schuldig zu erkennen.

Als er sah, dass er dem Tod nicht mehr entrinnen würde, brach Thomas More sein Schweigen. Jetzt nannte er den Grund für seine Weigerung, auf das Gesetz zu schwören: »Weil diese Anklage auf eine Parlamentsakte gegründet ist, die in unmittelbarem Widerspruch zu den Gesetzen Gottes und seiner heiligen Kirche steht, deren höchste Leitung sich kein weltlicher Fürst aufgrund irgendeines Gesetzes anmaßen darf, da sie von Rechts wegen dem Heiligen Stuhl in Rom als ein geistiger Vorrang zusteht.«

Am Morgen des 6. Juli 1535 wurde Thomas More aufs Schafott geführt. Ein letztes Gebet – und Eigensinn bis zum Schluss: »Ich sterbe als des Königs treuer Diener, aber als Gottes Diener zuerst.« Dann legte er den Kopf auf den Block, hob ihn aber ein letztes Mal, um seinen Bart beiseite zu schieben: »Der hat ja keinen Hochverrat begangen!«

THOMAS MORE

 ## BIOGRAPHIE

Thomas More wurde am 7. Februar 1478 in London als Sohn eines hohen Richters geboren. Nach dem Besuch der Lateinschule lebte er zwei Jahre als Page im Haus des Erzbischofs John Morton von Canterbury, des Lordkanzlers von England. 1492 begann er an der Universität Oxford Theologie, Griechisch, Philosophie und Literatur zu studieren. Mit 16 zog er wieder nach London, wo er sich an den Inns of Court zum Juristen ausbilden ließ. Eine Zeitlang lebte er bei den Kartäusern und bereitete sich auf ein Leben im Kloster und als Priester vor, gab diesen Plan jedoch wieder auf, als er nach dem Studium große Anerkennung als Anwalt fand. 1501 wurde er Lektor am Furnival's Inn. Nebenher übersetzte er Epigramme und Schriften Lukians aus dem Griechischen und verfasste Gedichte. Er lernte den bedeutenden niederländischen Humanisten Erasmus von Rotterdam (1466/1469–1536) kennen, mit dem ihn eine lebenslange Freundschaft verband. Mores politische Laufbahn begann 1504 als Mitglied des Parlaments unter König Heinrich VII. Im Jahr darauf heiratete er Jane Colt und wurde in den nächsten fünf Jahren Vater von vier Kindern. Nach dem Tod seiner Frau 1511 heiratete er Alice Middleton. Seit 1509 war er Under-Sheriff und gleichzeitig Lektor am Lincoln's Inn. Er übersetzte die Lebensbeschreibungen des italienischen Humanisten Giovanni Pico della Mirandola (1463–1494) und schrieb die

Geschichte König Richards III., die als erste moderne Biographie gilt und Shakespeares Darstellung von Richard III. geprägt hat. 1516 erschien sein Hauptwerk Utopia – mit ihm beginnt die Geschichte der modernen Utopie. Nachdem More mehrfach als Diplomat im Ausland unterwegs gewesen war, wurde er 1518 königlicher Sekretär. 1521 wurde er zum Unterschatzmeister ernannt und im selben Jahr in den Adelsstand erhoben. 1523 veröffentlichte er seine Antwort an Luther (Responsio ad Lutherum), mit der er Heinrich VIII. und dessen Schrift Verteidigung der sieben Sakramente (Assertio septem sacramentorum) gegen die Angriffe des deutschen Reformators in Schutz nahm. Kurz darauf wählte ihn das Unterhaus zu seinem Sprecher. 1529 ernannte König Heinrich VIII. ihn in der Nachfolge von Thomas Wolsey zum Lordkanzler. Als der König 1532 die Anglikanische Kirche seiner Herrschaft unterwarf, legte More sein Amt nieder. Nachdem er 1534 den Suprematseid und damit die Anerkennung Heinrichs als Oberhaupt der Kirche verweigerte, wurde er in den Tower gesperrt und gefoltert. Im Gefängnis verfasste er weitere Schriften. Nach fünfzehn Monaten wurde er zum Tode verurteilt und am 6. Juli 1535 auf dem Tower Hill enthauptet. Die Verweigerung des Suprematseides kostete zahlreiche Mönche und Bischöfe das Leben, darunter auch John Fisher, Bischof von Ro-

chester, neben More der bedeutendste englische Humanist seiner Zeit.

Nachgeschichte
Die Suprematsakte, die im November 1534 in Kraft getreten war, hatte die Anglikanische Kirche zu einer von der päpstlichen Rechtsprechung unabhängigen nationalen Institution gemacht. Zwischen 1537 und 1540 ließ Heinrich die englischen Klöster auflösen, zog ihren Besitz ein und übergab einen Großteil der Kirchengüter den Adligen. Unzählige Bilder und Reliquien wurden verbrannt. In ihrer Verfassung und in ihrer Liturgie stimmte die Anglikanische Kirche unter Heinrich jedoch noch weitgehend mit der katholischen überein. Die katholische Kirche hat Thomas More und John Fisher 1886 selig und 1935 heilig gesprochen, Gedenktag ist der 22. Juli. Papst Johannes Paul II. erklärte More am 31. Oktober 2000 zum Patron der Regierenden und der Politiker.

 ## EMPFEHLUNGEN

Lesenswert:
Hans Peter Heinrich: Thomas Morus, Reinbek 1991.

Uwe Baumann: Heinrich VIII., Reinbek 1994.

Thomas Morus: Utopia, Frankfurt/Main 1992.

 ### AUF DEN PUNKT GEBRACHT

Hätte der Papst der Annullierung von Heinrichs erster Ehe zugestimmt, wäre die Scheidung von Katharina eine Fußnote der Geschichte geblieben. So aber führte sie zur Trennung Englands von der Römischen Kirche. Und Thomas More wurde das Opfer dieser Spaltung.

Zwei Königinnen, eine Krone
Prozess gegen Maria Stuart (1586)

Besser hätte man die eigene Hinrichtung kaum inszenieren können. Ganz in schlichtem Schwarz gekleidet, das Gesicht verschleiert, Rosenkranz am Gürtel, ein Kruzifix in der Hand, trat Maria Stuart vor den Henker. Unbeugsam bis zum Schluss: das Drama einer königlichen Märtyrerin, die für ihren Glauben starb. Selbst ihre Gegner waren beeindruckt. Nie hatte Maria ihrer Erzfeindin Elisabeth mehr zugesetzt als mit diesem grandiosen letzten Auftritt. Später hieß es: »Zu regieren verstanden die Stuarts nicht, aber sie verstanden zu sterben.«

Elisabeth I. war unglücklich. Sie empfand es selbst als ungeheuerlich, was hier geschah: Ein gesalbtes Haupt hinzurichten konnte das Ansehen des absolutistischen Königtums beschädigen und einen gefährlichen Präzedenzfall schaffen. Sie sollte Recht behalten, wie sich rund sechzig Jahre später zeigte (s. S. 78). Elisabeth hatte lange gezögert, das Todesurteil zu unterzeichnen. Schließlich blieb ihr nichts anderes übrig, denn Maria Stuart war ein Pulverfass. Für alle. Der Protest des Auslands fiel entsprechend matt aus.

■ *Maria Stuart*. Gemälde, Schule von François Clouet, 16. Jahrhundert. London, Victoria and Albert Museum

Mit dem Tod Marias endete der Kampf zweier königlicher Cousinen, deren Lebenswege nicht unterschiedlicher hätten verlaufen können. Maria Stuart galt als eine der begehrtesten Heiratskandidatinnen Europas. Sie war schön, katholisch und schon kurz nach ihrer Geburt zur Königin von Schottland gekrönt worden, dem Land also, das seit jeher in großem Gegensatz zum protestantischen England stand. Gerade mal fünfzehn Jahre jung, heiratete Maria den französischen Kronprinzen, der nur ein Jahr später als Franz II. den Thron bestieg. Die anmutige und charmante Maria wäre sicherlich eine wundervolle Königin von Frankreich geworden. Aber Franz starb bereits fünfzehn Monate nach der Krönung. Marias Schwiegermutter, Maria von Medici, übernahm das Regiment – und die junge Witwe besann sich darauf, dass sie ja noch ein eigenes Königreich besaß. 1561 kehrte sie nach Schottland zurück. Fortan bestimmten Morde und Tragödien ihr Leben. Damit kannte Elisabeth sich bereits in Jugendtagen bestens aus.

Sie entstammte der umstrittenen Verbindung zwischen dem englischen König Heinrich VIII. und Anna Boleyn, für die Heinrich seine erste Frau Katharina verlassen hatte. Da der Papst sich weigerte, diese zweite Ehe anzuerkennen, brach Heinrich mit Rom und führte die anglikanische Kirche ein. An den katholischen Königshöfen nannte man Elisabeth unverhohlen einen »Hurenbastard«. Sie war keine drei Jahre alt, als Heinrich ihre Mutter wegen angeblichen Ehebruchs aufs Schafott schickte. Die dritte seiner insgesamt sechs Frauen gebar ihm dann endlich den ersehnten männlichen Thronfolger: Eduard. Er überlebte seinen Vater nur um sechs Jahre. 1553, Elisabeth war zwanzig Jahre alt, übernahm ihre ältere Halbschwester Maria die Katholische den englischen Thron. Für Elisabeth begannen schwere Zeiten. Sie, die im protestantischen Glauben erzogen worden war, musste nun zusehen, wie Maria den Katholizismus

»Mit Bitterkeit erfüllt es mein Herz, den Tag gesehen zu haben, an dem ich auf den Wunsch meiner gütigen Herrscherin aufgefordert werde, eine Tat zu tun, die Gott und das Recht verbieten. ... Gott bewahre mich, einen so kläglichen Schiffbruch meines Gewissens zu erleiden und einen so großen Schandfleck meiner Nachkommenschaft zu hinterlassen, dass ich Blut ohne die Zustimmung des Gesetzes und einen öffentlichen Befehl vergossen hätte.« Amyas Paulet, Marias letzter Wächter, in einem Brief an Elisabeth, nachdem er aufgefordert worden war, Maria umzubringen, damit man sie nicht öffentlich hinrichten musste

■ Lochleven, Juni 1568: Maria Stuart wird zum Verzicht auf die Krone gezwungen. Baron William Cecil Burghley, wichtigster Berater von Elisabeth I., hatte ihr geraten: »Wenn wir nicht ewig für Dein kostbares Leben zittern sollen, so muss die Feindin untergehen.« Schiller, *Maria Stuart* (1801). *Die Abdankung der Königin Maria von Schottland.* Gemälde, 1850, von Joseph Severn (1793–1879). London, Victoria and Albert Museum

Sie ist bestimmt eine große Königin, und wäre sie nur katholisch, so würde sie uns herzlich lieb und wert sein. Seht nur, wie gut sie regiert! Sie ist nur eine Frau, nur Herrin über die Hälfte einer Insel, dennoch fürchten sie alle: Spanien, Frankreich und das Reich. Papst Sixtus V. (1521–1590) über Elisabeth

in England wieder durchsetzen wollte und dabei ziemlich rabiat zur Sache ging. Marias Regentschaft dauerte fünf Jahre. Dann war die Reihe an Elisabeth. Im Januar 1559 wurde sie zur Königin von England gekrönt – zwei Jahre bevor Maria Stuart wieder schottischen Boden betrat.

Maria hatte Pech. Kurz vor ihrer Rückkehr war im schottischen Parlament ein Gesetz verabschiedet worden, das Schottland zu einem protestantischen Staat machte. Trotzdem arrangierte man sich mit der katholischen Königin, und zunächst schien alles gut zu gehen. Maria heiratete ein zweites Mal. Lord Darnley hieß der Auserwählte. Er entpuppte sich bald als ein Filou, der seine Frau nach Strich und Faden betrog. Eine Scheidung kam für Maria nicht in Frage. Dies verbot ihr Glaube. Außerdem erwartete sie ein Kind. Als aber Darnley einen von Marias Verehrern umbringen ließ, verbündete sie sich mit einem der mächtigsten Männer Schottlands, dem Earl of Bothwell. Der sprengte kurzerhand das

Schloss, in dem sich Darnley aufhielt, in die Luft. Entgegen allen Warnungen heiratete Maria drei Monate nach dem Tod Darnleys den Mörder ihres Mannes. Es sollte sie die Krone kosten. Die Schotten rebellierten, und das frisch getraute Paar musste die Flucht antreten. Bothwell setzte

> *Da nun festgestellt ist, dass meine Sicherheit nicht gewährleistet bleiben kann, außer durch ihren (Marias) Tod, so habe ich ein tiefinnerliches Gefühl von Trauer, dass gerade ich, die ich so viele Aufständische begnadigte und an so vielen Verrätereien mit Schweigen vorübergegangen bin, Grausamkeit gegen eine so hohe Fürstin zeigen soll.*
>
> Elisabeth in einer Parlamentserklärung

sich nach Dänemark ab, Maria hingegen beging den wohl größten Fehler ihres Lebens. Sie floh nach England.

Elisabeth war ratlos. Die Schotten wollten Maria nicht, und im katholischen Frankreich oder Spanien würde sie zu viel Schaden anrichten. Was also tun mit dieser Exilmonarchin, die frech behauptete, sie sei die rechtmäßige Königin von England? Maria konnte tatsächlich Ansprüche auf den englischen Thron geltend machen. Elisabeth, die sich konsequent sämtlichen Heiratsplänen ihrer Berater entzog, hatte keine eigenen Kinder. Mit ihr würde die Linie Heinrichs VIII. aussterben, die Erbfolge auf Maria Stuart übergehen. Maria allerdings bestritt grundsätzlich Elisabeths Anrecht auf die Krone. Durfte ein »Bastard«, das Produkt einer illegitimen, vom Papst nie geduldeten Ehe, wirklich Königin sein? So dachte auch die immer noch starke katholische Fraktion unter den Adeligen Englands, die auf Marias Seite stand. Elisabeths Berater fürchteten um das Leben ihrer Regentin. Maria wurde festgesetzt. Fast zwanzig Jahre sollte sie in englischer Gefangenschaft verbringen.

Obwohl ihr Elisabeth zunächst luxuriöse Freiheiten gewährte, gab Maria keine Ruhe. Sie korrespondierte fleißig mit den Feinden Englands. Aber niemand mochte ihretwegen einen offenen Krieg riskieren. Lieber unterstützte man zahlreiche Verschwörungen gegen Elisabeth. Der englische Geheimdienst blieb wachsam; noch hatte er jedes Komplott rechtzeitig entdeckt. Marias Haftbedingungen wurden nach und nach verschärft.

Die Lage spitzte sich zu, als der Papst Elisabeth exkommunizierte und Mord als Waffe gegen ein ketzerisches königliches Oberhaupt

■ Elisabeth I. unterschreibt das Todesurteil Maria Stuarts am 1. Februar 1587. Holzstich nach einem Gemälde von Alexander Liezen-Mayer, 1873. London, Victoria and Albert Museum

■ Hinrichtung Maria Stuarts in Fotheringhay am 8. Februar 1587. Federzeichnung aus den Papieren Robert Beales (1541–1601), Geheimschreiber der Königin Elisabeth I. London, British Library

ausdrücklich billigte. Zum Schutz der Königin verabschiedete das Parlament 1584 ein Gesetz, das sich gezielt gegen Maria richtete. Wer erwiesenermaßen in einen Mordanschlag gegen Elisabeth verwickelt war, musste danach mit der Todesstrafe rechnen.

Maria, die jahrelang vergeblich versucht hatte, ihre Freiheit und ihren Thron wieder zu erlangen, schöpfte 1585 neue Hoffnung. Ein letztes Mal. Mehrere junge katholische Edelleute um Anthony Babington planten ihre Befreiung – und die Ermordung Elisabeths. Dem Geheimdienst entging jedoch nichts. Er stellte Maria eine Falle, in die sie arglos hineintappte. Unvorsichtigerweise schrieb sie in einem Brief an Babington: »Dann muss man also die sechs Edelleute ans Werk schicken und Auftrag geben, dass nach Erledigung ihres Unternehmens ich sofort von hier weggeschafft werde ...«

Das war der Beweis! Maria wusste nicht nur von dem geplanten Attentat gegen Elisabeth, sie hatte es sogar gebilligt. Das musste genügen, um sie wegen Anstiftung eines Komplotts zu verurteilen! Die Verschwörer wurden gefoltert, bis sie Geständnisse ablegten, danach zügig und aufs Grausamste hingerichtet. Maria sollte vor ein Sondergericht gebracht werden. Sie aber verwies kühl darauf, dass sie als unabhängige Fürstin kein Untertan Elisabeths sei. Deshalb könne sie sich einer Gerichtsbarkeit der Königin von England nicht unterwerfen. Zielsicher traf Maria den heikelsten Punkt. Dann ließ sie sich doch überreden, vor Gericht zu erscheinen. Von nun an war die Sache verloren. Denn Maria leugnete, was nicht zu leugnen war; sie bestritt sogar, Babington gekannt zu haben. Das Urteil stand von vornherein fest. Maria fand sich damit ab. Nach knapp zwanzigjähriger Gefangenschaft sehnte sie das Ende geradezu herbei und düpierte Elisabeth, die auf ein Gnadengesuch gehofft hatte. Stolz und würdevoll schritt Maria am 8. Februar 1587 zum Schafott – das Einzige, was ihr geblieben war, um die Rivalin ins Unrecht zu setzen.

Sechzehn Jahre später bestieg Marias Sohn als Jakob I. den englischen Thron. Elisabeth hatte ihn zu ihrem Nachfolger bestimmt. Jakob befahl, den Leichnam seiner Mutter in die Grabkapelle der Westminster Abbey zu bringen. Dort liegen Maria und Elisabeth, die sich im Leben nie begegnet waren, bis heute einträchtig nebeneinander.

MARIA STUART

 BIOGRAPHIE

Maria Stuart, am 7. oder 8. Dezember 1542 im Linlithgow Palace westlich von Edinburgh geboren, war die Tochter König Jakobs V. von Schottland und seiner französischen Frau Maria von Guise. Wenige Tage nach ihrer Geburt starb ihr Vater, und noch bevor sie ein Jahr alt war, wurde Maria Stuart zur Königin von Schottland gekrönt. Die Regentschaft übernahm ihre Mutter. Ab ihrem siebten Lebensjahr wuchs Maria Stuart am Königshof in Paris auf. 1558 heiratete sie den französischen Kronprinzen und wurde 1559 an seiner Seite Königin von Frankreich. Zwei Jahre später, nach dem frühen Tod ihres Mannes Franz II., kehrte sie in das reformierte Schottland zurück. Als Urenkelin Heinrichs VII. versuchte sie ihren Anspruch auf den englischen Thron geltend zu machen. Für Elisabeth I. war Maria Stuart, in der die katholische Minderheit Englands ihre Hoffnung sah, eine unablässige Herausforderung. Um sie herum bildeten sich ständig neue umstürzlerische Gruppierungen. 1565 heiratete Maria Stuart ihren Vetter Lord Darnley. Ihr Sohn war der spätere König Jakob I. von England. Noch vor dessen Geburt überwarfen sich die Eltern, und Darnley wurde von Marias drittem Mann, James Hepburn Bothwell, ermordet. Ob Maria von dem geplanten Mord wusste, ist umstritten. Nach ihrer Hochzeit mit Bothwell 1567 musste sie zugunsten ihres Sohnes abdanken. Sie floh nach England, wo sie mehr als achtzehn Jahre im Ge-fängnis verbrachte. Mit dem Vorwurf der Beteiligung an Anthony Babingtons Verschwörung gegen Königin Elisabeth wurde sie am 8. Februar 1587 in Fotheringhay Castle in Northamptonshire hingerichtet.

Künstlerische Bearbeitung

Maria Stuarts Schicksal erwies sich bei europäischen Dichtern als ein beliebter Dramenstoff. In vielen der frühen Tragödien wurde die schottische Königin hauptsächlich zur beispielhaften katholischen Glaubenszeugin stilisiert und als Märtyrerin dargestellt, so von Tommaso Campanella (1598, *Maria Stuarda*), Carlo Ruggiero (1604, *La reina di Scotia*), Frederico della Valle (1628, *La reina di Scotia*) und dem Holländer Joost van den Vondel (1646, *Maria Stuart of gemartelde Majesteit*). Bei Antoine de Montchrétiens erschien Maria Stuart zum ersten Mal als schöne verführerische Frau (1601, *L'Écossaise ou le désastre*). Zugleich fiel Elisabeth als Gegenspielerin eine wichtige Rolle zu. In John Banks' Drama *The Island Queen or Queen Mary of Scots* (1684) schließlich beruhte die Handlung erstmals auf dem Gegeneinander zweier von ihrem Recht überzeugter, gleich sympathischer Heldinnen, deren Gegensätze und Konflikte er psychologisch zu erklären suchte. Höhepunkt aller Dramen um Maria Stuart ist Friedrich Schillers Trauerspiel aus dem Jahr 1800, in dem es zu einer Begegnung der beiden Königinnen kommt, die sich in Wirklichkeit nie getroffen haben. Auf Schillers Theaterstück beruht die Oper *Maria Stuarda* von Gaetano Donizetti, 1834 in Neapel uraufgeführt. Unter zahlreichen weiteren dramatischen Bearbeitungen im 19. Jahrhundert fanden *Maria Stuart i Skotland* (1864) des norwegischen Schriftstellers Bjornstjerne Bjornson und *Mary Stuart Trilogy* (1865–1881) von Algernon Charles Swinburne die meiste Beachtung sowie Walter Scotts Roman *The Abbot* (1820). Stefan Zweig schrieb eine Biographie über Maria Stuart (1935).

 EMPFEHLUNGEN

Lesenswert: Friedrich Schiller: *Maria Stuart*, Stuttgart 2001. Stefan Zweig. *Maria Stuart*, Frankfurt/Main 2000.

Hörenswert: Gaetano Donizetti: *Maria Stuarda*, mit Beverly Sills, London Philharmonic Orchestra unter der Leitung von Aldo Ceccato, 1971. Audio-CD.

Sehenswert: *Maria Stuart*, Filmaufzeichnung der Inszenierung von Leopold Lindtberg und Alfred Stöger im Wiener Burgtheater, 1958. *Mary of Scotland*. Regie: John Ford; mit Katharine Hepburn, Florence Eldridge. USA 1936. *Mary Queen of Scots*. Regie: Charles Jarrot; mit Vanessa Redgrave, Glenda Jackson, GB 1971.

Besuchenswert: Der Linlithgow Palace auf halber Strecke zwischen Edinburgh und Stirling.

 AUF DEN PUNKT GEBRACHT

Wäre Maria nicht nur schön, sondern auch etwas weitsichtiger gewesen, hätte sie friedlich als Königin von Schottland sterben können. Sie spielte Vabanque – und brachte ihre Rivalin Elisabeth damit in eine Zwickmühle, aus der sie sich nur durch den Tod Marias wieder befreien konnte.

Impeachment gegen den Lordkanzler
Prozess gegen Francis Bacon (1621)

■ Francis Bacon. Kupferstich, nach einem Gemälde von Paul van Somer (um 1576–1621)

»Ich bin nicht schuldig an den Missständen, die jetzt aufgedeckt worden sind. Ich habe mein Urteil auf andere gestützt, die mich irregeführt haben.«

Nur ein König konnte sich mit einer solchen Aussage durchmogeln. Die englischen Lords wussten natürlich, dass Jakob I. log. Ihm blieb auch kaum eine andere Wahl, denn das Parlament war mächtig – und auf der Suche nach einem Sündenbock. Also opferte der König seinen Lordkanzler: Francis Bacon.

Dieser Verrat traf einen Mann, der lange um seinen beruflichen Erfolg gekämpft hatte. Schon in jungen Jahren, nach einer Ausbildung an der renommierten Londoner Rechtsschule Gray's Inn, war Bacon ins Parlament gewählt worden. Es sollte das Sprungbrett für eine Karriere im Staatsdienst sein. Hoffte er. Doch ohne Beziehungen zum Hof – noch regierte Königin Elisabeth I. – standen die Chancen schlecht. Bacons Versuche, die Queen mit politischen Schriften auf sich aufmerksam zu machen, missglückten. Und als er dann noch im Unterhaus gegen die von der Königin verlangten Steuererhöhungen stimmte, verdarb er es sich ganz mit ihr. Elisabeth verzieh ihm das nie. Bis zum Ende ihrer Amtszeit 1603, fast zwanzig Jahre lang, führte Bacon ein Leben am Rande des Existenzminimums. Er schlug sich als Anwalt durch und schrieb philosophische und naturwissenschaftliche Werke, für die niemand so recht Interesse zeigte.

Bacons Lage besserte sich erst, als Jakob I. den englischen Thron bestieg. Das war ein König nach seinem Format! Wie Jakob war auch Bacon davon überzeugt, dass die Zentralgewalt gestärkt, der Einfluss des Parlaments zugunsten einer absolutistischen Monarchie eingeschränkt werden müsse. Mit dieser Haltung schuf sich Bacon viele Feinde unter den Parlamentariern, gewann aber die Gunst des Königs. Seine Zeit als armer Anwalt gehörte bald der Vergangenheit an, und schließlich begann ein rasanter politischer Aufstieg. Innerhalb weniger Jahre wurde Bacon Oberster Kronanwalt, Generalstaatsanwalt, Lordsiegelbewahrer, Lordkanzler. Auch die Adelstitel häuften sich: Den Titel Sir ergänzte der König um den des Baron Verulam, und 1621, kurz bevor er sei-

Das Emporsteigen zu Amt und Würden ist beschwerlich, und mit Mühen schafft man sich noch immer größere Mühen. Auch geschieht es zuweilen durch Schlechtigkeit, und durch unwürdiges Betragen gelangt man zu Würden.

Bacon in einem Essay

nen Protegé fallen ließ, ernannte er ihn zum Viscount of St. Albans. Bacon war am Ziel seiner Träume. Vier Monate danach stand er vor dem Ruin.

Mit all seinen Vorhaben war Bacon gründlich gescheitert. Mittler zwischen Krone und Parlament wollte er sein, beide Institutionen miteinander aussöhnen. Die Parlamentarier dachten jedoch nicht daran, im Tauziehen um die Machtbefugnisse klein beizugeben. Wegen seiner Loyalität zur Krone sahen sie in Bacon einen Feind.

Dieser Lordkanzler musste weg! Zügig fanden sie den richtigen Hebel: die Monopolpatente, die zu den wenigen unabhängigen Einnahmequellen des Königs zählten. Für sie benötigte er keine Bewilligung durch das Parlament. Der Öffentlichkeit waren diese Handelslizenzen ein Dorn im Auge, weil sie zu überhöhten Abgaben führten, die die Wirtschaft erheblich schädigten. Die Vergabe der Monopole müsse überprüft werden, beschloss das Unterhaus und setzte einen Untersuchungsausschuss ein. Nun wurde es brenzlig für Bacon. Als Lordkanzler nämlich saß er der Kommission vor, die über die Gewährung der Lizenzen entschied. Die Parlamentarier kamen zu dem Ergebnis, dass es dabei massive Unregelmäßigkeiten gegeben hatte, wussten aber, dies würde kaum ausreichen, um Bacon zu stürzen. Schon planten sie den nächsten Schlag: einen zweiten Untersuchungsausschuss, der sich mit den »Missbräuchen an den Gerichten« befassen sollte. Gezielt nahm man eines der höchsten Gerichte des Landes ins Visier, den »Court of Chancery«, den Bacon ebenfalls leitete.

Die Rechnung ging auf. Plötzlich meldeten sich zwei Zeugen, die behaupteten, der Lordkanzler habe sich von ihnen bestechen lassen, Recht und Gerechtigkeit versprochen gegen einige Hundert englische Pfund. War Francis Bacon korrupt? Der Lordkanzler stritt alles ab. Nie

■ London Bridge. Ausschnitt aus einer Ansicht der Stadt London im Jahr 1616. Kupferstich, 1616, von Jan Claesz Visscher (1587–1652)

■ Jakob I. und seine Günstlinge. Kreidelithographie, koloriert, 1855, von Theodor Hosemann (1807–1875)

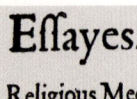

Eſſayes.

Religious Meditations.

Places of perſwaſion and diſſwaſion.

Seene and allowed.

AT LONDON,
Printed for Humfrey Hooper, and are
to be ſold at the blacke Beare
in Chauncery Lane.
1597.

■ Titelseite von Francis Bacons *Essays*, Ausgabe London 1597. »›Was ist Wahrheit?‹, fragte Pilatus spöttisch und wartete die Antwort gar nicht ab.« Aus Bacons *Essays*

Die Rache ist eine Art von wild wachsender Gerichtsbarkeit; die das Gesetz, je mehr die menschliche Natur dazu hinneigt, umso dringender ausrotten sollte.
Bacon in einem Essay

habe er sich durch Bestechungsgelder in seinen Urteilen beeinflussen lassen! Tatsächlich stellte sich heraus, dass er in beiden Fällen zuungunsten der Beschwerdeführer entschieden hatte. Es half ihm wenig. Die Liste der Anschuldigungen wurde länger und länger. Mehrere 10 000 Pfund sollte Bacon angeblich im Laufe der Jahre kassiert haben. Auch wenn derartige »Bezahlungen« damals durchaus üblich waren, sogar bei vielen Beamten einen großen Teil des Einkommens ausmachten, bargen die Vorwürfe gegen den Lordkanzler das Potenzial für einen politischen Skandal. Der König erkannte das schnell und vollzog noch schneller eine Kehrtwende. Wenn Bacon schuldig sei, dann werde er auch bestraft, versicherte Jakob dem Parlament. Dies war das Signal für die Lords des Oberhauses. Sie setzten ein seit einhundertfünfzig Jahren nicht mehr verwendetes Anklageverfahren in Gang: das Impeachment – der Lordkanzler sollte seines Amtes enthoben werden.

Francis Bacon beteuerte weiter seine Unschuld. Er wollte sich verteidigen, die Vorwürfe widerlegen. Genau dies fürchtete der König. Ein Freispruch des Lordkanzlers würde womöglich zu Unruhen im Parlament und beim Volk führen. Jakob drängte Bacon, sich wider besseres Wissen zu unterwerfen. Am 30. April 1621 wurde im Oberhaus Bacons Geständnis verlesen: »Ich bekenne hiermit offen und unumwunden, dass ich mich der passiven Bestechung schuldig gemacht habe. Ich verzichte auf jede Verteidigung meiner Handlungsweise und gebe mich der Gnade und Barmherzigkeit Eurer Lordschaften anheim.«

Mit Gnade war es nicht weit her. Die Lords verurteilten Bacon zu einer Geldstrafe, die ihn wirtschaftlich zugrunde richtete, er verlor alle Ämter und landete für vier Tage im Tower. Tiefer konnte man kaum fallen.

Francis Bacon blieben noch fünf Jahre. Er widmete sich in dieser Zeit ausschließlich naturwissenschaftlich-philosophischen und literarischen Werken, die ihm seinen Platz in der Geschichte sicherten. Bacon starb überraschend. Es war der Tod eines Wissenschaftlers. Im März 1526 machte er mit einem Freund eine Kutschfahrt. Es lag noch Schnee. Plötzlich hatte Bacon eine Idee: Ob Schnee den Verwesungsprozess von Fleisch wohl ähnlich gut aufhalten würde, wie Salz es tat? Gedacht, probiert: Sie kauften ein Huhn und füllten es mit Schnee. Dabei verkühlte Francis Bacon sich derart, dass er schwer erkrankte. Drei Tage später raffte ihn eine Lungenentzündung dahin.

FRANCIS BACON

 BIOGRAPHIE

Francis Bacon wurde am 22. Januar 1561 in London geboren. Sein Vater, Sir Nicholas Bacon, war in der Position des Großsiegelbewahrers unter Elisabeth I. einer der höchsten Beamten des Landes. Nach dem Studium in Cambridge, das er noch als Jugendlicher abschloss, hielt sich Francis Bacon als Begleiter des englischen Gesandten zwei Jahre in Paris auf. Zurück in London, schlug er die juristische Laufbahn ein. Ab 1579 war er als Rechtsanwalt tätig und wurde im Alter von 23 Jahren Mitglied des Parlaments. Seine eigentliche politische Karriere machte er unter der Herrschaft Jakobs I. 1604 wurde er Kronanwalt, 1617 Lordsiegelbewahrer, wie sein Vater, bis er 1618 schließlich zum Lordkanzler aufstieg und der König ihn bald darauf zum Baron von Verulam und Viscount St. Albans ernannte. Auf dem Höhepunkt seiner Karriere wurde der 60-jährige Bacon wegen Bestechlichkeit verurteilt und kam ins Gefängnis. Zwar wurde er nach wenigen Tagen aus der Haft entlassen, verlor aber alle seine Ämter und Würden. Die letzten fünf Jahre seines Lebens widmete er sich ganz seinen philosophischen Schriften und naturwissenschaftlichen Forschungen, die ihn berühmt machten und ihn als Vater des modernen naturwissenschaftlichen Denkens in die Geschichte eingehen ließen. Francis Bacon starb am 9. April 1626 in Highgate bei London. 1597 erschienen die ersten zehn seiner berühmten *Essays*, die er für eine Neuausgabe fünfzehn Jahre später völlig überarbeitete und um 29 neue erweiterte. Kurz vor seinem Tod nahm er erneut Änderungen an dieser Sammlung vor und ergänzte sie noch einmal durch weitere Texte. Die Ausgabe letzter Hand erschien unter dem Titel *Essays oder praktische und moralische Ratschläge* (1625, *The Essays or Counsels, Civill and Morall*). Sein Hauptwerk *Die große Erneuerung der menschlichen Herrschaft über die Natur* (*Magna instauratio imperii humani in naturam*) war als Enzyklopädie der Wissenschaften in sechs Bänden geplant. Bacon stellte nur zwei Teile dieses Projekts fertig, nämlich die Schriften *Über die Würde und den Fortgang der Wissenschaften* (1605, *De dignitate et augmentis scientiarum*) und das *Neue Organon* (1620, *Novum organum*). Ein dritter Teil erschien posthum im Jahr 1626. Sein utopischer Roman *Neu-Atlantis* (*Nova Atlantis*), der vermutlich um 1624 entstand und als Anhang der *Instauratio magna* gedacht war, blieb Fragment. Neben Thomas Morus' *Utopia* aus dem Jahr 1516 und Tommaso Campanellas *Der Sonnenstaat* (*La Città del sole*), erschienen 1623, schuf Bacon mit diesem Werk eine der bekanntesten Utopien des 16. und 17. Jahrhunderts. Der ursprünglich als Entwurf eines Idealstaates gedachte Roman veranschaulicht Bacons Überzeugung, dass das durch Erfahrung erlangte Wissen über die Natur die Voraussetzung für das Wohl der Menschheit sei.

 EMPFEHLUNGEN

Lesenswert:

Francis Bacon: *Essays oder praktische und moralische Ratschläge*, Stuttgart 1993.

Francis Bacon: *Neu-Atlantis*, Stuttgart 1995.

Wolfgang Krohn: *Francis Bacon*, München 1987.

Wolfgang Röd: *Die Philosophie der Neuzeit 1. Von Francis Bacon bis Spinoza*, München 1999.

Sehenswert:

Das Gebäude der Royal Society in London, der ersten naturwissenschaftlichen Gesellschaft der Welt, wurde von Christopher Wren, dem Erbauer der ebenfalls sehenswerten St.-Paul's-Cathedral, geplant. Es erinnert an Bacon, auf dessen Ideen die Royal Society zurückgeht.

 AUF DEN PUNKT GEBRACHT

Ein Parlament als Gericht – das geht selten gut. Die englischen Lords wollten ihre Stärke demonstrieren. Das Ziel war der König. Getroffen wurde Francis Bacon.

»Und sie bewegt sich doch …«
Prozess gegen Galileo Galilei (1633)

»Ich habe, wie ich es immer noch tue, die Ansicht des Ptolemäus als wahr und unzweifelhaft angesehen, nämlich, dass die Erde bewegungslos ist und die Sonne sich bewegt.«

Das war glatt gelogen. Ein Meineid. Und alle, die den Prozess im Festsaal des römischen Klosters St. Maria sopra Minerva gebannt verfolgten, wussten es. Hier war die Inquisition zu Hause. In diesem Raum hatte dreiunddreißig Jahre zuvor Giordano Bruno sein Urteil entgegengenommen: Tod auf dem Scheiterhaufen. Nun verhandelten die Kardinäle in gleicher Sache gegen einen der berühmtesten Wissenschaftler Europas – den fast siebzigjährigen Galileo Galilei. Wieder einmal ging es um die Freiheit der Forschung, die Macht der Kirche, um die Unvereinbarkeit von naturwissenschaftlichen Erkenntnissen mit dem Wortlaut der Bibel. Zwei Weltbilder prallten aufeinander. Aber zwei Wahrheiten konnte es nicht geben.

■ Galileo Galilei. Kreidezeichnung von Guido Reni (1575–1642)

Die Prozesse gegen Giordano Bruno und Galileo Galilei beruhten auf dem Streit über die Theorie eines Mannes, der schon seit neunzig Jahren unter der Erde lag. Nikolaus Kopernikus, ein polnischer Astronom, hatte das »heliozentrische System« entwickelt. Es stand in radikalem Gegensatz zum griechischen Modell des Ptolemäus, wie es seit über tausend Jahren gelehrt wurde: Die Erde ruht eingeschlossen in zwei Kugelhälften. Innerhalb der Kugel bewegen sich Sonne, Mond und Planeten in verschiedenen Bahnen um die fest stehende Erde, die den Mittelpunkt des Weltalls bildet. Kopernikus' These vertrieb die Erde aus dem Zentrum des Universums. Ihren Platz nahm die Sonne ein. Die Erde war ein Planet unter vielen. Wie Mars oder Venus drehte auch sie sich um die Sonne. Allein der Mond umkreiste die Erde.

Das passte so gar nicht ins Weltbild jener Zeit, in dem man den Menschen und die Erde, ganz im aristotelischen Sinne, als statischen Mittelpunkt des Kosmos begriff. Und es widersprach den Worten der Heiligen Schrift. Hieß es doch im zehnten Kapitel des Buches Josua: »Sonne, stehe still zu Gibeon, und Mond im

Tal Ajalon! Da standen die Sonne und der Mond still, bis dass sich das Volk an seinen Feinden rächte.« Was sollten diese Sätze anderes bedeuten, als dass sich die Sonne normalerweise bewegte? Kopernikus ahnte, welche Brisanz seine Theorie barg. Deshalb zögerte er ihre Veröffentlichung hinaus. Er starb an dem Tag, als er das gedruckte Buch mit seinen Thesen zum ersten Mal in Händen hielt.

Während Kopernikus seine Erkenntnisse durch reines Denken gewonnen hatte, hielt Galileo Galilei das Beobachten von Phänomenen und deren mathematische Berechnung für unabdingbar: »Man muss messen, was messbar ist, und messbar machen, was zunächst nicht messbar ist.«

Dieses Motto machte Galilei sich bereits früh zu eigen. Er tat es instinktiv, ohne zu verstehen, dass es sich um eine Idee handelte, die gefährlich an den Grundlagen des herrschenden Wissenschaftssystems rüttelte. Was, wenn das Gemessene nicht mehr in Einklang zu bringen war mit den Lehren des Aristoteles? Dessen naturphilosophische Schriften galten als absolute Autorität. Wer wie Galilei Naturkunde, Mathematik oder Medizin studierte, erhielt damals kaum eine praktische Ausbildung, sondern hatte sich vorwiegend mit den Werken des griechischen Philosophen auseinander zu setzen. Schnell geriet Galilei damit in Konflikt. Schon als junger Pisaner Studiosus behauptete er: Aristoteles irrt; seine physikalische Theorie, wonach die Fallgeschwindigkeit sich pro-

■ *Galilei vor dem Inquisitionstribunal.* Farblithographie nach dem Fresko von Nicolo Barabino (1832–1891) in der Palazzina Celesia in Genua

Damit dein schwerer, verderblicher Irrtum und Ungehorsam nicht ungestraft bleibe und du in Zukunft vorsichtiger verfahrest, so bestimmen wir, dass das Buch Dialog *durch eine öffentliche Verordnung verboten werde. Dich aber verurteilen wir zum förmlichen Kerker bei diesem Heiligen Offizium für eine nach Ermessen zu bestimmende Zeitdauer und tragen dir als heilsame Buße auf, in den folgenden drei Jahren wöchentlich einmal die sieben Bußpsalmen zu sprechen.* Urteil des Inquisitionsgerichts gegen Galileo Galilei

»Es kann in keiner Weise eine Lehre wahrscheinlich sein, von der festgestellt und erklärt ist, dass sie der göttlichen Schrift widerspricht.« Die simple Logik der Inquisition

■ Ein Innenraum mit astronomischen Instrumenten in der Villa il Gioiello in Arcetri, Florenz, dem Wohn- und Sterbehaus Galileo Galileis

portional zum Gewicht eines Körpers verhält, sei falsch. Galilei demonstrierte dies durch ein simples Experiment. Vom Schiefen Turm in Pisa ließ er zwei unterschiedlich schwere Gegenstände herabfallen. Sie kamen gleichzeitig am Boden an.

Die Physik faszinierte ihn mehr und mehr. 1592, mit 28 Jahren, er war inzwischen Mathematikdozent, wechselte er an die Universität von Padua. Sollte jetzt endlich seine große Karriere beginnen? Galilei musste noch fast zwei Jahrzehnte warten. Erst ein neuartiges Gerät, das man in Holland erfunden hatte, brachte den Durchbruch: das Fernrohr. Galilei, der das Prinzip problemlos erfasste, baute es sofort nach. Längst hatte er begonnen, sich für die Astronomie und besonders die kopernikanischen Thesen zu interessieren, auch wenn er es noch nicht wagte, diese öffentlich zu verteidigen. Dem Senat der Stadt Padua erklärte er flugs den Nutzen des Fernrohrs für die Seefahrt, zum Lohn machte man ihn zum Professor auf Lebenszeit und verdoppelte sein Gehalt. Galileo Galilei widmete sich fortan intensiv der Sternguckerei. Nie war der Himmel den Menschen so nahe gewesen! Jetzt konnte man Details erforschen, die bis dahin im Dunkel gelegen hatten! Galilei sah, dass sich auf dem Mond Gebirge und Krater befanden, die Milchstraße aus Sternen bestand, und er entdeckte die vier Jupitermonde. Das Zeitalter der spirituellen Sternkunde, in dem sichtbare Sterne unsichtbare Mächte verkörperten, ging

damit zu Ende. Innerhalb von sechs Monaten publizierte Galilei seine sensa-
tionellen Beobachtungen in dem
Buch *Sidereus nuncius* (*Der Ster-
nenbote*); es markiert die Geburtsstunde der modernen Astronomie. Die Schrift rief zahlreiche Gegner auf den Plan.
Deren Tonfall gewann an Schär-
fe, als sie von Galileis nächsten
Erkundungen erfuhren: die Son-
nenflecken und die Lichtphasen der
Venus, die zu- und abnahm, je nachdem
wie sie zur Sonne stand. Unbeirrt prophezeite
Galilei jetzt den Sieg der kopernikanischen Ideen. Die Erde konnte gar nicht der Mittelpunkt des Universums sein!

■ Umlaufbahn der Erde nach Kopernikus. Holzschnitt und Typendruck. Aus Galileis *Dialogo* (…) *sopra i due massimi sistemi del mondo, Tolemaico e Copernicano*. Florenz 1632

   Nun wurde auch die Inquisition hellhörig. Ein Dominikaner-
pater hatte in Rom Anzeige erstattet. 1616 landeten die Werke des
Kopernikus auf dem Index. Galileis Vorschlag, die Auslegung der
Bibel kurzerhand dem Stand der Forschung anzupassen, empfand
man in Rom als ziemlich unverschämt. Dennoch kam der ketze-
rische Astronom glimpflich davon. Kardinal Bellarmin ermahnte
ihn lediglich, die kopernikanischen Theorien künftig ausschließlich hypothetisch zu bearbeiten; keinesfalls dürfe als wissenschaftliche Erkenntnis behauptet werden, dass die Erde sich
bewege.

   Galilei blieb unbeeindruckt. Unverzüglich begann
er ein neues Werk. *Dialog über die zwei hauptsäch-
lichen Weltsysteme* nannte er sein Buch, in dem drei
Personen miteinander diskutieren: ein moderner
Forscher, ein Vertreter der aristotelischen Lehre und
einer, der die richtigen Fragen stellt und dadurch
das Gespräch vorantreibt. Natürlich kommt der
Verteidiger des antiken Weltbildes, den Galilei Sim-
plicio – »der Einfache« – getauft hat, nicht allzu gut
weg. Überraschenderweise erlaubte die kirchliche
Aufsichtsbehörde in Florenz 1632 den Druck dieser
Schrift. Wegen der grassierenden Pest gelangte das
Buch erst ein halbes Jahr später nach Rom. Dort
wurde es kritisch geprüft und sofort verboten. Für
die Kurie stand fest: Galilei hatte gegen das Dekret
von 1616 verstoßen, eine als ketzerisch verurteilte

*Eure Meinung über die hellen und dunk-
len Flecken auf dem Mond stellt eine
gewisse Ähnlichkeit zwischen dem
Mondkörper und der Erde her; jemand
erweitert das und sagt, Ihr hättet dem
Mond menschliche Bewohner zugespro-
chen; und der nächste beginnt zu fragen,
wie diese von Adam abstammen können,
oder ob sie in der Arche Noahs waren
und viele Extravaganzen mehr, von denen
Ihr in Euren kühnsten Träumen nichts
ahnen könnt.*

**Der Sekretär von Papst Urban VIII.
in einem Brief an Galilei**

■ »Ich schwöre ab, verdamme und verabscheue.« Galilei widerruft seine Erkenntnisse am 22. Juni 1633 in Rom, S. Maria sopra Minerva. Holzstich

Lehre verbreitet und, schlimmer noch, sie als wissenschaftliche Tatsache dargestellt. Unversehens sah sich Galilei als Angeklagter. Papst Urban VIII. forderte ihn auf, vor dem Heiligen Offizium zu erscheinen, der Inquisition, die über die akademische Lehre wachte.

Im Februar 1633 traf Galilei in Rom ein. Im April begann der Prozess. Galilei wusste, dass dieses Verfahren tödlich für ihn enden könnte. Obwohl er wenig Neigung verspürte, wie einst Giordano Bruno als Märtyrer zu sterben, versuchte er zu verhandeln. Er bot an, sein Buch um zwei Kapitel zu ergänzen und in diesen genügend Gründe gegen die falsche, die kopernikanische Lehre anzuführen. Rom ließ sich auf keine Kompromisse ein. Die Inquisition verlangte eine völlige Unterwerfung, man drohte sogar mit Folter.

Nach vier Verhören schwor Galileo Galilei ab. Vor seinen Richtern niederkniend, log er, was das Zeug hielt. Dass er, als er wieder aufstand, vor sich hinmurmelte: »... und sie bewegt sich doch!«, darf in das Reich der Legende verwiesen werden. Gedacht hat er es sicher.

Die restlichen acht Jahre seines Lebens verbrachte Galilei im Hausarrest in seiner Villa bei Florenz.

Erst dreihundertsechzig Jahre später besann sich Rom. 1992 gestand eine päpstliche Kommission den Irrtum der katholischen Kirche ein, Galileo Galilei wurde rehabilitiert. Die berühmte und anerkannte Sternwarte des Vatikans arbeitete zu diesem Zeitpunkt selbstverständlich schon lange auf der Basis des kopernikanischen Systems.

GALILEO GALILEI

 ## BIOGRAPHIE

Galileo Galilei wurde am 15. Februar 1564 in Pisa geboren. Er studierte Mathematik in seiner Geburtsstadt und in Florenz. 1589 erhielt er eine Professur in Pisa, drei Jahre später in Padua. 1610 ernannte ihn der toskanische Großherzog zum Ersten Mathematiker und Philosophen an seinem Hof. Galilei entdeckte die Pendelgesetze, erfand die hydrostatische Waage und einen Proportionalzirkel und leitete in reinen Gedankenexperimenten die Fallgesetze her. 1609 baute er das kurz zuvor in Holland erfundene Fernrohr nach, mit dem er sensationelle Entdeckungen machte. Infolge seiner Beobachtungen trat er öffentlich für das heliozentrische Weltbild des Nikolaus Kopernikus (1473–1543) ein. 1613 forderte er in seinem berühmten Brief an den Benediktiner Benedetto Castelli (1577–1644), dass die Theologie sich bei der Deutung der Bibel um Übereinstimmung mit den Erkenntnissen der Wissenschaft bemühen müsse. Es kam zu einer ersten Auseinandersetzung mit der römischen Kirche, die 1616 die kopernikanische Lehre und ihre Verbreitung verbot. Galileis astronomisches Hauptwerk *Dialog* (*Dialogo*, 1632), in dem er erneut das kopernikanische Weltsystem verteidigte, brachte ihm eine Anklage wegen Ungehorsams gegen einen Befehl des Heiligen Offiziums ein. Der Inquisitionsprozess endete nach vier Verhören und 23 Tagen Haft am 22. Juni 1633 mit der Abschwörung Galileis. Zu Hausarrest auf unbestimm-

te Zeit verurteilt, lebte er – seit 1637 blind – in Arcetri bei Florenz. Er verfasste dort sein physikalisches Hauptwerk *Unterredungen und mathematische Demonstrationen über zwei neue Wissenszweige, die Mechanik und die Fallgesetze betreffend* (*Discorsi e dimostrazioni matematiche...*, 1638), mit dem er den Grundstein für die moderne Physik legte. Galileo Galilei starb am 8. Januar 1642.

Nachgeschichte

Erst knapp hundert Jahre nach Galileis Tod wurden seine sterblichen Überreste im Hauptschiff der Kirche Santa Croce bestattet – seinem Wunsch entsprechend. 1835 wurde der *Dialog* vom Index gestrichen. 1909 erschien in Florenz die erste Gesamtausgabe der Werke Galileis mit einem Umfang von zwanzig Bänden. Papst Johannes Paul II. kündigte 1979 anlässlich des hundertsten Geburtstages von Albert Einstein an, den Fall Galilei einer gründlichen Prüfung zu unterziehen. 1992 wurde Galilei von der katholischen Kirche rehabilitiert.

Künstlerische Bearbeitung

Unter mehreren literarischen Bearbeitungen von Galileis Konflikt mit der Kirche ist die bedeutsamste das Theaterstück von Bertolt Brecht. Nicht zuletzt durch ihn wurde Galilei in der zweiten Hälfte des 20. Jahrhunderts zu einer Art Symbolfigur für den Anfang der neuzeitlichen Wissenschaft. Brecht machte sich 1938 im dänischen Exil ein-

gehend mit den historischen Fakten des Falls vertraut und begann im selben Jahr mit der Arbeit an dem Drama. Die Nachricht von der Spaltung des Uranatoms im Dezember 1938 regte ihn zur Überarbeitung seines Textes an, es folgten weitere Fassungen in den nächsten Jahren. Die letzte schrieb Bertolt Brecht 1954–1956 in Berlin.

 ## EMPFEHLUNGEN

Lesenswert:
Bertolt Brecht: *Leben des Galilei*, Frankfurt 1998.

Johannes Hemleben: *Galilei Galileo. In Selbstzeugnissen und Bilddokumenten*, Reinbek 1999.

Hörenswert:
Karel Capek, Hannes Messemer: *Philosophie: Weltsysteme – Kopernikus und Galileo Galilei*, 2000. Audio-CD.

Besuchenswert:
Der Dom in Pisa: Durch die Schwingungen des schweren Kronleuchters entdeckte Galilei die Pendelgesetze.

Florenz: Das Museum für Geschichte der Wissenschaften; dort sind die einzigen erhaltenen originalen wissenschaftlichen Instrumente Galileo Galileis ausgestellt, darunter zwei Fernrohre.

In Santa Croce, der größten Franziskanerkirche Italiens, befindet sich die Grabstätte Galileo Galileis.

 ## AUF DEN PUNKT GEBRACHT

Der Klügere gibt nach – zumindest wenn er weiterleben will. Die katholische Kirche saß zunächst am längeren Hebel, aber selbst sie muss heute akzeptieren, dass Galileo Galilei im Recht war: Die Erde bewegt sich doch!

England verliert den Kopf
Prozess gegen Karl I., König von England und Schottland (1649)

■ Karl I. auf einem Gemälde von Anthonis van Dyck (1599–1641), Öl auf Leinwand, Innsbruck, Sammlungen Schloss Ambras

Er war ein Spätzünder. Erst mit vier Jahren lernte er laufen, mit fünf sprechen. Den Hang zum Stottern sollte er nie ganz loswerden. Im entscheidendsten Augenblick seines Lebens aber setzte der englische König Karl I. zu einer Rede an, die er, ohne zu stocken, klar und deutlich über die Lippen brachte: »Ich stehe für die Freiheit meines Volkes mehr als jene hier, die vorgeben, meine Richter zu sein.« Dem König blieben noch zehn Tage. Er stand vor den Resten seines Parlaments, das sich zum Gericht über ihn erhoben und damit einen gewaltigen Verfassungsbruch begangen hatte. Allerdings kämpfte so mancher mit seinem schlechten Gewissen. Ein Drittel der Geschworenen war gar nicht erst erschienen, viele weigerten sich später, das Todesurteil zu unterzeichnen. Zu tief saß noch der Glaube an die Unantastbarkeit des Monarchen, der allein Gott über sich wusste. Obwohl das Parlament zwei Jahrzehnte lang mit Karl über eine größere politische Teilhabe gestritten hatte, fiel es selbst den schärfsten Kritikern schwer, die Losung des absolutistischen Königtums: »The King can do no wrong« in Frage zu stellen. Doch jetzt gab es kein Zurück mehr. Der einflussreiche Gegenspieler Karls, Oliver Cromwell, drängte darauf, die Monarchie hinwegzufegen, der Revolution endgültig zum Sieg zu verhelfen.

Karl I. wurde das Opfer seiner eigenen Sturheit und eines politischen und religiösen Zwistes, der im vorangegangenen Jahrhundert wurzelte. Seit jeher versuchte das Parlament, die Machtbalance zwischen sich und dem Herrscher neu auszutarieren. Die Chance bot sich selten, denn in Friedenszeiten konnte der König ganz gut ohne das Parlament regieren. Dessen Stunde schlug immer dann, wenn der Monarch einen Krieg plante und, um ihn zu finanzieren, die Steuern erhöhen wollte. Dazu brauchte er die Zustimmung der Abgeordneten, was dem Herrscher einiges diplomatisches Geschick abverlangte. Karl I. bemühte sich kaum. Wie alle seine Vorfahren empfand auch er das Parlament als lästiges Übel, kam jedoch nicht umhin, es ab

Aus all dem wird deutlich, dass Charles Stuart der Urheber dieser widernatürlichen, grausamen und blutigen Kämpfe war und ist und daher schuld an allen verräterischen Handlungen, Morden, Vergewaltigungen, Brandschatzungen, Plünderungen, Verwüstungen, Zerstörungen und Missetaten, welche diesem Volk im Krieg zugefügt wurden.

Aus der Anklageschrift gegen Karl

und an einzuberufen. Karl I. nämlich neigte zu militärischen Abenteuern, die regelmäßig in einem Fiasko endeten. Seine Popularitätswerte sanken rapide. Beim Volk und beim Parlament, das jeden Feldzug dazu nutzte, dem König weitere Rechte abzutrotzen.

Einen ersten Erfolg verbuchte es 1628 mit der »Petition of Rights« – einer Bestätigung der »Magna Charta« von 1215, in der erstmals das Verhältnis zwischen Krone und politischer Vertretung der Bürger definiert worden war. Die »Petition of Rights« las sich als Antwort auf Karls Konfrontationskurs, den er gleich zu Beginn seiner Regentschaft eingeschlagen hatte: Am Parlament vorbei erhob er Abgaben direkt bei den Untertanen; wer nicht zahlte, musste mit Verhaftung rechnen. Das Parlament pochte auf die Einhaltung der Verfassung, die all dies verbot, erreichte einen Etappensieg und legte ein Jahr später neue Forderungen nach. Nun verlangte es Mitsprache in kirchlichen Belangen, die bis dahin als Hoheitsrechte des Königs galten. Karl I. hatte es endgültig satt. Kurzerhand löste er das Parlament auf – für elf Jahre. Erst 1640 rief er es wieder zusammen. Viel zu spät. Die Situation war längst außer Kontrolle geraten, das Volk in Aufruhr, ein großer Teil des Parlaments verweigerte Karl die Gefolgschaft. Eng-

■ Die Hinrichtung Karls I. am 30. Januar 1649, Radierung von Jan Luyken (1649–1712)

■ In diesem Kupferstich von William Marshall (tätig um 1617–1649) wird Karl I. zum Märtyrer stilisiert. Die Darstellung enthält alle Attributen einer royalistischen Verherrlichung.

»Weil ich Euer König bin, könnt Ihr mir nicht den Prozess machen, weil ich König bin, kann keine irdische Gewalt mich zur Rechenschaft ziehen.« So Karl vor Gericht. Das war natürlich zum einen ein Verweis auf das Gottesgnadentum, denn England war ja keine Wahl-, sondern eine Erbmonarchie; aber auch ein Verweis darauf, dass nach damaligem Rechtsverständnis die Souveränität des Königs im Parlament ruhte, der König sozusagen wesentlicher Bestandteil der Verfassung war: »King in Parliament«

land befand sich am Rande eines Bürgerkriegs, ausgelöst durch Religionsstreitigkeiten.

Aus Ärger über eine vom Papst nicht genehmigte Scheidung hatte Heinrich VIII. hundert Jahre zuvor die Anglikanische Kirche eingeführt (s. S. 56), an deren Spitze der König stand. Mittlerweile schienen die Auseinandersetzungen zwischen Reformatoren und Katholiken überwunden, immerhin bekannten sich zwei Drittel des Volkes zu der jungen Kirche. Als aber der Erzbischof von Canterbury daran ging, diese zu reformieren und das Kirchensystem auf Schottland zu übertragen, brach unvermittelt eine Welle des Protests los. Noch waren England und Schottland zwei eigenständige Reiche, mit unterschiedlichen Systemen, allein geeint durch die Person des Königs, den der schottische Klerus nicht als sein kirchliches Oberhaupt anerkannte. Und so sollte es bleiben! Wieder einmal ließ Karl jegliches politisches Fingerspitzengefühl vermissen. Anstatt nachzugeben, setzte er auf Gewalt und dadurch eine Lawine in Gang, die ihn am Ende mit sich fortreißen würde.

Der König entsandte sein Heer nach Schottland, das jedoch wenig auszurichten vermochte. Er wandte sich an das Parlament, das fix Kapital aus der Schwäche des Monarchen schlug: Künftig durfte es selbst entscheiden, wann es sich auflöste. Ein gemeiner Racheakt führte das Land schließlich in den Bürgerkrieg. Da das Parlament es nicht wagte, gegen Karl vorzugehen – noch war ein Staat ohne König undenkbar –, verurteilte man seinen engsten Ratgeber, den Earl of Strafford, in einem dubiosen Hochverratsprozess. Karl, der hoffte, danach werde Ruhe einkehren, unterschrieb das Todesurteil, wofür er sich Zeit seines Lebens schämte. Strafford starb vergeblich. Unverzüglich listeten die Abgeordneten ihre nächsten Wünsche auf: parlamentarische Kontrolle des Staates, der Kirche, des Militärs. Karl reichte es langsam. Aber sein Versuch, die Anführer des politischen Wi-

> *In seiner Glanzzeit war Karl I. ein überzeugter Gegner all dessen gewesen, was wir heute unsere parlamentarische Freiheit nennen. Aber je mehr ihn das Unheil verfolgte, umso mehr wurde er zur Verkörperung aller englischen Freiheiten und Traditionen.*
> Winston Churchill über Karl I.

»Der verräterische Schott verkauft seinen König für einen Grot.« Ein Gassenhauer, den man in ganz England sang, als die Schotten den König gegen ein Lösegeld ans englische Parlament verkauft hatten

derstands im Unterhaus verhaften zu lassen, scheiterte. Von jetzt an befanden sich Parlament und König im offenen Kampf. Als vier Jahre darauf die erste Phase des Konflikts vorbei war, standen sich zwei neue Feinde gegenüber: das Parlament und die Armee.

Der Bürgerkrieg hatte einen Mann zur nationalen Berühmtheit gemacht, der dem niedrigen Landadel entstammte und der im Unterhaus nie besonders aufgefallen war: Oliver Cromwell. Ihm oblag die Organisation eines Parlamentsheeres – eine Aufgabe, die er bravourös meisterte. Cromwell baute eine Reitertruppe auf, der man schnell den Namen »Ironsides« verpasste, weil sie sich todesmutig in jedes Gefecht stürzte. Die »New Model Army« errang 1645 den entscheidenden Sieg über die königlichen Truppen. Karl geriet in Gefangenschaft der Schotten, die ihn an das englische Parlament verkauften. Sofort stellte man dem König Bedingungen, erwartete Zugeständnisse. Karl feilschte, taktierte, spielte auf Zeit. Die Stimmung schlug um zu seinen Gunsten. Derweil tat sich eine weitaus gefährlichere Front auf. Die einst vom Parlament ins Leben gerufene siegreiche Armee, der sämtliche Schichten des Volkes angehörten, liebäugelte mit revolutionären Ideen. Das allgemeine Wahlrecht verlangte man, Landverteilung, soziale Gerechtigkeit. Doch so, wie zuvor der König das Parlament zurückgewiesen hatte, als es mehr Rechte einforderte, zeigte nun das parlamentarische Establishment der Soldateska die kalte Schulter. Damit begann Teil zwei des Bürgerkriegs. Cromwells Armee marschierte wieder – und schlug alle: Schotten, Parlament, Royalisten.

Was aber konnte Cromwell seinen Truppen bieten – außer den Kopf des Königs? Er befahl der Armee, das Unterhaus zu be-

■ Der Hochverratsprozess gegen Karl I. im Westminster-Palast von 19. bis zum 30. Januar 1649. König Karl I. ist durch ein A gekennzeichnet, der Vorsitzende Bradshaw durch ein B. Zeitgenössischer Kupferstich

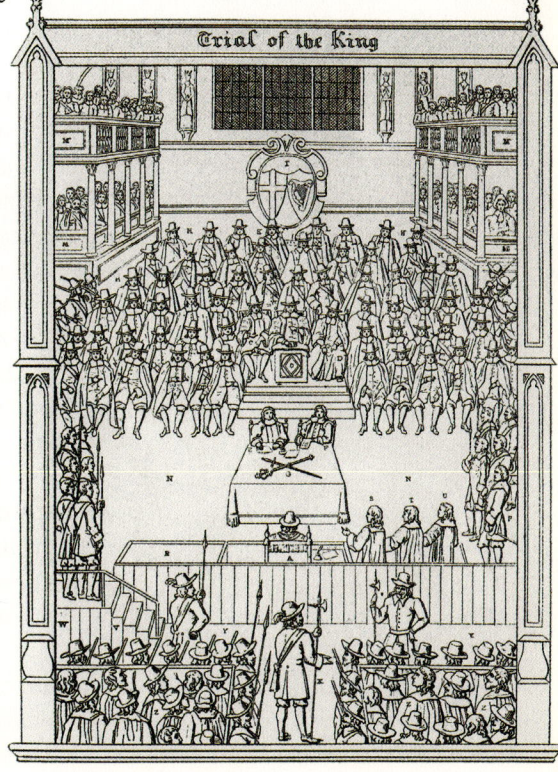

»Mit all seinen Fehlern und Misserfolgen war er in der Tat der Lordprotektor der ewigen Rechte des alten England, das er liebte, gegen die furchtbare Waffe, die er und das Parlament zur Verteidigung dieser Rechte geschmiedet hatten. Ohne Cromwell hätte es vielleicht keinen Fortschritt gegeben, ohne ihn keinen Zusammenbruch, kein Auferstehen.« Winston Churchill über Cromwell (1599–1658), den er damit sozusagen als Wegbereiter der konstitutionellen Monarchie preist – allerdings mit Einschränkungen, denn auch Churchill kritisiert den unrechtmäßigen Prozess gegen Karl.

■ Symbolische Darstellung des Umsturzes von Thron und Altar durch Cromwell im englischen Bürgerkrieg von 1642–1646. Zeitgenössischer Kupferstich

setzen und schaltete politische Widersacher aus, oder ließ sie verhaften. Übrig blieb ein so genanntes Rumpfparlament, das sich zum alleinigen Gesetzgeber erklärte und ein Sondergericht einberief. Der König sollte wegen Hochverrats verurteilt werden. Man warf ihm vor, ein Mörder und Tyrann zu sein, der England in einen Bürgerkrieg gestürzt und das eigene Volk bekämpft habe. Kein namhafter Jurist mochte sich an dieser Anklage beteiligen, Cromwell musste sogar einige seiner Offiziere als »Richter« abordnen. Am 20. Januar 1649 wurde Karl in einer verhängten Barke über die Themse zum Westminster-Palast gebracht. »Ich möchte wissen, kraft welcher gesetzlichen Autorität ich mich hier befinde?«, herrschte er das Gericht an, dem er seine Anerkennung verweigerte. Die Haltung des Königs beeindruckte viele. Es half ihm nichts. Das Urteil stand längst fest. Am 27. Januar beschloss das Gericht, dass »Karl Stuart als Verräter und öffentlicher Feind vom Leben zum Tode durch Enthaupten gebracht werden solle«. Und so geschah es, drei Tage später. Karl I. sicherte sich einen Platz in der Geschichte – als der erste Monarch, der von seinen Untertanen verurteilt und hingerichtet worden war.

KARL I. VON ENGLAND UND SCHOTTLAND

 BIOGRAPHIE

Karl I., am 19. November 1600 in Dunfermline in Schottland geboren, war der Sohn Jakobs I., des Königs von England und Schottland, und Enkel Maria Stuarts. Der Tod seines Bruders Heinrich machte ihn 1612 unvorbereitet zum Thronerbe. Von Beginn seiner Regierungszeit an (1625) setzte sich Karl I. mit seiner absolutistischen Gesinnung und seiner Bevorzugung der anglikanischen Hochkirche in einen wachsenden Gegensatz zu der großenteils puritanischen Bevölkerung. Nachdem er 1628 auf Druck des Parlaments der »Petition of Rights« zugestimmt hatte, löste er 1629 – bereits zum dritten Mal – das Parlament auf und regierte elf Jahre, ohne ein neues einzuberufen. Als es zu einem Aufstand der schottischen Presbyterianer kam, sah sich Karl gezwungen, das so genannte »Long Parliament« einzuberufen (1640), das formell – obwohl es in den letzten Jahren nur ein Rumpfparlament war – bis 1660 bestand. Die Differenzen zwischen Royalisten und Parlament führten 1642 zum Bürgerkrieg. Nach der Niederlage des königlichen Heers floh Karl nach Schottland, wurde jedoch ausgeliefert. Auf Drängen des Parlamentsmitglieds und radikalen Puritaners Oliver Cromwell verurteilte das Parlament den König wegen Hochverrats zum Tode. Am 30. Januar 1649 wurde Karl I. in London hingerichtet.

Nachgeschichte

Kurz nach dem Tod Karls I. wurde England zur Republik erklärt, in der Oliver Cromwell Vorsitzender des Staatsrates war. In blutigen Feldzügen unterwarf er zunächst Irland, dann die Schotten. 1653 löste er auch das Rumpfparlament auf und nahm bis zu seinem Tod im September 1658 als »Lord Protector« eine geradezu monarchische Stellung ein. Er starb im Alter von 59 Jahren und wurde in der Westminster Abbey begraben. Seine Nachfolge trat sein Sohn Richard an, der die Machtposition, die sein Vater errungen hatte, nicht lange behaupten konnte. Nach wenigen Monaten stellte ein neues Parlament das Königtum des Hauses Stuart wieder her, 1660 bestieg Karl II., Sohn Karls I., den englischen Thron. Zügig kamen Verfahren in Gang gegen die »Königsmörder von 1649«; etwa ein Dutzend wurde gehängt, einige starben im Gefängnis, manche wurden begnadigt. Auf Anordnung Karls II. wurde Cromwells Leiche 1661, am Hinrichtungstag von Karl I., geschändet. Er ließ sie exhumieren und am Galgen in Tyburn am Londoner Hyde Park aufhängen. Bei Sonnenuntergang wurde das Haupt der Leiche abgeschlagen, auf Stangen auf dem Dach von Westminster Hall aufgestellt, während der Körper in ein tiefes Loch unter dem Galgen geworfen wurde.

Künstlerische Bearbeitung

Cromwell und sein Kampf gegen Karl I. wurden oft in der Literatur behandelt. Der deutsche Schriftsteller Andreas Gryphius begann noch im Jahr von Karls Hinrichtung mit der Arbeit an einem Trauerspiel zu diesem Thema (1649/50, *Ermordete Majestät. Oder Carolus Stuardus König von Großbritannien*). Weitere Dramen zur Auseinandersetzung zwischen Cromwell und Karl I. schrieben unter anderem Percy Bysshe Shelley (1824, *Charles I.*, Fragment), Victor Hugo (1827, *Cromwell*), und John Drinkwater (1921, *Oliver Cromwell*). Walter Scott verfasste einen Roman (1826, *Woodstock*). Der flämische Maler Anthonis van Dyck, der ab 1632 bis zu seinem Tod 1641 Hofmaler Karls I. war, hat seinen Auftraggeber viele Male porträtiert. Eines der berühmtesten Porträts befindet sich im Louvre in Paris.

 EMPFEHLUNGEN

Lesenswert:
Peter Wende (Hg.): *Englische Könige und Königinnen. Von Heinrich VII. bis Elisabeth II.*, München 1998.

Andreas Gryphius: *Carolus Stuardus*, Stuttgart 2001.

Besuchenswert:
Das Banqueting House, Whitehall, London. Die Saaldecke gestaltete Peter Paul Rubens im Auftrag Karls I., der 1649 vor dem Gebäude hingerichtet wurde.

 AUF DEN PUNKT GEBRACHT

Der Kampf zwischen König und Parlament endete im Patt. Karl bezahlte ihn mit dem Leben. Aber auch das Parlament war politisch tot. Der lachende Dritte hieß Oliver Cromwell, der aller Welt bewies, dass Gesetze nicht mehr viel gelten, wenn sich eine Armee an die Macht putscht.

»Die Zauberinnen sollst du nicht am Leben lassen«

Hexenprozesse in Salem, Massachusetts (1692)

Mit dem Satz: »Die Zauberinnen sollst du nicht am Leben lassen« lieferte das 2. Buch Mose, 22,17, eine der wichtigsten Rechtfertigungen der Kirche für die Hexenverfolgung.

■ Szene aus dem US-Film *Hexenjagd* mit Daniel Day-Lewis und Winona Ryder von 1996. Das zugrunde liegende Werk von Arthur Miller, das der Autor selbst zum Drehbuch umarbeitete, basiert auf den historischen Salem-Prozessen.

Wer in die Fänge der Hexenjäger geriet, war geliefert. Denunziation reichte aus. Jede Kleinigkeit konnte verdächtig machen. Warum erkrankte plötzlich eine Viehherde? Lag es vielleicht an den Nachbarinnen – hatten die nicht auffällig rot entzündete Augen? Hier musste es sich doch einfach um Hexen handeln! Zwei Frauen erging es so, 1793 in Posen. Sie wurden verbrannt. Es sollte der letzte Hexenprozess in Europa sein, der mit einer Hinrichtung endete.

Seit jeher sprach man bestimmten Menschen übersinnliche, magische Kräfte zu, die Schaden fernhielten oder anrichteten. Gerade in Zeiten von Seuchen, wirtschaftlichen Krisen, aber auch bei schlichten Nachbarschaftsstreitigkeiten hatte man schnell einen Sündenbock parat. Denn Hexen und Zauberer standen in dem Ruf, mit dem Teufel zu paktieren. Vereinzelt kam es zu Lynchjustiz. Die systematische, strafrechtliche Hexenverfolgung begann im 15. Jahrhundert. Ihr fielen – nach vorsichtiger Schätzung – Zehntausende zum Opfer. Mit der Inquisition war die Grundlage für die Prozesse bereits geschaffen. Die päpstliche Bulle »Summis desiderantibus affectibus« von Papst Innozenz VIII. aus dem Jahre 1484 institutionalisierte das Unternehmen; die deutschen Theologen Jakob Sprenger und Heinrich Institoris schrieben die Anleitung zum Massenmord: *Der Hexenhammer*, ein Buch, das 1487 erschien und in der frühen Ära des Buchdrucks eine der meistpublizierten Schriften wurde. Erstmals konzentrierte sich die Kriminalisierung der Hexerei auf das

weibliche Geschlecht. Frauen definierte der Hexenhammer als »unvollkommene Tiere«, die sich, so sie denn Zauberinnen seien, darauf verstünden, »durch Blitzschlag gewisse Menschen oder auch Tiere zu töten; die Zeugungskraft wegzunehmen; die Kinder im Mutterleib durch bloße äußerliche Berührung zu töten; bisweilen Menschen und Tiere durch den bloßen Blick, ohne Berührung zu behexen.«

Das juristische Prozedere war infam. Es gab kaum ein Entkommen. Die damalige »Rechtsordnung« kannte weder Unschuldsvermutung noch Indizienbeweise. Für die Verurteilung eines Angeklagten zählte allein das Geständnis. Und das erzwang man durch die sogenannte »peinliche Befragung« – die Folter. Sie durchzustehen gelang nur den wenigsten. Fast alle gaben zu, was sie nie getan hatten, bezichtigten Freunde, Nachbarn, Fremde der Hexerei, nannten dabei Namen, die ihnen nicht selten in den Mund gelegt worden waren. Ein Fall löste häufig eine ganze Lawine von Anklagen aus; teilweise wurden innerhalb kurzer Zeit Hunderte auf dem Scheiterhaufen verbrannt. Es traf alle: arme Leute, Bürgerliche, Adelige, Kleriker. Die Welle ebbte ab, nur um an einem anderen Ort neu aufzubranden. Manchmal genügte ein banaler Anlass. Auch das Drama in Salem fing ganz harmlos an.

Es waren schwere Zeiten. Die Gründung des englischen Kolonialstädtchens nahe Boston lag gerade mal sechzig Jahre zurück, Nordamerika erlebte den ersten englisch-französischen Krieg auf eigenem Boden. In Salem gab es ebenfalls politischen Aufruhr. Die beiden einflussreichsten Familienclans, die Putnams und die

■ Blick auf das Zentrum von Salem, aus: *Historical Collections of Massachusetts* von John Warner Barber (1798– 1885)

Man kann sich eigentlich nicht vorstellen, dass in einem Ort, in dem es so viel Wissen gibt und der so klein ist, so viele Menschen auf einmal in des Teufels Schoß gesprungen sein sollen.

Reverend John Hale, der zu der Zeit in dieser Gegend lebte

■ Ein Hexenprozess. Buch-
illustration, nach einem Bild
von Howard Pyle (1853–1911)

Porters, rangen um die Vorherrschaft, und der neue Pfarrer, Samuel Parris, machte auch nur Ärger. Die Stadt versuchte ihn loszuwerden. Parris blieb stur. Fortan warnte er in seinen Predigten vor einer Verschwörung gegen ihn und die Kirche, vor bösen Kräften, die mit dem Satan im Bunde stünden und Salem im Griff hielten. Das fiel auf fruchtbaren Boden, zumal seit einigen Jahren die Schrift des Bostoner Geistlichen Cotton Mather kursierte, in der ein Fall von Hexerei detailliert beschrieben wurde, versehen mit der Aufforderung, solche Erscheinungen radikal zu bekämpfen.

Dann geschah etwas Unheimliches. Im Januar 1692 zeigten sich bei Betty Parris, der neunjährigen Tochter des Pfarrers, merkwürdige Krankheitssymptome. Sie schien völlig durchgedreht, flitzte unkontrolliert durch die Räume, versteckte sich unter Möbeln, verkrampfte sich, klagte über Schmerzen und Fieber. Der Doktor war ratlos. Als dann noch eine Freundin von Betty, die zwölfjährige Ann Putnam, ähnliche Verhaltensweisen an den Tag legte und weitere Mädchen es ihr gleich taten, kam schnell die Idee auf, dass hier der Teufel seine Hand im Spiel haben musste. Die Teenager waren verhext, besessen! Sie verhielten sich genau so, wie man es in dem populären Buch von Cotton Mather gelesen hatte. Wer aber mochte die Hexe sein, die in Salem ihr Unwesen trieb und diese bedauernswerten Wesen quälte?

Die »verhexten« Jugendlichen selbst benannten die Schuldige: Tituba, eine indianischstämmige Sklavin der Parris', die Wunderliches aus ihrer Heimat zu berichten wusste, über Voodoo, Zauberkünste, Wahrsagerei. Die Mädchen sogen diese Geschichten begeistert auf; einander die Zukunft vorherzusagen war zu ihrem liebsten Zeitvertreib geworden. Fasziniert von der Welt der Geister, steigerten sie sich in eine Hysterie, bis die Dinge außer Kontrolle gerieten. Zu aller Überraschung gestand Tituba sofort. Ja, sie sei eine Hexe, der Teufel habe gedroht, ihr Schaden zuzufügen, sollte sie ihm nicht gehorchen. Samuel Parris hatte dieses Bekenntnis aus Tituba herausgeprügelt. Um noch mehr Schlägen zu entgehen, empfahl sie sich nun als Kronzeugin. Sie sei nicht die einzige Hexe in Salem, auch Sarah Good und Sarah Osborne zählten zu den Handlangerinnen des Satans. Beide Frauen entsprachen perfekt dem Klischee einer Hexe: Eine streitsüchtige Bettlerin und eine unfreundliche Alte, die man nie in der Kirche sah. Jetzt waren Ann, Betty & Co. wieder an der Reihe. Sie beschuldigten eine dritte Frau, deren Verhaltensweise ebenfalls dem puritanischen Zeitgeist zuwiderlief. Bridget Bishop, Wirtin zweier Gasthäuser, die bis spät in die Nacht Partys feierte und sich auffällig bunt und modisch kleidete – ein Zeichen des Teufels!

Alle drei Frauen stritten die Vorwürfe ab. Es half ihnen wenig, denn die Richter beschlossen, Geistererscheinungen – »spectral evidences« – als Beweismittel anzuerkennen. Während die Angeklagten befragt wurden, saßen die Teenager im Verhandlungssaal, krümmten sich vor Schmerzen, behaupteten, weiter gemartert zu werden durch Bisse und Kniffe. Das reichte dem Gericht aus, um ein Todesurteil zu fällen. Sarah Good, Sarah Osborne und Bridget Bishop waren die ersten Opfer der Hexenjagd, die am Galgen starben. Der Hexenwahn erfasste die ganze Stadt. Mehr und mehr »Besessene« outeten sich. Sie galten als un-

> *Die Art aber, ihr gotteslästerliches Handwerk aufgrund eines ausdrücklichen Treuepaktes mit den Dämonen zu betreiben, ist verschieden, da auch die Hexen verschieden bei der Ausübung ihrer Hexereien zu Werke gehen. Um dies zu verstehen, ist zuerst zu bemerken: Wie die Hexen in dreifacher Art auftreten, … nämlich solche, die schädigen, aber nicht heilen können, solche, die heilen, aber aufgrund eines besonderen Paktes mit dem Teufel nicht schädigen, und solche die schädigen und heilen: ebenso gibt es auch unter den Schädigenden eine erste Klasse, in welcher alle die Hexen sind, welche alle übrigen Hexereien auszuführen vermögen, welche die anderen nur zum Teil vollbringen.*
>
> Heinrich Institoris, Jakob Sprenger, Hexenhammer

■ Tituba, die Dienerin des Geistlichen Samuel Parris, löste mit ihren Erzählungen einen Hexenwahn aus. Holzstich, um 1880

■ Giles Corey im Gefängnis.
Stich, 1892

schuldig, traten quasi als Ankläger gegen ihre angeblichen Peiniger auf. Ganze Familien landeten im Gefängnis und vor Gericht. Wie zufällig gehörte bald auch Ann Putnams Mutter zu den »Behexten«; kaltblütig nutzte sie die Chance, politische Gegner ihres Mannes auszuschalten. Gemeinsam mit ihrer Tochter lieferte sie im Gerichtssaal ein derart grandioses Schauspiel, dass Leute von weit her anreisten, um es zu bestaunen. Überhaupt waren viele der Ankläger dem Putnam-Clan aufs Engste verbunden, zahlreiche Angeklagte, wie etwa der Priester George Burroughs oder der Farmer Giles Corey, hatten sich mit der Familie angelegt. Corey bezichtigte man, Brot und Wein bei einer Hexenfeier serviert zu haben, und weil er sich weigerte, vor Gericht aufzustehen, wurde er zu einem besonders grausamen Tod verurteilt. Man zog ihn nackt aus, legte ein Brett auf seinen Brustkorb und häufte schwere Steinbrocken darauf. Zwei Tage dauerte es, bis Corey tot war. Burroughs' Hinrichtung brachte die Wende. Ihm warf man vor, Satans persönlicher Repräsentant in Salem, der Anführer der Hexen zu sein. Das ging vielen dann doch zu weit. Zweiunddreißig der respektabelsten Bürger in Salem unterzeichneten eine Petition und forderten die Freilassung des Priesters. Burroughs nutze es zwar nichts mehr, gemeinsam mit drei anderen Männern und Frauen karrte man auch ihn zum Galgenhügel, aber endlich war Boston, die Hauptstadt der Kolonie, alarmiert. Gouverneur Sir William Phips verbot, Geistererscheinungen künftig als Beweismittel zuzulassen. Der Spuk in Salem endete so schnell, wie er begonnen hatte.

Die Bilanz der Hexenprozesse in Salem fiel verheerend aus: Fast zweihundert Menschen waren festgenommen und der Hexerei angeklagt worden. Monatelang saßen sie unschuldig im Gefängnis, etliche kamen dort um. Von Juni bis September 1692 hatte man dreizehn Frauen und sechs Männer gehängt, einen zu Tode gepresst. Zwei Hunde wurden ebenfalls hingerichtet. Man verdächtigte sie, Boten des Satans zu sein.

HEXENPROZESSE IN SALEM, MASSACHUSETTS

 NACHGESCHICHTE

Die Hexenprozesse in der 1626 gegründeten Hafenstadt Salem in Massachusetts fanden in einem Zeitraum von nur wenig mehr als einem halben Jahr statt. Das erste Verhör erfolgte am 1. März 1692, am 22. September desselben Jahres wurde das letzte Todesurteil vollstreckt. Anfang Oktober 1692 verbot der Gouverneur von Massachusetts, William Phips, weitere Verhaftungen wegen Hexerei und entließ 49 der noch 52 Angeklagten oder bereits Verurteilten aus dem Gefängnis. Drei Wochen später veranlasste er die Auflösung des eigens für die Hexenprozesse geschaffenen Gerichts in Salem, des Court of Oyer and Terminer. Im Mai 1693 wurden auch die letzten Inhaftierten freigelassen. Mehrere Geschworene sowie der Richter Samuel Sewall haben später ihren Irrtum und ihre Schuld öffentlich bekannt. 1706 gab Ann Putnam, eine der Hauptanklägerinnen, öffentlich eine Entschuldigung ab. Wenige Jahre zuvor, 1702, hatte der General Court die Prozesse von 1692 für unrechtmäßig erklärt. 1957 hat sich Massachusetts für die Ereignisse von 1692 offiziell entschuldigt. 552 Originaldokumente der Verhöre im Rahmen der Hexenprozesse sind noch erhalten und im Peabody Essex Museum in Salem archiviert. 1992, dreihundert Jahre nach besagter Hexenjagd, weihte der Schriftsteller und Nobelpreisträger Elie Wiesel ein Denkmal von James Cutler zur Erinnerung an die Geschehnisse in Salem ein. Die Besucher der Stadt, die sich selbst »America's Bewitching Seaport«, Amerikas verzauberter Hafen, nennt, werden heute auf Schritt und Tritt an die Hexenprozesse erinnert. Mehrere Museen, wie das Salem Witch Museum, das Salem Wax Museum oder das Witch History Museum, klären über die Ereignisse von 1692 auf. Im Witch Dungeon Museum führen Schauspieler täglich vor, wie es den wegen Hexerei Angeklagten vor Gericht erging, im Witch House können die Besucher sehen, wie der Richter Jonathan Corwin lebte.

Künstlerische Bearbeitung

Salem ist der Handlungsort des Romans *Das Haus mit den sieben Giebeln* (1851, *The House of the Seven Gables*) von Nathaniel Hawthorne. Die Geschichte des Hauses reicht zurück bis in die Zeit der Hexenprozesse. Hawthorne, der zu den bedeutendsten amerikanischen Schriftstellern des 19. Jahrhunderts zählt, wurde in Salem geboren und hat viele Jahre dort im »Haus mit den sieben Giebeln« gelebt, das noch heute existiert und zu besichtigen ist. Vorfahren von ihm waren in die Salemer Prozesse verwickelt. Die bekannteste literarische Bearbeitung des Hexenwahns von Salem ist Arthur Millers Theaterstück *Hexenjagd* (*The Crucible*), das 1953 in New York Premiere hatte. Miller schrieb das Stück unter dem Eindruck der Kommunistenverfolgung durch den Untersuchungsausschuss des Senators McCarthy in den 1950er, von denen er selbst betroffen war. 1957 wurde das Stück unter der Regie von Raymond Rouleau erstmals verfilmt, Drehbuchautor des berühmt gewordenen Films war Jean-Paul Sartre. Für die Neuverfilmung im Jahr 1996 verfasste Arthur Miller selbst das Drehbuch. Der Komponist Robert Ward vertonte das Stück; seine Oper *The Crucible* wurde 1961 in der City Opera in New York uraufgeführt und im Jahr darauf mit dem Pulitzerpreis ausgezeichnet.

 EMPFEHLUNGEN

Lesenswert:
Arthur Miller: *Hexenjagd*, Frankfurt/Main 1994.

Nataniel Hawthorne: *The House of the Seven Gables*, Oxford 1998.

Sehenswert:
Les sorcières de Salem (*Die Hexen von Salem*). Regie: Raymond Rouleau; mit Yves Montand, Simone Signoret und Mylène Demongeot. DDR, Frankreich 1957.

The Crucible (*Hexenjagd*). Regie: Nicolas Hytner; mit Daniel Day-Lewis und Winona Ryder. USA 1996.

Besuchenswert:
Die Stadt Salem.

 AUF DEN PUNKT GEBRACHT

Tief verwurzelter Aberglaube, gepaart mit religiösem Eifer, schuf die systematische Hexenverfolgung. Nicht nur in katholischen, auch in reformatorischen Gebieten rief man zur Jagd, denn unter dem Deckmäntelchen der Satansbekämpfung konnte man leicht persönliche und politische Feindschaften austragen.

Der Kronprinzenprozess
Friedrich von Preußen und Leutnant von Katte vor dem Kriegsgericht (1730)

■ Porträt Friedrich Wilhelms I. Gemälde, um 1733, von Antoine Pesne (1683–1757). Berlin, Schloss Charlottenburg, Staatliche Schlösser und Gärten

»Mein lieber Katte, ich bitte Sie tausendmal um Verzeihung. Um Gottes willen, Verzeihung, Verzeihung!« »Nichts von Verzeihung, mein Prinz, ich sterbe mit tausend Freuden für Sie.«
Angeblich die letzten Worte, die Friedrich und Katte kurz vor der Hinrichtung gewechselt haben

Er fürchtete das Schlimmste. Sein Vater, den er vor aller Welt bloßgestellt hatte, würde ihn sicher töten lassen! Der Kronprinz stand bange Tage durch. Doch Friedrich, der als »der Große« in die Geschichte eingehen sollte, kam mit dem Schrecken davon. Sein Freund Katte musste dran glauben.

»Der König sowohl als die Königin halten diesen Prinzen unter einer scharfen Zucht, und es sind wohl wenig Königskinder in der Welt, denen so der jugendliche Wille gebeugt wird.« Über die Familienverhältnisse, wie sie ein Besucher der Residenzstadt Berlin beschrieb, zerriss man sich auch jenseits der Grenzen Preußens das Maul. Am Hofe Friedrich Wilhelms I. herrschte Zucht und Ordnung. Sein kleines, zerstückeltes Reich war arm, nur dünn besiedelt, ein unbedeutender Flecken auf der Landkarte Europas. Für die Großmächte jener Zeit stellte Preußen nicht die geringste Bedrohung dar. Umso wachsamer musste man bleiben. Friedrich Wilhelm steckte den größten Teil der Steuergelder in den Wehretat, vergrößerte das Heer und richtete die Verwaltung des Landes ganz auf die Bedürfnisse des Militärs aus. Bald sprach man nur noch vom »Soldatenkönig«. Stets trug er Uniform, lebte genügsam, saß von morgens bis abends über den Akten – der Prototyp des »typisch preußischen« Staatsbeamten: fleißig, sparsam und pflichtbewusst. Diese Eigenschaften forderte Friedrich Wilhelm auch von seinem Volk. Und erst recht von seinem ältesten Sohn Friedrich, der ihm eines Tages auf dem Thron folgen würde.

Der Kronprinz aber liebte die Kultur. Der Uniform konnte er wenig abgewinnen. Verächtlich nannte er sie »Sterbekittel«. Friedrich mochte Musik, spielte selbst ausgezeichnet Flöte, komponierte auch zahlreiche Stücke; er philosophierte gern und las mit Vorliebe französische Literatur: Voltaire zählte zu seinen Idolen. Dem Vater waren diese Interessen unheimlich. Wo sollte das nur hinführen? Der Junge musste rechnen können, etwas von Ökonomie verstehen – Kunst war reine Zeitverschwendung für einen angehenden König! Wenn Friedrich nicht langsam zur Besinnung käme, würde er das Erbe verspielen, glaubte der Soldatenkönig. Was als klassischer Vater-Sohn-Konflikt begonnen hatte, geriet immer mehr außer Kontrolle. Friedrich Wilhelm drangsalierte seinen Nachfolger aufs Übelste. Wüste Beschimpfungen, sogar Schläge waren keine Seltenheit. Die Konfrontation trieb auf ihren Höhepunkt zu, als der König, erbost über seinen Sohn, diesen mit der Gardinenschnur würgte. Ein Kammerdiener konnte den Kronprinzen gerade noch aus den Händen des Vaters befreien und davor bewahren, erdrosselt zu werden.

»Sage nun selbst, ob mir ein anderes Mittel übrig bleibt als die Flucht?«, fragte Friedrich seine Schwester Wilhelmine. »Ich habe Pässe und Wechsel und habe alles so gut eingerichtet, dass ich nicht die geringste Gefahr laufe. Ich entfliehe nach England. Dort empfängt man mich mit offenen Armen.«

Das war ein furchtbarer Irrtum. In jeder Hinsicht. Die königliche Verwandtschaft in England bedeutete Friedrich unverhüllt, dass sie von seinen Plänen rein gar nichts hielt. Mit Grausen dachte man an die internationalen Verwicklungen, die eine solche Flucht heraufbeschwören würde. Sämtliche Warnungen stießen bei Friedrich auf taube Ohren. Er wollte nur weg. Sein treuer Freund und Vertrauter Hans Hermann von Katte, der als Leutnant in der Armee des Königs diente, versprach schließlich, ihm zu helfen. Im Sommer 1730 sandte ihm der Kronprinz eine Nachricht: Er wollte Katte im Ausland treffen. Doch die dilettantisch vorbereitete Flucht scheiterte kläglich. Noch bevor Friedrich das Pferd bestiegen hatte, wurde er entdeckt.

Der König war außer sich vor Zorn. Handelte es sich hier um eine Verschwörung gegen seine Person? Und welche Rolle spielte England? Das musste dringend aufgeklärt werden! Friedrich Wilhelm befahl, seinen Sohn in die Festung Küstrin zu bringen und Katte, der Friedrichs Nachricht nie erhalten hatte, zu verhaften. Dann trat das Kriegsgericht zusammen. Die Anklage lautete auf Fahnenflucht. Etwas anderes ließ der König nicht gelten. Eigenhändig strich er den Begriff »retraite« (Rückzug), mit dem das Gericht den Fluchtversuch mildernd umschrieben hatte, und ersetzte ihn durch »desertion«. Überhaupt griff Friedrich Wilhelm von Beginn an konsequent in das Verfahren ein. Er bestimmte, welche Fragen die beiden jungen Männer zu beantworten

■ Porträt Hans Hermann Kattes. Holzstich nach einem zeitgenössischen Gemälde. Als Friedrich erfuhr, dass sein Freund sterben sollte, rief er aus: »Herr Jesus, bringen Sie doch lieber mich ums Leben!«

■ *Friedrich der Große als Kronprinz.* Gemälde, 1736, von Antoine Pesne (1683–1757). Doorn, Stichting Huis

> *Es ist die Eigentümlichkeit des menschlichen Geistes, dass Beispiele keinen bessern. Die Torheiten der Väter sind für ihre Kinder verloren. Jede Generation muss ihre eigenen begehen.*
> Friedrich II., *Geschichte des siebenjährigen Krieges*

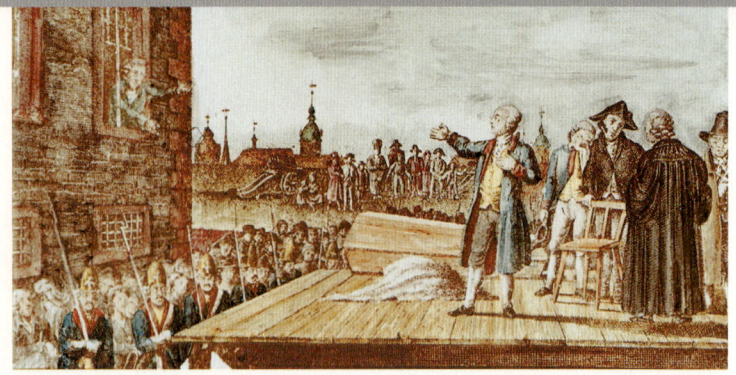

■ *Die Hinrichtung Kattes in Küstrin.* Am 6. November 1730 wird Katte als Mitwisser der Fluchtpläne des Kronprinzen vor dessen Augen hingerichtet. Kolorierter Kupferstich, 1790

hatten und dass ihnen keine Verteidiger zur Seite gestellt werden sollten.

Katte machte es den Richtern leicht. Er gestand alles. Das Urteil war schnell gefunden: lebenslängliche Haft. Der Fall des Kronprinzen lag um einiges komplizierter – und konnte ziemlich heikel werden. Die Militärrichter zogen sich elegant aus der Affäre, indem sie dem König nahe legten, dass es sich hier wohl eher um eine »Familienangelegenheit« handele. Friedrich Wilhelm akzeptierte diese Entscheidung. Aber so leicht sollte ihm der Sohn nicht davonkommen! Er musste bekehrt, auf den richtigen Weg gebracht werden! Die Rache des Königs war furchtbar. Erst kassierte er den Spruch der Richter gegen Katte und verurteilte ihn nun wegen Verletzung der Treuepflicht zum Tod durch das Schwert. Vom zweiten Befehl seines Vaters erfuhr Friedrich erst am 6. November 1730, dem Tag der Hinrichtung Kattes. Der Kronprinz wurde gezwungen, vom Fenster seines Gefängnisses aus der Exekution zuzusehen. Als der Kopf des Freundes fiel, sank Friedrich ohnmächtig in die Arme seiner Wächter.

Der Schock veränderte den Thronfolger – ganz im Sinne des Königs, der dem Sohn in den nächsten Jahren eine harte Bewährungsstrafe auferlegte. Er kommandierte den Kronprinzen in die Armee ab, ordnete an, ihn in Verwaltungsaufgaben zu schulen; Musik und Literatur waren streng verboten. Friedrich lernte seine Lektion gründlich. Kaum hatte er 1740 als Friedrich II. die Nachfolge seines Vaters angetreten, marschierte er mit seinem Heer in Schlesien ein. Durch weitere Eroberungskriege und kluge Verhandlungspolitik gelang es Friedrich in den sechsundvierzig Jahren seiner Regentschaft, das Staatsgebiet seines Reiches fast zu verdoppeln. Preußen stieg zur Großmacht in Europa auf.

■ Das Urteil des Köpenicker Kriegsgerichts vom 28. Oktober 1730 lautet auf »ewigen Vestungs Arrest«. Das Dokument trägt die Unterschriften des Vorsitzenden von Schulenburg und 15 Offizieren. Berlin, Geheimes Staatsarchiv

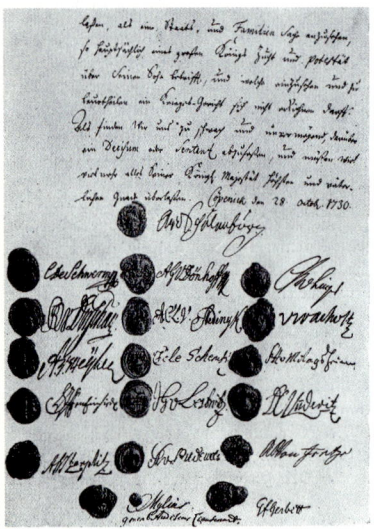

HANS HERMANN VON KATTE

 BIOGRAPHIE

Mit dem Leben Hans Hermann Kattes und seinem Prozess hat sich Theodor Fontane eingehend in den *Wanderungen durch die Mark Brandenburg* (Teil 2, 1863) beschäftigt. »Es gibt kaum einen Abschnitt in unserer Historie, der öfter behandelt worden wäre als die Katte-Tragödie. Aber so viele Schilderungen mir vorschweben, das Ereignis selbst ist bisher immer nur auf den Kronprinzen Friedrich hin angesehen worden. Oder wenigstens vorzugsweise. Und doch ist der eigentliche Mittelpunkt dieser Tragödie nicht Friedrich, sondern Katte. Er ist der Held, und er bezahlt die Schuld«, schreibt Fontane zu Beginn des Kapitels. Hans Hermann von Katte, am 21. Februar 1704 in Berlin geboren, war der Sohn eines preußischen Generalleutnants. Die Familie Katte zählte zu den begütertsten und bedeutendsten Adelsgeschlechtern Preußens. Über die Kindheit und Jugend Kattes ist nur wenig bekannt. Seine Schulzeit verbrachte er in Königsberg, wo sein Vater Regimentskommandeur war. Er studierte Rechtswissenschaft, anschließend unternahm er Bildungsreisen nach England, Frankreich und Italien. 1724 schlug er auf Drängen seiner Familie und König Friedrich Wilhelms I. doch noch die militärische Laufbahn ein. Als er den acht Jahre jüngeren Kronprinzen, den späteren Friedrich den Großen (1712–1786) kennen lernte, diente er als Leutnant im königlichen Regiment in Berlin. Friedrich fühlte sich von dem äußerst begabten, gebildeten

und musisch veranlagten Katte in hohem Maße angezogen. 1730 weihte er ihn, der inzwischen trotz aller Verbote seitens Friedrich Wilhelms sein engster Vertrauter geworden war, in seine Fluchtpläne ein. Der dilettantisch vorbereitete Fluchtversuch wurde jedoch schnell entdeckt. In einem ersten gerichtlichen Verhör musste Friedrich 185 Fragen beantworten, deren Inhalt der König selbst festgelegt hatte. Ein Kriegsgericht verurteilte Katte als Fluchthelfer zu lebenslänglicher Haft. Der König verschärfte das Urteil und wandelte es um in die Todesstrafe, die am 6. November 1730 vor den Augen Friedrichs vollstreckt wurde. Kattes Leichnam wurde auf Anordnung des Königs in Küstrin beigesetzt. Später ließ ihn die Familie auf ihren alten Sitz Wust bei Jerichow überführen. Das Schwert, mit dem Katte hingerichtet wurde, existiert noch heute. Seit 1948 befindet es sich im Brandenburger Museum.

Nachgeschichte

Friedrich Wilhelm hatte erreicht, was er erreichen wollte. Der schwere psychische Schock brach den Eigensinn des Kronprinzen. Friedrich fügte sich allen Wünschen seines Vaters. Zunächst blieb er in der Festung Küstrin in Haft, später ließ der König ihm auf dem Gelände der Festung eine Wohnung einrichten. Auf Anordnung des Vaters lernte er in den Küstriner Regierungs-

behörden die Verwaltungspraxis. Die vom König 1732 erzwungene Verlobung mit Elisabeth Christine von Braunschweig-Bevern setzte seiner Küstriner Zeit schließlich ein Ende. 1740 trat Friedrich die Nachfolge seines Vaters an. Noch im selben Jahr begann er seine Eroberungskriege, zunächst gegen Österreich. 1810 veröffentlichte Friedrichs Lieblingsschwester Wilhelmine ihre Erinnerungen, in denen sie ein sehr kritisches Bild ihres Vaters und der Zustände am preußischen Hof entwarf.

 EMPFEHLUNGEN

Lesenswert:
Theoder Fontane: Wanderungen durch die Mark Brandenburg 2. Das Oderland, Berlin 1998.

Georg Holmsten: *Friedrich II.* Mit Selbstzeugnissen und Bilddokumenten, Reinbek 2000.

Wilhelmine von Bayreuth: *Eine preußische Königstochter.* Memoiren, Frankfurt 1990.

Hörenswert:
Die Katte-Tragödie. Gert Westphal liest aus Fontanes *Wanderungen durch die Mark Brandenburg,* 1992. Audio-CD.

Sehenswert:
Friedrich und Katte. Oper von Wolfgang Knuth, uraufgeführt 1998 im Stadttheater Minden.

Besuchenswert:
Die Dorfkirche von Wust, eine um 1200 entstandene spätromanische Backsteinkirche, in der das Grab der Familie Katte ist.

 AUF DEN PUNKT GEBRACHT

Der Freund muss sterben, weil man einen ungehorsamen Thronfolger nicht so ohne weiteres hinrichten kann. Disziplin des Schreckens: Die »Pädagogik« eines Soldatenkönigs – grausam, aber wirkungsvoll.

Vom Geheimen Finanzrat zum »Jud Süß«
Prozess gegen Joseph Süß (1737/38)

■ Posthume Schmähschrift mit einem Porträt des »Jud Süß.« Kupferstich, 1738

Manchmal ging's recht lautstark zu in den Gemächern des Herzogs. Wer wagte es da, dem Herrscher Widerworte zu geben? Das konnte doch nur dieser Joseph Süß sein, der von den Gepflogenheiten im Lande rein gar nichts hielt, die Tradition mit Füßen trat und vor Selbstbewusstsein strotzte! Wie schaffte er es dennoch, stets Zutritt zum Herzog zu erlangen, während andere stundenlang warten mussten, oft vergebens? Selbst der Kammerdiener des Herzogs war entsetzt. Später sollte er den Richtern erzählen, dieser Süß sei »frei gewesen mit dem Mund und zu Zeiten getan in dem Zimmer, als wann er da zu Haus wäre«. Warum nur ließ der Landesherr der Württemberger sich das gefallen?

Carl Alexander, Herzog von Württemberg, erkannte in Joseph Süß eine verwandte Seele – über alle Standesschranken hinweg. Darin bestand der eigentliche Affront. Denn Joseph Süß war Jude. Die Oberschicht des Landes schäumte. Die großen Familienclans, die ihre Netze dicht über das Land geknüpft hatten und Wirtschaft und Verwaltung weitgehend kontrollierten, fühlten sich bedroht. Dieser Parvenü wollte ihre Macht beschneiden. Dabei stand, laut Verfassung, in Württemberg keinem Juden auch nur ein Wohnrecht zu. Sie waren nützlich, ja, man trieb Handel mit ihnen, aber politischen Einfluss sollten sie nicht haben. Und nun das: Der Herzog ernannte diesen Juden sogar zum Geheimen Finanzrat. Unerhört! Die Landstände und vor allem der Geheime Rat, der sich als eigentliche Regierung des Landes begriff, fürchteten, ausgeschaltet zu werden. Nicht zum ersten Mal durch die Schuld dieses Fremden …

Joseph Süß war ein Selfmademan. Aus der Enge seiner Heimatstadt Heidelberg hatte er sich schnell befreit, er suchte erst in

Mannheim, später in Darmstadt und Frankfurt sein Glück. Süß verkaufte Luxuswaren, häufte ein wenig Kapital an. Dann borgte er sich Geld, verlieh es weiter und verlangte es mit Zinsen zurück. Sein Kontostand und Ansehen stiegen – und damit auch seine Kreditwürdigkeit, die es ihm erlaubte, die Finanzgeschäfte weiter auszudehnen. Bald fand er Zugang zu verschiedenen Hofkreisen der Region, die, angesichts notorisch

> *Ich bin ein Jud und bleib ein Jud. Ich würde kein Christ werden, wenn ich gleich Römischer Kaiser werden könnte. Religion ändern ist eine Sache für einen freien Menschen und stehet gar übel an einem Gefangenen.*
>
> Joseph Süß im Dezember 1737 auf der Festung Hohenasperg, nach wiederholtem Versuch, ihn zum christlichen Glauben zu bekehren

leerer Kassen, seine Dienste zu schätzen wussten. Joseph Süß eröffnete ihnen neue Einnahmequellen, scheute vor keinem riskanten Projekt zurück; in kürzester Zeit mauserte er sich zum Finanzjongleur, im eigenen Interesse und im Auftrag mehrerer Landesherren. Die Verwaltung, eine Domäne der christlichen Großbürger, machte er sich dabei oft genug zum Feind. Joseph Süß nahm wenig Rücksicht auf festgefahrene Strukturen. Regeln waren da, sie zu ändern. Das sahen die Beamten naturgemäß anders. Wo kam man denn hin, wenn man sich ausgerechnet von einem Juden Modernisierungen aufs Auge drücken ließ? Die Patrizierfamilien blockten, wo es ging, dachten sich erfindungsreich Schikanen aus, um dem ungeliebten Außenseiter die Grenzen aufzuzeigen. Doch Joseph Süß versicherte sich stets der Rückendeckung der jeweiligen Herrscher. Sie befreiten ihn von den für Juden sonst üblichen Abgaben, sorgten dafür, dass er auch außerhalb der Judengasse wohnen durfte. Joseph Süß stand zwischen den Fronten. Er wurde zum Spielball im Kräftemessen von Herrscher und Oberschicht. In Württemberg sollte ihm das zum Verhängnis werden.

■ Karl Alexander, Herzog von Württemberg. Zeitgenössisches Gemälde. Stuttgart, Württembergisches Landesmuseum

Seit 1733 regierte Carl Alexander als erster katholischer Herzog das protestantisch geprägte Land. Der erwartete Konfessionsstreit fiel zunächst aus, trotzdem kam es schnell zu Spannungen mit den mächtigen Landständen. Sie pochten auf die zweihundert Jahre alte Verfassung, wonach ihnen in allen Steuerangelegenheiten ein Mitspracherecht zustand. Carl Alexander verachtete diese zähen und widerspenstigen Bürokraten. Er brauchte Geld, und zwar schnell. Es gab nur einen, der ihm das auch zügig beschaffen konnte: sein langjähriger Privatbankier Joseph Süß. Obwohl erst

Szene mit Ferdinand Marian als Joseph Süß Oppenheimer in dem antisemitischen Film *Jud Süß* von Veit Harlan, Deutschland 1940. In einem beispiellosen Verfahren wurde der Starregisseur der Nazis 1949 von dem Hamburger Staatsanwalt Gerhard Kramer wegen Verbrechen gegen die Menschlichkeit vor Gericht gebracht.

fünfunddreißig Jahre alt, wusste dieser besser als jeder andere, wie man Staatsmonopole vergoldete. Der Herzog schaltete die Landstände kurzerhand aus, indem er zuerst die Münzproduktion privatisierte und an Süß verpachtete, dann die für die Munitionsherstellung wichtige Erzeugung von Pulver und Salpeter.

Carl Alexander kassierte, ohne einen Finger zu rühren, während sich sein Finanzier, der sämtliche Investitionskosten zu tragen hatte, bereitwillig in das kaufmännische Abenteuer und den Kleinkrieg mit den Behörden stürzte. Den er auch munter fortsetzte, als der Herzog auf die Vergabe von Titeln und Ämtern Steuern erhob und mit der Eintreibung der Gelder nicht etwa die Beamten, sondern Joseph Süß beauftragte. In schwindelerregendem Tempo erledigte Süß einen Auftrag nach dem anderen, wurde zu einem der einflussreichsten – und meistgehassten Männer Württembergs. Seine Gegner streuten jenes Gerücht, das später die Grundlage des Prozesses bilden sollte: Dieser jüdische Geschäftsmann halte das Land fest im Würgegriff und plündere es aus. Geflissentlich übersah man, dass Carl Alexander keineswegs eine Marionette, vielmehr der Auftraggeber war. Joseph Süß' kometenhafter Aufstieg würde in dem Moment beendet sein, in dem der Herzog ihn fallen ließ – oder starb.

Genau das geschah am 12. März 1737. Nach einem Hoffest erlag Carl Alexander einer Lungenembolie. Schon in derselben Nacht verhaftete man Joseph Süß. Die Patrizier nutzten ihre Chance. Im Nu übernahmen sie die Herrschaft, setzten sich als Mitvormund des noch unmündigen Herzogssohnes ein, die konservative Revolte hatte begonnen. Um ihr zum Erfolg zu verhelfen, brauchte man einen Sündenbock. Joseph Süß eignete sich geradezu perfekt für diese Rolle. Eine tief verwurzelte Judenfeindlichkeit brach sich Bahn. Der einst hofierte Geheime Finanzrat wurde enteignet,

> ... dass Joseph Süß ihm zur wohlverdienten Straf, jedermänniglich aber zum abscheulichen Exemplar an den obern eisernen Galgen mit dem Strang vom Leben zum Tod gebracht werden soll.
>
> Aus dem Urteil, 25. Januar 1738

fortan hieß er nur noch »Jud Süß«, und als solcher sollte er vor Gericht gestellt werden.

Aber was konnte man ihm eigentlich Konkretes vorwerfen? Das Untersuchungsgericht, das sich nach einigen Monaten zum Kriminalgericht erklärte, lastete Joseph Süß schließlich an, er habe »viele arglistige, gottlose und landesverderbliche Gewalttaten und Streiche« angezettelt – also Hochverrat begangen. In keinem Fall gelang es jedoch, die angeblichen Straftaten zu untermauern. Die Münze sollte er entwertet haben, durch einen niedrigeren Silber- und Goldgehalt? Das war überall üblich. Die württembergische Münzherstellung galt zudem als eine der produktivsten im ganzen Lande, allenthalben hatte man den Experten Süß um Rat gefragt. Den Herzog manipuliert? Die Befehle Carl Alexanders lagen zum größten Teil schriftlich vor. Einen katholischen Umsturz geplant? Absurd, keine Beweise.

Den Richtern schwante langsam, dass sie sich in ein heikles Verfahren manövriert hatten. Es hinderte sie nicht daran, den skandalösen Prozess unter Ausschluss der Öffentlichkeit fortzusetzen und massive Rechtsbrüche zu begehen. Das »Absolutorium«, eine schriftliche Garantie des Herzogs, die Joseph Süß Straffreiheit zusicherte, wurde schlicht ignoriert. Man gestattete ihm weder, einen unparteiischen Anwalt von außerhalb zu engagieren, noch Beru-

»Dies wird in der ganzen Welt nicht vor Recht zu erkennen sein.«
Joseph Süß im Januar 1737 in seinem letzten Brief an seinen Anwalt Michael Mögling

■ Die Fahrt zur Richtstätte über den Marktplatz in Stuttgart, auf dem am 4. Februar 1738 die Hinrichtung stattfand. Zeitgenössischer Kupferstich

■ Über fünfzig Jahre nach dem Prozess gegen Veit Harlan hat der Filmemacher Horst Königstein in einem spannenden Doku-Drama das Verfahren neu aufgerollt. Florian Martens (l.) als Staatsanwalt Kramer und Axel Milberg als Veit Harlan in dem NDR-Film *Jud Süß*. In der Mitte Siegfried Kernen als Richter Tyrolf

Was, ein Spitzbub? Hab' ich dann jemandem was abgenommen? Ich soll ein Landbetrüger heißen und habe doch keinem etwas gestohlen, sondern vielen, sowohl Geistlichen als auch Weltlichen, zu einem Stück Brot verholfen.

Joseph Süß vor Gericht

fung bei der höchsten Kammer des Reiches einzulegen, die ihn freigesprochen hätte.

Joseph Süß musste sterben. Das stand von Anfang an fest. Nach zahlreichen ergebnislosen Verhören verurteilte man den Angeklagten wegen Majestätsverbrechen. Eine detaillierte Begründung fiel keinem der Richter ein.

Am 4. Dezember 1738 herrschte Ausnahmezustand in Stuttgart: Die Läden mussten geschlossen bleiben, Juden durften ihre Wohnungen nicht verlassen, Soldaten führten scharfe Kontrollen an den Stadttoren durch. Es war nicht leicht, Joseph Süß umzubringen. Vier Henkersknechte schoben den sich wild Sträubenden die Leiter hoch, zwölf Meter, neunundvierzig Sprossen, der höchste Galgen des Deutschen Reiches. Von seiner Spitze hing ein Käfig herab. Über Monate hatte man alles daran gesetzt, Fremde von dem Prozess fernzuhalten, für die Drecksarbeit aber holte man sich einen Ausländer. Der Henker kam aus Frankreich. Er erdrosselte den Verurteilten und schloss den Käfig. Lange hing die Leiche dort – zur Abschreckung für die Juden. Erst nach sechs Jahren holte man das Gerippe herunter und verscharrte es am Fuße des Galgens. Nichts sollte an Joseph Süß erinnern. Die Namen einiger seiner Richter haben bis heute einen ehrwürdigen Klang: Man findet sie auf Grabplatten in der Tübinger Stiftskirche.

JOSEPH SÜSS

 BIOGRAPHIE

Joseph Süß Oppenheimer wurde in den 1690er Jahren in Heidelberg als Sohn einer angesehenen wohlhabenden jüdischen Kaufmannsfamilie geboren; sein Geburtsjahr ist nicht genau bekannt. 1713 verließ er seine Heimatstadt und unternahm in den folgenden vier Jahren lange Reisen nach Amsterdam, Wien und Prag. Nach seiner Rückkehr betätigte er sich in der Pfalz erfolgreich als Warenhändler und Finanzmakler, bis ihn 1733 der württembergische Herzog Carl Alexander zu seinem Finanzberater machte. Nachdem Carl Alexander, der 1712 zum katholischen Glauben konvertiert war, durch Prasserei in finanzielle Schwierigkeiten geraten war, sollte Joseph Süß die Staatskasse wieder füllen. Als engster Vertrauter des Herzogs erschloss er zahlreiche Geldquellen zum Vorteil des Herrschers und zog sich dadurch den ganzen Hass der protestantischen Bevölkerung Württembergs zu; in ihm sah man den Urheber aller Missstände. Als Carl Alexander am 12. März 1737 unerwartet starb, wurde Joseph Süß sofort verhaftet und, ohne dass einer der zahlreichen Anklagepunkte bewiesen werden konnte, am 4. Februar 1738 gehängt. Zu seiner Hinrichtung kamen mehr als 12 000 Menschen.

Nachgeschichte
Vor und nach der Hinrichtung erschienen zahlreiche Traktate und Flugschriften gegen Joseph Süß. Knapp ein Jahrhundert später schrieb Wilhelm Hauff eine Novelle über ihn (1827). Hauff, der die Ereignisse aus protestantischer Sicht schilderte, zeigte Joseph Süß als einen machtbesessenen Menschen, als Andersgläubigen, der mittels Bestechung und Ausbeutung die herrschende Ordnung im Land stört. Um sie wieder herzustellen, muss Süß sterben. Das Schicksal von Joseph Süß machten sich Ende der 1930er Jahre die Nationalsozialisten für ihre antisemitische Propaganda zunutze. Im Auftrag von Goebbels drehte Veit Harlan den Film *Jud Süß* (1940) und stützte sich dabei auf Hauffs Novelle. Der neben dem Film *Der ewige Jude* von Fritz Hippler folgenschwerste Propagandafilm des Dritten Reiches, von zig Millionen Zuschauern in Deutschland und den besetzten Ländern Europas gesehen, wurde SS-Kommandos vor Einsätzen gegen Juden gezeigt. Das Gerichtsverfahren gegen Harlan 1949 und (in der Revision) 1950 wegen Beihilfe zu »Verbrechen gegen die Menschlichkeit« endete mit einem Freispruch.

Künstlerische Bearbeitung
Die bekannteste literarische Bearbeitung des Schicksals von Joseph Süß ist Lion Feuchtwangers Roman *Jud Süß*, der bereits kurz nach seiner Veröffentlichung 1925 ein Welterfolg war. In rund 20 Sprachen übersetzt, wurden innerhalb von fünf Jahren über 100 000 Exemplare des Buches verkauft. Feuchtwanger zeichnete darin ein Gesamtbild der Epoche, in der Süß gelebt hatte, und stellte mit Bezug auf seine eigene Zeit einer Welle von Antisemitismus fest. Auf diesem Roman basiert der Film *Jew Suess* (Großbritannien 1934) von Lothar Mendes, der die Weltöffentlichkeit vor dem deutschen Antisemitismus warnen wollte und international Beachtung fand; in Deutschland wurde er verboten. Bis in die Gegenwart hinein beschäftigen sich Schriftsteller, Filmemacher und Komponisten mit dem Schicksal von Joseph Süß mit dem Ziel, das verfälschte Bild zu korrigieren. Eine der jüngsten Bearbeitungen ist die Oper *Joseph Süß* von Detlev Glanert (Uraufführung 1999 in Bremen).

 EMPFEHLUNGEN

Lesenswert:
Lion Feuchtwanger: *Jud Süß*, Frankfurt/Main 1990.

Hellmut G. Haasis: *Joseph Süß Oppenheimer, genannt Jud Süß. Finanzier, Freidenker, Justizopfer*, Reinbek 2001.

Cilly Kugelmann, Fritz Backhaus (Hg.): *Jüdische Figuren in Film und Karikatur. Die Rothschilds und Joseph Süß Oppenheimer*, Sigmaringen 1995.

 AUF DEN PUNKT GEBRACHT

Wie man einen Ruf für Jahrhunderte ruiniert – diese Richter haben es vorgemacht. Antisemitismus und Kastendenken machten aus Joseph Süß den »Jud Süß«, der sich auch noch prächtig in nationalsozialistische Ideologie einbauen ließ.

Goethes Gretchen und der Kindsmord

Prozess gegen Susanna Margaretha Brandt (1771/72)

Gretchen ist die Traumfrau schlechthin. Und Faust will sie unbedingt haben. Bedauerlicherweise verpfuscht er alles, weil er glaubt, die Verführungsszene ohne Hilfe des Teufels nicht überstehen zu können. Das zu starke Betäubungsmittel bringt Gretchens Mutter um, ihr Bruder stirbt im Duell mit Faust; am Ende tötet Gretchen aus lauter Verzweiflung das gemeinsame Kind und landet im Kerker. Nur der letzte Part stimmt mit der Wirklichkeit überein. Wenige Monate bevor Goethe den ersten Entwurf der *Faust*-Tragödie zu Papier brachte, war in seiner Heimatstadt Frankfurt am Main die Frau, die ihn zur Figur des Gretchens inspirierte, wegen Kindsmordes hingerichtet worden.

Gretchen hieß eigentlich Susanna Margaretha Brandt. 1770, nach dem Tod ihrer Eltern, zog sie von Mainz nach Frankfurt, etwa zum selben Zeitpunkt, als auch Goethe wieder dorthin zurückkehrte. Auf Wunsch seines Vaters hatte er Jura studiert, nun ging er daran, eine Kanzlei zu eröffnen, obwohl er viel lieber Dichter werden wollte. Von Susanna trennten ihn Welten. Goethe war der Sprössling einer wohlhabenden Familie, Susanna rangierte auf der untersten Stufe der sozialen Leiter. Sie arbeitete als Magd im Gasthaus Zum Einhorn, das nicht gerade zu den besten Adressen der Stadt zählte. Aber irgendwie musste sie ja ihren Lebensunterhalt bestreiten. Ihre längst verheirateten Schwestern, die ebenfalls in Frankfurt wohnten, lehnten es ab, sie mit durchzufüttern. Einzig ein solider Ehemann, ein Handwerker vielleicht, würde Susanna zu einem bescheidenen Aufstieg verhelfen können. Im Winter 1770 tauchte ein aussichtsreicher Kandidat auf. »Heinrich, mir graut's vor dir«, lässt Goethe sein Gretchen im *Faust* sagen. Susanna hingegen erfuhr nie den Namen des Holländers, der nur einige Tage im Einhorn logierte und sie rasch verführte. Dass Wochen später der Gedanke an diesen Mann das Grauen heraufbeschwor, ist anzunehmen. Innerhalb kürzester Zeit nämlich verschwand der Liebhaber, angeblich nach St. Petersburg, und ließ Susanna allein und schwanger zurück. Ein uneheliches Kind hielt man damals nicht unbedingt für eine Katastrophe. Der Ruf war zwar ruiniert, und Unzucht konnte strafrechtlich verfolgt werden, aber das geschah selten – es gab zu viele unverheiratete Mütter.

■ *Gretchen vor der Mater Dolorosa*, »Ach neige, du Schmerzensreiche …«. Karton, 1859, von Wilhelm von Kaulbach (1805–1974)

■ Goethe auf seiner Italien-
reise (1786–1788) in einer
römischen Osteria. Zeich-
nung, 19. Jahrhundert, von
Woldemar Friedrich

Selbst Goethe ehelichte seine Christiane Vulpius erst, nachdem er achtzehn Jahre mit ihr zusammengelebt und sie ihm fünf Kinder geboren hatte. Susanna aber trieb die Schwangerschaft in eine existenzielle Krise: Kein Mann, kein Geld, und wenn ihr Zustand ruchbar würde, müsste sie mit Entlassung rechnen! Die junge Magd vertraute sich niemandem an, mochte möglicherweise selbst nicht so recht daran glauben, dass sie ein Baby erwartete. Doch dann fingen die Nachbarn an zu tuscheln; schließlich kam es der Dienstherrin zu Ohren, die Susanna prompt zur Rede stellte. Sie stritt alles ab. Man schaffte ihre Schwestern herbei. Susanna leugnete weiter. Ein Arzt wurde gerufen. Aber Doktor Burggraph, zufällig auch Hausarzt der Familie Goethe, wagte keine eindeutige Diagnose, obwohl Susanna bereits im sechsten Monat schwanger war. Ihre Dienstherrin blieb weiter skeptisch, und am 1. August 1771 setzte sie Susanna vor die Tür. Am nächsten Tag entdeckte die Gastwirtin in einem abgelegenen Teil des Hauses eine Blutlache. Sie ahnte, was vorgefallen sein musste, und benachrichtigte Susannas Schwester. Von dieser befragt, gestand Susanna, »das Kind umgebracht« zu haben. Völlig aufgelöst floh sie nach Mainz, kehrte allerdings am 3. August nach Frankfurt zurück, wo man sie schon per Steckbrief suchte: »Susanna Brandtin, 23 Jahr alt, trägt einen flannelenern gewürfelten Rock einen braunlicht rothen Cattunenen Jack und eine weise Schürtz, von Statur lang und schmal.« Noch am Stadttor wurde Susanna verhaftet – ihre Schwester hatte sie wegen der »heimlichen Geburt« angezeigt; bei

In peinlichen Untersu-
chungs-Sachen, wieder
Susanna Margaretha
Brandtin, erkennen wir ...
vor Recht: dass gedachte
Brandtin des an ihrem le-
bendig zur Welt gebrach-
ten Kinde, nach eigener
wiederholter Bekänntnüs
vorsetzlich und boshaffter
weise verübten Mordes
halber, nach Vorschrift
der göttlichen und weltlichen Gesetzen, und zwar
ihr zu wohlverdienten
Strafe und andern zum
abscheulichen Exempel,
mit dem Schwerdt vom
Leben zum Todt zu brin-
gen, und dieses Urthel
fördersamst zu vollziehen
seye.

Aus dem Urteil gegen
Susanna Brandt

Als Gretchen im Kerker sitzt, auf den Tod wartend, fleht Faust Mephistopheles an, seine Liebste zu retten, verflucht ihn gar. Mephistopheles antwortet kühl: »Wer wars, der sie ins Verderben stürzte?« »Ich oder du?« Hier lässt Goethe im Faust die Verantwortung des Kindsvaters anklingen.

einer Durchsuchung des Gasthauses war die Polizei auf die Leiche eines neugeborenen Jungen gestoßen.

Der Prozess gegen Susanna Margaretha Brandt fand, wie in solchen Fällen üblich, unter Ausschluss der Öffentlichkeit statt. Vor dem Peinlichen Verhöramt, zuständig für die Ermittlungen bei schweren Verbrechen, gestand Susanna zwar, ihr Kind getötet zu haben, verwickelte sich aber bei den Fragen nach dem Tathergang in Widersprüche: Mal wollte sie den Säugling erdrosselt, mal mit der Schere erstochen oder ihn aus Versehen auf den Boden fallen gelassen haben. Offenkundig hatte die plötzliche Geburt Susanna derart verwirrt, dass sie nicht mehr so recht wusste, was eigentlich geschehen war. Die Untersuchungskommission interessierte das wenig. Sie verfasste ein Verhörprotokoll und leitete es, samt der ärztlichen Gutachten, die den gewaltsamen Tod des Kindes bestätigten, an die sogenannten Syndiker weiter, ein Juristen-Gremium, das aufgrund der Aktenlage, und ohne die Angeklagte je zu Gesicht zu bekommen, über den Fall Susanna Brandt entscheiden sollte. Da ein Geständnis vorlag und Zeugen – die Dienstherrin und Schwestern Susannas – den Mordverdacht stützten, kamen die Richter schnell zu einem eindeutigen Ergebnis. Und jetzt erst bestellte man einen Anwalt für Susanna Brandt, der, ebenfalls nur nach Aktenlage, eine Verteidigungsschrift verfassen durfte. Seine Einwände, das Kind sei kaum lebensfähig gewesen und nur aus Angst vor Folter habe Susanna ein falsches Geständnis abgelegt, ignorierte das Gericht jedoch genauso wie den Hinweis auf den sozialen Hintergrund der Angeklagten und den Vater des Kindes, der Susanna verführt und sich dann aus dem Staub gemacht habe. Motivforschung spielte im damaligen Rechtssystem noch keine Rolle. Die Richter sprachen Susanna schuldig und verhängten die Todesstrafe: Enthauptung durch das Schwert. Am 14. Januar 1772 wurde das Urteil öffentlich vollstreckt, »durch einen Hieb glücklich und wohl vollzogen«, wie ein Beamter sorgfältig notierte.

Die Frage nach den gesellschaftlichen Ursachen, auch nach der Verantwortung des Kindsvaters, lässt Goethe in seiner *Faust*-Tragödie anklingen. Empfand er Mitleid? Wenn, dann hielt es nicht lange vor. 1783, über zehn Jahre später, musste Goethe als Geheimer Rat in Weimar über einen ähnlichen Fall entscheiden. Auch hier ging es um eine Magd, die angeblich ihr Kind getötet hatte. Goethe plädierte für die Todesstrafe.

SUSANNA MARGARETHA BRANDT

BIOGRAPHIE

Wann genau Susanna Margaretha Brandt geboren wurde, ist nicht bekannt – getauft wurde sie jedenfalls 1746. Auch über ihr Leben weiß man wenig. Sie war das letzte von fünf Kindern eines einfachen Soldaten. Zum Zeitpunkt ihrer Festnahme war sie Vollwaise. Ab 1770 arbeitete sie als Dienstmagd in einem Gasthaus in Frankfurt am Main, wo im selben Jahr ein Holländer sie während seines kurzen Aufenthaltes betrunken machte und verführte. Als er abreiste, ließ er Susanna schwanger zurück. Sie hielt ihre Schwangerschaft geheim und leugnete sie auch dann noch, als ihre Dienstherrin und ihre Schwestern sie zur Rede stellten. Obwohl eine ärztliche Untersuchung keine Bestätigung der Schwangerschaft erbrachte, kündigte ihr die Gastwirtin Anfang August 1771. Zwei Tage später fand die Polizei in der Waschküche des Gasthauses die Leiche eines Neugeborenen. Nach einem monatelangen Prozess wurde Susanna des Kindsmordes für schuldig befunden und auf der Grundlage der Constitutio Criminalis Carolina, der 1532 von Kaiser Karl V. eingeführten Prozessordnung, zum Tode durch das Schwert verurteilt. Artikel 131 der Carolina sah vor, bei Kindsmord die Täterin lebendig zu begraben, zu pfählen oder – wenn die Strafe milder sein sollte – zu ertränken. Enthauptung, wie in Susannas Fall das Urteil lautete, war eine weitere Milderung. Der Tod durch das Schwert galt gegenüber dem Erhängen am Galgen als weniger ehrlos. Am Galgen starben Diebe und Straftäter niederer Stände. Susanna Margaretha Brandt wurde am 14. Januar 1772 auf dem Platz an der Hauptwache öffentlich geköpft.

Nachgeschichte

Dieser wie andere Fälle lösten in aufgeklärten Kreisen heftige Debatten über das brutale Gerichtswesen im Allgemeinen und die Todesstrafe für Kindsmörderinnen im Besonderen aus. Bestrebungen, eine mildere Bestrafung für Kindsmord einzuführen, lassen sich zwar schon Mitte des 18. Jahrhunderts, also vor dem Prozess gegen Susanna Margaretha Brandt belegen, abgeschafft wurde die Todesstrafe für Kindsmord jedoch erst im 19. Jahrhundert. Die Prozessakten – über dreihundert Gerichtsprotokolle, ärztliche und juristische Gutachten, Verteidigungsschrift und Urteil sowie ein ausführlicher Hinrichtungsbericht – sind bis heute erhalten und im Frankfurter Institut für Stadtgeschichte archiviert. Als Beitrag zum Goethejahr 1999 veröffentlichte das In-stitut eine vollständige, kommentierte Edition der Akten unter dem Titel *Das Frankfurter Gretchen. Der Prozess gegen die Kindsmörderin Susanna Margareta Brandt* und machte sie damit erstmals einem breiten Publikum zugänglich.

Künstlerische Bearbeitung

Außer Goethe, der als junger Rechtsanwalt den Prozess gegen Susanna Margaretha Brandt eingehend verfolgt und in der Gretchen-Tragödie des *Faust* literarisch verarbeitet hat, beschäftigte das Thema Kindsmord zur selben Zeit auch zahlreiche andere Schriftsteller. Friedrich Schiller beispielsweise schrieb das Gedicht *Die Kindsmörderin*, von Heinrich Leopold Wagner stammt ein Trauerspiel (*Die Kindermörderin*). Gottfried August Bürger, der als Justizamtmann 1781 selbst eine junge Frau vernehmen musste, die ihr Neugeborenes getötet hatte, verfasste zu dem Thema die Ballade *Des Pfarrers Tochter von Taubenhain*.

EMPFEHLUNGEN

Lesenswert:
Rebekka Habermas (Hg.): *Das Frankfurter Gretchen. Der Prozess gegen die Kindsmörderin Susanna Margaretha Brandt*, München 1999.

Siegfried Birkner: *Goethes Gretchen*, Frankfurt/Main 1999.

Johann Wolfgang von Goethe: *Faust. Eine Tragödie*, München 1997.

Sehenswert:
Faust. Regie: Peter Gorski; mit Gustaf Gründgens, Will Quadflieg, Ella Büchi. BRD 1960.

AUF DEN PUNKT GEBRACHT

Susanna Margaretha Brandt war ein Opfer des Rechtssystems. Im 18. Jahrhundert galt Kindsmord als Verstoß gegen die »Göttliche Ordnung«, Fragen nach dem Motiv für die Tat ließ man völlig außer Acht. Das änderte sich erst im Zuge der Aufklärung. Fünfzig Jahre später wäre Susanna Brandt nicht mehr hingerichtet worden.

Gefangener in jedem Regime
Prozess gegen den Marquis de Sade (1777)

■ Allegorisches Blatt mit
einem Porträt des Marquis de
Sade. Radierung, um 1830

»Alle Welt kennt die Geschichte des Marquis de Sade, der, als er hörte, er sei zum Scheiterhaufen in effigie verurteilt worden, sein Glied aus der Hose holte und ausrief: ›Herrgott noch mal! Jetzt bin ich, wo ich sein wollte, jetzt bin ich mit Schmutz und Schande bedeckt; lasst mich, da muss ich einen abschießen!‹ Und er tat es unverzüglich.«

Wetten, dass der Marquis de Sade sein eigenes Todesurteil tatsächlich genau so feierte, wie er es in dem Roman Die Hundertzwanzig Tage von Sodom beschrieb? Unwahrscheinlich ist es jedenfalls nicht. Schließlich griff er, als er diese Geschichte 1785 heimlich in der Bastille verfasste, auf Lebenserinnerungen zurück – wenn auch genüsslich übertreibend: Ein Richter, ein Kirchenfürst und ein Finanzier halten rund vierzig Frauen und junge Burschen gefangen, die sie auf jede erdenkliche Weise sexuell missbrauchen, quälen und foltern. Diese theatralisch inszenierten Orgien kann man als eine Kritik an den festgezurrten Standesunterschieden des »Ancien Régime« lesen, in der eine kleine Oberschicht die Masse des Volkes unterdrückte. Aber de Sade ging es um etwas anderes. Er plädierte für Freiheit und Selbstverwirklichung um jeden Preis, für das »Böse«, wie er die natürlichen Triebe des Menschen bezeichnete, weil sie in so großem Gegensatz zu all dem stünden, was man gemeinhin gut und tugendhaft nenne. In dieser Logik sind Verbrechen die Konsequenz des entfesselten Lasters. Auch wenn der Marquis nie jemanden umbrachte – die Selbstverwirklichung à la de Sade, die ausschweifende Lustbefriedigung ohne Tabus, erforderte natürlich Opfer. Und sie fand er in der untersten gesellschaftlichen Klasse: bevorzugt billige Prostituierte, Bettlerinnen, Dienstboten beiderlei Geschlechts. Ideologisch

■ »Ich gestehe, dass ich das Verbrechen leidenschaftlich liebe und dass nur das Verbrechen allein meine Sinne erregt. Nur durch Missetaten erhält sich die Natur und erobert sich ihr Recht zurück, die die Tugend ihr genommen hat. Wir gehorchen ihr also, indem wir uns dem Bösen hingeben.« So de Sade in *Die Neue Justine*. *Der Marquis de Sade im Gewölbe seines Schlosses. Kupferstich, 18. Jahrhundert*

bereitete ihm dies nicht das geringste Problem, denn Donatien Alphonse François Marquis de Sade entstammte einem alten französischen Adelsgeschlecht. Das aristokratische Bewusstsein, über allen anderen zu stehen, die Verachtung des einfachen Volkes waren ihm sozusagen in die Wiege gelegt worden. Allerdings betrieb er die »praktischen Vorstudien« für seine späteren Bücher etwas zu sorglos. Sie brachten ihm die ersten zwölf Jahre Festungshaft ein.

Ein verschwenderisches, ganz den Vergnügungen gewidmetes Leben zu führen zählte damals gewissermaßen zu den aristokratischen Pflichten, und de Sade gab sich ihnen ganz hin. Bälle, Theater, Glücksspiel, Liebschaften, Bordellbesuche, all das genoss er schon in jungen Jahren beim Militär; sein Vater kam kaum

Nein, ich halte es nicht für möglich, in der Welt eine abscheulichere Kreatur zu finden als Ihre niederträchtige Mutter.

De Sade über seine Schwiegermutter in einem Brief an seine Frau

»Als Mensch kam er ins Gefängnis, als Schriftsteller kam er wieder heraus.«
Simone de Beauvoir

nach, die Schulden zu begleichen; schleunigst verschaffte er dem Sohn eine wohlhabende Gattin. Die Ehe änderte den gerade erst dreiundzwanzigjährigen Marquis nicht im Mindesten. Schon bald nach der Hochzeit kam es zum Skandal. Eine junge Fächermacherin, die de Sade in sein Liebesnest gelockt hatte, packte bei der Polizei aus. Was war geschehen? Statt eines »normalen« Schäferstündchens, das die Kleine sich erhoffte, erhielt sie eine Lektion in Gotteslästerung: Übelste blasphemische Flüche ausstoßend, verlangte de Sade von ihr, das Kruzifix mit den Füßen zu treten. Es gebe keinen Gott, erzählte der Marquis, er könne es beweisen – er habe in einen Kelch onaniert, und nichts sei passiert. Und er erzählte von einer speziellen De-Sade-Kommunion. Er habe eine Oblate in die Scheide einer Frau gesteckt und sie mit dem Ruf bestiegen: »Gott, wenn es dich gibt, dann räche dich jetzt!« Die völlig verstörte junge Frau wollte fliehen, doch der Marquis verschloss die Tür, forderte sie nun zum Analverkehr auf, auch gegenseitiges Auspeitschen stand auf seiner Wunschliste. Als Mademoiselle sich weigerte, drohte er ihr mit Waffengewalt …

■ Daniel Auteuil als Marquis de Sade in dem Film *Sade* von Benoît Jacquot, Frankreich 2000

Zum ersten Mal sah de Sade ein Gefängnis von innen. Der Vergewaltigungsvorwurf wurde zwar zügig ad acta gelegt, das wertete man quasi als Vorrecht eines Adeligen, die Gotteslästerungen hingegen waren von schwererem Kaliber. Trotzdem durfte de Sade bereits nach fünfzehn Tagen wieder raus. Der Vater hatte seine Beziehungen zum Hof spielen lassen. Für eine Weile war Ruhe. Aber de Sade knüpfte sehr rasch genau da an, wo er aufgehört hatte, und seine Leichtsinnigkeit musste unweigerlich zu den nächsten Skandalen führen. 1768 klagte man den Marquis offiziell an – erneut half der König mit einer Begnadigung. De Sades Ruf war ruiniert, was ihn nicht weiter störte, nach angemessener Frist setzte er sein Treiben fort. Die dritte große Affäre folgte prompt: Bei einer Orgie in Marseille 1772 verabreichte de Sade mehreren Prostituierten ein Aphrodisiakum, das Gift enthielt. Einige der Mädchen starben fast daran. Jetzt konnte der Marquis nicht mehr auf Milde hoffen. Die Familie verlor nun jegliche Geduld mit ihm. Vor allem seine Schwiegermutter wurde fortan zu einer unversöhnlichen Feindin, zumal sie herausfand, dass de Sade en passant auch ihre jüngere Tochter vernascht hatte. Während der Marquis nach Italien floh, verurteilte man ihn in Abwesenheit wegen »Giftanschlags« zum Tode durch Enthaupten. Seine Leiche sollte verbrannt und in alle Winde verstreut werden. Man richtete ihn sogar symbolisch hin, auch um dem murrenden Volk zu beweisen, dass selbst der Adel sich nicht alles erlauben durfte.

Der Marquis hätte sich ins Exil retten können. Doch er wollte zurück nach Frankreich und der Schwiegermutter kam das gerade recht. Sie tat alles, um den Schandfleck zu tilgen und eine Revision seines Urteils zu erreichen. Dazu aber musste de Sade persönlich vor Gericht erscheinen. Nach dem Tod Ludwigs XV. schien die Gelegenheit günstig. Sein Nachfolger ließ sich auf den Handel ein, der Marquis kam 1777 heim – und wurde umgehend festgenommen, aufgrund eines königlichen Haftbefehls. Der Prozess war reine Formsache, ein abgekartetes Spiel, der Freispruch keine Überraschung. De Sades Glück währte nur wenige Minuten. Bis ihm dämmerte, dass niemand daran dachte, ihn aus der Haft zu entlassen. Seine Schwiegermutter nämlich hatte eine Verlängerung des königlichen Haftbefehls erwirkt. Ein genialer Schachzug: Die Familienehre war gerettet, und de Sade konnte nichts mehr anrichten, weil er weiter in Gefangenschaft saß! Nach mehreren Stationen landete er schließlich in der Bas-

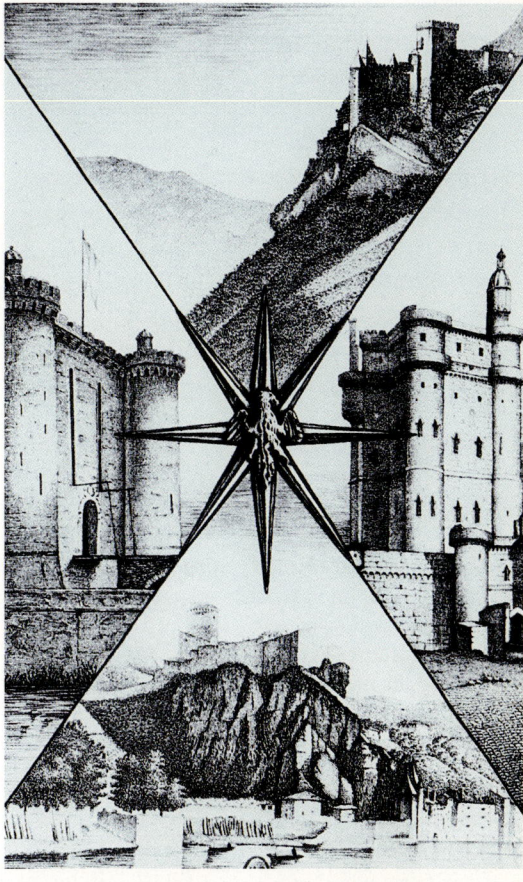

■ Die Buchillustration von G. Gorvel zeigt Schlösser und Festungen, die im Leben de Sades eine Rolle spielten: Vincennes (links), Lacoste (oben), Bastille (rechts), Miolans (unten).

Der Du vorübergehst, knie nieder und bete neben dem unglücklichsten unter den Menschen. Er wurde im vergangenen Jahrhundert geboren und starb in diesem. Der Despotismus mit seinem grässlichen Haupt führte zu allen Zeiten Krieg gegen ihn. Unter den Königen bemächtigte sich dieses Scheusal seines ganzen Lebens. Unter der Schreckensherrschaft überlebte es und trieb de Sade an den Rand des Abgrunds. Unter dem Konsulat kehrte es zurück, und wieder ist de Sade sein Opfer.

De Sades Entwurf für seine Grabinschrift

> *Wenn Sie* Justine oder Das Unglück der Tugend *gelesen haben, so glauben Sie wohl, dass das verderbteste Herz, die ausgefallenste Phantasie nichts ersinnen können, was die Vernunft, die Scham und die Menschlichkeit noch tiefer verletzten könnte. Täuschen Sie sich nicht. Dieses Meisterwerk der Verderbtheit hat sich soeben selbst übertroffen, indem es* Die neue Justine, *die widerlicher ist als die Erste, in die Welt gesetzt hat.*
> Colnet du Ravels, ein Journalist und Spitzel, Zeitgenosse de Sades

tille, eingekerkert auf unbestimmte Zeit. Hier begann er zu schreiben.

Der Sturm auf die Bastille, die Französische Revolution brachten de Sade 1790 die Freiheit. Ein neues Leben! Das Paris, wie er es kannte, existierte nicht mehr. Der Marquis, der sich bald bürgerlich Louis Sade nannte, sympathisierte mit dem Wandel, der Absolutismus hatte ihm doch zu tiefe Narben zugefügt, aber nach wie vor verachtete er das einfache, ungebildete Volk, hielt es für unfähig, zu regieren. Eine konstitutionelle Monarchie entsprach noch am ehesten seinen Vorstellungen. Doch der König wurde von der Revolution hinweggefegt, die jakobinische Schreckensherrschaft übernahm das Regiment, und jetzt geriet de Sade, ohnehin mit adliger Herkunft behaftet, unter Verdacht. Wegen seiner Plädoyers für die Entchristianisierung kam es zum Konflikt mit dem nun mächtigsten Mann im Staat, dem tugendhaften Robespierre, der 1793 die inzwischen veröffentlichten »unsittlichen« Schriften de Sades zum Vorwand nahm, ihn einzukerkern. Nur durch einen Zufall entwischte der Marquis der Guillotine: Am Tag seiner geplanten Hinrichtung wurde Robespierre gestürzt.

■ Flotter Dreier. Der Marquis de Sade ließ Prostituierte nach Lacoste kommen, um auf seinem Schloss wüste Orgien zu feiern. Er wollte den sexuellen Trieb in all seinen Variationen ausleben und beschreiben.

1801, diesmal unter Napoleon, verhaftete man de Sade wieder. Auf Befehl des neuen Herrschers mussten sämtliche Exemplare seines 1797 erschienenen Buches *Die neue Justine* verbrannt werden. Napoleon witterte Gefahr für die Moral und ließ de Sade geräuschlos, ohne Prozess, in der Irrenanstalt Charenton verschwinden. Dort saß er immer noch, als Napoleon im April 1814 seine Abdankung unterzeichnete. Auch der frisch gekrönte Ludwig XVIII. zog gar nicht erst in Erwägung, de Sade freizulassen. Vielmehr wollte man den mittlerweile vierundsiebzigjährigen und gebrechlichen Marquis in die Festung If verlegen, um ihn besser überwachen zu können. Am 21. Oktober bat der Innenminister den Polizeichef des Königreiches, »die Möglichkeiten zu prüfen, Monsieur de Sade rasch an einem anderen Ort unterzubringen, an dem er der Gesellschaft nicht mehr schaden kann.« Sein Wunsch sollte schnell in Erfüllung gehen: Sechs Wochen später war de Sade tot.

DER MARQUIS DE SADE

 BIOGRAPHIE

Donatien Alphonse François de Sade, am 2. Juni 1740 in Paris geboren, stammte aus einer alten und berühmten provenzalischen Adelsfamilie. Mit 14 trat er in die Kavallerieschule der königlichen Garde in Versailles ein, mit 17 zog er in den Siebenjährigen Krieg gegen Preußen. Aus finanziellen Gründen arrangierte sein Vater 1763 die Hochzeit mit Renée Pélagie de Montreuil, Tochter einer einflussreichen großbürgerlichen Familie. Im selben Jahr brachten Gewaltorgien und blasphemische Äußerungen de Sade erstmals ins Gefängnis. Ein 1772 gegen ihn verhängtes Todesurteil wegen versuchter Vergiftung einer Prostituierten führte 1777 zu einem Prozess vor dem obersten Gerichtshof in Marseille. Die Wiederaufnahme des Verfahrens im Jahr darauf endete zwar mit dem Freispruch, de Sade aber blieb weiterhin in Haft. Seine Frau, mit der er drei Kinder hatte und die ihm trotz seiner Liebesverhältnisse und Orgien treu geblieben war, durfte ihn erstmals 1781 besuchen. Um seinen Eifersuchtsanfällen den Boden zu entziehen, zog sie ins Kloster von Saint-Aure. Im Gefängnis schrieb de Sade außer zahlreichen Theaterstücken, die überwiegend unveröffentlicht blieben, seine berühmten Romane und Erzählungen, in denen sich detaillierte Beschreibungen verschiedenster Formen sexueller Ausschweifungen und Grausamkeiten mit philosophischen Betrachtungen abwechseln. Dass er 1790 freikam, verdankte er allein den Unruhen im Zuge der Französischen Revolution. Nach seiner Entlassung reichte seine Frau die Scheidung ein. Seine im Gefängnis verfassten Schriften boten 1801 den Anlass zu einer erneuten Verhaftung. 1803 wurde er in die Anstalt von Charenton (heute Saint-Maurice) überführt, wo er die letzten Jahre seines Lebens verbrachte. Er leitete dort Aufsehen erregende Theateraufführungen, die von vielen Pariser Prominenten besucht wurden. De Sade starb am 2. Dezember 1814.

Nachgeschichte

De Sades Werk, obgleich im 19. Jahrhundert offiziell ignoriert und lange Zeit vor allem für Psychopathologen von Interesse, übte bereits auf die Literatur des 19. Jh.s einen bedeutenden Einfluss aus und fand mit der Zeit zunehmend literarische Anerkennung. Besonders Schriftsteller des Fin de Siècle, wie beispielsweise Joris-Karl Huysmans und Oscar Wilde, ließen sich von seinen Schriften inspirieren. In den Zwanziger Jahren des 20. Jh.s entdeckten ihn die Surrealisten um André Breton für sich und begründeten eine breite literatur- und geistesgeschichtliche Auseinandersetzung mit seinem Werk, die dazu führte, dass es heute zu den Klassikern zählt.

Künstlerische Bearbeitung

Eine international sehr erfolgreiche literarische Auseinandersetzung mit de Sade ist das 1964 uraufgeführte Theaterstück *Die Verfolgung und Ermordung Jean Paul Marats, dargestellt durch die Schauspielergruppe des Hospizes zu Charenton unter Anleitung des Herrn de Sade* von Peter Weiss. Das Stück, in dem der Revolutionär Paul Marat mit dem radikalen Individualisten de Sade ideologische Streitgespräche führt, wurde 1966 von Peter Brook verfilmt. De Sades Werk *Die 120 Tage von Sodom* diente Pier Paolo Pasolini als Vorlage zu seinem letzten und radikalsten Film *Salò o le 120 giornate di Sodoma* (1975), seiner Abrechnung mit dem Faschismus.

 EMPFEHLUNGEN

Lesenswert:
Maurice Lever: *Marquis de Sade. Die Biographie*, München 1998.

Hörenswert:
Walter Kohut spricht Marquis de Sade. 1999. Audio-CD.

Sehenswert:
Die Verfolgung und Ermordung Jean Paul Marats ... Regie: Benoît Jacques; mit Daniel Auteuil. Frankreich 2000.

Die Verfolgung und Ermordung Jean Paul Marats ... Regie: Peter Brook; mit Glenda Jackson, Patrick Magee, Ian Richardson. GB 1966.

Salò o le 120 giornate di Sodoma (*Die 120 Tage von Sodom*). Regie: Pier Paolo Pasolini; mit Paolo Bonacelli. I/F 1975.

✳ AUF DEN PUNKT GEBRACHT

Zweifellos war de Sade ein schlimmer Finger und deshalb Opfer der unterschiedlichsten Systeme. Erst saß er wegen seiner Ausschweifungen in Gefangenschaft, dann, weil er über sie schrieb. Der Marquis hatte sich in jungen Jahren viel zuschulden kommen lassen – aber rechtfertigt das ein Vierteljahrhundert Haft?

Die Revolution frisst ihren König
Prozess gegen Ludwig XVI. (1792/93)

■ Ludwig XVI. Unvollendetes Gemälde, um 1785, von Joseph-Siffred Duplessis (1725–1802)

Es goss in Strömen, als der frisch gekrönte Ludwig XVI. mit Marie Antoinette an seiner Seite in Paris einzog, um die Huldigungen des Volkes entgegenzunehmen. Am Collège Louis-le-Grand kniete einer der besten Schüler patschnass, aber sichtlich stolz vor der Kutsche des Königs nieder, auserwählt, eine kleine Ansprache zu halten. Natürlich hoffte der Siebzehnjährige auf eine freundliche Antwort des jungen Monarchen. Doch Ludwig, der an diesem Junitag 1775 viele Reden über sich ergehen lassen musste, fuhr wortlos davon. Knapp zwanzig Jahre später war es jener enttäuschte Jüngling, der lautstark verkündete: »Ludwig muss sterben, damit das Vaterland leben kann.« Sein Name wurde zum Synonym für eine Zeit blutigen Terrors in Frankreich: Maximilien de Robespierre, ein Anwalt aus bescheidenen Verhältnissen, den die Revolution an die Spitze des Staates gespült hatte.

Wie so manche Revolutionskarriere begann auch die Robespierres im Frühsommer 1789, als der König sich gezwungen sah, zum ersten Mal seit 175 Jahren die Generalstände einzuberufen. Nichts ging mehr. Ludwig hatte zwar redlich darum gefochten, die Schulden seines verschwenderischen Vorgängers abzubauen, aber sämtliche Versuche, das Steuersystem zu reformieren und die Lasten gerechter zu verteilen, scheiterten am Widerstand von Adel und Klerus, die sich hartnäckig sträubten, für ihren Grund und Boden Abgaben zu zahlen. Die Unterstützung der amerikanischen Rebellen in den englischen Kolonien riss ein zusätzliches Loch in die Haushaltskasse. Obwohl Ludwig die Niederlage Englands im Unabhängigkeitskrieg als außenpolitischen Erfolg und damit als Rache für die Schmach im Siebenjährigen Krieg verbuchen konn-

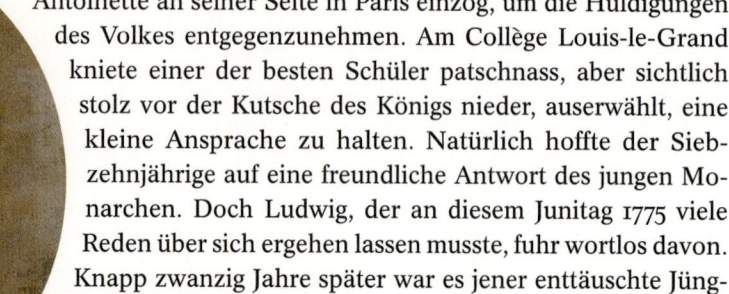

Ich habe mich für den Frieden statt für den Krieg entschieden, … ich habe mich mit dem Volk verbunden, denn dies war das einzige Mittel, um es zurückzugewinnen; und unter zwei Möglichkeiten habe ich jene gewählt, die mich weder vor meinem Volk noch vor meinem Gewissen anklagt. **Ludwig XVI. 1791 in einem Brief an seinen Bruder, den Grafen von Artois. Er rechtfertigt darin, warum er den Eid auf die Verfassung abgelegt hatte.**

te, führte dieser Sieg Frankreich in den Bankrott. Die Volksseele kochte. Immer neue Steuern schnürten den Armen und den bürgerlichen Kreisen die Luft ab, während man am Hofe prachtvolle Feste feierte. Der Hass richtete sich vor allem gegen die schöne und lebenslustige Marie Antoinette, der man den Spitznamen »Madame Déficit« verpasst hatte, weil sie das Geld mit vollen Händen zum Fenster hinauswarf. Als dann noch die »Halsbandaffäre« ruchbar wurde, hagelte es wüste Pamphlete gegen die Königin. Dass sie selbst Opfer eines Betruges geworden war, von dem verschwundenen und nie bezahlten Diamanthalsband gar nichts wusste, wollte niemand mehr wahrhaben. Das Ansehen der Monarchie war auf den Nullpunkt gesunken. Ludwig, in die Enge gedrängt, ließ im Mai 1789 die Generalstände zusammenkommen: 1139 Vertreter des Adels, des Klerus und des Dritten Standes, dem auch Robespierre angehörte. Da die Abgeordneten des Dritten Standes die Mehrheit des Volkes repräsentierten, hatte der König zugestimmt, deren Anzahl zu verdoppeln. Doch anstatt Ludwig aus der Staatskrise herauszuhelfen und brav die beabsichtigten Steuererhebungen abzunicken, pochte das Bürgertum nun auf eine Verbesserung seiner Stellung – ganz so wie es Abbé Sieyès

»Wenn Ludwig XVI. unschuldig ist, ist die Revolution schuldig.« Robespierre während der Debatten um einen Prozess gegen Ludwig

■ Hinrichtung Ludwigs XVI. am 21. Januar 1793 auf der Place de la Révolution (heute Place de la Concorde). Zeitgenössischer Bilderbogen

■ Die Verhaftung Ludwigs XVI. in Varennes am 22. Juni 1791. Auf ihrer Flucht nach England wird die königliche Familie während einer Rast festgenommen.

wenige Monate zuvor in einer Flugschrift formuliert hatte: »Was ist der Dritte Stand? Alles. Was ist er bisher gewesen? Nichts. Was verlangt er? Etwas zu werden.« Es ging um mehr politische Rechte und Freiheiten, nicht um die Abschaffung der Monarchie. Noch nicht. Der Journalist Camille Desmoulins schrieb sogar: »1789 waren wir nicht mehr als vielleicht zehn Republikaner in Paris.«

Ludwig XVI. unterschätzte den Willen des Bürgertums, die herrschenden Verhältnisse zu verändern. Zu sehr im Absolutismus verhaftet, fiel es ihm nicht ein, sich an die Spitze der Bewegung zu setzen; alle Reformwünsche blockte er ab. Der Unmut wuchs, bis schließlich der Dritte Stand, im Bündnis mit Teilen von Adel und Klerus, sich am 17. Juni kurzerhand zur Nationalversammlung er-

> *Ich gehöre nicht zu den vielen Politikern, die nicht wissen, dass man sich mit Tyrannen nicht an einen Tisch setzt; die nicht wissen, dass man Könige nur mit dem Fallbeil umwerfen kann; die nicht wissen, dass man von den Königen Europas nur das bekommt, was man ihnen mit Waffengewalt entreißt! Ich stimme für den Tod des Tyrannen!*
> Danton bei der Abstimmung über die Strafe für den König

klärte. Als die Abgeordneten drei Tage später den Sitzungssaal verschlossen vorfanden, vertagten sie sich in den benachbarten Ballspielsaal von Versailles und schworen, nicht wieder auseinander zu gehen, bis Frankreich eine neue Verfassung habe. Das konnte sich der König kaum bieten lassen. Er ordnete die Auflösung der Nationalversammlung an, wurde aber knapp beschieden: »Die versammelte Nation nimmt keine Befehle entgegen.« Das Volk war begeistert, Ludwig empört. Er ließ die königlichen Truppen um Paris und Versailles aufmarschieren. Am 12. Juli kam es zu ersten Zusammenstößen. Zwei Tage darauf stürmte die Bevölkerung, auf der Suche nach Waffen, die Bastille, befreite die Gefangenen und metzelte die Wachhabenden nieder. Der Aufstand hatte begonnen. »Das ist ja eine Revolte!«, rief der König entsetzt, als man ihm die Geschehnisse mitteilte. »Nein, Sire«, antwortet der Bote, »das ist eine Revolution.«

Sie ergriff erst Paris, dann die Provinzen. Viele Adelige flohen ins Ausland. Um weiteres Blutvergießen zu vermeiden, rief Ludwig seine Truppen zurück. Die Nationalversammlung hingegen nutzte die Gunst der Stunde, beendete die Feudalherrschaft des Adels in Frankreich, indem sie dessen Privilegien abschaffte, und proklamierte die Erklärung der Menschen- und Bürgerrechte, deren erster Artikel lautete: »Die Menschen sind und bleiben von Geburt an frei und gleich an Rechten.«

Eine solche Demontage der alten Ordnung mochte der König selbstverständlich nicht unterzeichnen. Nachdem aber der Mob mit dem Ruf »Der König nach Paris!« Versailles gestürmt und Ludwig samt Familie im Triumphmarsch in das Stadtschloss, die Tuilerien, geführt hatte, wo er nun wie in einem Gefängnis saß, ratifizierte Ludwig die Dekrete der Nationalversammlung anstandslos. Die Abgeordneten sahen sich von jetzt an als die alleinigen Gesetzgeber, dem König gestand man lediglich ein aufschiebendes

Veto zu und degradierte ihn vom »König von Frankreich und Navarra« zum »König der Franzosen«.

Zermürbt beschloss Ludwig im Frühling 1791, dem Drängen seiner Familie endlich nachzugeben und sich ins Ausland abzusetzen. Den Dauphin steckte man in Mädchenkleider, das Königspaar gab sich als Haushofmeister und Gesellschafterin aus. In der Nacht vom 20. auf den 21. Juni verließ die Kutsche Paris. Die gut vorbereitete Flucht schien zu glücken. Doch nach fast einundzwanzigstündiger Fahrt, bei der Rast in dem verschlafenen Städt-

■ In dieser eigenhändigen Notiz schildert Ludwig XVI. den heimlichen Aufbruch der königlichen Familie nach England in der Nacht vom 20. zum 21. Juni 1791.

■ Ludwig XVI. vor seiner Hinrichtung am 21. Januar 1793. »Volk, ich sterbe unschuldig!«, das waren die letzten Worte des Königs. Kolorierter Kupferstich

chen Varennes, im Osten Frankreichs, wurde der König entdeckt, festgenommen und zurück nach Paris gebracht. An der Reaktion des Volkes, das in der Flucht eine Verschwörung des Adels sah, konnte Ludwig ablesen, dass alles verloren war. Gegen seine Überzeugung leistete er den Eid auf die inzwischen fertiggestellte Verfassung. Keiner der Abgeordneten erhob sich dabei. Noch aber hielt eine hauchdünne Mehrheit an der konstitutionellen Monarchie fest, obwohl viele den König verdächtigten, mit dem Ausland zu paktieren und einen Krieg gegen das revolutionäre Frankreich zu planen. Tatsächlich machten Österreich und Preußen, dessen Herrschern das Schicksal Ludwigs nicht egal sein konnte, langsam mobil. Die Französische Nationalgarde, wenig gerüstet für einen Krieg, musste Terrain preisgeben, die Stimmung im Lande wurde immer explosiver. Als dann noch ein Manifest des Oberbefehlshabers der preußisch-österreichischen Truppen kursierte, in dem er – auf Initiative Marie Antoinettes – den Rebellen eine »denkwürdige Rache« androhte, wenn sie sich nicht umgehend zur uneingeschränkten Monarchie bekannten, geriet die Nationalversammlung unter immensen Druck. Radikale Kräfte stürmten die Tuilerien und richteten ein Blutbad an. Ludwig kam nur knapp mit dem Leben davon. Völlig eingeschüchtert beschloss die Nationalversammlung am 10. August 1792, den König abzusetzen und eine neue Volksvertretung wählen zu lassen, die künftig Nationalkonvent heißen sollte.

Schon als der Konvent im September 1792 zum ersten Mal zusammentrat, stand die Frage: Was tun mit Ludwig? ganz oben auf der Tagesordnung. Robespierre plädierte dafür, den König umstandslos der Guillotine zu übergeben, aber die Mehrheit der Abgeordneten bestand auf einem Prozess. Man beauftragte eine Kommission, Beweismaterial für den angeblichen Verrat Ludwigs zu sammeln, was nicht so richtig gelingen wollte. Trotzdem lud man Louis Capet, wie der abgesetzte König nun genannt wurde, am 11. Dezember ein erstes Mal vor den Konvent: »Ludwig, das

> *Ich weiß nur, dass wir Repräsentanten des Volkes sind, ausgesandt, die Freiheit des Volkes durch die Verurteilung des Tyrannen zu festigen, und das genügt mir. … Vor der Verfassungsgebenden Versammlung habe ich vergebens die Abschaffung der Todesstrafe gefordert. Dasselbe Gefühl des Abscheus zwingt mich heute aber, zu fordern, dass sie auf den Tyrannen angewendet wird, und in seiner Person auf die Monarchie selbst. Ich stimme für die Todesstrafe.* Robespierre

französische Volk klagt Euch an, eine Vielzahl von Verbrechen begangen zu haben, um Eure Tyrannei aufzurichten, wobei Ihr seine Freiheiten zerstört habt.« Ludwig verteidigte sich geschickt, wie ihm selbst seine ärgsten Gegner bescheinigten, und forderte einen Verteidiger. Nach tumultartigen Debatten setzte sich der gemäßigtere Flügel durch, Ludwig durfte drei Anwälte engagieren. Als er am 26. Dezember erneut – und zum letzten Mal – vor dem Konvent erschien, vertrat ihn unter anderem Romain de Sèze, der sämtliche Vorwürfe gegen seinen Mandanten zurückwies und die Abgeordneten gleich an ihrer schwächsten Stelle angriff, der nicht vorhandenen Gewaltenteilung: »Ich suche unter Euch nach Richtern, aber ich sehe nur Ankläger. Ihr wollt über das Schicksal Ludwigs entscheiden, und Eure Meinung ist schon in ganz Europa bekannt. Ludwig wird also der einzige Franzose sein, für den es kein Gesetz gibt.«

Das machte Eindruck. Um erst gar keine Sympathiebekundungen aufkommen zu lassen, beantragte die radikale Linke um Robespierre und Saint-Just, sofort ein Urteil zu fällen. Der Mehrheit der Abgeordneten, von denen einer formulierte: »Wir sind seine Richter, nicht seine Henker«, ging das ein bisschen zu schnell. Sie verlangten eine Generaldebatte. Die hitzigen Diskussionen zogen sich über mehrere Tage hin. Endlich, Mitte Januar 1793, fand die entscheidende Abstimmung über drei zentrale Fragen statt. War Ludwig schuldig der Verschwörung gegen die öffentliche Freiheit und der Angriffe gegen die allgemeine Sicherheit des Staates? Fast alle Abgeordneten antworteten mit »ja«. Sollte das Urteil vom Volk bestätigt werden? Die meisten verneinten die Frage. Und welche Strafe hatte Ludwig verdient? Das Ergebnis fiel überraschend knapp aus. Bei

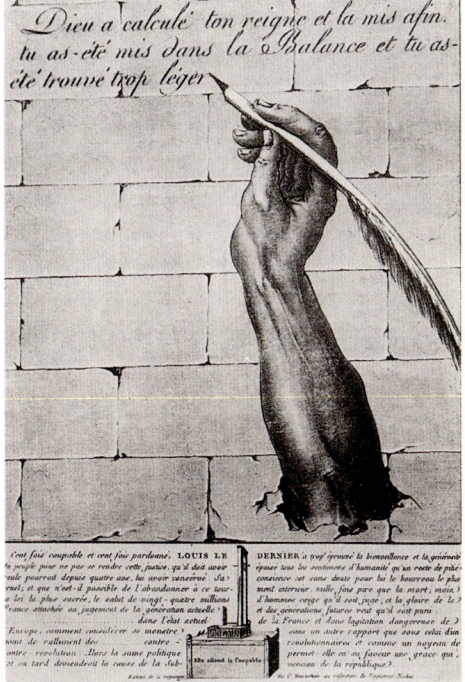

■ *Ludwig du Verräter, lies dein Urteil.* Das Flugblatt kommentiert die Verurteilung Ludwigs XVI. zum Tod durch die Guillotine am 21. Januar 1793. Das biblische Motiv der Schrift auf der Wand weist auf die Schicksalhaftigkeit des Urteils.

The Zenith of French Glory; – The Pinnacle of Liberty.

■ *Der Zenith des französischen Ruhmes – der Gipfel der Freiheit. Fahrt hin, Religion, Gerechtigkeit, Treue und all ihr Schrecken unaufgeklärter Geister! Karikatur auf die Hinrichtung Ludwigs XVI.*

insgesamt 721 Abgeordneten betrug die absolute Mehrheit 361. Und genau so viele sprachen sich für den Tod Ludwigs aus. Allerdings kamen noch die sechsundzwanzig Stimmen derjenigen hinzu, die im Prinzip auch für die Hinrichtung des Angeklagten waren, aber über den Zeitpunkt der Vollstreckung noch diskutieren wollten. Ein Großteil der Abgeordneten lehnte einen Aufschub ab.

Am 20. Januar 1793 teilte man Ludwig das Urteil mit: »Der Nationalkonvent erklärt Louis Capet, den letzten König von Frankreich, für schuldig der Konspiration gegen die Freiheit der Nation.« Ihm blieb kaum Zeit, seiner Familie Lebwohl zu sagen, denn die Hinrichtung sollte bereits am nächsten Tag vollzogen werden. Um Raum für ein großes Publikum zu schaffen, hatte man die Guillotine auf die Place de la Revolution, die heutige Place de la Concorde, gebracht. Ludwig wandte sich noch einmal an sein Volk: »Ich flehe zu Gott, dass mein Blut nicht auf Frankreich zurückfällt!« Die letzten Worte gingen im Trommelwirbel unter.

Das »Ancien Régime«, das absolutistische Frankreich, war tot. Doch die Republik glitt rasch ab in eine Diktatur. In den nächsten Jahren versank das Land in Blut und Terror. Nur wenige Monate nach dem König wurde Marie Antoinette hingerichtet, die Guillotine arbeitete unaufhörlich. Auch die zentralen Gestalten der Revolution, Robespierre, Saint-Just und Danton, entkamen ihr nicht.

Der Klerus, der Adel, das Parlamentsgericht, der Dritte Stand – jeder erstrebte für sich und seinesgleichen die Ausweitung seiner Vorrechte und die Unterdrückung aller anderen, die ihn nicht betrafen. Der Provinzadel wollte nicht länger das Joch des Hofadels tragen, die niedere Geistlichkeit wollte an den Würden der hohen teilhaben, und der Hofadel fand es durchaus richtig, dass der König überall der absolute Herr war – nur nicht über ihren Stand. **François Bluche über die Stimmung in der vorrevolutionären Zeit**

LUDWIG XVI.

 BIOGRAPHIE

Der frühe Tod seines Vaters, einziger Sohn Ludwigs XV., und seines älteren Bruders machte Ludwig XVI., geboren am 23. August 1754 in Versailles, im Alter von zwölf Jahren zum Thronfolger. Mit fünfzehn heiratete er die österreichische Kaisertochter Marie Antoinette. Als er vier Jahre später die Regierung übernahm, setzte das Volk große Hoffnung in ihn. Trotz hervorragender Minister, wie etwa dem seinerzeit berühmtesten Wirtschaftstheoretiker Turgot, der sich um Verwaltungs-, Finanz- und Justizreformen bemühte, konnte Ludwig die Finanzkrise der Monarchie nicht lösen. Angesichts des Widerstands der privilegierten Stände und wachsender Unruhe im Volk sah er sich im Mai 1789 gezwungen, die Generalstände einzuberufen. Dies war der Auslöser der Ereignisse, die zur Französischen Revolution führten. Im Juni erklärte sich der Dritte Stand zur Nationalversammlung, das »Ancien Régime« brach zusammen. Mit der Erstürmung der Bastille durch die Pariser Bevölkerung am 14. Juli begann der offene Aufstand; die Königsfamilie wurde in den Tuilerien festgehalten. Nach einem Fluchtversuch im Juni 1791 stimmte Ludwig unter Druck der neuen Verfassung zu, wollte sich aber mit der Rolle eines konstitutionellen Monarchen, die diese ihm zuschrieb, nicht abfinden. Am 21. September 1792 setzte der Nationalkonvent den König ab und ließ ihn genau vier Monate später hinrichten. Im Oktober 1793 starb auch Marie Antoinette auf der Guillotine.

Nachgeschichte

Zusammen mit anderen Hinrichtungsopfern wurde Ludwig XVI. auf dem Cimetière de la Madeleine begraben. Wenige Monate danach begann die Schreckensherrschaft der radikalen Jakobiner. Zwanzig Jahre später, nach dem Sturz Napoleons und dem Einzug Ludwigs XVIII., des Bruders Ludwigs XVI., als König in Frankreich (1814), bemühte sich die wiederhergestellte Monarchie, dem getöteten König ein Denkmal zu setzen. Die Todestage von Ludwig XVI. und Marie Antoinette wurden feierlich begangen, die Königsmörder, so weit sie noch am Leben waren, im Zuge des »terreur blanche« zur Rechenschaft gezogen. Ludwig XVIII. veranlasste 1815 die Exhumierung der – nicht identifizierbaren – sterblichen Überreste seines Bruder und ließ sie in die Abteikirche von St. Denis überführen, die jahrhundertealte Grabstätte der französischen Könige. Dass man anstelle Ludwigs XVI. dabei wahrscheinlich ein unbekanntes Revolutionsopfer neben Marie Antoinette beerdigte, dessen war sich Ludwig XVIII. offenbar bewusst.

Künstlerische Bearbeitung

Viel mehr als Ludwig XVI. regte seine Frau Marie Antoinette Schriftsteller zu literarischen Werken oder Biographien an. Gegen die »Österreicherin«, die sich jeglichen Reformen entgegenstellte, richtete sich der ganze Volkszorn, man verachtete sie als »bête féroce«, als reißende Bestie, die das Volk mit Füßen trat und nur dem Luxus und ihrem Vergnügen lebte. Viele der zahlreichen Legenden, die sich um ihre Person ranken – wie der Ausspruch, das Volke solle doch Kuchen essen, wenn es kein Brot habe – entsprangen wohl eher böswilliger Übertreibung.

 EMPFEHLUNGEN

Lesenswert:
Peter C. Hartmann (Hg.): *Französische Könige und Kaiser der Neuzeit*. München 1994.

Albert Soboul: *Kurze Geschichte der Französischen Revolution*, Berlin 2000.

Stefan Zweig: *Marie Antoinette. Bildnis eines mittleren Charakters*, Frankfurt/Main 1992.

Alexandre Dumas: *Das Halsband der Königin*, Berlin 2000.

Sehenswert:
La Marseillaise. Regie: Jean Renoir; mit Pierre Renoir als Ludwig XVI. und Lise Delamare als Marie Antoinette. F 1938.

La révolution française (Die Französische Revolution). Regie: Robert Enrico und Richard T. Heffron; mit Jean-François Balmer, Jane Seymour, Klaus Maria Brandauer. F/GB 1989.

 AUF DEN PUNKT GEBRACHT

Ludwig XVI. sah durchaus die Parallelität zum Schicksal des englischen Königs Karl I. Doch auch Ludwig war zu sehr im »Ancien Régime« verhaftet, um dem Dritten Stand rechtzeitig Zugeständnisse zu machen. Einzig mehr Rechte und Freiheiten für die bürgerlichen Schichten hätte Ludwigs Herrschaft – zumindest als konstitutionelle Monarchie – retten können.

Die Revolution frisst ihre Kinder
Prozess gegen Georges Jacques Danton (1794)

■ Auf den Vorwurf, er sei korrupt, entgegnete Danton: »Ich, mich verkaufen? Ein Mann von meinem Format ist unbezahlbar!«
Georges Jacques Danton.
Gemälde. Schloss Versailles, Musée Historique

Zu Beginn der Revolution schien alles erlaubt. Die Presse durfte frei von jeder Zensur über republikanische und demokratische Ideen berichten, nächtelang debattierte man in den neu gegründeten politischen Zirkeln, zum Beispiel dem Jakobinerclub, dem auch Robespierre angehörte.

Seit Stunden wetterte Danton nun schon gegen seine Richter. Es ging um Kopf und Kragen. Ein letztes Mal gab er den wortgewaltigen revolutionären Volkstribun, der sich brachial und mitreißend in Szene setzte: »Meine Stimme, die so oft für die Sache des Volkes ertönte, um seine Interessen zu unterstützen und zu verteidigen, wird keine Mühe haben, die Verleumdung zurückzuweisen.« Unversehens änderte Danton die Taktik und ging zum Angriff über. Das Gericht möge endlich die von ihm genannten Entlastungszeugen vorladen, außerdem verlange er einen Ausschuss, der seine, Dantons, Anzeige aufnehme »gegen das diktatorische System, das der Wohlfahrtsausschuss ausübt«. Zustimmendes Gemurmel von den Bänken. Die Zuschauer, die der Verteidigungsrede atemlos lauschten, hatten sich längst auf Dantons Seite geschlagen. Die Richter gerieten ins Schwitzen. Sollte Danton freigesprochen werden, drohte ihnen selbst die Guillotine. Die Haftbefehle lagen schon bereit. Andererseits konnten sie dem ehemaligen Justizminister Danton schlecht erzählen, dass er kein Anrecht auf Entlastungszeugen habe. Anhören durfte man sie allerdings auch nicht, weil die ohnehin schwache Anklage dann endgültig ins Wanken geraten wäre. In seiner Not wandte sich das Gericht tags drauf schriftlich an den Anstifter des Prozesses, den von Robespierre geleiteten Wohlfahrtsausschuss: »Ein schreckliches Ungewitter zieht heran …« Vorerst behalf sich der Vorsitzende Richter Herman mit gespielter Fürsorge, um den Angeklagten zu stoppen: »Du bist müde, Danton. Du bedarfst der Ruhe. Ich werde dir später wieder das Wort erteilen.« Doch Danton erhielt bis zum Ende des Prozesses keine Gelegenheit mehr, seine Rede fortzusetzen. Er tappte in die Falle des Revolutionstribunals, das er vor einem Jahr erst mit ins Leben gerufen hatte.

Georges Danton war wohl eine der schillerndsten Figuren der Französischen Revolution, eine ihrer populärsten allemal. Er galt als großzügig, lebens- und sinnenfroh, und er schaffte es, stets zum rechten Zeitpunkt, die Massen mit einer fulminanten Rede zu begeistern, obwohl seine politischen Ziele dabei oft im Unklaren blieben. Diese vorsichtige Strategie beruhte zum Teil auf den anrüchigen Einnahmequellen Dantons: An Korruption fand er wenig auszusetzen.

Als 1789 die revolutionäre Welle Frankreich erfasste, stürzte sich der damals Dreißigjährige sofort in das aufregende politische Abenteuer. Danton, der aus einfachen ländlichen Verhältnissen stammte, legte seine bescheidende Anwaltskarriere ad acta und hob stattdessen mit seinen Freunden, den Publizisten Camille Desmoulins und Jean Paul Marat, den Club der Cordeliers aus der Taufe, der den Jakobinern an Radikalität in nichts nachstand. Danton mischte überall mit. Schnell wurde er zur zentralen Institution in seinem Pariser Bezirk; trotzdem gelang es ihm erst 1791, in ein offizielles politisches Amt, als Mitglied der Stadtverwaltung, gewählt zu werden. Man hielt ihn für unzuverlässig. Zu Recht. Denn Danton paktierte mit fast jedem, selbstverständlich im Geheimen; sein Name fand sich sogar auf der Bestechungsliste des Königshauses, das so die Clubs und Kommune zu seinen Gunsten beeinflussen zu können glaubte. Danton bewahrte sich jedoch seine Unabhängigkeit. Er nahm das Geld – und machte dann, was er wollte.

■ *Germinalprozesse.* Prozess gegen Georges Danton und seine Anhänger vor dem Revolutionstribunal vom 3. bis 5. April 1794

*Nicht mit Nachsicht er-
richtet man eine Republik,
sondern nur mit schreckli-
cher Strenge, mit unbeirr-
barer Strenge gegenüber
allen, die sie verraten
haben.* Louis Antoine
Léon de Saint-Just, als
er im Konvent dafür plä-
dierte, Danton anzuklagen

Dantons große Stunde schlug im Sommer 1792, ein Jahr nachdem Ludwig XVI., der Kämpfe mit der Nationalversammlung
überdrüssig, einen Fluchtversuch gewagt hatte. Er war bis nahe an
die Grenze gekommen, bevor man ihn erkannte und, begleitet von
wüsten Beschimpfungen, zurück in die Hauptstadt verfrachtete.
Zu den wenigen, die lautstark die Absetzung des Königs forderten, zählte Danton, der sich nun zum Wortführer einer radikalen
Gruppe aufschwang und vehement die Schaffung einer Republik
forderte. Noch aber hielt die Nationalversammlung mehrheitlich
an der konstitutionellen Monarchie fest, wie sie die gerade fertiggestellte Verfassung vorsah. Das ging nicht lange gut. Der zuneh-
mende Aufruhr im Lande, auch diktiert von den ständig stei-
genden Brotpreisen, und vor allem die militärische Bedrohung
von außen, denn Preußen und Österreich wollten dem in Bedrängnis geratenen König zu Hilfe eilen, zwangen die Nationalversammlung nachzugeben. Der Sturm auf die Tuilerien, mitins-
zeniert von Danton, war der Tropfen, der das Fass zum Überlau-
fen brachte. Die Nationalversammlung beschloss, den König
abzusetzen und die Anführer des Aufstands ruhigzustellen, indem
man einigen von ihnen ein politisches Amt anbot. »Mein Freund
Danton ist durch die Gnade der Geschütze Justizminister geworden«, schrieb Camille Desmoulins, den Danton prompt zu seinem
Generalsekretär ernannte.

Auch Danton gelang es nicht, den aufgebrachten Pöbel zu be-
ruhigen. Er bemühte sich nicht einmal. Das Blutbad in den Pariser Gefängnissen – 1400 vermeintliche Parteigänger der Monarchie kamen dabei ums Leben – kommentierte er kühl: »Dies ist
ein notwendiges Opfer, im Übrigen begeht das Volk keine Irrtü-
mer.« Mitte Oktober 1792, nach nur zwei Monaten, trat Danton
freiwillig zurück, um den Girondisten, die ihn als einen der Urheber des Sturms auf die Tuilerien be-
kämpften, den Wind aus den Segeln
zu nehmen. Sie nämlich warfen ihm
vor, eine Diktatur errichten zu wollen.
Im Konvent, wie sich die Nationalversammlung nun nannte, nahm Danton Platz auf den Bänken der
Montagne, der Bergpartei
um Robespierre. Mit ihm
stimmte er im Januar für
den Tod des Königs,
verhandelte aber gleich-

■ Szene mit Gustaf
Gründgens als Robespierre
und Fritz Kortner als Danton
in dem Film *Danton* von Hans
Behrendt, Deutschland 1931

zeitig mit den Royalisten, die ihm zwei Millionen Livres in Aussicht stellten, sollte eine zweite Flucht Ludwigs glücken.

Der König starb jedoch auf der Guillotine, und Danton leitete acht Wochen später das neu geschaffene gesetzgebende Gremium des Konvents: den Wohlfahrtsausschuss. An der sozialen und finanziellen Misere Frankreichs hatte sich unterdessen nichts geändert, immer noch war das Volk unzufrieden, bedrohten ausländische Truppen die Republik. Dem Konvent schien die Kontrolle zu entgleiten, er fürchtete die Selbstjustiz des Mobs und beschloss deshalb, ein außerordentliches Kriminalgericht, das Revolutionstribunal, einzurichten. »Zeigen wir uns schrecklich und ersparen so dem Volk, schrecklich zu sein!«, rief Danton, der wegen dieses Satzes bis heute als Schöpfer des Revolutionstribunals gilt. Es wurde zu einem der zentralen Machtinstrumente der Diktatur, dem Zehntausende zum Opfer fielen. Robespierre, der bald die Herrschaft im Wohlfahrtsausschuss übernahm, erhob den Terror sogar zum moralischen Prinzip der Revolutionsregierung, er sah

■ Gérard Depardieu als Danton und Patrice Chéreau als Camille Desmoulins in dem Film *Danton* von Andrzej Wajda

»Robespierre ist ein Nero. In Revolutionen bleibt zuletzt den Ruchlosesten die Autorität.«
Soll Danton angeblich im Gefängnis gesagt haben

Der Nationalkonvent beschließt …, Danton, Desmoulins (und andere) anzuklagen wegen Beteiligung an der Verschwörung zur Wiederherstellung der Monarchie, der Zerstörung der nationalen Vertretungen und der republikanischen Regierung. Der Nationalkovent war derart eingeschüchtert, dass es keine Gegenstimme gab, obwohl sich noch zu Beginn der Debatte einige Abgeordnete für Danton eingesetzt hatten.

■ Hinrichtungsszene mit Gérard Depardieu als Danton

darin die einzige Möglichkeit, die »Freiheit« zu bewahren und die Feinde der Republik zu bändigen. Jeden, der für eine Eindämmung des blutigen Schreckens, für Nachsicht, plädierte, aber auch diejenigen, die seiner Herrschaft gefährlich werden konnten, brachte Robespierre vor das Tribunal – und auf die Guillotine. Im Oktober 1793 mussten die führenden Köpfe der gemäßigten Girondisten dran glauben, im März 1794 die der Hébertisten, die den Sturz Robespierres planten. Und nur zwei Wochen darauf war die Reihe an den Dantonisten.

Vor Monaten schon hatte Danton sich aus dem Wohlfahrtsausschuss zurückgezogen. Immer häufiger verbrachte er seine Zeit fern von Paris, die gnadenlose Willkür des Terrors war ihm zuwider geworden. Seine Appelle, das Tribunal nur gegen die wirklichen Feinde der Republik einzusetzen, machten ihn verdächtig. Als dann noch der Weggefährte Camille Desmoulins in seiner Zeitschrift *Vieux Cordelier* forderte: »Öffnet den 200 000 Bürgern, die ihr verdächtig nennt, die Gefängnisse!«, kannte Robespierre keine Gnade mehr. Danton und vierzehn seiner Mitstreiter wurden verhaftet. Der Konvent warf ihnen Bestechlichkeit und ein Komplott mit dem Ausland vor. Das kam der Wahrheit teilweise sogar nahe, und doch fehlten dem Tribunal stichhaltige Beweise. Sicherheitshalber reduzierte man die Jury auf sieben politisch zuverlässige Mitglieder, verwehrte den Angeklagten das Recht auf Entlastungszeugen, nach vier Tagen war alles vorbei. Danton wusste, dass er vergeblich um sein Leben kämpfte. Und als ihm der Richterspruch im Gefängnis verlesen werden sollte, machte er aus seiner Verachtung kein Hehl: »Euer Urteil ist mir scheißegal!« Noch am selben Tag, dem 5. April 1794, wurden die Urteile vollstreckt. Danton bestieg als letzter das Schafott. Zuvor hatte er vierzehnmal zugesehen, wie die Köpfe seiner Freunde fielen, darunter auch der Camille Desmoulins'.

Drei Monate später stürzte der Konvent Robespierre. Auch er landete auf der Guillotine. Niemand hielt es für nötig, ihm vorher den Prozess zu machen.

»Terror ist nichts anderes als Gerechtigkeit: prompt, sicher und unbeugsam.«
Maximilien Robespierre

GEORGES JACQUES DANTON

 BIOGRAPHIE

Georges Jacques Danton, am 28. Oktober 1759 in Arcis-sur-Aube in der Champagne geboren, ging 1780 zum Studium nach Paris und arbeitete ab 1785 dort als Rechtsanwalt. Mit dem Anwalt Camille Desmoulins und anderen gründete er 1790 den radikalen Club der Cordeliers. Seit Ende 1791 Mitglied der Pariser Stadtverwaltung, wurde Danton neben dem Arzt und Journalisten Jean-Paul Marat zum wichtigsten Wortführer der Volksmassen. Beide trugen wahrscheinlich erheblich zur Stürmung der Tuilerien am 10. August 1792 bei, die zum Sturz der Monarchie führte. Der König und seine Familie wurden in der Temple-Festung gefangen gesetzt, die Regierungsgewalt einem Exekutivrat übertragen, in dem Danton den Posten des Justizministers erhielt. Kurz darauf kam es in Paris zu den von Danton geduldeten »Septembermorden«. Eine aufgebrachte Menge drang in die Gefängnisse ein und ermordete etwa 1400 inhaftierte Königstreue, Priester und andere Gefangene, um eine Gegenrevolution zu verhindern. Durch die Organisation des Revolutionstribunals und des Wohlfahrtsausschusses war Danton maßgeblich an der Schreckensherrschaft der Jakobiner beteiligt. Ab Ende 1793 trat er für Mäßigung ein und geriet dadurch in entschiedene Gegnerschaft zu Robespierre, der ihn und vierzehn seiner Anhänger nach einem kurzem Prozess am 5. April 1794 durch die Guillotine hinrichten ließ.

Nachgeschichte

Nach weiterer Verschärfung des Terrors wurde Robespierre am 27. Juli 1974 gestürzt und einen Tag später mit einundzwanzig seiner Mitstreiter hingerichtet. Damit war die Schreckensherrschaft zu Ende, und die gemäßigteren Republikaner hatten die Oberhand. Am 23. September 1795 erhielt Frankreich eine neue Verfassung, die einem fünfköpfigen Direktorium die Regierung übertrug. Knapp vier Jahre später, am 9. November 1799, setzte Napoleon das Direktorium im Staatsstreich ab. Er erließ eine Konsulatsverfassung und übernahm als erster Konsul die oberste Gewalt. Der Prozess machte Danton zum Märtyrer. Er war und bleibt ein Volksheld, während sein großer Gegenspieler Robespierre bis heute ein Synonym für die Schreckensherrschaft ist, die Danton immerhin miterrichtet hat. An Robespierre erinnern keine Statuen, an Danton schon: Knapp hundert Jahre später noch wurden am Boulevard Saint-Germain in Paris, ungefähr an der Stelle, wo sein Wohnhaus stand, und in seinem Geburtsort Arcis-sur-Aube Denkmäler aufgestellt.

Künstlerische Bearbeitung

Die letzten zehn Tage vor Dantons Hinrichtung bilden den zeitlichen Rahmen von Georg Büchners berühmtem Drama Dantons Tod (1835). Danton und Robespierre stehen sich mit ihren gegensätzlichen Positionen gegenüber. Büchner, der die Geschichte der Französischen Revolution ausführlich studiert hatte, verarbeitete in seinem Stück zahlreiche Originalzitate aus den historischen Quellen; große Teile der Reden Robespierres vor dem Konvent und Dantons vor dem Revolutionstribunal hat er unverändert übernommen. In der Konfrontation der Gegner stellt Büchner jedes individuelle Heldentum infrage und die These auf, dass der Einzelne dem Gang der Geschichte unausweichlich ausgeliefert ist: »Wir haben nicht die Revolution, sondern die Revolution hat uns gemacht.«

 EMPFEHLUNGEN

Lesenswert:
Ernst Schulin: Die Französische Revolution, München 1990.

Georg Büchner: Dantons Tod, Stuttgart 1995.

Sehenswert:
Danton. Regie: Hans Behrendt; mit Fritz Kortner und Gustaf Gründgens. Deutschland 1931.

Danton. Regie: Andrzej Wajda; mit Gérard Depardieu und Wojciech Pszoniak. F/Polen/BRD 1982.

Besuchenswert:
Das Musée Carnavalet zur Stadtgeschichte von Paris im Marais-Viertel.

 AUF DEN PUNKT GEBRACHT

Danton war ein Abenteurer. Er stürzte sich voller Leidenschaft, mit taktischer Finesse und grandiosem Redetalent in die Französische Revolution und wurde zum Held des Volkes. Doch das System, das er miterschaffen hatte, geriet in den Händen der Radikalen um Robespierre außer Kontrolle – und brachte beide auf die Guillotine.

Das Sklavenschiff
Der Amistad-Prozess (1839—1841)

»Diese Schwarzen sind das aufregendste Ereignis in Connecticut seit der Jahrhundertwende. Man setzt alle Hebel in Bewegung, um ein Gefühl der Sympathie für sie zu schaffen: Die Geistlichen predigen über sie, die Männer reden darüber, die Frauen geben Teepartys und diskutieren ihre Ritterlichkeit, ihren Leidensweg, ihr Heldentum. Sind die Neger jetzt die Herren in diesem Land?« Die konservative Presse schäumte. Wie konnte man nur so viel Aufhebens um eine Hand voll Schwarzer machen! Na gut, noch hatte das Gericht nicht entschieden, ob es sich hier um Sklaven oder freie Menschen handelte, aber waren sie es wirklich wert, dass die Regierung ihretwegen einen diplomatischen Zwischenfall geradezu provozieren musste? Und wer trug die Schuld an diesem Affront gegenüber Spanien? Natürlich die Gegner der Sklaverei, die jetzt ihre große Chance witterten!

Als die U. S. S. *Washington* am 26. August 1839 in New London, Connecticut, vor Anker ging, im Schlepptau einen Zweimaster namens *La Amistad*, herrschte erst einmal völlige Verwirrung. Zu

■ Szene mit Djimon Hounsou aus dem US-Film *Amistad* von Steven Spielberg, 1997

abenteuerlich klang die Geschichte, die den Behörden nun aufgetischt wurde, fast, notierte Lewis Tappan, einer der späteren Hauptakteure, »wie ein fernöstliches, romantisches Märchen«. Für Kinder allerdings wenig geeignet. Denn Jose Ruiz, eines der überlebenden Crew-Mitglieder der *Amistad*, erzählte von Meuterei, Mord und Totschlag auf offener See. Die unter spanischer Flagge segelnde *Amistad* habe Havanna Ende Juni Richtung

■ Der Nachbau des legendären Sklavenschiffes Amistad ankert am 5. Juli 2000 im Riverside State Park in New York.

Puerto Principe, einer anderen Küstenstadt Kubas, verlassen, an Bord reiche Fracht: Gold und Waren im Wert von 40 000 Dollar plus 53 spanische Sklaven, für die man etwa 25 000 Dollar veranschlagte. In der vierten Nacht sei es den Sklaven gelungen, sich zu befreien, Kapitän und Koch zu töten und das Schiff in ihre Gewalt zu bringen. Ihn habe man wohl nur verschont, damit er die Amistad nach Afrika steuere; nachts jedoch sei er heimlich gen Westen geschippert, in der Hoffnung, die südliche Küste Amerikas zu erreichen. Tatsächlich aber strandete die *Amistad* durch diesen Zickzackkurs im Norden, in Long Island, New York, wo sie von der Besatzung der *Washington* gesichtet wurde. Deren Kapitän, Thomas Gedley, ließ das fremde Schiff durchsuchen, stieß auf Ruiz, erfuhr von der Meuterei und verfrachtete die *Amistad* samt Mann und Maus nach Connecticut.

Gedley meinte es gut. Die Piraten und Mörder durften schließlich ihrer gerechten Strafe nicht entgehen. Wie hätte er auch ahnen können, dass seine »Rettungsaktion« zu internationalen Verwicklungen führen und eine Kontroverse vertiefen sollte, die an den wundesten Punkt der noch jungen amerikanischen Nation rührte: die Sklavenhaltung, auf der die großen Baumwollplantagen des industriell unterentwickelten Südens der Vereinigten Staaten basierten. Auch deswegen war der zarte Versuch, schon in der Unabhängigkeitserklärung von 1776 allen – auch Schwarzen – die gleichen Bürgerrechte zuzugestehen, im Keim erstickt worden. In den nächsten Jahrzehnten wuchs die Kluft zwischen den südlichen und nördlichen Bundesstaaten zusehends, weil der Norden die Sklaverei nach und nach abschaffte, sogar Gesetze zum Schutz der befreiten Sklaven ver-

Bei diesem Fall geht es um das Ansehen Amerikas in der zivilisierten Welt. Wenn die Vereinigten Staaten die Sklavengesetze anderer Länder aufrecht erhielten, dann würden sie dadurch seine eigenen Gesetze, die Gesetze der Natur, die Gesetze Gottes vergewaltigen. Roger Sherman Baldwin in seinem Plädoyer vor dem Obersten Gerichtshof

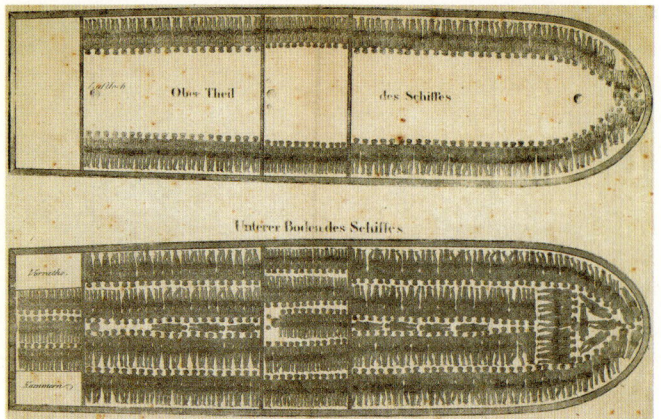

■ Transportschiff für Sklaven auf der zweimonatigen Reise von Afrika nach Westindien, Kupferstich, um 1825. Um möglichst viele Sklaven auf einmal transportieren zu können, wurde vorher eine Raum sparende Belegung genau berechnet. Die Darstellung zeigt, wie knapp der Platz für den Einzelnen dabei bemessen war.

abschiedete und sich nicht allzu sehr ins Zeug legte, die aus dem Süden entflohenen Schwarzen ihren Besitzern zurückzugeben. Für jeden Präsidenten wurde die feine Austarierung der miteinander unvereinbaren politischen Ideen zur Gratwanderung. Auf Drängen Englands hatten die USA, wie auch Spanien, zwanzig Jahre zuvor immerhin den Import von Sklaven verboten. Seitdem durfte »nur« noch innerhalb der nationalen Territorien, einschließlich der Kolonien, mit Menschen gehandelt werden. Zumindest offiziell. Und hier begann das Problem. Denn bald schwante einigen, dass Ruiz ein wichtiges Detail verschwieg: Die Sklaven stammten gar nicht, wie er behauptete, aus Kuba, die von ihm vorgelegten Pässe waren gefälscht! Keiner der Schwarzen verstand auch nur ein Wort Spanisch, sie redeten in einer Sprache, die niemand kannte. Hatte man es hier also doch mit Afrikanern zu tun, die aus ihrer Heimat geraubt und illegal nach Kuba gebracht worden waren? Laut eines internationalen Vertrags zwischen Amerika und Spanien galten sie dann als freie Menschen.

Vorerst konnte davon noch keine Rede sein. Die Schwarzen landeten im Gefängnis und wurden schnell zur Sensation. Bis zu viertausend Neugierige strömten täglich dorthin, um die Fremden gegen einen Obolus von zwölf Cent in Augenschein zu nehmen. Lewis Tappan, ein New Yorker Geschäftsmann, eilte unverzüglich in den benachbarten Bundesstaat, als er von dem Fall hörte. Seit Jahren schon setzte er sich für die Abschaffung der Sklaverei ein, und jetzt bot sich vielleicht endlich die Gelegenheit, der heftig bekämpften Bewegung Auftrieb zu verschaffen! Tappan engagierte den Anwalt Roger Sherman Baldwin, besuchte die Gefangenen, lernte einige Begriffe in ihrer Sprache und lief, diese Wörter vor sich hin murmelnd, den Hafen ab, bis er tatsächlich jemanden fand, der sie als Sprache des afrikanischen Mendi-Volkes identifizierte und zu dolmetschen bereit war. Damit hatte Tappan die erste Hürde genommen. Aber wie würde das Gericht entscheiden? Es gab drei Optionen: Entweder

»Die Gefangenen sind frei! Im Namen der Menschlichkeit und der Gerechtigkeit danke ich Ihnen!« John Quincy Adams an Lewis Tappan, nach der Entscheidung des Obersten Gerichtshofs; eine Hommage, denn Adams wusste, dass die Afrikaner ihren Sieg Tappan zu verdanken hatten

gehörten die Schwarzen Jose Ruiz, dann müsste man sie nach Kuba zurückschicken, wo ihnen der Strick drohte; oder das Gericht erklärte sie zu freien Menschen, die unrechtmäßig aus ihrer Heimat geraubt und auf dem Sklavenmarkt verkauft worden waren. Das hätte jedoch nicht unbedingt ihre Freiheit bedeutet. Noch stand nämlich zusätzlich die Meuterei auf der Tagesordnung. Und ein Schuldspruch für die Ermordung der *Amistad*-Besatzung konnte auch freie Bürger an den Galgen bringen. Bevor das Gericht überhaupt zusammenkam, machte Lewis Tappan einen überraschenden Schachzug. Im Namen der Afrikaner verklagte er Jose Ruiz wegen Menschenraubs. Zum Erstaunen aller wurde die Klage akzeptiert. Das entsetzte Aufjaulen des Südens folgte prompt, der spanische Gesandte protestierte scharf: »Wann und in welchem Land hat man je einem Sklaven Bürgerrechte zugestanden?« Es nützte nichts: Da Jose Ruiz sich weigerte, die Kaution von zweihundertfünfzig Dollar zu zahlen, verbrachte er Monate in Haft.

Mit Spannung wartete man auf den Prozess gegen die Afrikaner. Alle wussten, dass die amerikanische Regierung immensen politischen Druck ausübte. Präsident van Buren saßen die Spanier im Nacken; mit ihnen und den so unverzichtbaren Wählern im

> *Das Mendi-Volk liebt Mr. Tappan. Ich danke allen gnädigen Menschen, weil sie uns Mendi nach Hause geschickt haben.*
> *Ihr Freund Cinque.*
> Brief von Cinque an Tappan, nach der Ankunft in Sierra Leone

■ Szene auf einem Sklavenschiff, Holzstich, 19. Jahrhundert. Auf der Überfahrt wurden die Afrikaner von den weißen Befehlshabern in Ketten gelegt und mit der Peitsche gefügig gemacht.

■ Gerichtsszene aus dem Film *Amistad.*
Mit dem Freispruch der Afrikaner bestätigten die Richter auch das grundlegende Recht jedes freien Menschen, sich zu wehren, wenn er seiner Freiheit beraubt wird.

»Wir verachten die Doktrin der Abolitionisten und die unglücklichen Fanatiker, die sie propagieren. Aber wer Menschen in Afrika raubt und sie wie Vieh in Kuba verkauft, der darf sich nicht beklagen, wenn sie von diesen armen Teufeln ermordet werden. Es ist gewiss, dass die spanische Regierung, die den Raub, Kauf und Verkauf von Schwarzen akzeptiert, umgehend von unserer Regierung verlangen wird, die Sklaven auszuliefern.« Aus dem *New York Morning Herald* vom 2. September 1839, der einen strikten Pro-Sklaverei-Kurs vertrat; aber selbst diese Zeitung bestand darauf, dass die internationalen Verträge eingehalten wurden.

Süden wollte er es sich nicht verderben. Zuversichtlich ließ er schon mal ein Schiff klarmachen, um die Schwarzen nach der Verhandlung umgehend Richtung Kuba zu schicken. Doch die erste Runde ging an Tappan und Baldwin. Da die Meuterei auf hoher See geschehen sei und »an Bord eines spanischen Schiffes, mit einem spanischen Kapitän und spanischen Papieren«, habe weder dieses noch ein anderes amerikanisches Gericht über das Verbrechen zu urteilen. Für die Eigentumsfrage fühle man sich hingegen sehr wohl zuständig, erklärte Richter Thompson, »wie furchtbar es auch immer sein mag, diese Menschen als Eigentum zu betrachten«. Ähnlich dachte die Mehrheit der Zuschauer, als einer der Afrikaner namens Cinque die Leidensgeschichte seiner Gruppe erzählte: wie sie in ihrer Heimat eingefangen, zum Sklavenumschlagplatz Lomboko in Sierra Leone verschleppt und sechshundert von ihnen auf das portugiesische Schiff Tecora gebracht worden waren; wie sie nackt, in Ketten, eng gedrängt und halb verhungert, übereinander gelegen hatten. Viele starben, bevor die Tecora Kuba erreichte. Das Gericht ließ sich durch den Präsidenten nicht einschüchtern. Sein Urteil fiel eindeutig aus: »Sie sind keine Sklaven. Sie sind frei geboren und haben deswegen das Recht auf ihre Freiheit – selbst nach spanischen Gesetzen.« Diese Ohrfeige für Spanien und auch an seine eigene Adresse mochte Präsident van Buren nicht so ohne weiteres hinnehmen. Er brachte den Fall vor den Obersten Gerichtshof des Landes, wo er sich gute Chancen ausrechnete: Fünf der neun Richter stammten aus dem Süden, besaßen zum Teil selbst Sklaven. Aber tapfer verteidigten auch sie das Recht: Die Afrikaner kamen frei.

LEWIS TAPPAN

BIOGRAPHIE

Durch Lewis Tappan, einen der bedeutenden Aktivisten in der Bewegung zur Abschaffung der Sklaverei, gelangte der Fall *Amistad* in das öffentliche Bewusstsein der Vereinigten Staaten. 1788 in Northampton, Massachusetts, geboren, lebte Tappan zunächst in Boston, bevor er 1828 in New York in das Seidengeschäft seines Bruders Arthurs einstieg. Er war ein sehr erfolgreicher Geschäftsmann. Später etablierte er in New York Amerikas ersten Commercial Credit-Rating-Service (Auskunftei zur Kreditinformation), die Mercantile Agency. Lewis und Arthur Tappan waren Mitbegründer der American Anti-Slavery-Society; Arthur Tappan war von 1833 bis 1840 der erste Präsident dieser Organisation. Mit ihren öffentlichen Äußerungen gegen die Sklaverei zogen die Brüder den Hass vieler Befürworter der Sklaverei auf sich. Versammlungen der Anti-Slavery-Society wurden gestört, Lewis Tappan erhielt Todesdrohungen und Schmähbriefe. Ein Plantagenbesitzer aus dem Süden setzte hunderttausend Dollar Kopfgeld für denjenigen aus, der ihn tot in irgendeinem Sklavenstaat ablieferte. Im Juli 1834 drangen einige Leute sogar in sein Haus ein, warfen die Möbel auf die Straße und verbrannten sie. Den Sommer über ließ Lewis Tappan sein verwüstetes Haus so stehen, bevor er es wieder aufbaute – als Mahnung. Er ließ sich durch nichts von seinem Engagement abhalten und sah im Fall Amistad eine große Chance. Im Prozess gegen die afrikanischen Sklaven, die sich im Jahr 1839 während ihres Transportes an Bord des spanischen Schiffes Amistad befreit und die Besatzung überwältigt hatten, spielte Lewis Tappan eine entscheidende Rolle. Im März 1841 urteilte der Oberste Gerichtshof, dass die Afrikaner als frei zu betrachten seien. In den folgenden Jahren beteiligte sich Lewis Tappan unter anderem am Aufbau der American Missionary Association und unterstützte die Bemühungen der in der Underground Railroad organisierten Sklaveneigner, die Sklaven halfen, aus den Südstaaten in den Norden zu fliehen. Bei der Feier zur Emancipation Proclamation im Januar 1863 hatte Lewis Tappan seinen letzten öffentlichen Auftritt. Er starb am 21. Juni 1873.

Nachgeschichte

Nach dem Urteil des Obersten Gerichthofs im März 1841 sorgte Lewis Tappan dafür, dass die Afrikaner versorgt und untergebracht wurden. Um Spenden für die Überfahrt nach Afrika zu sammeln, organisierte er ihnen Auftritte, bei denen einige vor großem Publikum ihre Geschichten erzählten und Lieder aus ihrer Heimat sangen. Im Dezember 1841 traten sie die Rückreise an. Der Ausgang des Prozesses war nicht nur für die Afrikaner ein großer Erfolg, sondern auch für Lewis Tappan. Die American Anti-Slavery Society erhielt großen Auftrieb, allerdings erlebte die Bewegung zur Befreiung der Sklaven in den folgenden zwanzig Jahren noch mehrere große Rückschläge. 1863 war die Sklaverei endlich gesetzlich abgeschafft, auch wenn die Abschaffung offiziell erst mit dem 13. Verfassungszusatz im Dezember 1865 in Kraft trat. Sie brachte etwa vier Millionen Sklaven die Freiheit.

EMPFEHLUNGEN

Lesenswert:
William A. Owens: *Schwarze Meuterei*, München 1998.

Sehenswert:
Amistad. Regie: Steven Spielberg; mit Morgan Freeman, Nigel Hawthorne, Anthony Hopkins, Djimon Hounsou, Stellan Skarsgård. USA 1997.

Besuchenswert:
Der *Freedom Schooner Amistad* in New Haven (Long Wharf), Connecticut, den die Bildungsorganisation Amistad American, Inc., nachbauen ließ. Das Segelschiff, ein schwimmendes Klassenzimmer, ist oft unterwegs und besucht nationale und internationale Häfen.

AUF DEN PUNKT GEBRACHT

Das Verbot des Sklavenhandels gegen den Druck der Regierung juristisch durchzusetzen markiert eine wichtige Etappe auf dem Weg zur Befreiung auch der vier Millionen amerikanischer Sklaven, die nicht frei geboren waren. Die USA brauchte noch zwanzig Jahre, Präsident Lincoln und einen Bürgerkrieg, um die Sklaverei endgültig abzuschaffen.

Damenwahl
Prozess gegen Susan B. Anthony (1873)

■ Susan B. Anthony

Das Publikum war erstaunt. Diese seriöse zweiundfünfzigjährige Lady im grauen Seidenkleid mit Spitzenkragen sollte eine Gesetzesbrecherin sein? Für die Staatsanwaltschaft gab es keine Zweifel: Susan B. Anthony habe eindeutig gegen die Verfassung der Vereinigten Staaten verstoßen, »vorausgesetzt, an jenem bewussten 5. November 1872 war Miss Anthony eine Frau«. Nun, das konnte und wollte niemand bestreiten, aber darin bestand das Problem. Denn Susan B. Anthony hatte bei der Präsidentschaftswahl ihren Stimmzettel in die Urne geworfen, obwohl Frauen damals nicht wählen durften …

Der Überraschungscoup gelang besser als erwartet. Die drei Männer, die am Morgen des 1. November 1872 ihren Dienst im Wahlbüro in Rochester im Staat New York versahen, waren verblüfft – und offenkundig völlig überfordert. Da kreuzte plötzlich diese Miss Anthony mit ihren drei Schwestern im Schlepptau auf und verlangte, als Wählerin registriert zu werden. Ja, wo gab es denn so etwas! Freundlich erklärte man den Damen, dass ihnen dieses Recht nicht zustünde. Doch die resolute Wortführerin ließ sich nicht so leicht abschütteln. Susan B. Anthony zitierte den 14. Verfassungszusatz: »Alle Menschen, die in Amerika geboren oder eingebürgert wurden, sind Bürger der Vereinigten Staaten«, deren »Bürgerrechte und Freiheiten nicht eingeschränkt werden« dürften. Niemand könne doch leugnen, dass das Wahlrecht ein klassisches Bürgerrecht sei, oder? Und wo, bitteschön, besage das Gesetz des Staates New York, nur Männer seien berechtigt, ihre Stimme abzugeben? Der einschlägige Artikel enthalte keinen Hinweis auf das Geschlecht! Es nützte nichts. Die Angestellten im Wahlbüro wichen keinen Millimeter. Allmählich geriet Susan B. Anthony in Rage. Nicht umsonst war sie Präsidentin der National Woman Suffrage Association und kämpfte seit mehr als zwanzig Jahren dafür, dass Frauen endlich das wichtigste Recht überhaupt, das Wahlrecht, erhielten. Jetzt, im Wahlbüro, fuhr Susan schweres Geschütz auf: »Wenn Sie mir meine Rechte als Bürger verweigern, dann werde ich jeden Einzelnen von Ihnen verklagen – bis in die letzte Instanz!« Das wirkte. Tatsächlich konnte eine unrechtmäßige Verweigerung von Bürgerrechten empfindlich be-

> *Wir werden unseren Kampf friedlich, aber unnachgiebig bis zum endgültigen Triumph führen, bis alle Bürger der Vereinigten Staaten vor dem Gesetz als gleich anerkannt werden.*
>
> Susan B. Anthony in einer Rede kurz vor dem Prozess

straft werden; eine unrechtmäßige Erlaubnis allerdings auch. »Es war die Wahl zwischen Pest und Cholera«, gab einer der Beamten später im Prozess zu Protokoll. »Egal wie unsere Entscheidung ausgefallen wäre, wir hätten auf jeden Fall mit einer Anklage rechnen müssen.« Nach heftiger Debatte untereinander beschloss man, Susan als Wählerin zu registrieren, als sie vier Tage danach ihren Stimmzettel ausfüllte, wurde er widerspruchslos akzeptiert.

Die »Damenwahl« sprach sich schnell rum. Alle Zeitungen berichteten ausführlich darüber, und rasch fand sich auch ein empörter Bürger, der Anzeige erstattete wegen »illegalen Wählens«. Susan, die ahnte, was auf sie zukam, fing an, Spenden zu sammeln. Sie freute sich fast schon auf diesen Prozess. Er würde ein wunderbares Podium für ihr Anliegen abgeben!

Sogar der ehemalige Präsident Millard Fillmore saß unter den Zuschauern, als die zweitägige Verhandlung am 17. Juni 1873 begann. Der Gerichtssaal war bis auf den letzten Platz gefüllt. Hatte Susan B. Anthony nun gegen das Gesetz verstoßen oder nicht? Nein, behauptete Susans Anwalt, Henry Seldon, und verwies auf den 14. Zusatzartikel der amerikanischen Verfassung, nach dem seine Mandantin eindeutig Bürgerin der Vereinigten Staaten sei und ihr die Bürgerrechte nicht verwehrt werden dürften. Was aber macht einen Bürger aus? »Das Recht zu wählen«, zitierte Seldon

■ *Both Irrepressible!* Titelblatt der von Christabel Pankhurst herausgegebenen englischen Zeitschrift *The Suffragette* vom 23. Mai 1913

■ Die Polizei geht gegen eine Suffragette vor. England, 1913

Alle Gesetze werden von Männern gemacht und von Männern zugunsten der Männer interpretiert und gegen die Frauen. Auch ihre Anordnung, mich schuldig zu sprechen, weil ich mein Recht zu wählen in Anspruch genommen habe, ist nur darin begründet, dass ich eine Frau und nicht ein Mann bin. Aber dieselben Männer haben das, was ich getan habe, zu einem Verbrechen erklärt, das mit tausend Dollar Bußgeld oder sechs Monaten Gefängnis bestraft werden kann. Und dieses Gesetz gilt für Sie, für mich, für alle.

Susan B. Anthony, kurz bevor der Richter sein Urteil verkündete

mehrere Verfassungsrechtler. Damit wäre diese Sache ja wohl geklärt. Außerdem verbiete der 15. Verfassungszusatz, einen Bürger aufgrund seiner Rasse, Hautfarbe oder weil er früher ein Sklave gewesen sei an der Wahl zu hindern. Warum dann wegen seines Geschlechts? Man zwinge Frauen, Gesetze zu befolgen, auf deren Entstehung sie keinerlei Einfluss hätten. Oder Steuern zu zahlen, die sie nicht mitbestimmen dürften. Dabei hätten sich die Väter der Unabhängigkeitserklärung auch deshalb vor hundert Jahren von England losgesagt, weil sie keine Abgaben mehr leisten wollten, wenn sie politisch nicht repräsentiert seien: »No taxation without representation!«

Kaum hatte Seldon sein dreistündiges Plädoyer beendet, zog Richter Hunt eine schriftlich vorbereitete Rede aus der Tasche. Kurzerhand teilte er der Verteidigung mit, dass der 14. Verfassungszusatz mitnichten das Wahlrecht für Frauen beinhalte. Er garantiere lediglich das Recht auf Leben, Freiheit, Besitz, einen fairen Prozess und das Recht, nach Glück zu streben: »Insofern ist es keine Frage, dass die Jury zu einem Schuldspruch kommen muss. Das ordne ich hiermit an.«

Soviel zum Thema »fairer Prozess«. Als Seldon gegen diese skandalöse Eigenmächtigkeit protestierte, entließ Hunt demonstrativ die Geschworenen und fällte sein eigenes Urteil: hundert Dollar Strafe für Susan B. Anthony. Trotzdem schrieb tags drauf eine New Yorker Zeitung: »Wenn es eine klare Siegerin gibt, dann ist es Miss Anthony. Sie hat gewählt – und die amerikanische Verfassung hat den Schock überlebt.«

Die hundert Dollar Strafe zahlte sie übrigens nie – und offenbar wagte es niemand, das Bußgeld einzufordern. Bis zu ihrem Tod 1906 kämpfte Susan B. Anthony unverdrossen weiter für die Rechte von Frauen. Und erlebte immerhin die Genugtuung, dass Neuseeland 1893 das Frauenwahlrecht einführte, Australien 1902. Schon 1890 gestattete der amerikanische Bundesstaat Wyoming Frauen, an die Urnen zu gehen; bis 1900 folgten Colorado, Idaho und Utah. Aber erst hundert Jahre nach Susan B. Anthonys Geburt, am 26. August 1920, wurde der 19. Zusatzartikel in die Verfassung der Vereinigten Staaten aufgenommen: »Das Recht zu wählen darf nicht verweigert oder eingeschränkt werden aufgrund des Geschlechts.«

SUSAN B. ANTHONY

 BIOGRAPHIE

Susan Brownell Anthony wurde am 15. Februar 1820 in Adams in Massachusetts als zweites von sechs Geschwistern geboren und wuchs im liberalen Geist der Quäker auf. Ab 1826 lebte ihre Familie in Battenville im Staate New York, wo der Vater als Teilhaber in eine Bauwollfabrik einstieg. Susan B. Anthony kam mit siebzehn Jahren auf ein Mädcheninternat in Philadelphia, musste ihre Ausbildung aber nach kurzer Zeit abbrechen. Als im Zuge der Wirtschaftskrise von 1838 die Fabrik des Vaters bankrott ging, war sie gezwungen, ihren Lebensunterhalt selbst zu verdienen. Sie unterrichtete zunächst als Lehrerin in New Rochelle, dann in Center Falls. 1946 wurde sie Direktorin der Canajoharie Academy, einer angesehenen Schule im Norden New Yorks. Nach drei Jahren zog sie zu ihren Eltern zurück, die sich inzwischen bei Rochester eine Farm gekauft hatten. Das Haus der Anthonys war zu dieser Zeit ein wichtiger Treffpunkt für die Gegner der Sklaverei. Unter den zahlreichen Aktivisten, die sich hier versammelten, befand sich auch Frederick Douglass (1817–1895), der führende farbige Vorkämpfer für die Sklavenbefreiung, ein enger Freund der Familie. Susan B. Anthony, die sich in den folgenden Jahren sehr für die Abschaffung der Sklaverei einsetzte, wurde 1856 als Vertreterin New Yorks in die American Anti-Slavery Association gewählt. Eine andere Reformbewegung, die gleichzeitig an politischem Einfluss gewann, trat für die Einschränkung des Alkoholkonsums ein. Susan B. Anthony unterstützte die Frauen in der Bewegung und hielt 1849 bei einem ihrer Treffen in Canajoharie ihre erste öffentliche Rede. 1851 lernte sie die Frau kennen, die für die nächsten fünfzig Jahre ihre engste Freundin und Mitstreiterin werden sollte: Elizabeth Cady Stanton (1815–1902). Das gemeinsame Engagement für die Anti-Alkohol-Bewegung führte schon kurz nach ihrer ersten Begegnung zur Gründung der Woman's New York State Temperance Society. Ab 1853 konzentrierte sich ihre Arbeit unmittelbar auf die Rechte der Frau, vor allem auf das Wahlrecht. Sie reisten durch das ganze Land, organisierten Konferenzen, hielten Vorträge, riefen Initiativen ins Leben. Ab 1868 gaben sie die radikale Zeitschrift *The Revolution* heraus, in der sie für die Gleichheit der Geschlechter eintraten. Im Jahr darauf gründeten sie die National American Woman Suffrage Association, der Susan B. Anthony viele Jahre lang als Präsidentin vorstand. 1872 wurde sie wegen unerlaubter Teilnahme an den Präsidentschaftswahlen im Staat New York vor Gericht gestellt. In Zusammenarbeit mit Elizabeth Stanton verfasste Susan B. Anthony eine sechsbändige *History of Woman Suffrage*; der erste Band erschien 1881. Sieben Jahre später war sie Mitbegründerin des International Council of Women, in dem Frauen aus achtundvierzig Ländern vertreten waren. Susan B. Anthony starb am 13. März 1906. Zehntausend Menschen versammelten sich zu ihrem Begräbnis.

Nachgeschichte
Bis Mitte 1919 hatten Frauen in achtundzwanzig Staaten der USA das volle Wahlrecht oder durften zumindest den Präsidenten mitwählen. Am 26. August 1920 trat der 19. Verfassungszusatz in Kraft. Ein Reporter nannte ihn »Susan Anthony Amendment«. Nach fünfzig Jahren Kampf um das Frauenwahlrecht, genau hundert Jahre nach Susan Anthonys Geburt, war das bundesweite Wahlrecht für Frauen in den USA erreicht. Am 2. Juli 1979 würdigte die Münzanstalt der Vereinigten Staaten die Verdienste von Susan B. Anthony, indem sie ihr die Auflage einer Dollarmünze widmete.

 AUF DEN PUNKT GEBRACHT

Getreu ihrer Erkenntnis: »Wer politischen Einfluss geltend machen und mitbestimmen will, muss wählen dürfen«, kämpfte Susan B. Anthony ein halbes Jahrhundert lang für das Frauenwahlrecht. Und auch wenn der Prozess gegen sie nur eine Etappe auf dem langen Weg war und das Ziel erst 14 Jahre nach ihrem Tod erreicht wurde, konnte sie immerhin sagen: Einmal im Leben habe ich gewählt!

 EMPFEHLUNGEN

Lesenswert:
Barbara Weisberg: *Susan B. Anthony*, Philadelphia 1988.

Simone de Beauvoir: *Das andere Geschlecht*, Reinbek 2000.

Besuchenswert:
Das Susan B. Anthony House in Rochester, ein Museum.

»J'accuse …!«
Prozess gegen Alfred Dreyfus (1894)

Monsieur, obwohl ich keine Nachricht von Ihnen habe, dass Sie mich zu sehen wünschen, sende ich Ihnen einige interessante Auskünfte: Aufzeichnung über die hydraulische Rückstoßvorrichtung des 120-mm-Geschützes und darüber, wie dieses Teil reagiert; Aufzeichnung über die Deckungstruppen (der neue Plan wird einige Änderungen enthalten); Aufzeichnung über eine Veränderung in der Artillerieausbildung; Aufzeichnungen über Madagaskar …

Das Corpus delicti: das »bordereau« (Verzeichnis), 14. März 1894

■ Alfred Dreyfus um 1920

Da saß er nun auf dieser gottverlassenen felsigen Insel im Atlantik. In der tropischen Hitze von Französisch-Guayana, Tausende Kilometer von der Heimat entfernt. Man hielt ihn streng isoliert, er durfte mit niemandem sprechen, wurde Tag und Nacht bewacht. Er war ein Nichts, ein Gefangener. Dabei hatte er bis vor wenigen Monaten als Mann mit Zukunft gegolten: ein junger Offizier aus reichem Elternhaus, dem eine glänzende Karriere beim Militär bevorstand. Jetzt nannte man ihn einen Spion und Verräter! Dieser Gedanke trieb Alfred Dreyfus fast in den Wahnsinn. Denn er war unschuldig.

1894, als die Affäre ins Rollen kam, wussten das nur jene, die Alfred Dreyfus auf die Teufelsinsel gebracht hatten: ein kleiner Kreis hochrangiger Militärs, der einen Sündenbock brauchte. Die Öffentlichkeit erfuhr erst zwei Jahre später von dieser Intrige, die mit einem zerrissenen Schriftstück begann, das bald unter dem Begriff »le bordereau« – das Verzeichnis – kursierte. Angeblich fischte es eine Putzfrau aus dem Papierkorb in der deutschen Botschaft in Paris. Der Inhalt des Zettels schockierte den französischen Generalstab zutiefst, wies er doch darauf hin, dass ein Spitzel in den eigenen Reihen militärische Geheimnisse verriet; ausgerechnet an die Deutschen, denen man die Schmach von 1871 nicht vergessen hatte, und ausgerechnet über die Pläne der Artillerie, der man damals besondere Bedeutung für die Kriegstechnik beimaß. Sofort wurden fieberhaft Ermittlungen eingeleitet, Handschriften verglichen, und bereits nach knapp zwei Wochen identifizierte man den vermeintlich Schuldigen. Im Generalstab machte sich Erleichterung breit. Gott sei Dank handelte es sich nicht um einen altgedienten Offizier, sondern um einen Newcomer! Auch schien es sehr suspekt, dass Hauptmann Dreyfus aus dem Elsass stammte, jenem Gebiet also, das man nach dem verlorenen Krieg an Deutschland hatte abtreten müssen. Und außerdem, nicht minder verdächtig: Er war Jude!

Antisemitische Ressentiments fanden in jenen Tagen großen Widerhall. Das 19. Jahrhundert brachte zwar der

■ *Dreyfus vor dem Kriegsgericht in Rennes.* Das Verfahren wurde hier im August/September 1899 wiederaufgenommen.

jüdischen Bevölkerung in vielen Ländern die rechtliche Gleichstellung, parallel dazu aber formierten sich zahlreiche politische Gruppierungen, deren erklärtes Ziel darin bestand, diese Emanzipation wieder zurückzuschrauben. Man gründete sogar eigens Banken, um der »jüdischen Großfinanz« etwas entgegenzusetzen. Dass ein katholisches Geldinstitut kurz vor der Dreyfus-Affäre Bankrott gegangen war, heizte die judenfeindliche Stimmung weiter an. Die katholische Zeitung *La Croix* schrieb kurz nach Alfred Dreyfus' Verhaftung: »Ob es um Diebstahl, Korruption oder Verrat an unserem Lande geht, immer zettelt der Jude die Sache an.«

Hauptmann Alfred Dreyfus beteuerte verzweifelt seine Unschuld. Vergebens. Der Generalstab hatte sich festgelegt: Dieser Angeklagte entsprach perfekt dem Bild eines Spitzels! Keine drei Monate nach Beginn der Affäre, am 19. Dezember 1894, trat das Kriegsgericht unter Ausschluss der Öffentlichkeit zusammen. Die Indizien gegen Dreyfus reichten bei weitem nicht aus, tatsächlich sah man sich genötigt, gefälschte Beweise vorzulegen. Und obwohl mehrere Gutachter bestätigten, dass die Handschrift Dreyfus' mit der auf dem »bordereau« nicht identisch sei, verurteilten

Ein Jude als Verräter, der hingeht und sein Vaterland verkauft – das sagt alles! Wenn man für ein Verbrechen kein Motiv findet, wenn man den Beschuldigten als reich, klug, arbeitsam kennt, man ihm kein einziges Laster nachsagen kann, sondern nur eine untadelige Lebensführung: Genügt es dann nicht, dass er ein Jude ist?

Émile Zola in einem wütenden Protestartikel gegen den Skandal, den er kurz vor *J'accuse …!* im *Figaro* veröffentlicht hatte

ihn die sieben Militärrichter einstimmig wegen Landesverrats zu lebenslanger Verbannung und zur Degradierung. Vor viertausend Mann im Hof der École Militaire riss ein General Dreyfus die Achselstücke herunter, die Tressen, Knöpfe, schließlich zerbrach er den Degen des Verurteilten über seinem Knie. Noch im Januar 1895 wurde Dreyfus auf die Teufelsinsel deportiert.

Die ganze Sache geriet in Vergessenheit. Bis über ein Jahr später George Picquart, dem neuen Leiter des französischen Militärgeheimdienstes, ein ominöser Rohrpostbrief in die Hände fiel. Das Dokument war zwar gefälscht, brachte jedoch Picquart auf die richtige Spur. Es stellte nämlich eine Verbindung her zwischen Charles Esterhazy, dem Spross einer alten Offiziersfamilie, und der deutschen Botschaft in Paris. Picquart fand schnell heraus, dass Esterhazy in argen Geldnöten steckte und sich auffällig bemüht hatte, an vertrauliche militärische Unterlagen heranzukommen. Also grub Picquart das »bordereau« wieder aus, zog erneut Sachverständige zu Rate, und diesmal ließ das Ergebnis keine Zweifel zu: Der wahre Verräter hieß Esterhazy! Unverzüglich übergab Picquart seine Untersuchungsergebnisse dem Generalstab. Die Anschuldigungen verschwanden jedoch in der Schublade, keiner der hohen Militärs mochte daran rühren. Aber Picquart saß ihnen im Nacken. Unverdrossen forderte er die Verhaftung Esterhazys, bis man ihn seines Postens enthob und nach Algerien versetzte. Zu spät. Einzelheiten der skandalösen Vorgänge sickerten nach und nach durch, bald kam das Militär nicht mehr umhin, Esterhazy vor ein Kriegsgericht zu stellen. Während des Prozesses zückte man plötzlich neue »Beweise«, zum Beispiel einen Brief, in dem Dreyfus namentlich erwähnt wurde und der nahe legte, dass er nicht nur Geheimnisse an die Deutschen, sondern auch an die mit ihnen verbündeten Italiener verraten habe. Also musste Esterhazy unschul-

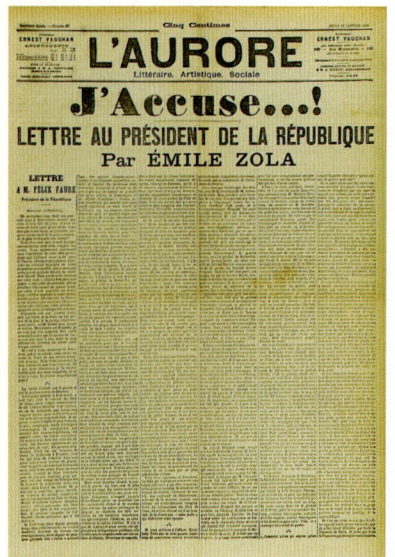

■ *J'accuse …!* In einem offenen Brief an den Präsidenten der Republik, Félix Faure, ergreift Émile Zola Partei für den Verbannten Alfred Dreyfus. Titelseite der Zeitung *L'Aurore*, Paris, 13. Januar 1898

■ Die Hauptzeugen im Drey-
fus-Prozess in Rennes bei der
Wiederaufnahme des Verfahrens im August/September
1899. Zeitgenössischer Holzstich

dig sein, oder? In Wirklichkeit handelte sich um eine Fälschung,
die der Nachfolger Picquarts, Oberstleutnant Henry, fabriziert
hatte. Die Militärrichter brauchten nur fünf Minuten für ihre Entscheidung: Freispruch für Esterhazy – ohne Gegenstimme.

Jetzt schlug die große Stunde eines Schriftstellers. Zum ersten
Mal betrat der berühmte Romancier Émile Zola die politische
Bühne. Mit einem Artikel, der zwei Tage nach dem Prozess, am
13. Januar 1898, unter dem Titel »J'accuse – Ich klage an!« in der
Zeitung *L'Aurore* erschien. Zola legte detailliert dar, wie sich die
Intrige gegen Dreyfus abgespielt haben musste, er nannte Ross
und Reiter: die verantwortlichen Generäle, Offiziere, zuständigen
Minister. Der Eklat war perfekt. Den Verleumdungsprozess, der
nun folgte, hatte Zola erwartet, vielleicht sogar erhofft. Und er
nutzte den Gerichtssaal als Forum, um die Willkür des Militärs gegenüber Dreyfus anzuprangern. Dass man ihn zu einem Jahr Gefängnis und einer satten Geldstrafe verurteilte, überraschte Zola
kaum. Er floh ins Exil nach England, während in Frankreich der
Sturm losbrach. Der Fall Zola/Dreyfus spaltete das Land. Antisemitische Kräfte überfielen und plünderten jüdische Läden,
sogar in Algerien wurden Synagogen zerstört. »Dreyfusianer«
protestierten gegen die Regierung, George Picquart, der mittlerweile aus der Armee entlassen worden war, nahm nun ebenfalls
kein Blatt mehr vor den Mund – und landete zügig hinter Gittern.
Dann gestand der in die Enge getriebene Oberstleutnant Henry
die Fälschungen diverser »Beweise«. Auch er kam ins Gefängnis,
am nächsten Tag fand man ihn tot auf. Der Generalstabschef trat

*Herr Präsident ..., welch
eine Befleckung Ihres Na-
mens – ich hätte fast ge-
sagt, Ihrer Regierungszeit
– ist diese abscheuliche
Affäre Dreyfus! Ein
Kriegsgericht hat es gerade gewagt, auf Befehl
einen Esterhazy freizu-
sprechen, und das ist die
äußerste Schändung aller
Wahrheit, aller Gerech-
tigkeit. Nun ist es geschehen, Frankreich hat die-
sen Schandfleck, die Ge-
schichte wird schreiben,
dass ein solches Verbre-
chen gegen die Gesell-
schaft unter Ihrer Präsi-
dentschaft begangen
werden konnte.*

Émile Zola in J'accuse...!

4. Après la remise des décorations le Commandant Dreyfus s'entretient avec le Général Gillain et le Commandant Targe

E. L. D.

HÉLIOTYPIE. E. LE DELEY, PARIS

■ Alfred Dreyfus (2. v. r.) nach seiner Rehabilitierung im Gespräch mit General Gillain und Major Targe. Paris, 1906

Anatole France über Dreyfus: »Wäre er nicht selbst betroffen gewesen, so wäre er wahrscheinlich Anti-Dreyfusianer geworden.« Diejenigen, die für ihn gestritten hatten, waren enttäuscht, dass sich Dreyfus mit der Begnadigung zufrieden gab, statt weiter vor einem Gericht für die Gerechtigkeit zu streiten.

zurück – der Erste von vielen Militärs. Innerhalb weniger Wochen musste auch der Kriegsminister seinen Hut nehmen, schließlich fegte die Affäre das gesamte Kabinett hinweg. Esterhazy setzte sich nach England ab.

Endlich, im Juni 1899, hob das Kassationsgericht das Urteil gegen Alfred Dreyfus auf, vor dem Kriegsgericht in Rennes sollte der Fall neu aufgerollt werden. Nach mehr als vier Jahren durfte Dreyfus die Teufelsinsel verlassen. Aber noch gab das Militär nicht klein bei. Auch im zweiten Verfahren gegen Alfred Dreyfus wurde gelogen, was das Zeug hielt. Der ehemalige Kriegsminister Mercier, einer der Drahtzieher in dem Komplott gegen Dreyfus, scheute nicht davor zurück, an das soldatische Bewusstsein der Militärrichter zu appellieren: »Man muss wählen: Entweder bin ich eines Amtsverbrechens schuldig, oder dieser Mann ist ein Verräter.« Das Urteil war eine Sensation: Mit fünf gegen zwei Stimmen sprachen die Militärrichter Alfred Dreyfus erneut schuldig, verurteilten ihn nun aber gnädigerweise zu zehn Jahren Festungshaft. Die Regierung wusste jedoch, dass dieser Spruch keinen Bestand haben konnte. Schon zehn Tage später erklärte sie das Urteil für nichtig und begnadigte Dreyfus. Es dauerte allerdings noch sieben weitere Jahre, bis Alfred Dreyfus durch ein vom Parlament beschlossenes Gesetz rehabilitiert und wieder in die Armee aufgenommen wurde. Vor einem Kriegsgericht bekam er nie Recht.

ALFRED DREYFUS

 BIOGRAPHIE

Alfred Dreyfus wurde am 9. Oktober 1859 in Mühlhausen im Elsass als Sohn eines jüdischen Textilfabrikanten geboren. Von 1878 bis 1880 studierte er an der École Polytechnique in Paris, dann schlug er eine militärische Laufbahn ein. 1889 wurde er zum Hauptmann befördert. 1890 heiratete er Lucie Hadamard, mit der zwei Kinder hatte. Im Oktober 1894 wurde Dreyfus, gerade erst Offizier im Generalstab in Paris, wegen angeblichen Verrats militärischer Geheimnisse an die Deutschen festgenommen. Im Dezember verurteilte ihn das Oberste Kriegsgericht Paris auf der Grundlage gefälschter Beweise zu lebenslanger Verbannung auf die Teufelsinsel vor der Küste von Französisch-Guayana. Seine Tagebuchnotizen aus den Jahren 1895/96 und zahlreiche Briefe an seine Frau erschienen später als Buch unter dem Titel *Fünf Jahre meines Lebens* (*Cinq années de ma vie*). Als Beweise für seine Unschuld auftauchten, trat der Schriftsteller Émile Zola 1898 mit seinem offenen Brief *Ich klage an* (*J'accuse*) an den Präsidenten für Dreyfus ein. Ein Revisionsprozess führte 1899 zu einer erneuten Verurteilung zu zehn Jahren Haft. Dreyfus wurde begnadigt, aber erst 1906 rehabilitiert und als Ritter in die Ehrenlegion aufgenommen. Bei der Überführung der Asche Émile Zolas ins Pantheon 1908 verübte ein Journalist der extremen Rechten ein Attentat auf Dreyfus. Er kam mit einer leichten Verletzung davon. Der Prozess

gegen den Attentäter endete mit einem Freispruch. 1907 wurde Dreyfus auf eigenen Wunsch hin in den Ruhestand versetzt. Im Ersten Weltkrieg nahm er als Oberleutnant an der Schlacht von Verdun teil. Danach zog er sich zurück. Er starb am 12. Juli 1935 in Paris.

Nachgeschichte

Nachdem Émile Zola 1898 öffentlich für Dreyfus eingetreten war, stürzte Frankreich in eine tiefe innenpolitische Krise. Die Affäre spaltete die französische Gesellschaft. Der Kampf der »Dreyfusards« um eine Revision des Prozesses wurde zum innenpolitischen Machtkampf zwischen der bürgerlichen Mitte und Vertretern der Linken, darunter Georges Benjamin Clemenceau und Jean Jaurès auf der einen Seite, auf der anderen Anhänger der Rechten, der katholischen Kirche und der Armee. 1899 wurde die konservative Regierung abgewählt. Das Militär verlor zunehmend an Einfluss und Ansehen. Die neue Regierung arbeitete mit Entschiedenheit auf die völlige Trennung von Staat und Kirche hin, die sie 1905 auch tatsächlich beschloss. Die 1898 aus dem Kampf um Gerechtigkeit für Dreyfus entstandene Liga der Menschenrechte wurde 1922 in eine internationale Organisation umgewandelt, die sich für Frieden und Freiheit einsetzt. Hundert Jahre nach der ersten Verurteilung von Dreyfus kam es in Frankreich zu einem Skandal: Oberst

Paul Gaujac wurde 1994 als Chef der militärhistorischen Abteilung des Heeres abgelöst, weil er die Unschuld von Dreyfus als bloße These abtat.

Künstlerische Bearbeitung
Als Ereignis, das Politik und Gesellschaft Frankreichs über Jahre schwer erschütterte, spiegelt sich die Dreyfus-Affäre vielfach in der Literatur. In Marcel Prousts Roman *Jean Santeuil* zum Beispiel, der in den Jahren von 1895 bis 1904 entstand und 1952 aus dem Nachlass veröffentlicht wurde, nimmt die Hauptfigur Jean an dem Prozess als mit Zola sympathisierender Beobachter teil. 1994 hatte die Oper *The Dreyfus Affair* von George Whyte und Jost Meier in Berlin Premiere. Sie ist Teil von Whytes Dreyfus-Trilogie, die außerdem ein einaktiges Musical und das Tanzdrama *Dreyfus – J'accuse* (Musik von Alfred Schnittke) umfasst.

 EMPFEHLUNGEN

Lesenswert:
Émile Zola: *Die Dreyfus-Affäre, Artikel, Interviews, Briefe*, Innsbruck 1998.

Sehenswert:
Dreyfus. Regie: Richard Oswald; mit Fritz Kortner und Heinrich George. Deutschland 1930.

 AUF DEN PUNKT GEBRACHT

Der Fall Dreyfus geriet zur Staatsaffäre und spaltete Frankreich in zwei unversöhnliche Lager. Zwar setzten sich die »Dreyfusianer« am Ende gegen die antisemitischen Kräfte durch, und Alfred Dreyfus wurde begnadigt, aber eine Rehabilitierung durch das Gericht, das ihn auf die Teufelsinsel gebracht hatte, blieb ihm versagt.

Tragödie in drei Akten
Prozess gegen Oscar Wilde (1895)

■ Porträtaufnahme von Oscar Wilde. New York, Januar 1882, von Napoleon Sarony (1821–1896)

Auf der Karte stand nur ein Satz: »*To Oscar Wilde, posing as a somdomite* (Für Oscar Wilde, der sich wie ein Homosexueller aufführt).« Diese sieben Wörter, ausgerechnet das entscheidende falsch geschrieben, sollten dem Adressaten zum Verhängnis werden. Und Oscar Wilde brachte den Stein auch noch selbst ins Rollen. Er ahnte nicht, dass die Londoner Gesellschaft, die ihn zum Liebling erkoren hatte, die er mit Witz, Intelligenz und Boshaftigkeit gleichermaßen amüsierte wie auf die Schippe nahm, ihn von heute auf morgen fallen lassen würde. Die Society genoss zwar Wildes Satiren über die Prüderie des viktorianischen Zeitalters, sie applaudierte seinen Theaterstücken und dem ausschweifenden Lebensstil des Dandys, als er aber den Fehler beging, das »Unaussprechliche« zum Gegenstand einer öffentlichen Debatte zu machen, verdammte sie ihn – und sein Werk.

In bestimmten Kreisen war Oscar Wildes Faible für hübsche Jungs ein offenes Geheimnis. Längst lebte er getrennt von seiner Frau Constance und den beiden Söhnen, seine Leidenschaft galt dem fünfzehn Jahre jüngeren Lord Alfred Douglas, den er 1891 kennen gelernt hatte. Gemeinsam mit Bosie, wie er ihn liebevoll nannte, besuchte er die Salons und Theater, ging auf Reisen; auch Alfreds ungeliebter zänkischer Vater, der Marquess of Queensberry, nahm anfangs keinen Anstoß an dieser Freundschaft. Bei einem Dinner, zu dem Wilde ins Café Royal lud, mit vielen Zigarren und noch mehr Likören, war die Stimmung prächtig. Im Laufe der Zeit jedoch schwante dem Marquess, was da vor sich ging, und er schrieb an seinen Sohn: »Ich werde nicht versuchen, diese Intimitäten zu erkunden, und ich klage niemanden an; aber meiner Ansicht nach ist es genauso schlecht, so zu tun als ob, wie wirklich so zu sein.« Bosie telegraphierte zurück: »Was bist du doch für ein lustiger kleiner Mann!« Queensberry geriet in Rage. Keinen Cent sollte der Bengel von jetzt ab erhalten! Er enterbte Douglas, versuchte die Premiere eines Theaterstücks von Wilde zu stören,

Und fremde Tränen werden für ihn
Des Mitleids lang zerbrochene Vasen füllen,
Und seine Totenkläger werden Ausgestoßene sein,
Und Ausgestoßene klagen immer.
  Oscar Wilde, *The Ballad of Reading Gaol* – Inschrift
  auf einer Skulptur, die sein Grab schmückt

kreuzte schließlich in dessen Wohnung auf und drohte mit Handgreiflichkeiten. Oscar Wilde wies ihm die Tür – nur um einige Tage später von einem Angestellten seines Clubs jene ominöse Karte überreicht zu bekommen, die ihn als Homosexuellen denunzierte. Nun wurde es brenzlig, denn man bezichtigte ihn eines Verbrechens, das schwer

> *Mit Abscheu erinnere ich mich an die endlosen Besuche, die ich in deiner Begleitung dem Anwalt Humphreys abstattete; du und ich, wir saßen im gespenstisch grellen Licht eines Raumes und tischten mit gewichtigen Mienen einem Glatzkopf gewichtige Lügen auf, bis ich vor lauter Ennui stöhnte und gähnte.*
> Oscar Wilde in *De Profundis*

bestraft werden konnte. Allein derartige Anschuldigungen bargen die Gefahr des gesellschaftlichen Ruins. Wilde war ratlos. Was sollte er tun? Den Marquess verklagen? Freunde rieten ihm dringend ab, die Angelegenheit an die große Glocke zu hängen. Ein Prozess würde unweigerlich einen Skandal auslösen. Aber Bosie, der seinen Vater hasste und ihm eins auswischen wollte, ermunterte den Geliebten, vor Gericht zu ziehen. Diese Beleidigung dürfe er einfach nicht auf sich sitzen lassen!

Also engagierte Oscar Wilde einen Anwalt, dem er treuherzig versicherte, die Vorwürfe Queensberrys seien völlig haltlos. Kurz danach, im März 1895, erhielt der Marquess Besuch von der Polizei. Die Verhaftung schreckte ihn jedoch keineswegs, er dachte gar nicht daran, sich von dem Inhalt der Karte zu distanzieren. Knapp einen Monat später sollte der Prozess stattfinden. Oscar Wilde nutzte die wenigen Wochen, um mit seinem Freund nach Monte Carlo zu fahren. Während Bosie im Casino das Geld seines Liebhabers verjubelte, forschte die Gegenseite in London unermüdlich im Privatleben Wildes und wurde ziemlich rasch fündig. Man war bestens präpariert, als am 3. April das Verfahren und damit der erste Teil des Dramas vor dem Kriminalgericht Old Bailey begann – eine gesellschaftliche Sensation ersten Ranges.

Unverzüglich nahm Edward Carson, der Anwalt Queensberrys, Oscar Wilde ins Kreuzverhör. Und nicht zufällig zitierte er zunächst einzelne Passagen aus Wildes Büchern. Vor allem aus dem

■ Oscar Wilde und Lord Alfred Douglas

»Der Schrecken eines Gefängnisses liegt darin, dass alles in sich so einfach und gewöhnlich ist, und so entwürdigend und abscheulich und abstoßend in seiner Auswirkung.«

Oscar Wilde

Ich war zu der Einsicht gelangt, dass es edler und schöner sei zu bleiben. Ich wollte nicht als Feigling oder Deserteur dastehen. Ein falscher Name, eine Verkleidung, ein gehetztes Dasein, dies alles passt nicht zu mir. Oscar Wilde auf die Frage, warum er die zahlreichen Möglichkeiten zur Flucht nicht genutzt habe

fünf Jahre zuvor erschienenen *Bildnis des Dorian Gray*, in dem Wilde einen hedonistischen und sinnenfrohen Helden entworfen hatte, der seine Seele verkauft, um ewig jung bleiben zu dürfen. Der vom Publikum gefeierte Roman war von den Kritikern als zutiefst unmoralisch verrissen worden, und genau darauf zielte Carson ab, aber zum Beweismittel taugte das Buch wenig. Nun zückte der Anwalt zwei Briefe Wildes an Bosie, in denen er die »roten Rosenblattlippen« seines Geliebten pries, die geschaffen seien »für berauschende Küsse«. Noch wehrte Wilde die Angriffe tapfer ab. »Ist das nicht ein außergewöhnlicher Brief?«, erkundigte sich Carson. »Ich würde sagen, er ist einmalig«, gab Wilde zurück. »Haben Sie oft Briefe im gleichen Stil geschrieben?« »Ich wiederhole mich nicht im Stil.«

■ Porträtaufnahme von Oscar Wilde, um 1894

Carson verpasste Oscar Wildes Selbstbewusstsein allerdings einen erheblichen Dämpfer, als er unvermittelt andeutete, es gebe Hinweise darauf, dass der Schriftsteller Beziehungen zu jungen Männern sehr zweifelhafter Natur unterhalten habe: Kutscher, Kammerdiener, Zeitungsverkäufer, Hotelpagen. Ihre Namen seien dem Gericht bekannt, man könne sie jederzeit in den Zeugenstand rufen. Wilde erbleichte. Jetzt wurde es eng. Seine Beteuerungen, es habe sich um harmlose Begegnungen gehandelt, er möge einfach junge Menschen, unabhängig davon, welchem Stand sie angehörten, prallten ab an Carsons Schilderungen von Zusammenkünften, bei denen der Champagner in Strömen geflossen sei. Die direkte Frage des Anwalts, ob er »unsittliche Handlungen« gegen Geld begangen hätte, stritt Wilde kategorisch ab: »Das ist absolut unwahr.«

Schließlich überzeugte Wildes Anwalt seinen Mandanten, die Klage zurückzuziehen. Zu spät. Der Marquess of Queensberry beharrte auf einem Freispruch, und die Geschworenen entschieden ganz in seinem Sinne. Geschlagen verließ Wilde den Gerichtssaal. Aus dem Ankläger war ein Angeklagter geworden. Nun musste er jede Minute mit dem Schlimmsten rechnen. Wilde begab sich zu Freunden, die ihn vergeblich drängten, nach Frankreich zu fliehen. Am selben Abend wurde er verhaftet – und mehr als sechshundert Gentlemen setzten noch in dieser Nacht von Dover nach Calais über.

Drei Wochen später stand Oscar Wilde erneut vor Gericht, diesmal als Beschuldigter. Die Presse überzog ihn mit Häme, seine Gläubiger verlangten ihr Geld zurück, viele Theater weigerten sich, Wildes Stücke weiter zu spielen. Die öffentliche Meinung hatte längst ihr Urteil über den Dichter gesprochen. Oscar Wilde wusste, was ihn erwartete. In England war Homosexualität strafbar, das entsprechende Gesetz erst vor zehn Jahren drastisch verschärft worden. Die Staatsanwaltschaft rief eine Reihe von Zeugen auf: Ein Gutteil der Londoner Stricherszene bestätigte, sexuelle Beziehungen zu Wilde gehabt zu haben, Dienstmädchen und Masseure plauderten über den Zustand von Wildes Hotelbetten. Und doch, zu aller Überraschung, durfte Wilde den Gerichtssaal vorübergehend als freier Mann verlassen. Die Geschworenen konnten sich nicht einigen.

Teil drei des Dramas, das Wiederaufnahmeverfahren, kam schon einen Monat später in Gang: neuer Richter, neuer Staatsanwalt, neue Jury. Kaum jemand glaubte inzwischen noch an eine Verurteilung Wildes, selbst der Generalstaatsanwalt raunte dem Verteidiger des Angeklagten nach den Plädoyers zu: »Sie werden morgen mit Ihrem Mandanten in Paris zu Abend essen.« Ein Irrtum. Denn die Geschworenen sprachen Oscar Wilde in allen Punkten schuldig, der Richter verhängte die Höchststrafe: »Das ist der schlimmste Fall, über den ich je zu urteilen hatte. Dass Sie, Wilde, der Mittelpunkt eines Kreises maßloser Verderbnis der widerlichsten Art unter jungen Männer waren, ist unmöglich zu bezweifeln. Unter diesen Umständen wird erwartet werden, dass ich das strengste Urteil fälle, das das Gesetz erlaubt.«

■ Oscar Wilde in seiner Gefängniszelle

■ Der Aushang kündigt die Versteigerung von Oscar Wildes Besitztümern an.

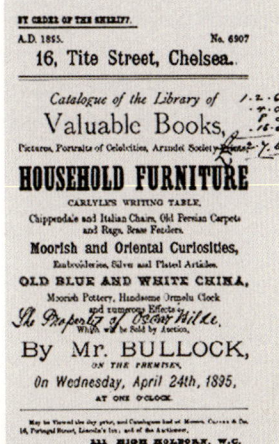

Und ich? Darf ich nichts mehr sagen?
Oscar Wilde nach der Urteilsverkündung im dritten Prozess

■ Szene mit Stephen Fry als Oscar Wilde und Jude Law als Alfred Douglas in dem Film *Oscar Wilde* von Brian Gilbert, Großbritannien 1997. Der Film zeigt eindringlich die Borniertheit des spätviktorianischen England.

Oscar Wilde musste für zwei Jahre ins Zuchthaus. Er hungerte, schlief auf Brettern, durfte in den ersten Monaten weder lesen noch schreiben. Trotz mehrerer Gnadengesuche wurde er keinen Tag früher entlassen. Als sich 1897 für Oscar Wilde endlich die Türen des Gefängnisses öffneten, verließ er England umgehend. Er sollte es nie wiedersehen. Bettelarm verbrachte er die restlichen drei Jahre seines Lebens in Frankreich. Wilde dichtete Die Ballade vom Zuchthaus zu Reading, danach erschien nichts mehr von ihm. Er hatte es geahnt: »Ich glaube nicht, dass ich je wieder schreiben werde. In mir ist etwas getötet worden. Natürlich hat mich das erste Jahr im Gefängnis an Körper und Seele zerstört. Es hätte nicht anders sein können.«

Es ist, als wäre mein ganzes Leben von diesem Menschen ruiniert. Der Abschaum überfällt den Elfenbeinturm. Mein Leben zerrinnt im Sande.
Oscar Wilde, nachdem ihm Queensberry die Karte mit der Nachricht im Club hinterlassen hatte

OSCAR WILDE

 BIOGRAPHIE

Oscar Fingal O'Flahertie Wills Wilde wurde am 16. Oktober 1854 in Dublin geboren. Sein Vater war Arzt, seine Mutter Dichterin und Journalistin. Nach der Schulzeit studierte Wilde ab 1871 klassische Philologie in Dublin und 1874–1878 in Oxford. Schon dort formte er sein »L'art-pour-l'art«-Kunstprogramm, mit dem er die führende Gestalt des Ästhetizismus in England wurde. Ab 1879 lebte er in London als Dandy und Kunstkritiker. Vortragsreisen führten ihn 1881–1884 nach Nordamerika, Frankreich und durch England. 1884 heiratete er Constance Lloyd; sie hatten zwei Kinder. Zunächst schrieb Wilde Lyrik und unbedeutende melodramatische Tragödien. Einen ersten Erfolg errang er mit Märchen wie The Happy Prince (1888; deutsch 1903) und Erzählungen wie The Canterville Ghost (1887; Der Geist von Canterville, 1897, Das Gespenst von Canterville, 1905). Der Durchbruch gelang ihm mit seinem einzigen Roman The Picture of Dorian Gray (1890; Das Bildnis des Dorian Gray, 1901). Im selben Jahr traf er den zwanzigjährigen Lord Alfred Bruce Douglas (»Bosie«), mit dem ihn bald eine intime Freundschaft verband. Gemeinsam reisten sie durch Europa. (Von Lord Alfred stammte 1894 das Gedicht Two Loves über homosexuelle Liebe.) Wilde schrieb 1891 für Sarah Bernard die Tragödie Salomé (deutsch 1903) auf Französisch, die 1893 veröffentlicht wur-

de; im folgenden Jahr übertrug Lord Alfred das Werk ins Englische. Es wurde verboten und durfte bis 1931 in England nicht aufgeführt werden. Großen Erfolg hatte Wilde mit geistreichen und frivolen Gesellschaftskomödien wie Lady Windermere's Fan (1892; Lady Windermeres Fächer, 1902) und The Importance of Being Earnest (1895; Ernst sein!, 1903, auch als Bunbury). Auf Drängen seines Freundes verklagte Wilde dessen Vater, den Marquess of Queensberry, der Wilde öffentlich der Homosexualität bezichtigt hatte. 1895 wurde der Schriftsteller zu zwei Jahren Zuchthaus verurteilt, was ihn gesellschaftlich und finanziell ruinierte. Constance nannte sich nun Holland und ging mit den Kindern in die Schweiz. In Epistola in carcere et vinculis (hrsg. vollständig 1949, deutsch 1925) legte Wilde die wahren Hintergründe seines Prozesses dar; die Schrift begann er noch im Gefängnis, genau wie The Ballad of Reading Gaol (1898; Ballade vom Zuchthause zu Reading, 1903). Nach seiner Entlassung 1897 verließ er England und lebte unter dem Pseudonym Sebastian Melmoth erst in der Nähe von Dieppe, dann in Paris. Freunde unterstützten den verarmten und kranken Dichter. Kurz vor seinem Tod konvertierte er zum Katholizismus. Oscar Wilde starb am 30. November 1900 in Paris an Meningitis.

Folgen

Während des Prozesses strichen die Londoner Theater Wildes Stücke aus ihren Programmen, die Buchhandlungen nahmen seine Bücher aus den Schaufenstern. Bosie verließ England und sah Wilde erst nach dessen Entlassung aus dem Gefängnis wieder. Die alte Leidenschaft flackerte kurz wieder auf, dann trennten sie sich endgültig. Noch lange wurden Oscar Wilde und sein Werk in England totgeschwiegen. Die deutschen Leser bewunderten ihn: Zwischen 1900 und 1934 wurden seine Werke 250 Mal aufgelegt – mehr als die irgendeines anderen britischen Autors; selbst Charles Dickens erreichte in dieser Zeit nur 200 Auflagen. Erst nach dem Zweiten Weltkrieg klangen die Vorurteile ab.

 EMPFEHLUNGEN

Lesenswert:
Barbara Belford: Oscar Wilde, Zürich 2000.

Merlin Holland: Das Oscar-Wilde-Album, München 1998.

Peter Ackroyd: Das Tagebuch des Oscar Wilde. Roman, München 2001.

Sehenswert:
Oscar Wilde. Regie: Brian Gilbert; mit Stephen Fry, Jude Law, Vanessa Redgrave. GB 1997.

Besuchenswert:
Das Oscar-Wilde-Haus in Dublin sowie Wildes Grab auf dem Pariser Friedhof Père-Lachaise.

 AUF DEN PUNKT GEBRACHT

Noch Jahre nach seinem Tod wagte kaum jemand, Oscar Wildes Namen in den Mund zu nehmen. Die Prozesse wegen Homosexualität zerstörten seine gesamte Existenz. Besonders tragisch war, dass man erst zehn Jahre zuvor Homosexualität »im Privaten« unter Strafe gestellt hatte.

Die Macht der Uniform
Prozess gegen Wilhelm Voigt, den »Hauptmann von Köpenick« (1906)

»Kennen Sie den Unterschied zwischen einem echten und einem falschen Hauptmann?« »Nein!« »Dann können Sie Bürgermeister von Köpenick werden!«

Ein Witz, den man sich in jenen Tagen erzählte

■ Erkennungsdienstliches Photo von Wilhelm Voigt aus dem Jahre 1906

Einem scharfen Beobachter wäre es sofort aufgefallen: Einige Details an der Uniform stimmten nicht. Auch der Bart hing schlaff herab, anstatt sich in stolzer Kaiser-Wilhelm-Manier nach oben zu zwirbeln. Der Rücken gebeugt, die Wangen eingefallen – sah so ein schneidiger Militär aus? Dennoch wagte sich keiner der Grenadiere zu mucksen, als der unbekannte Hauptmann sie mitten auf der Straße zurechtzauste, weil sie es versäumten, ihn ordnungsgemäß zu grüßen. »Die abgelöste Wache hat sofort meinem Befehl zu folgen«, schnarrte der Hauptmann selbstbewusst. »Auf allerhöchste Anordnung des Kaisers ist eine Verhaftung vorzunehmen!« Sehr clever. Niemand würde nach Berliner Wachsoldaten forschen, die gerade ihren Dienst absolviert und den Heimweg angetreten hatten. Und die Grenadiere kamen gar nicht erst auf den Gedanken, die Anweisungen in Frage zu stellen. Bedingungsloser Gehorsam gegenüber Vorgesetzten galt als oberste Soldatenpflicht. Also auf nach Köpenick, wie es der Hauptmann befahl!

Köpenick lag damals noch vor den Toren Berlins: eine kreisfreie Stadt, wohlhabend, mit eigenem Rathaus, dessen Tresor angeblich zwei Millionen Mark barg. Der Aufmarsch der mit blitzenden Bajonetten bewaffneten Truppe erregte großes Aufsehen. Ungehindert führte der Hauptmann seine Mannen zum Rathaus, das im Handstreich besetzt wurde. Er ordnete an, alle Türen zu verriegeln, verhaftete den Bürgermeister, den die Uniformen sofort verstummen ließen, und begab sich auf die Suche nach dem Geld. Drei Schlüssel waren nötig, um den Tresor zu öffnen. Doch der Beamte, der Schlüssel Nummer drei bei sich trug, weilte außer Haus. Welche Enttäuschung! Immerhin blieb noch die Stadtkasse, die rund viertausend Mark enthielt und die man dem Hauptmann – nach sorgfältigem Kassensturz – anstandslos aushändigte. Dieser quittierte brav die Übergabe des Geldes, schnappte sich den Beutel, spazierte gemütlich zum Bahnhof – und verschwand …

Während vor dem Rathaus die Menschenmenge anwuchs – man munkelte etwas von Revolution –, trauten sich die verschreckten Stadträte lange nicht, das Gebäude zu verlassen. Erst einige Stunden später beschlossen sie, ein Telegramm an das Landratsamt zu schicken: »Rathaus militärisch besetzt. Bitten dringend um Angabe der Gründe – zur Beruhigung der erregten Bürgerschaft.«

Die übergeordneten Stellen glaubten an einen Scherz. Nach und nach dämmerte ihnen die furchtbare Wahrheit: Die Soldaten waren echt, der Hauptmann falsch! Es handelte sich um den öffentlichsten Raub, den man sich denken konnte!

Begeistert und voller Häme berichtete die Presse schon am nächsten Tag, dem 17. Oktober 1906, ausführlich über den Geniestreich, mit dem der »Hauptmann« die zentrale Säule des Systems, das fast unangreifbare Militär, derart bloßgestellt hatte. »Der Mensch beginnt erst mit dem Leutnant«, lautete eine Redewendung. Uniformen bedeuteten Autorität, vor der jedermann, auch ein Zivilist, Haltung annehmen musste. Dieser Untertanengeist saß so tief, dass man selbst einem als Hauptmann verkleideten Gauner nicht widersprach und ihm sogar dabei half, die Stadtkasse zu stehlen.

Die konservative Klasse war entsetzt, der Rest Berlins lachte sich schlapp. In England und Frankreich freute man sich diebisch über das düpierte deutsche Militär, bis nach Amerika sprach sich die Geschichte rum, auch in Shanghai erschienen Zeitungsartikel über den gelungenen Coup. Und alle rätselten: Wer nur steckte dahinter? Ein Militär vielleicht? Ein Adeliger gar?

Einzig ein findiger Polizist hatte den richtigen Riecher. Er tippte auf einen Gewohnheitstäter, forschte in diversen Gefängnissen und stieß bald auf den Schuldigen: Wilhelm Voigt, ein gelernter Schuster und routinierter Betrüger, der über die Hälfte seines siebenundfünfzigjährigen Lebens im Zuchthaus verbracht hatte. Er gestand die Tat sofort. Nun fühlte sich das Militär gleich doppelt blamiert. Offenkundig reichte tatsächlich allein die Uniform, um aus einem heruntergekommenen Knastbruder eine Respektperson zu machen.

Wilhelm Voigt, der geniale Dieb, wurde zum gefeierten Volkshel-

■ Wilhelm Voigt in Uniformmantel um 1912. Selbst der Staatsanwalt konnte dem Angeklagten seine Anerkennung nicht versagen: »Ich muss ihm das Zeugnis ausstellen, dass er die von ihm einmal übernommene Rolle vorzüglich durchgeführt hat.«

Das Köpenicker Gaunerstück stellt sich dar als der glänzendste Sieg, den jemals der militaristische Gedanke in seiner äußersten Zuspitzung davongetragen hat. Das gestrige Intermezzo lehrt klipp und klar: Umkleide dich in Preußen-Deutschland mit einer Uniform, und du bist allmächtig. ... Der Held von Köpenick hat den Zeitgeist richtig erfasst. Er steht auf der Höhe intelligentester Würdigung moderner Machtfaktoren. Der Mann ist ein Realpolitiker ersten Ranges.
Berliner Volkszeitung, 17. Oktober 1906

■ Verleihplakat zum Film *Der Hauptmann von Köpenick* mit Heinz Rühmann in der Hauptrolle. Regie führte Helmut Käutner, BRD 1956.

Vor der Uniform liegen alle auf dem Bauch, die so genannte »Gesellschaft« die Behörden vom Minister bis zum letzten Nachtwächter, das Bürgertum und die Masse des Volkes auch. Es sind die Auswüchse des Absolutismus, die durch diesen Gaunerstreich bloßgelegt werden.
Berliner Tageblatt,
17. Oktober 1906

den. Nach anfänglichem Ärger zeigte sich selbst der Kaiser amüsiert: »Da kann man sehen, was Disziplin heißt! Kein Volk der Erde macht uns das nach!« Die Ironie entging ihm wohl.

Das kaiserliche Wohlwollen ersparte Wilhelm Voigt nicht den Prozess. Fünf Wochen nach seiner Verhaftung, am 1. Dezember 1906, schaffte man ihn ins Kriminalgericht Berlin-Moabit. Der Andrang war enorm. Alle Welt wollte den berühmten »Hauptmann von Köpenick« persönlich in Augenschein nehmen. Der, keineswegs eingeschüchtert, folgte nun einer Verteidigungsstrategie, für die Zeitungsjournalisten gute Vorarbeit geleistet hatten. Sie beschrieben Wilhelm Voigt als Opfer einer repressiven staatlichen Ordnung, die jeden seiner Versuche, wieder ein anständiges Leben zu führen, stets boykottierte.

Tatsächlich entschied allein die Polizei darüber, ob und wie lange ein Ex-Zuchthäusler sich an einem Ort niederlassen durfte. Und nur wenige Polizisten mochten ehemalige Strafgefangene in ihrem Revier dulden. Kaum fand Wilhelm Voigt irgendwo Arbeit, wurde er schon wieder ausgewiesen. Am nächsten Ort fing das Spiel von vorne an – bis zum nächsten kriminellen Rückfall. Um diesem Kreislauf zu entfliehen, wollte er ins Ausland. Dafür brauchte er einen Reisepass, den ihm die Behörden aber verweigerten. Nur dieses Passes wegen, behauptete Voigt vor Gericht, sei er nach Köpenick marschiert. Das Geld habe man ihm geradezu aufgedrängt.

Die Richter ließen sich davon nicht beeindrucken, zumal kein Zeuge bestätigte, dass Wilhelm Voigt bei seiner Köpenickiade auch nur einmal nach dem Passamt gefragt hätte. Noch am selben Tag erging das Urteil, das angesichts des üppigen Strafregisters ziemlich milde ausfiel: »Der Angeklagte wird wegen unbefugten Tragens einer Uniform, Vergehen gegen die öffentliche Ordnung, Freiheitsberaubung, Betrugs und schwerer Urkundenfälschung zu vier Jahren Gefängnis verurteilt.«

Wilhelm Voigt musste lediglich die Hälfte der Strafe absitzen. Es sollte sein letzter Aufenthalt im Gefängnis sein. Als er es endgültig verließ, war seine Popularität ungebrochen, was er geschickt zu nutzen wusste. Zahlreiche Auftritte als »Hauptmann von Köpenick«, die ihn bis nach Amerika führten, brachten ihm endlich den ersehnten Wohlstand. 1922 starb er in Luxemburg, wo er sich ein Häuschen gekauft hatte.

WILHELM VOIGT, DER »HAUPTMANN VON KÖPENICK«

 BIOGRAPHIE

Wilhelm Voigt, am 13. Februar 1849 in Tilsit geboren, erhielt mit 14 Jahren seine erste Haftstrafe wegen Diebstahls. Als Vorbestrafter musste er die Schule verlassen und ging bei seinem Vater in die Schusterlehre. Nach dem dritten Gefängnisaufenthalt verließ der 17-Jährige seine Geburtsstadt und kam über Königsberg, Danzig und Stettin nach Berlin. Dort brachten ihn gefälschte Postanweisungen und Hochstapelei für zwölf Jahre ins Zuchthaus. 1879 entlassen, begann er in einer der neu entstandenen Schuhfabriken eine Ausbildung. Nachdem seine Vergangenheit bekannt geworden war, ging er ins Ausland. Er kam nach Budapest, Prag und Iasi, wo er fünf Jahre lang unter falschem Namen bei einem Schuhfabrikanten arbeitete, dann lebte er eine Zeit lang in Russland. Diebstahl und Urkundenfälschung trugen ihm 1889 und 1890 in Posen neue Gefängnisstrafen ein. Als er danach bei einem Überfall auf das Gerichtsgebäude von Wongrowitz gestellt wurde, verurteilte das Landgericht Gnesen ihn als mehrfach Rückfälligen zu diesmal 15 Jahren Zuchthaus. Anfang 1906 ging er wieder nach Berlin, wurde von der Stadt aber ausgewiesen. Daraufhin beging er seine berühmteste Straftat, die als »Köpenickiade« in die Geschichte einging. Er erstand eine gebrauchte Hauptmannsuniform, besetzte das Köpenicker Rathaus, verhaftete mithilfe einiger Soldaten den Bürgermeister und beschlag-

nahmte die Stadtkasse. Elf Tage später wurde Voigt gefasst. Das Urteil, vier Jahre Gefängnis, reduzierte der Kaiser später per Gnadenerlass auf 20 Monate. Wilhelm Voigt, schlagartig berühmt, verstand es, aus der Geschichte Kapital zu schlagen. Er zog durch deutsche, dann europäische Städte, trat als »Hauptmann von Köpenick« auf und signierte Postkarten, die ihn in Uniform zeigten. Schließlich reiste er sogar nach Amerika. Einnahmen erhielt er auch aus seinen Memoiren, die 1909 erschienen. Die letzten Jahre seines Lebens verbrachte er in Luxemburg. Dort starb er am 5. Januar 1922 und wurde auf dem Liebfrauenfriedhof begraben.

Nachgeschichte
Jahrelang pflegte Voigts Hauswirtin sein Grab. Als während des Zweiten Weltkrieges die Pacht ablief, fand sich ein unbekannter Spender, der sie verlängerte. 1961 ließ dann der Zirkus Sarrasani das inzwischen verwahrloste Grab neu herrichten und stiftete eine Marmorplatte mit goldener Inschrift. Bevor 1974 der Nutzungsvertrag auslief, erhielt die Stadt Luxemburg zahlreiche Spenden zur Erhaltung des Grabs und beschloss daraufhin die unbegrenzte Verlängerung des Grabrechts. Die »Köpenickiade« fand bereits in den 1920er Jahren Eingang in Lexika und Duden als Synonym für einen durch Obrigkeitsdenken ermöglichten Gaunerstreich.

Künstlerische Bearbeitung
Kaum war die Geschichte vom falschen Hauptmann bekannt geworden, beschäftigte sie zahlreiche Schriftsteller, Karikaturisten, später auch Filmemacher. Die berühmteste literarische Bearbeitung ist Carl Zuckmayers Komödie *Der Hauptmann von Köpenick. Ein deutsches Märchen*, die 1931 geschrieben, 1930 geschrieben, fiel die Entstehung des Stücks in dasselbe Jahr, in dem die Nationalsozialisten als zweitstärkste Partei in den Reichstag einzogen und »die Nation in einen neuen Uniform-Taumel versetzten« (Zuckmayer). 1933 wurde das Stück von den Nazis verboten.

 EMPFEHLUNGEN

Lesenswert: Winfried Löschburg: *Ohne Glanz und Gloria. Die Geschichte des Hauptmanns von Köpenick*, Berlin 1998.
Carl Zuckmayer: *Der Hauptmann von Köpenick*, Stuttgart 2000.

Sehenswert: *Der Hauptmann von Köpenick*. Regie: Helmut Käutner; mit Heinz Rühmann. BRD 1956.
Der Hauptmann von Köpenick. Regie: Frank Beyer; mit Harald Juhnke. Fernsehfilm 1997.

Besuchenswert: Das Rathaus Köpenick mit dem Hauptmannmuseum.
Das Grab Wilhelm Voigts auf dem Liebfrauenfriedhof in Luxemburg.

✳ AUF DEN PUNKT GEBRACHT

Wilhelm Voigt, der seine Köpenickiade geschickt eingefädelt hatte, wurde nie zur Witzfigur. Vielmehr lachte man darüber, dass in Deutschland allein die Uniform ausreichte, um jedermann strammstehen zu lassen.

Die Macht der Presse
Prozess gegen Maximilian Harden (1907)

Nicht zum ersten Mal fiel er unangenehm auf. Zwei Prozesse hatte sich Maximilian Harden bereits mit seiner Kritik am Kaiser eingehandelt, aber das schreckte ihn wenig. In der von ihm herausgegebenen Wochenzeitschrift *Die Zukunft* veröffentlichte er weiter Artikel um Artikel gegen den Zickzackkurs Wilhelms II., der Deutschland längst in die außenpolitische Isolation getrieben hatte. Das bis Anfang der 1890er Jahre geschickt geknüpfte Bündnisnetz Bismarcks war längst dahin, die englisch-französische Entente Cordiale seit der Marokko-Krise enger denn je – und kürzlich erst zur Tripel-Entente mit Russland erweitert worden. Durch Wilhelms tölpelhafte und militärisch großspurige Auftritte stand Deutschland nun zwischen allen Fronten, und Harden machte dafür vor allem einen Mann verantwortlich: Philipp Fürst zu Eulenburg, den engsten Freund und einflussreichsten Berater des Kaisers. Regelmäßig lud Eulenburg einen Zirkel musisch interessierter Mitglieder des Hochadels und des hohen Offizierkorps auf sein Schloss Liebenberg, auch der Kaiser ließ sich zuweilen bei diesen Treffen blicken. Dass ein Teil des sogenannten »Liebenberger Kreises« in angesehene politische Positionen berufen wurde, verstand sich von selbst. Seit Jahren schon schrieb Harden wütend gegen diese »Kamarilla« an; er bezichtigte Eulenburg und dessen Freunde, eine Art Nebenregierung zu bilden, die dem Deutschen Reich Schaden zufüge. Doch Hardens spitze Feder blieb wirkungslos. Bis er im April 1907 seine politischen Angriffe mit persönlichen vermischte und dadurch einen Skandal auslöste, der in einer Flut von Gerichtsverfahren mündete – und in die größte innenpolitischen Krise seit der Gründung des Deutschen Reiches 1871.

Nur Insidern erschloss sich, auf wen die ungeheuerliche Anschuldigung in

■ *Harden Triumphator / Flügeladjutant der Zukunft.* Karikatur auf Hardens Rolle als Herausgeber der Zeitschrift *Die Zukunft* im Skandalprozess gegen Eulenburg und Moltke 1906/07

diesem Artikel gemünzt war: »Prinz Heinrich von Preußen musste, weil er an ererbter Perversion des Geschlechtstriebs leidet, auf die Herrenmeisterschaft im Johanniterorden verzichten. Gilt für das Kapitel des Schwarzen Adlers mildere Satzung? Da sitzt mindestens einer, dessen Vita sexualis nicht gesunder ist als die des verbannten Prinzen.« Homoerotische Neigungen spielten im Liebenberger Kreis tatsächlich eine Rolle, dies aber öffentlich zu behaupten, wagte niemand. Auch Harden beließ es bei Andeutungen, wohl wissend, dass ihm wirkliche Beweise fehlten. Und immerhin handelte es sich hier nicht um irgendjemanden, sondern um Angehörige der Hofgesellschaft. Man beschloss, Hardens infames Geschreibsel geflissentlich zu übersehen; Debatten darüber konnten gefährlich werden, denn homosexuelle Beziehungen galten damals als unverzeihliche Abartigkeit und standen sogar unter Strafe. Doch dann geriet dieser Artikel in die Hände des Kaisers. Der bis dahin ahnungslose Wilhelm war ehrlich schockiert: Sodom und Gomorra um ihn herum – und er hatte nichts gemerkt! Anstatt die Angelegenheit im Stillen zu regeln, verlangte er nun, Fürst Eulenburg müsse entweder »gereinigt oder gesteinigt« werden. Und Gleiches gelte im übrigen auch für den Stadtkommandanten von Berlin, Kuno Graf von Moltke, der ebenfalls zum Liebenberger Kreis zählte. Er, wie auch zwei andere Offiziere, wurden gezwungen, »freiwillig« ihren Abschied zu nehmen.

Eulenburg beschritt einen ungewöhnlichen Weg: Er erstattete Selbstanzeige, in der Hoffnung, dass es so gar nicht erst zu einem Prozess käme. Die Strategie ging auf. Nach drei Monaten stellte die Staatsanwaltschaft die Untersuchungen ein, man habe Fürst Eulenburg keine »Verfehlung gegen den Paragraphen 175« nachweisen können. Die Affäre schien im Sande zu verlaufen. Mitt-

■ Philipp Fürst zu Eulenburg, Holzstich, um 1890

§ 175, Reichsstrafgesetzbuch, in der Fassung vom 15. Mai 1871: »Die widernatürliche Unzucht, welche zwischen Personen männlichen Geschlechts oder von Menschen mit Tieren begangen wird, ist mit Gefängnis zu bestrafen; auch kann auf Verlust der bürgerlichen Ehrenrechte erkannt werden.« Nach diversen Veränderungen wurde der § 175 endgültig am 10. März 1994 (!) abgeschafft.

Dass er uns betrogen, falsch geschworen – das könnte man noch verzeihen als Art verzweifelter Notwehr eines zu Tode Gehetzten. Dann aber muss er sich selbst richten, ehe er gerichtet wurde. Es wäre wenigstens ein tragischer Abschluss all dieses ekelhaften Schmutzes.
Axel Freiherr von Varnbüler, 1908 in einem Brief an Eulenburgs Anwalt; die Oberschicht war selbstverständlich der Ansicht, dass Eulenburg, seiner Ehre wegen, nach diesem Skandal Selbstmord zu begehen hatte

Maximilian Harden,
undatierte Aufnahme

lerweile aber drohte Gefahr von anderer Seite. In dem Bemühen, seine Ehre zu retten, hatte Graf Moltke Maximilian Harden zum Duell gefordert, und, als dieser sich verweigerte, ihn wegen übler Nachrede und Verleumdung verklagt. Das Gerichtsverfahren, das am 23. Oktober 1907 begann, geriet zur Schlammschlacht; eine zwischen Sensationsgier und Ekel hin- und hergerissene Presse beschrieb es als gesellschaftliches Ereignis: »Morgens Moltke-Harden-Prozess, abends Caruso.« Hardens Anwalt rief Moltkes geschiedene Gattin in den Zeugenstand. Und wie schon in ihrem Scheidungsprozess wenige Jahre zuvor wusch sie nun munter schmutzige Wäsche, deutete an, ihr Mann habe sie auf Drängen Eulenburgs verlassen, die Beziehung beider Männer ginge weit über den Rahmen üblicher Freundschaft hinaus. Moltke quittierte die offensichtliche Rachsucht seiner Ex-Ehefrau mit Schweigen, ebenso das Gutachten des Sexualwissenschaftlers Magnus Hirschfeld, der Moltke einen »anormalen, femininen Charakter« bescheinigte. Der Kläger fand sich plötzlich in der Rolle des Angeklagten wieder, und Maximilian Harden gab ihm den Rest. Sein Schlussplädoyer verwandelte er in eine fulminante politische Rede, um noch einmal Front gegen Eulenburg und Moltke zu machen. Das Urteil war eine Sensation: Freispruch für Harden! Sein Artikel sei zwar beleidigend gewesen, befanden die Richter, aber er habe auch den Beweis angetreten, dass die Vorwürfe berechtigt gewesen seien.

Während Harden sich von seinen Anhängern als »Retter des Vaterlandes«, als mutigen Kämpfer gegen die verhasste Adelsclique feiern ließ, löste das Urteil bei der Oberschicht tiefes Entsetzen aus. Höchste aristokratische und militärische Kreise sahen sich nun mit dem Image behaftet, moralisch verkommen und verweichlicht zu sein, zumal im Prozess homosexuelle Orgien in einigen Garderegimentern zur Sprache gekommen waren. Kaiser Wilhelm II., der die Justiz seines Landes wüst beschimpfte, ordnete flugs einen zweiten Prozess an, um das Ansehen der Herr-

> Wohl selten hat die Rechtspflege eines modernen Staates einen Prozess geführt, der in der gleichen Weise die öffentliche Sittlichkeit verpestet, das Vertrauen der unteren Klassen zu den höheren, ja zum Throne erschüttert und das eigene Land vor dem Auslande rücksichtsloser an den Pranger gestellt hat, wie dieser Moltke-Harden-Prozess.
> Die *Tägliche Rundschau* über den ersten Moltke-Harden-Prozess

schenden wieder herzustellen. Doch bevor es dazu kam, schlug die Stunde der Trittbrettfahrer. Nun wurde auch Reichskanzler von Bülow in einem Pamphlet der Homosexualität beschuldigt. Berlin hatte einen neuen Skandal. Allerdings stellte sich schnell heraus, dass der Verfasser des Artikels, ein gewisser Adolf Brand, den Reichskanzler nicht moralisch verurteilen wollte, ja noch nicht einmal glaubte, dass an seinen Vorwürfen etwas dran sein könnte. Ihm ging es um die Abschaffung des Paragraphen 175, der homosexuelle Beziehungen unter Strafe stellte. Doch angesichts der allgemeinen Stimmungslage bestand von Bülow auf einem Prozess, und der als Zeuge geladene Eulenburg nutzte die Chance, sich in den Augen der Adelsklasse zu rehabilitieren. Unter Eid erklärte er, niemals strafbare Handlungen im Sinne des Paragraphen 175 begangen zu haben. Eulenburg und von Bülow verließen erhobenen Hauptes den Gerichtssaal, Adolf Brand musste für achtzehn Monate ins Gefängnis.

Gut einen Monat später, im Dezember 1907, begann die Neuaufnahme des Moltke-Harden-Verfahrens. Nach der heftigen Justizschelte des Kaisers sollte diesmal nichts schiefgehen. Der Richter war ein der Obrigkeit ergebener Mann, der Prozess verlief und endete dementsprechend: Man verurteilte Maximilian Harden zu vier Monaten Haft, auch die Kosten beider Prozesse hatte er zu zahlen.

Aber so leicht gab Harden nicht auf. Er beauftragte nun einen Detektiv, in der Vergangenheit Eulenburgs herumzuschnüffeln. Als dieser tatsächlich fündig wurde, streckte Harden seine Fühler nach München aus, um der Berliner Justiz ein Schnippchen zu schlagen und sich ihrem Wirkungskreis zu entziehen. Der Coup gelang. Wie verabredet, veröffentlichte ein befreundeter Münchener Journalist ehrenrührige Vorwürfe gegen den Berliner Kollegen: Harden sei sehr wohl in der Lage Eulenburgs Homosexualität zu beweisen, habe aber von diesem »eine Million Mark erhalten, damit er schweige und nichts aufdecke«. Selbstverständlich zog Harden gegen diese »Verleumdungen« vor Gericht – und schuf sich damit erneut eine Bühne,

> »Harden hat die Kamarilla zur Strecke gebracht, damit die andere Kamarilla sich zur Tafel setzt. Und das ist gut für ihn, denn womit wollte er sonst sein Publikum füttern?«
>
> SPD-Zeitung *Vorwärts* nach dem ersten Moltke-Harden-Prozess

■ Ein in der englischen Zeitung *Daily Telegraph* am 28. Oktober 1908 veröffentlichtes Interview mit Wilhelm II. über die Ziele deutscher Außenpolitik erregte im In- und Ausland Kritik. Harden forderte die Abdankung des Kaisers und die verfassungsrechtliche Einschränkung der monarchischen Kompetenz.

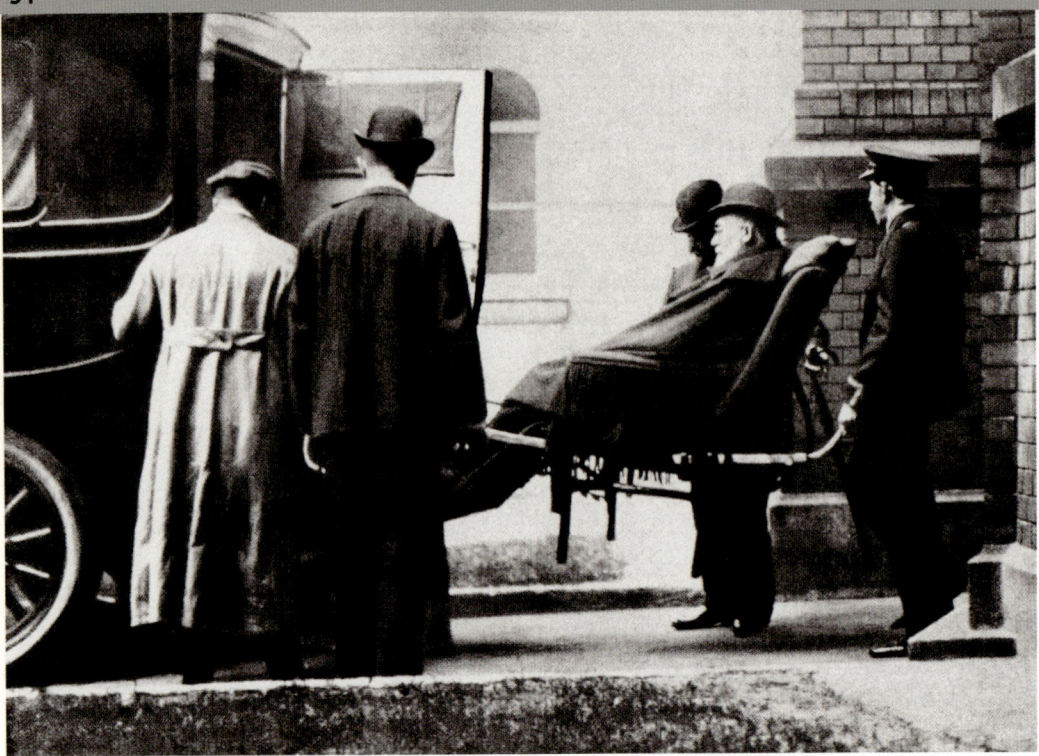

■ Nach dem Meineidsprozess Maximilian Hardens gegen Eulenburg wird der Fürst vom Schwurgerichtssaal in die Charité transportiert. Sein politischer Einfluss war nach den Aufsehen erregenden Prozessen gebrochen.

diesmal in München. Ob Harden wirklich Geld für sein Schweigen genommen hatte, interessierte bald keinen mehr, denn er bestand darauf, seine »angegriffene Ehre« zu verteidigen, indem er Eulenburg des Meineids überführte. Er präsentierte jetzt zwei einfache Burschen aus dem Volk, einen Fischer und einen Milchhändler, die völlig überrumpelt und verschämt drucksend vom gemeinsamen Onanieren mit Fürst Eulenburg berichteten. Harden triumphierte: Eulenburg war politisch und gesellschaftlich erledigt, die »Kamarilla« besiegt. Doch an der bornierten Politik des Kaisers änderte sich nichts. Sie führte Deutschland wenige Jahre später in den Ersten Weltkrieg.

> Moabit zeigt, dass wir Oberen und Monarchen heute vogelfrei sind und in der Justiz nicht den leisesten Schutz haben! Die preußische Justiz ist stolz, unabhängig zu sein! Das ist sie! Aber nur gegen die Krone und die Regierung und ihre Beamten; vor dem Plebs und dem Mob macht sie Cotau! ... Wir werden in Zukunft zum Degen und zur Kugel greifen! Die Justiz möge es sich selbst zuschreiben, wenn die Zustände »mittelalterlich« werden!
>
> Wilhelm II. nach dem ersten Moltke-Harden-Prozess

MAXIMILIAN HARDEN

 BIOGRAPHIE

Felix Ernst Witkowski, der sich später Maximilian Harden nannte, wurde am 20. Oktober 1861 in Berlin geboren. Er war das sechste von neun Kindern eines jüdischen Seidenhändlers. Eine Zeitlang besuchte er das Französische Gymnasium, musste es aber mit vierzehn Jahren auf Anordnung des Vaters verlassen, um eine kaufmännische Lehre zu beginnen. Er floh daraufhin und ging mit einer Theatergruppe auf Wanderschaft. Nach dem Tod seines Vaters konvertierte Harden zum Protestantismus. Mehrfach trat er mit dem Ensemble der bekannten Schauspielerin Franziska Ellmenreich auf. Nebenher verfasste er erste Theaterkritiken und Essays, bevor er 1888 seine Schauspielkarriere ganz aufgab, um als Journalist für verschiedene Zeitungen im In- und Ausland tätig zu sein. Ab 1889 schrieb er unter dem Pseudonym Apostata für die liberale Zeitschrift *Die Gegenwart* und trat zunehmend durch politische Aufsätze hervor. 1889 war er Mitbegründer des Berliner Theatervereins »Freie Bühne«. Als Herausgeber und Redakteur der 1892 von ihm gegründeten politischen Wochenzeitschrift *Die Zukunft* verfasste er in den folgenden Jahren zahlreiche politische und literarische Essays und wurde zu einem der bedeutendsten Journalisten des deutschen Kaiserreichs. Zunächst ein konservativer Monarchist, entwickelte sich Harden zum schärfsten Kritiker Kaiser Wilhelms II. und seiner

Berater. Mit einer Artikelserie, in der er den engsten Vertrauten des Kaisers, Philipp Fürst zu Eulenburg, stellvertretend für die Politik Wilhelm II. angriff und ihn außerdem der Homosexualität bezichtigte, löste er 1906 schließlich einen Skandal aus. Es folgten drei Aufsehen erregende Prozesse, Eulenburg wurde zuletzt des Meineids überführt. Das Ansehen der Monarchie war schwer erschüttert. Nach 1918 trat Harden als heftiger Kritiker der Weimarer Republik hervor. 1919 heiratete er in zweiter Ehe seine langjährige Lebensgefährtin Selma Aaron, die Mutter seiner 1899 geborenen Tochter. Am 3. Juli 1922, zehn Tage nach der Ermordung des deutschen Außenministers Walther Rathenau, seines langjährigen Freundes, wurde auch Harden Opfer eines antisemitisch motivierten Attentats. Er überlebte es schwer verletzt und musste nach fast dreißig Jahren seine Zeitschrift aufgeben. Die folgende Zeit verbrachte er großenteils in Kliniken und Sanatorien. Am 30. Oktober 1927 starb er in Montana-Vermala in der Schweiz.

Nachgeschichte

Kurz nach seiner Verhaftung wegen Meineids am 8. Mai 1908 wurde Philipp Fürst zu Eulenburg gegen eine hohe Kaution wieder freigelassen. Wegen seines angegriffenen Gesundheitszustands kam es nie zu einem Urteil. Der Prozess gegen Eulenburg wurde nach

dem Ende des Ersten Weltkrieges endgültig eingestellt, weil die Straftat zehn Jahre nach dem Skandal verjährt war. Eulenburg hatte sich inzwischen auf sein Schloss Liebenberg bei Templin zurückgezogen, das er auch nicht mehr verließ. Er starb am 17. September 1921. Anfang der 1920er Jahre hatte Harden in einem privaten Gespräch bedauert, dass er die Eulenburg-Affäre in Gang gebracht hatte. Angeblich habe er zu spät erkannt, dass Eulenburg eigentlich einen mäßigenden Einfluss auf Wilhelm ausübte.

 EMPFEHLUNGEN

Lesenswert:
Frank Wedekind, Thomas Mann, Heinrich Mann. *Briefwechsel mit Maximilian Harden.* Herausgegeben von Ariane Martin, Darmstadt 1996.

Martin Sabrow: *Die verdrängte Verschwörung. Der Rathenau-Mord und die deutsche Gegenrevolution,* Frankfurt am Main 1999.

Sehenswert:
Paragraph 175. Regie: Rob Epstein und Jeffrey Friedman; mit Gad Beck, Heinz Dörmer, Pierre Seel, Albrecht Becker. USA 1999.

 AUF DEN PUNKT GEBRACHT

Politische Leidenschaften und die Kriminalisierung der Homosexualität führten zu dem wohl bizarrsten Skandal des Wilhelminischen Zeitalters. Das Ansehen von Thron, Regierung und Oberschicht war dahin – aber genutzt haben die zahlreichen Prozesse niemandem.

Anarchie in Amerika
Prozess gegen Sacco und Vanzetti (1921)

»Sind Sie zu einem Ergebnis gekommen, ob die Kugel Nummer 3 von dem Colt Automatik abgefeuert wurde, der hier als Beweismittel vorliegt?« »Ja, bin ich.« »Und was ist Ihre Meinung?« »Meiner Meinung nach entspricht die Kugel derjenigen, die von dieser Pistole abgefeuert wurde.« Damit stand für die Jury fest, dass zumindest Nicola Sacco eindeutig schuldig war. Die tödliche Kugel stammte also doch aus seiner Waffe! An der Aussage des Ballistikexperten William Proctor gab es nichts zu deuteln. Oder?

Lange nachdem die Geschworenen ihr Urteil gefällt hatten, rückte Proctor mit der Wahrheit heraus. Die Kugel sei zweifellos von einem Colt Automatik abgefeuert worden, ob aber tatsächlich von dieser speziellen Waffe, das hätte er nicht beschwören können. Deshalb habe er – in Absprache mit Staatsanwalt Katzmann – gesagt, sie *entspreche* Saccos Waffe. Die Befragung war ein abgekartetes Spiel gewesen, die Täuschung beabsichtigt. Der Prozess geriet zur Farce. Keine Chance für Sacco und Vanzetti.

Der Justizskandal begann mit einem Raubmord in South Braintree, einem beschaulichen Vorort von Boston, Massachusetts. Es war der Nachmittag des 15. April 1920. Wie jede Woche um diese Zeit machten sich Zahlmeister Parmenter und Wachmann Berardelli auf den Weg zur Schuhfabrik Slater & Morrill. Dorthin sollten sie die auf fünfhundert Umschläge verteilten Lohngelder für die Arbeiter bringen, insgesamt mehr als fünfzehntausend Dollar. Plötzlich fielen Schüsse. Beide wurden getroffen. Die Täter packten das Geld, sprangen in ein heranfahrendes Auto und verschwanden. Alles ging rasend schnell.

Erst wenige Monate vorher hatte sich nur einige Meilen entfernt in Bridgewater ein ähnlicher Überfall ereignet. Die Polizei ermittelte fieberhaft. Das Auto, ein Buick, wurde zwei Tage später einige Meilen südlich in einem Wald gefunden. Diese Spur führte mitten in die italie-

■ Nicola Sacco (l.) und Bartolomeo Vanzetti (r.) in zeitgenössischen Aufnahmen

nische Immigrantenszene – und zur Verhaftung von Sacco und Vanzetti.

Nicola Sacco und Bartolomeo Vanzetti, Schuster der eine, Fischhändler der andere, stammten aus Italien. 1908 waren sie in die USA eingereist, im Zuge der größten Einwanderungswelle, die das Land je erlebt hatte. Schon bald fanden sie Kontakt zu Anarchistenkreisen, organisierten Streiks und setzten sich in Zeitungsartikeln für eine Gesellschaft ohne Unterdrückung und Ausbeutung, ohne staatliche Institutionen wie Justiz und Militär ein. So war es nur konsequent, dass sie 1917, als die Vereinigten Staaten in den Ersten Weltkrieg eintraten, nach Mexiko flohen, um der Einberufung zu entgehen. Nicht alle ihre Genossen teilten diese pazifistische Einstellung. Es kam zu einer Reihe von Bombenattentaten. Die Regierung schlug zurück. Tausende politisch radikal

■ Das Todesurteil gegen Sacco und Vanzetti löste weltweit Empörung aus. Wie hier in New York gingen Tausende auf die Straße, um gegen das Urteil zu demonstrieren.

Jenseits des Gerichtssaals herrschte eine wütende Hysterie, eine Panik vor der »roten Gefahr«. Man ließ es zu, dass sie auch in den Saal hinein gelangte und während des Prozesses eine zentrale Rolle spielte.
Felix Frankfurter, Richter und Autor, 1927 in einem
Artikel für *Atlantic Monthly*

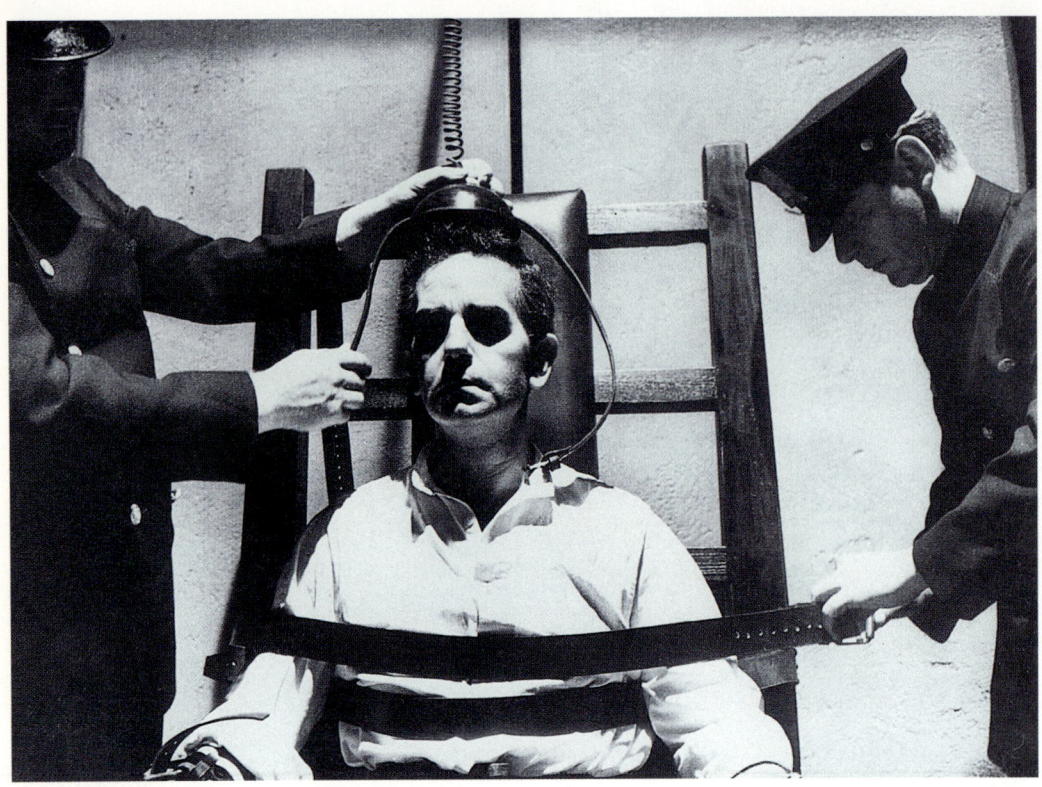

■ Hinrichtungsszene mit Riccardo Cucciolla als Nicola Sacco in dem Film *Sacco und Vanzetti* von Guiliano Montaldo aus dem Jahr 1970

Gesinnte wurden verfolgt, Hunderte von ihnen ausgewiesen – sehr zum Gefallen der meisten Amerikaner. Längst nämlich hatte sich die Angst vor der »roten Gefahr« breitgemacht. Das Ausmaß der Hysterie überstieg selbst jenes der McCarthy-Ära in den 1950er Jahren.

In diese Atmosphäre fiel die Verhaftung von Sacco und Vanzetti.

Niemals in unserem ganzen Leben hätten wir hoffen können, so viel für Toleranz, für Gerechtigkeit, für das Verständnis der Menschen untereinander zu erreichen, wie wir es jetzt durch Zufall tun. Unsere Worte, unsere Leben, unsere Schmerzen – sie bedeuten nichts. Dass sie uns das Leben nehmen – das Leben eines Schusters und eines Fischhändlers –, das bedeutet alles! Dieser letzte Moment gehört uns. Der Todeskampf ist unser Triumph!

Vanzetti gegenüber einem Reporter, kurz vor der Hinrichtung

Beide waren zutiefst verunsichert, denn natürlich befürchteten sie, von der Polizei wegen anarchistischer Aktivitäten verfolgt zu werden. Dass es um Mord ging, verstanden sie zunächst gar nicht. Sie logen, als sie nach den Waffen gefragt wurden, die sie bei sich trugen, und als man herausfand, dass Sacco am Tag des Überfalls nicht bei der Arbeit gewesen war, schien es keine Zweifel mehr zu geben. Man hatte die Übeltäter dingfest gemacht, zwei Verbrechen zügig aufgeklärt. Allerdings konnte Sacco ein unumstößliches Alibi für den Raubzug in Bridgewater beibringen. Deshalb wurde allein Vanzetti dafür verurteilt – in einer Art Schnellverfahren, knapp zwei Monate nach der Verhaftung. Und obwohl er keine Vorstrafen hatte, verdonnerte ihn Richter Thayer zu zwölf Jahren Haft. Es war das Vorspiel für den Prozess, der ein Jahr später begann, am 31. Mai 1921. Um die Morde in South Braintree ging es dabei kaum noch, zumal die Staatsanwaltschaft sich schwer tat, überzeugende Beweise vorzulegen. Die Kronzeugin der Anklage, die den Überfall nur drei Sekunden lang aus großer Entfernung beobachtet hatte, konnte Sacco angeblich eindeutig identifizieren. Was Dr. Morton Prince, einen Psychologieprofessor aus Harvard, zu der hämischen Bemerkung veranlasste: »Eine solche Wahrnehmung und Erinnerung unter derartigen Bedingungen ist unmöglich. Jeder Psychologe weiß das – und Houdini auch.«

Dafür spielte Ankläger Katzmann, tatkräftig unterstützt von Richter Thayer, gekonnt auf der patriotischen Klaviatur. Zuerst nahm er Vanzetti ins Kreuzverhör: »Sie haben Plymouth im Mai 1917 verlassen, um sich vor dem Wehrdienst zu drücken?« »Ja, Sir.« »Als dieses Land im Krieg war, sind Sie davongelaufen, um nicht als Soldat kämpfen zu müssen?« »Ja.« Ähnlich verfuhr Katzmann mit Sacco: »Haben Sie gestern gesagt, dass Sie nur ein freies Land lieben?« »Ja, Sir.« »Haben Sie dieses Land auch im Mai 1917 geliebt?« »Ich wollte nicht sagen, dass ich dieses Land nicht liebe.« »Gingen Sie nach Mexiko, weil Sie nicht Soldat sein wollten für dieses Land, das Sie lieben?« So ging es in einem fort. Sacco und Vanzetti wurden systematisch zu Vaterlandsverrätern gestempelt, die das bestehende System zerstören wollten. Und wer dazu fähig war, der hatte doch garantiert auch mehrere Morde auf dem Gewissen!

Dem konnten die Geschworenen nur zustimmen. Sie sprachen die Angeklagten schuldig. Das bedeutete Tod auf dem elektrischen Stuhl. Dieses Urteil war keine Überraschung, die Empörung dennoch groß. Mittlerweile gab es zahlreiche Unterstützungskomitees für Sacco und Vanzetti, rund um den Erdball wurde gegen diese Fehlentscheidung protestiert, selbst viele Intellektuelle solidarisierten sich mit den beiden Arbeitern.

Er hat sich so unwürdig benommen, wie ich das in 36 Jahren nicht gesehen habe. Ein Boston Globe-Reporter über Richter Webster Thayer

■ Bartolomeo Vanzetti mit Schnurrbart und Nicola Sacco mit schwarzem Hut vor der Urteilsverkündung am 14. Juli 1921

■ Der Gouverneur von Massachusetts, Michael Dukakis, unterzeichnet am 20. Juli 1977 in Boston die Erklärung, mit der Sacco und Vanzetti teilweise rehabilitiert werden. Im Hintergrund der weinende Enkel Spencer Sacco und der italienische Generalkonsul in Boston, Franco di Bruno

Richter und Staatsanwälte waren voreingenommen gegen Ausländer und Dissidenten. Im Prozess herrschte eine Atmosphäre politischer Hysterie.
Michael Dukakis,
Gouverneur von
Massachusetts, Juli 1977

Noch machten sich Sacco und Vanzetti zwar Hoffnungen auf eine Wiederaufnahme des Verfahrens, schließlich stellte sich nach und nach heraus, wie in diesem Prozess manipuliert worden war. Richter Thayer schmetterte jedoch sämtliche Anträge ab.

Dann, 1925, die Sensation: Celestino F. Medeiros, ein ebenfalls wegen Mordes zum Tode verurteilter portugiesischer Häftling, schickte Sacco eine Notiz: »Ich gestehe, dass ich an dem Überfall auf die Schuhfabrik in South Braintree teilgenommen habe. Sacco und Vanzetti waren nicht dabei.«

Medeiros hatte viel zu verlieren. Denn auch in seinem Fall wurde gerade über eine Neuaufnahme des Verfahrens verhandelt. Trotzdem befand Richter Thayer lapidar: Die Aussage Medeiros' sei »unzuverlässig, unglaubwürdig, unwahr«. Alle weiteren Bemühungen der Anwälte, ihre Mandanten frei zu bekommen, scheiterten. Der Supreme Court, das höchste Gericht der USA, wies die Appelle von Sacco und Vanzetti zurück, und Alvan T. Fuller, der Gouverneur von Massachusetts, lehnte eine Begnadigung ab.

In der Nacht vom 22. auf den 23. August 1927 starben Sacco und Vanzetti auf dem elektrischen Stuhl. Kurz vor ihrer Hinrichtung hatte Vanzetti an Fuller geschrieben: »Wir können nur einmal sterben, der Todesschmerz wird nur einen Moment dauern. Aber die Ungerechtigkeit kann nicht ausgelöscht werden. Sie wird man nicht vergessen. Ein Justizirrtum ist eine Tragödie. Voreingenommene Justiz ist eine Schande.«

Erst fünfzig Jahre später wurden Sacco und Vanzetti rehabilitiert. Der damalige Gouverneur von Massachusetts, Michael Dukakis, begnadigte die beiden Anarchisten, sprach von einem Justizskandal und erklärte den 23. August zum Sacco- und Vanzetti-Tag. 1961 hatten allerdings neue ballistische Untersuchungen ergeben, dass die Kugel Nummer 3, durch die Wachmann Berardelli getötet worden war, möglicherweise doch aus Saccos Waffe stammte.

NICOLA SACCO UND BARTOLOMEO VANZETTI

BIOGRAPHIE

Als Nicola Sacco (geboren am 22. April 1891) aus Torremaggiore in Apulien und Bartolomeo Vanzetti (geboren am 11. Juni 1988) aus dem norditalienischen Dorf Villafalletto im Alter von 16 und 20 Jahren in die USA kamen, wurden sie mit der ganzen Härte des Einwandererdaseins konfrontiert. Vanzetti, gelernter Konditor, schlug sich in Manhattan zunächst als Küchenhilfe in Restaurants durch, dann versuchte er sein Glück im Landesinneren. Er arbeitete in einer Ziegelei, in Steinbrüchen, beim Eisenbahnbau, als Ladearbeiter, fand eine Stelle als Pastetenbäcker in New York, dann war er wieder monatelang arbeitslos. In Plymouth in Massachusetts machte er die Bekanntschaft mit wichtigen Vorkämpfern des italienischen Anarchismus und schloss sich ihnen an. Sacco arbeitete nach seiner Ankunft in den USA in Milford als Wasserschlepper bei einem Straßenbautrupp und ein Jahr in einer Eisengießerei, bis er eine Stelle in der Milforder Schuhfabrik bekam. 1912 heiratete er die Italienerin Rosina Zambelli, mit der er zwei Kinder hatte. Ab 1913 war er aktives Mitglied der italienischen anarchistischen Bewegung. 1917 lernten sich Sacco und Vanzetti kennen, kurz bevor sie nach Mexiko flohen, um zwei Monate nach dem Eintritt der USA in den Ersten Weltkrieg der Einberufung zum Militärdienst zu entgehen. Noch im selben Jahr kehrten sie nach Massachusetts zurück. Sacco lebte bis zu seiner Verhaftung 1920 in South Stoughton und arbeitete in einer kleinen Schuhfabrik. Vanzetti, der nach seiner Rückkehr aus Mexiko ein Jahr lang umhergezogen war, ließ sich schließlich wieder in Plymouth als Fischhändler nieder. 1921 wurden Sacco und Vanzetti in Boston trotz fragwürdiger Beweise und massiver weltweiter Proteste des Raubmordes für schuldig befunden und am 23. August 1927 hingerichtet.

Nachgeschichte

Als einige Tage nach der Hinrichtung die Leichname von Sacco und Vanzetti auf den Bostoner Friedhof Forest Hills überführt wurden, folgten Tausende den Leichenwagen. In der Folgezeit kam es in vielen Städten Amerikas und Europas zu Streiks und Demonstrationen, teilweise zu heftigen Straßenschlachten. 1959 lehnte ein Ausschuss des Parlaments von Massachusetts einen Antrag auf Rehabilitierung Saccos und Vanzettis ab. Erst 1977 wurden sie durch den Gouverneur Michael Dukakis rehabilitiert.

Künstlerische Bearbeitung

Der Prozess, der wie kein anderer in der Geschichte Amerikas emotionale Erregung hervorgerufen hatte, schlug sich in zahlreichen Biographien, Memoiren und Tagebüchern nieder, etwa bei den Schriftstellerinnen Dorothy Parker und Katherine Anne Porter, der Lyrikerin Edna St. Vincent Millay, dem Journalisten Henry Louis Mencken und dem Arzt und Schriftsteller Oliver Wendell Holmes, um nur einige zu nennen. Darüber hinaus wurde der Fall vielfach in Romanen, Erzählungen, Gedichten und Theaterstücken bearbeitet. Bereits im Jahr nach der Hinrichtung erschienen Upton Sinclairs Roman *Boston* und Erich Mühsams Drama *Staatsräson*. Auch H.G. Wells, John Dos Passos und James T. Farrell hat der Fall Sacco und Vanzetti zu Romanen inspiriert. Von zwei Theaterstücken gibt es Filmversionen: *Das Tier im Manne (The Male Animal)* von James Thurber und Elliott Nugent (1941, Regie: Nugent) und *Dezembertag (Winterset)* von Maxwell Anderson (1936, Regie: Alfred Santell). Der bekannteste Film ist *Sacco und Vanzetti* von Giuliano Montaldo aus dem Jahr 1971.

EMPFEHLUNGEN

Lesenswert:
Helmut Ortner: *Fremde Feinde. Der Fall Sacco & Vanzetti*, Göttingen 1996.

Marion Denman Frankfurter (Hg.): *The Letters of Sacco & Vanzetti*, Penguin Books, 1997.

Hörenswert:
Sacco und Vanzetti. Oper von Anton Cappola, uraufgeführt 2001 in Tampa, Florida.

Sehenswert:
Sacco und Vanzetti (Sacco e Vanzetti). Regie: Giuliano Montaldo; mit Riccardo Cucciolla, Gian M. Volonté; Musik von Ennio Morricone. 1971.

AUF DEN PUNKT GEBRACHT

Selbst wenn Sacco tatsächlich schuldig war – mit Rechtsstaatlichkeit hatte dieser Prozess nichts tun. Er ist auch heute noch ein Appell für die Abschaffung der Todesstrafe.

Der Blaubart von Gambais
Prozess gegen Henri Landru (1921)

»Oh, das muss ein furchtbarer Irrtum sein.«
Landru bei seiner Festnahme als man ihm vorwarf, ein Mörder zu sein

Besonders schön war er nicht gerade. Aber charmant. Und aufmerksam. Stets brachte er den Damen Blumen oder Konfekt mit – ein Galan, wie er im Buche stand. Jede Frau konnte sich glücklich schätzen, einen solchen Verehrer zu haben. Umso mehr, als Männer Mangelware waren, denn Frankreich befand sich im Krieg. Wie aber entdeckte man ein solches Prachtexemplar? Nun, per Annonce: »Witwer mit zwei Kindern, 43 Jahre alt, gutes Einkommen, liebevoll, ernsthaft, der sich in guter Gesellschaft bewegt, wünscht Witwe kennen zu lernen mit Aussicht auf spätere Heirat.«

Über zweihundertachtzig Frauen antworteten im Laufe der Jahre auf diese oder eine ähnliche Anzeige. Sie trafen auf einen höflichen Herrn, der sich bevorzugt als Beamter ausgab und als Monsieur Diard vorstellte – oder Petit, Frémyet, Dupont, Guillet, Barzeux, Tartempion. In Wahrheit hieß er Henri Désiré Landru. Dass er seine Bekanntschaften und deren Vermögensverhältnisse sorgsam in einem Heft notierte, sollte den Fahndern später sehr hilfreich sein. Zehn Frauen, mit denen der Heiratsschwindler angebandelt hatte, verschwanden nämlich spurlos; eine mitsamt Kind. Ihr Hab und Gut blieb bei Landru, der es zu Geld machte.

Das ging mehrere Jahre so. Niemandem fiel etwas auf, obwohl Landru ein rasantes Tempo an den Tag legte. Innerhalb weniger Wochen überredete er seine jeweilige Geliebte, ihr bisheriges Leben aufzugeben, die Möbel zu verkaufen und in die von ihm gemietete Villa in Gambais, einem Dorf südlich von Paris, zu ziehen. Und während er noch die eine umgarnte, verabredete er sich bereits mit der nächsten; zuweilen absolvierte er sechs oder sieben Rendezvous an einem einzigen Tag …

Es dauerte lange, bis die Polizei den Verdacht hegte, dass es sich bei all den vermissten Frauen möglicherweise um Mordop-

■ Erkennungsdienstliche Photos von Henri Desiré Landru aus dem Jahre 1919

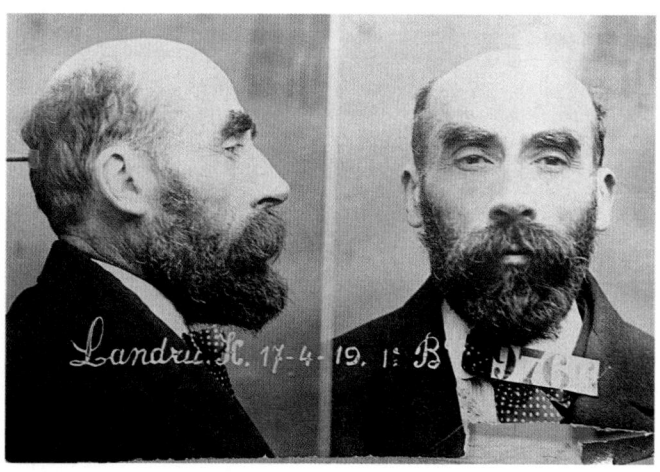

fer handelte. Wie aber sollte man einem Mann auf die Schliche kommen, der seine Namen schneller wechselte als seine Hemden? Der Zufall kam den Ermittlern schließlich zu Hilfe: Mademoiselle Lacoste, die Schwester der ersten verschollenen Frau, erkannte Landru wieder, als er ein Geschäft in Paris betrat. Sie informierte sofort die Polizei.

Der Prozess gegen Henri Landru war eine Sensation, ein gesellschaftliches Ereignis. Er begann am 7. November 1921 in Versailles. Journalisten aus ganz Europa reisten an, um über diesen »Jack the Ripper à là française« zu berichten. Wer etwas auf sich hielt, versuchte einen Platz im Gerichtssaal zu ergattern. Und alle Welt rätselte: Konnte dieser glatzköpfige unauffällige Herr mittleren Alters wirklich ein Serienmörder sein? Gut, ein Schwindler und Kleinkrimineller war er schon, das ließ sich nicht leugnen. Ein Blick ins Strafregister Landrus reichte aus: mehrere Gefängnisstrafen wegen Veruntreuung und Betrugs. Der Deportation nach Neukaledonien, einer Insel östlich von Australien, entging Landru nur, weil er rechtzeitig untertauchte. In dieses Bild fügten sich die Notizbucheintragungen Landrus nahtlos ein. Sie zeigten, dass es ihm in erster Linie um das Geld seiner Annoncenbekanntschaften ging. Hinter die Namen der Frauen setzte er verschiedene Kürzel: »F« stand für »fortune«, Vermögen; »sans F« hieß »kein Vermögen«; »SF« bedeutete »sans famille«, »alleinstehend«, und »RAF« »rien à faire« – »nichts zu machen«. Aber Mord?

Die Anklage behauptete es jedenfalls, auch wenn sie sich schwer tat, Beweise vorzulegen. Das grundlegende Problem der Staatsanwaltschaft brachte Landrus Verteidiger Moro-Gaïfferi in seinem Schlussplädoyer auf eine kurze Formel – keine Leichen, kein Mord: »Die Anklage verlangt die Todesstrafe für ein Verbrechen, das sie nach ihrem eigenen Eingeständnis nicht kennt. Das Gesetz sagt, vor Ablauf von dreißig Jahren beweist die Tatsache des Verschwindens nicht den Tod.«

Die Frauen waren wie vom Erdboden verschluckt. Seit zweieinhalb Jahren saß Landru nun im Gefängnis, und bis jetzt hatte die Polizei es nicht geschafft, handfeste Belege für ein Verbrechen zu präsentieren. Es gab Anhaltspunkte, ja, zum Beispiel die Zug-

■ Die Zeichnung zeigt Henri Landru (2. v. l.) während des Prozesses im Jahr 1921 in Versailles.

Er hat es verstanden, Aufmerksamkeit zu wecken, den Blick auf sich zu lenken, zum großen Star zu werden. Das ist immer ein Indiz, wenn nicht eines wahren Talents, so doch zumindest von Qualitäten, die das Gewöhnliche überragen und ihren Preis haben. Kommentar in der Pariser Tageszeitung *Le Temps* am Tag der Prozesseröffnung

■ Plakat zu dem Film *Der Heiratsschwindler von Paris*, USA 1947. Der Regisseur Charlie Chaplin spielte auch die Rolle des Henri Landru.

tickets für die Fahrt nach Gambais: Für sich kaufte Landru stets eine Hin- und Rückfahrkarte, für seine Begleitung nur ein einfaches Billet. Sparsamkeit macht verdächtig, befand die Staatsanwaltschaft. Wie aber sollte Landru die Frauen beseitigt haben? Der Garten der Villa wurde umgegraben. Nichts – nur drei Hundeleichen. Die Tiere waren offenbar erdrosselt worden. Es stellte sich heraus, dass sie einer der verschwundenen Frauen gehörten. Na also! Eine erste Spur! Und dann entdeckten die Ermittler den Ofen. Könnte das die Lösung sein? Maître Moro-Gaifferi meldete jedoch sofort Zweifel an. Der Ofen sei viel zu klein, um Leichen, selbst zerstückelte, darin zu verbrennen. Doch die Experten, die sich mühsam durch die verkohlten Überbleibsel wühlten, stießen tatsächlich auf mehrere Hundert Knochenfragmente – von Tieren und Menschen. Allerdings war es kaum noch möglich, Alter, Größe oder Geschlecht der Personen festzustellen. Die Gutachter kamen zu dem Schluss, dass es sich um mindestens drei Menschen handeln müsse, wahrscheinlich um Frauen, denn die Zähne, die man gefunden habe, seien zu klein für einen Mann.

Landru schwieg sich zu all dem aus. Er stritt nicht ab, die Frauen gekannt zu haben, beteuerte aber seine Unschuld. Ihm vorzuwerfen, er habe einige seiner Geliebten ermordet, sei absurd! Und wie erkläre er sich ihr Verschwinden? Wahrscheinlich seien sie ins Ausland gegangen …

Henri Landru blieb auch vor Gericht ganz der Gentleman: ruhig, dezent, rücksichtsvoll. Nein, die Geheimnisse, die ihm die Damen anvertraut hätten, würde er hier nicht ausplaudern: »Ihr Privatleben und das meine gehen die Öffentlichkeit nichts an.« »Selbst wenn Ihr Kopf auf dem Spiel steht?«, erkundigte sich der Staatsanwalt. »Ja.« Die Geschworenen waren beeindruckt. Nach über zweistündiger Beratung sprachen sie Landru zwar schuldig, unterzeichneten aber gleichzeitig ein Gnadengesuch für den Verurteilten. Landru lehnte es ab, seine Unterschrift darunter zu setzen: »Ich will weder Mitleid noch Gnade.«

Am 25. Februar 1922, um sechs Uhr morgens, wurde Henri Landru mit der Guillotine hingerichtet. Ein Glas Rum und eine letzte Zigarette hatte er zurückgewiesen. Das sei nicht gut für die Gesundheit.

»Das Gericht hat sich getäuscht. Ich habe keinen Menschen getötet.«   Landru nach der Urteilsverkündung

HENRI LANDRU

BIOGRAPHIE

Henri Landru, am 12. April 1869 als Sohn eines Hüttenarbeiters in Paris geboren, galt als ein kluger, aufgeweckter Junge. Er besuchte eine Klosterschule und war zeitweilig Messdiener und Subdiakon. Mit 16 Jahren begann er eine Ausbildung zum Ingenieur, später ging er zum Militär, das er vier Jahre später mit dem Rang eines Sergeants verließ. 1893 heiratete er seine Cousine, die bereits ein Kind von ihm hatte. Sie bekamen noch drei weitere Kinder. 1894 wurde Landru Angestellter in einer Firma, dessen Chef ihn und die anderen Angestellten um ihr Geld betrog. Dieses Ereignis hinterließ einen starken Eindruck bei ihm. Während Landru anschließend seinen Lebensunterhalt unter anderem als Möbelhändler und Garagenbesitzer verdiente, begann er seinerseits eine Karriere als Betrüger. 1900 wurde er erstmals wegen Betrugs zu zwei Jahren Haft verurteilt. Nicht lange nach seiner Entlassung wurde er erneut festgenommen. Sieben Gefängnisstrafen saß er ab, bis er 1914, diesmal zu vierjähriger Haft verurteilt, untertauchte. Er zog in ein Landhaus bei Paris. Dort verhaftete ihn die Polizei 1919. Zweieinhalb Jahre dauerten die Ermittlungen. Zehn Frauen und ein Junge waren spurlos verschwunden, nachdem sie Landru begegnet waren. Der Prozess – er dauerte drei Wochen – fand im November 1921 vor dem Versailler Schwurgericht statt.

Landru war inzwischen berühmt. Der Prozess kam einem gesellschaftlichen Ereignis gleich, jeder wollte dabei sein: Eintrittskarten wurden zu Schwarzmarktpreisen gehandelt. Am 25. Februar 1922 wurde Landru, der bis zuletzt alles abstritt, wegen Mordes in Versailles hingerichtet. Die Akten zum Fall Landru sind verschwunden. Sie wurden im Zweiten Weltkrieg von den deutschen Besatzungstruppen verschleppt.

Künstlerische Bearbeitung

Auf dem Fall Landru beruht Charlie Chaplins Film *Monsieur Verdoux*, der 1947 in New York Premiere hatte. In seiner »Komödie des Mordes«, in der er selbst die Rolle des Heiratsschwindlers übernahm, prangert Chaplin die gesellschaftliche Doppelmoral an, lässt er doch Verdoux vor Gericht fragen, was schon ein »kläglicher Dilettant« angesichts der Massenmörder im Krieg sei. Auch Claude Chabrol setzte in seiner mit Françoise Sagan gemeinsam konzipierten Komödie *Der Frauenmörder von Paris* (1962) den Fall durch die Einblendung von Weltkriegsszenen in Relation zum staatlich legitimierten Völkermord. Der berühmte Schweizer Clown Grock berichtete in seiner Biographie (1956), er sei Landru 1926 bei einem Festbankett in Buenos Aires begegnet. Der Polizeichef von Buenos Aires habe ihm erzählt, Landru lebe in Argentinien und beziehe

eine Pension vom französischen Staat, mit der Auflage, nie wieder zurückzukehren. Die Morde seien nur erfunden worden, um von innenpolitischen Problemen der französischen Regierung abzulenken. Auf dieser Verschwörungstheorie basiert Jürgen Alberts' (geb. 1946) halbdokumentarischer Kriminalroman *Landru* (1987), der mit dem Glauser-Autorenpreis für den besten deutschsprachigen Kriminalroman 1988 ausgezeichnet wurde. Alberts entwickelt die These, dass Landru für den französischen Geheimdienst gearbeitet habe und deswegen nicht fallengelassen werden konnte. Kurz vor der Hinrichtung habe man ihn einfach ausgetauscht. Man habe den Fall angeblich deshalb inszeniert, um von den schleppenden Reparationsverhandlungen nach dem Ersten Weltkrieg abzulenken.

EMPFEHLUNGEN

Lesenswert:
Jürgen Alberts: *Landru. Ein Mordfall aus Paris*, Göttingen 1998.

Sehenswert:
Monsieur Verdoux (Der Heiratsschwindler von Paris). Regie: Charlie Chaplin. USA 1947.

Landru (Der Frauenmörder von Paris). Regie: Claude Chabrol. Drehbuch: Françoise Sagan; mit Charles Denner, I/F 1962.

AUF DEN PUNKT GEBRACHT

Ein Heiratsschwindler ohne Moral und ein Mordprozess ohne Leichen – die Presse war begeistert. Die Geschworenen hingegen hatten nur Indizien und deshalb Gewissensbisse. Henri Landru galt selbst dem Untersuchungsrichter als »lebendes Rätsel«.

Der Mensch stammt vom Affen ab – oder?
Prozess gegen John T. Scopes (1925)

Prominenter hätte man die Rollen kaum besetzen können: Ein ehemaliger Außenminister vertrat die Anklage, gleich drei Staranwälte übernahmen die Verteidigung. Der berühmteste von ihnen, Clarence Darrow aus Chicago, redete sich gerade in Rage: »Bigotterie und Ignoranz ruhen niemals. Wir stehen heute einem so unverschämten und frechen Versuch gegenüber, die Wissenschaft zu zerstören, wie er allenfalls im Mittelalter unternommen wurde. Der einzige Unterschied besteht darin, dass man den Schuldigen nicht mehr auf dem Scheiterhaufen verbrennen will.« Das Publikum blieb kühl. Man wusste, welche Seite hier für den rechten Glauben stritt – die Verteidigung mit Sicherheit nicht. Neunhundert Menschen standen dicht an dicht in dem Daytoner Gerichtssaal, in dem normalerweise nur siebenhundert Menschen Platz fanden. Die Weltpresse war angerückt in dieses verschlafene Südstaatennest in Tennessee mit seinen knapp achtzehnhundert Einwohnern und neun Kirchen.

Darrow hat diesen Fall verloren. Er war schon verloren, bevor er nach Dayton kam. Das Land sollte wissen, dass die Neandertaler sich in diesem verlassenen, rückständigen Ort zusammenrotten, geleitet von Fanatismus, bar jeder Vernunft und jeglichen Gewissens. Tennessee, das sie zu spät herausgefordert hat, erlebt nun, wie seine Gerichtssäle in ein Lagertreffen verwandelt und seine Verfassungsrechte zum Gespött gemacht werden. Andere Staaten sollten ihre Waffenlager überprüfen, bevor der Hunne vor den Toren steht!
Henry Louis Mencken, damals Amerikas bekanntester Journalist, über den »Affenprozess«

■ Professor John Thomas Scopes, 1950

Dayton erlebte in jeder Hinsicht die zwei heißesten Juliwochen seiner Geschichte. Das Thermometer zeigte siebenunddreißig Grad im Schatten, selbst die ehrenwerten Vertreter der Justiz gestatteten sich ein gewisses Laissez-faire, legten ihre Roben ab und saßen nun im Hemd da. Schließlich erforderte die Verhandlung volle Konzentration. Rund vierzig Jahre nach Charles Darwins Tod ging es um gewichtige, grundsätzliche Fragen: Hatte Gott, wie es die Bibel nahe legte, alle Lebewesen innerhalb weniger Tage geschaffen? Oder stammten einander ähnliche Organismen – zum Beispiel Säugetiere – von gemeinsamen Vorfahren ab und hatten sich dann, durch natürliche Auslese, durch Anpassung an die jeweiligen Um-

weltbedingungen, unterschiedlich entwickelt? War also, wie es die Evolutionstheorie behauptete, der Mensch mit dem Affen verwandt?

Für Tennessee gab es keine Zweifel. Immerhin konnte man sich auf ein kürzlich verabschiedetes Gesetz berufen, wonach es an öffentlichen Schulen und Universitäten verboten war, »Theorien zu unterrichten, die die Geschichte der göttlichen Schöpfung, wie sie die Bibel lehrt, leugnen und stattdessen zu behaupten, dass der Mensch von niederen Tierarten abstammt«. Damit stand Tennessee nicht allein. In mehr als zwanzig weiteren Bundesstaaten der USA diskutierte man bereits über vergleichbare Regelungen. Während die großen Kirchen in Europa sich inzwischen mit Darwins Erkenntnissen anfreundeten oder sie zumindest hinnahmen, blieb das christliche Amerika dem fundamentalistischen Verständnis der Bibel treu. Es galt das geschriebene Wort. Woran sonst sollte man sich halten in diesen wilden 1920er Jahren, in denen die

■ William J. Bryan, im weißen kurzärmeligen Hemd vor dem Mikrophon, während einer Radiosendung zum Affenprozess

Darrow: » ›Auf deinem Bauche sollst du kriechen‹, sagte Gott zur Schlange, nachdem sie Eva versucht hatte. Glauben Sie das?«
Bryan: »Das glaube ich.«
Darrow: »Haben Sie eine Vorstellung davon, wie sich die Schlange vor dieser Zeit bewegte?«
Bryan: »Nein, Sir.«
Darrow: »Wissen Sie, ob sie auf dem Schwanz ging, oder nicht?«
Bryan: »Nein, Sir, ich habe keine Möglichkeit, dies in Erfahrung zu bringen.«

Auszug aus dem Kreuzverhör
Bryans durch Darrow

Der ehemalige Außenminister und überzeugte Kreationist William J. Bryan (r.) im Gespräch mit Scopes Anwalt Clarence Darrow (l.) während des Affenprozesses in Dayton 1925

alten Werte offenbar kaum noch zählten, das soziale Gefüge ins Wanken geriet, unanständige Neuerungen wie abstrakte Kunst oder Jazz immer mehr um sich griffen? Die Fundamentalistenfront begann mobil zu machen. An die Spitze der zunehmend erfolgreichen Kampagne dieser »Kreationisten« setzte sich der dreimalige Präsidentschaftskandidat und ehemalige Außenminister William J. Bryan, der seinen Zuhörern mit der Drohung einheizte, der Erste Weltkrieg sei Europas Strafe für die Darwinschen Gottlosigkeiten gewesen. Das rief endlich auch die Verteidiger der Wissenschaft auf den Plan. Sie wussten, dass eine zentrale Weichenstellung bevorstand. Welchen kulturellen Weg würde Amerika in Zukunft einschlagen? Modernisten und Traditionalisten sahen nun die Stunde gekommen, die Schlacht zu entscheiden: Showdown in Dayton.

Die »American Civil Liberties Union«, die sich für die Wahrung der Bürgerrechte einsetzte, hatte es auf diesen Prozess angelegt – und als Agent provocateur den vierundzwanzigjährigen Biologielehrer John Thomas Scopes gewonnen. Wie verabredet, erklärte Scopes in einer Unterrichtsstunde seinen Schülern die verbotene

»Wenn die Evolutionstheorie gewinnt, ist das Christentum erledigt.« William J. Bryan

Evolutionstheorie, ließ sich anzeigen und vor Gericht bringen.

Von Beginn an war klar, wem die Sympathien von Publikum, Jury und auch Richter Raulston galten. Der Saal jubelte, als Ex-Außenminister Bryan, im Dienste der Staatsanwaltschaft, sich dagegen verwahrte, als Säugetier bezeichnet zu werden. Außerdem halte er es für skandalös, dass nach der Evolutionstheorie der Mensch noch »nicht einmal von amerikanischen Affen, sondern von Affen der Alten Welt abstammt«! Gelächter, Applaus, einige bekräftigten Bryans Worte mit einem »Amen«. »Ich beantrage«, rief Anwalt Darrow empört, »dieses Amen ins Protokoll aufzunehmen!« Der Ton wurde schärfer. Die Bibel, belehrte die Verteidigung nun ihre Zuhörer, sei kein wissenschaftliches Werk, sondern ein Buch der Religion und Moral, das von jedem anders interpretiert werde. Der Staat könne nicht bestimmen, welche Auslegung die richtige sei. Deshalb verstoße die in Tennessee herrschende Regelung gegen die Freiheit des Glaubens, des Individuums, der Literatur und Wissenschaft: »Auf dem Gebiet der Evolution nur die Bibel dem Biologieunterricht zugrunde zu legen entspricht dem gleichen Aberglauben und der gleichen Unwissenheit, die vor dreihundert Jahren Galilei vor Gericht gebracht haben.« Kein ernstzunehmender Wissenschafter rüttele heute noch an Darwins Thesen, argumentierte Darrow. Und um dies zu beweisen, legte er eine umfangreiche Zeugenliste vor: Experten der Theologie, Biologie, Zoologie, Anthropologie und Erziehungswissenschaftler. Richter Raulston, unsicher, ob er der Öffentlichkeit eine ausführliche Erörterung der Evolutionstheorie überhaupt zumuten dürfe, zögerte die Aussage der Fachleute hinaus.

Nach mehreren Verhandlungstagen verlegte man die Sitzung auf die Wiese vor dem Gerichtsgebäude. Der Boden des Saales hatte einen verdächtig brüchigen Eindruck gemacht. Schlagartig erhöhte sich die Anzahl der Zuschauer auf bis zu fünftausend; Raulston verweigerte jetzt endgültig die Anhörung der Experten. Doch das brachte die Verteidigung auf eine grandiose Idee: Darrow bat Bryan als Bibelexperten in den Zeugenstand. Der selbstbewusste Ex-Außenminister schob die richterlichen Bedenken beiseite – und erlebte eine absolute Demontage. Natürlich sei die Bibel wörtlich zu nehmen, bestätigte er lässig Darrows erste Frage. Aber dem hartnäckigen Bohren des Anwalts hielt er nicht stand. Bald schon geriet Bryan in Erklärungsnot, er verwickelte sich in Wi-

»Hier steht nicht Scopes vor Gericht, sondern die Zivilisation.« Clarence Darrow

■ *Darwin und der Affe.* Karikatur auf Darwins Lehre von der Evolution, Farblithographie

THE
LONDON SKETCH BOOK.

PROF. DARWIN.

This is the ape of form.
Love's Labor Lost, act 5, scene 2.

Some four or five descents since.
All's Well that Ends Well, act 3, sc. 7.

■ Gene Kelly, Dick York und Spencer Tracy in einer Szene aus Stanley Kramers Gerichtsdrama *Wer den Wind sät* von 1960

»Wenn wir nur zufällige Nebenprodukte sind, irgendwas aus der Ursuppe Kommendes oder mutierte Tiere, wer bin ich dann? Was ist der Sinn des Lebens? Warum dann überhaupt weitermachen und nicht alles hinschmeißen? Die Evolutionstheorie vermittelt ein trostloses Bild unseres Lebens und zersetzt die Gesellschaft.«
John D. Morris, Präsident des in den 1970er Jahren gegründeten Institute for Creation Research (ICR), dem Hauptquartier der amerikanischen Kreationisten

dersprüche, seine Antworten fielen wirrer und wirrer aus. »An diesem Tag wurde eine Legende zerstört«, notierte ein Historiker. Der entsetzte Richter Raulston ließ die gesamte Vernehmung aus dem Protokoll streichen. Noch einmal überraschte die Verteidigung das Gericht. Darrow, der nicht damit rechnete, diesen Prozess gewinnen zu können, appellierte an die Jury, seinen Mandanten schuldig zu sprechen, damit er den Fall vor den Obersten Gerichtshof des Staates bringen könne. Die Geschworenen taten ihm den Gefallen: hundert Dollar Strafe für Scopes.

1927 hob zwar der Oberste Gerichtshof von Tennessee das Urteil auf, allerdings wegen eines Formfehlers: Die Jury, nicht der Richter, hätte die Höhe der Strafe bestimmen müssen. Weil Scopes inzwischen den Schuldienst quittiert hatte und man den Fall endlich vom Tisch haben wollte, wurde nie ein neues Verfahren angestrengt. Das Anti-Evolutionsgesetz blieb in Kraft. Noch 1963 verbot ein Schuldirektor in Memphis, im Unterricht die Abstammungslehre zu behandeln. Erst 1967 schaffte Tennessee das Gesetz stillschweigend ab. Auch Arkansas musste klein beigeben, als im Jahr darauf der Oberste Gerichtshof der Vereinigten Staaten die Anti-Evolutionsgesetze für verfassungswidrig erklärte. Es sei nicht gestattet, den Lehrplan an irgendeine Religion anzupassen.

Die Kreationisten gingen nun andere Wege. Durch massiven Druck sorgten sie dafür, dass zahlreiche Bundesstaaten Gesetze erließen, wonach die Schöpfungsgeschichte als Wissenschaft gelehrt werden sollte, gleichberechtigt neben der Evolutionstheorie. 1987 kippte der Oberste Gerichtshof diese Regelung ebenfalls, mit dem Verweis auf die in der Verfassung festgeschriebene Trennung von Staat und Kirche. Doch die Anhänger der Schöpfungsgeschichte ließen sich davon wenig beeindrucken. Obwohl selbst Papst Johannes Paul II. immerhin schon 1996 die Evolutionstheorie anerkannte, strich sie drei Jahre später eine Schulbehörde in Kansas auf Druck christlicher Fundamentalisten wieder aus dem Prüfungsplan. 2001 besann man sich zwar eines Besseren – aber der Kampf der Kreationisten geht weiter.

JOHN T. SCOPES

 BIOGRAPHIE

Als der Biologielehrer John Thomas Scopes 1925 in Dayton, Tennessee, vor Gericht stand, weil er seine Schüler in Darwins Evolutionstheorie eingeführt hatte, war sein Ziel erreicht. In seiner kurzen Aussage gab er unumwunden zu, nach dem Schulbuch *Civic Biology* von George W. Hunter seine Schüler unterrichtet und damit gegen das Gesetz verstoßen zu haben. Nach dem Prozess finanzierten Wissenschaftler ihm ein Studium an der University of Chicago. 1927 machte er seinen Abschluss in Geologie und arbeitete für die Firma Gulf Oil, in deren Auftrag er sich mehrfach in Südamerika aufhielt. Von 1940 bis 1963 war er Angestellter der United Gas Corporation in Shreveport, Louisiana. Eine Hauptrolle in dem so genannten »Affenprozess« spielte Scopes Verteidiger Clarence Darrow (1857–1938). Der berühmte Anwalt, der sehr belesen war in Literatur, Lyrik, Psychologie und Philosophie und die Entwicklungen in der Wissenschaft verfolgte, engagierte sich bei zahlreichen Gelegenheiten für Arme und Unterdrückte. Der Politiker William Jennings Bryan (1860–1925), Vertreter der Anklage, starb nur fünf Tage nach dem Prozess. Viele vermuteten, dass die schwere Niederlage, die er im Kreuzverhör durch Darrow erlitten hatte, zu seinem Tod beigetragen habe.

Nachgeschichte

Nur Mississippi (1926) und Arkansas (1928) haben ähnliche Anti-Evolutionsgesetze erlassen wie Tennessee. Die meisten Bundesstaaten, in denen damals über derartige Gesetzesentwürfe debattiert wurde, führten sie nicht ein. Trotzdem wurde aus vielen Biologiebüchern damals das Wort »Evolution« entfernt oder die entsprechenden Kapitel gekürzt. Das verbreitetste Biologiebuch der 1930er Jahre, *Dynamic Biology* von Arthur O. Baker und Lewis H. Mills, kam sogar zu dem Schluss: »Darwins Theorie, wie die von Lamarck, wird nicht mehr allgemein anerkannt.« Obwohl das Oberste Gericht der USA mehrfach Entscheidungen gegen die Kreationisten fällte, übten christliche Fundamentalisten mit nicht geringem Erfolg bis in die 1990er Jahre hinein massiven Druck aus. So wurden 1995 zum Beispiel Schulbücher in Alabama mit Aufklebern versehen, die darauf hinwiesen, dass die Evolution »eine umstrittene Theorie ist, die nicht als Tatsache anerkannt werden darf«. Lehrer in Louisiana und Arizona sind gehalten, vor Lektionen über Darwins Lehre Warnungen zu verlesen. In Georgia wurde das gesamte Kapitel »Über die Entstehung des Lebens« aus den Grundschulbüchern entfernt. Auch in Illinois, New Mexico, Texas und Nebraska versuchen die Schulbehörden, die Evolutionstheorie aus den Schulbüchern verschwinden zu lassen. In Kansas wurde ein Biologielehrer nach vierzig Jahren aus dem Schuldienst entlassen, weil er das kreationistische Modell über den Ursprung des Lebens als unwissenschaftlich bezeichnet hatte. Laut einer Umfrage der Gallup Organization von 1999 sind 47 Prozent aller US-Amerikaner von der Richtigkeit des kreationistischen Weltbildes überzeugt, weitere 40 Prozent stimmen ihm weitgehend zu.

Künstlerische Bearbeitung

Auf dem »Affenprozess« beruht das Theaterstück *Inherit the Wind* von Jerome Lawrence and Robert E. Lee aus dem Jahr 1955. Die Autoren nutzten den dreißig Jahre zurückliegenden Fall, um auf das anti-intellektuelle Klima während der McCarthy-Ära anzuspielen. Stanley Kramer legte das Stück seinem gleichnamigen Film zugrunde, der 1960 Premiere hatte.

 EMPFEHLUNGEN

Lesenswert:
Jerome Lawrence / Robert E. Lee: *Inherit the Wind*, New York 1982.

Edward J. Larson: *Summer for the Gods: The Scopes Trial and America's Continuing Debate over Science and Religion*, Cambridge 2001.

Sehenswert:
Wer den Wind sät (Inherit the Wind). Regie: Stanley Kramer; mit Spencer Tracy, Frederic March, Gene Kelly. USA 1960.

 AUF DEN PUNKT GEBRACHT

Zahlreiche Ausgrabungen auf der ganzen Welt belegen: Zwischen dem Aussterben der Dinosaurier und dem Auftreten der ersten menschenartigen Wesen liegen 60 Millionen Jahre. Die Kreationisten ficht das bis heute nicht an. Und doch war der Prozess gegen Scopes eine Weichenstellung zugunsten der Wissenschaft, denn nur eine Handvoll Bundesstaaten führte die Anti-Evolutionsgesetze tatsächlich ein.

Das Finanzamt jagt einen Mörder
Prozess gegen Al Capone (1931)

»Mein Job ist Dienstleistung. 90 Prozent der Einwohner Chicagos trinken und spielen. Und ich biete ihnen genau das.«   Al Capone

■ Al Capone (r.) wartet am 17. Oktober 1931 im Gerichtsgebäude von Chicago mit einem seiner Anwälte, Michael Ahern, auf das Ergebnis der Jury-Abstimmung.

Nie war die Unterwelt sichtbarer als im Chicago der 1920er Jahre. Al Capone liebte es, Pressekonferenzen zu geben. Noch am Tag vor dem ersten Prozess, der ihm wirklich gefährlich werden konnte, lud er einige Reporter ins luxuriöse Lexington Hotel, dem Hauptquartier des Organisierten Verbrechens. Bekleidet nur mit einem schwarzen Seidenpyjama, versicherte er der versammelten Journaille, dass er fest mit einem Freispruch rechne – diese Verhandlung würde er mit Grandezza überstehen! Die Zuversicht Al Capones kam nicht von ungefähr. Schließlich hatten seine Truppen sich schon längst die potenziellen Geschworenen vorgeknöpft, durch Bestechung oder Drohungen gefügig gemacht, seine Anwälte mit den Ermittlern einen Deal vereinbart. Was also sollte ihm passieren?

Doch als er vierundzwanzig Stunden später im Gerichtssaal auftauchte – diesmal im grauen Maßanzug und ohne den 50 000-Dollar-Ring, den er sonst am kleinen Finger trug –, erlebte der Gangsterboss eine böse Überraschung. Ohne Umschweife erklärte Richter James Wilkerson, »es ist völlig ausgeschlossen, mit einem Bundesgericht zu handeln«. Der zweite Schock folgte kurz darauf. Wilkerson, der von der Beeinflussung der Geschworenen wusste, eröffnete dem Angeklagten, er werde die für diesen Prozess vorgesehene Juryliste mit der eines Kollegen tauschen. Al Capones Grinsen gefror, sein Anwalt, auf dem falschen Fuß erwischt, protestierte nur matt. Ganz Chicago sprach tagelang von nichts anderem: Wann hatte es jemals ein Richter gewagt, derart entschieden dem mächtigsten Mann der Stadt die Stirn zu bieten?

»Chicago ist die Hauptstadt der Gangster-Welt, und New York ein entlegener provinzieller Ort«, schrieb damals der *New Yorker*. Die prosperierende Stadt am Michigansee war wie eine Maschine: vibrierend, schnell, voller Dampf. Nichts schien unmöglich. Altes Geld und Chicago galten als Widerspruch, vererbten Reichtum fand man kaum. Wer hierher kam, arbeitete sich hoch – ob auf ehrliche oder andere Weise. Alles war käuflich in dieser Stadt: die Justiz, die Geschworenen, die Politik. Selbst die Hälfte der Journalisten stand auf der Lohnliste der Syndikate, und von Polizisten er-

wartete man geradezu, dass sie ihr Salär durch Bestechungsgelder aufbesserten. Es gab kein Geschäft, das nicht Schutzgelder zahlte. Korruption bestimmte das Bewusstsein Chicagos. Die wenigen, die auf Gesetzestreue pochten, verachtete man als Schwächlinge. Für robuste Naturen wie Al Capone, das Kind italienischer Einwanderer, war Chicago wie geschaffen. Als er 1919, mit knapp zwanzig Jahren, von seinem alten Mentor Johnny Torrio an den Michigansee geholt wurde, konnte Capone bereits auf eine stattliche kriminelle Karriere in Brooklyn zurückblicken, Morde eingeschlossen. Johnny Torrio gehörte zu den Großen im Chicagoer Gangstermilieu. Jetzt schon verdiente er reichlich durch Schutzgelderpressung, Nachtclubs, Glücksspiel, Bordelle. Aber es sollte noch besser kommen. Denn 1920 verabschiedete die Regierung in Washington endgültig das Prohibitionsgesetz, das die Herstellung und den Konsum von Alkohol verbot. Damit tat sich ein neues Geschäftsfeld von ungeahnter Dimension auf: Man stampfte illegale Brennereien aus dem Boden, organisierte Schmuggelnetze und verkaufte den Alkohol zu immensen Preisen. Die Polizei drückte entschlossen beide Augen zu und verdiente kräftig mit. Zunächst störte es auch nicht weiter, dass der beinharte Konkurrenzkampf zu immer mehr Morden führte; noch brachten sich die Gangster nur gegenseitig um. Außerdem gelang es ohnehin selten,

■ Während der Chef der Chicagoer Unterwelt im Luxus badet, gerät ein Großteil der Bevölkerung im Jahr der Wirtschaftskrise 1930 an die Armutsgrenze. Hier stehen Obdachlose und Arbeitslose vor einer Suppenküche Schlange, die Al Capone eröffnet hatte, um seinen Ruf aufzupolieren.

»Mit einer Kanone und einem netten Wort kommt man wesentlich weiter als nur mit einem guten Wort allein.«
Al Capone

■ Al Capone wird am 4. Mai 1932 unter Bewachung in Chicago zum Zug nach Atlanta im US-Bundesstaat Georgia gebracht. Dort trat er seine Haftstrafe an.

»Die mächtigen Männer sind die, die das Geld besitzen. Sie teilen sich nur in zwei Klassen: die Ehrlichen und die Schwindler. Ich bin ein Schwindler, aber ich habe Respekt vor den Ehrlichen.« Al Capone

derartige Morde nachzuweisen – zu oft litten Zeugen unter plötzlicher Gedächtnisschwäche.

Al Capone mischte an vorderster Front mit. Langsam mauserte er sich zum Partner Torrios, der ihm schließlich, nachdem er einen Anschlag nur knapp überlebt hatte, das gesamte Syndikat überließ und sich ins Privatleben zurückzog. Al Capone war nun der mächtigste Mann Chicagos und gedachte es auch zu bleiben. Er pflegte enge Kontakte zur politischen Schicht, seine Freundlichkeit, Generösität und sein Vermögen sicherten ihm gesellschaftliche Anerkennung. Er sah sich gern als Selfmade-Millionär, und tatsächlich rühmte man allgemein sein Organisationstalent, mit dem er es auch auf legalem Gebiet weit hätte bringen können. Capone lebte ständig mit dem Rücken zur Wand. Sein Reich regierte er mit harter Hand, Rivalen wurden skrupellos ausgeschaltet, zuweilen griff er selbst zur Kanone oder zum Baseballschläger. Langsam wandte sich die Stimmung gegen ihn, vor allem nach dem Massaker am Valentinstag 1929, das auch hartgesottene Chicagoer als Zäsur im Bandenkrieg empfanden: Sieben Mitglieder der Moran-Gang waren von Capones Mannen, die sich als Polizisten verkleidet hatten, an die Wand gestellt und mit Maschinenpistolen eiskalt hingerichtet worden. Jeder wusste, wer die Verantwortung für diese Morde trug. Aber wieder gab es keine

Chance, auch nur den Hauch eines Beweises zu finden. Chicago fürchtete den Boss der Bosse und traute sich kaum noch, etwas gegen ihn zu unternehmen.

Hilfe kam schließlich von ganz oben, vom Präsidenten persönlich. Obwohl Herbert Clark Hoover völlig andere Sorgen plagten – die heraufziehende Wirtschaftskrise – trieb er sein Kabinett an, in Chicago endlich für Ruhe zu sorgen: »Ich will diesen Mann im Gefängnis sehen!« Nicht zufällig sollte sich das Finanzministerium um die Angelegenheit kümmern. 1927 nämlich hatte der höchste Gerichtshof der USA geurteilt, auch Alkoholschmuggler müssten Einkommenssteuer zahlen. Selbstverständlich tat das kein Schmuggler freiwillig, weil es einer Selbstanzeige gleichgekommen wäre.

Steuerhinterziehung hieß also das Zauberwort, mit dem die Regierung Al Capone hinter Gitter bringen wollte. Man hörte Telefone ab, schleuste verdeckte Ermittler in Capones Organisation ein, gleichzeitig spürte man den Brennereien nach, zerstörte sie, beschlagnahmte das Inventar und Unmengen von Alkohol. Das wirkte sich zwar unschön auf Capones Einnahmen aus, und er geriet auch ziemlich in Rage, als die Fahnder fünfundvierzig konfiszierte Trucks an seinem Hotelzimmer vorbeidefilieren ließen, doch dieser Kleinkrieg brachte die Regierungsbeamten nicht weiter. Erst als einer ihrer Agenten einen Gesprächsfetzen aufschnappte, zog sich die Schlinge um Capone enger zusammen: »Diese Steuerbeamten sind nicht sonderlich clever«, gab einer von Capones Leuten zum besten, »da haben sie seit der Razzia im Hawthorne Hotel vor fünf Jahren die Beweise in den Händen und sind zu blöd, es zu merken.« Tatsächlich fanden sich, tief in einer Kiste vergraben, die so wichtigen Dokumente: Geschäftsbücher, in denen der Kassierer alles brav aufgelistet hatte; Einnahmen durch Black Jack, Roulette, Pferdewetten; ein geschätztes

PROHIBITIONSGESETZ

Schon seit Mitte des 18. Jahrhunderts hatte die Regierung Englands erfolglos versucht, den übermäßigen Alkoholkonsum in den amerikanischen Kolonien einzudämmen. In den 1920er Jahren lag der Pro-Kopf-Konsum in den USA bei stattlichen 27 Litern Alkohol pro Jahr. Das erste Prohibitionsgesetz erließ 1851 der Bundesstaat Maine. 13 der damals 31 Bundesstaaten folgten. Der Pro-Kopf-Konsum sank auf jährlich vier Liter reinen Alkohols. Bis schließlich 1920 der 18. Verfassungszusatz, auch das »Volstead-Gesetz« genannt (nach dem Initiator des Gesetzes), in Kraft trat, das natürlich für ganz Amerika galt, hatten bereits fast 30 Bundesstaaten ähnliche Gesetze erlassen. So ganz überraschend kam das Prohibitionsgesetz also für niemanden. Verboten waren danach alkoholische Getränke mit mehr als 0,5 Prozent Alkohol, ausgenommen für medizinische, liturgische und industrielle Zwecke.

■ Al Capone und US-Marshall Henry C. W. Laubenheimer auf dem Weg nach Atlanta

■ Al Capone in Begleitung seines Anwalts Abe Teitelbaum am 18. Februar 1931 in Miami, Florida. Der wegen Steuerhinterziehung zu einer Geldstrafe verurteilte Al Capone war vorgeladen worden, damit er seine Vermögensverhältnisse offenlege.

Nettoeinkommen von über einer halben Million Dollar innerhalb von achtzehn Monaten. Gemessen daran, dass Capones kriminelles Netzwerk mindestens fünfundsiebzig bis hundert Millionen Dollar im Jahr umsetzte, waren diese Summen natürlich nur ein Klacks, aber immerhin ein Anfang. Jetzt musste man nur noch den Kassierer Fred Ries auftreiben, der die Verbindung zu Capone bezeugen konnte. Die Fahnder ahnten, dass Ries aus Angst vor Capone schweigen würde. Allerdings kannten sie seine Schwäche: Ries fürchtete sich vor Insekten. Und so sperrten sie ihn in eine Gefängniszelle, in der es vor Kakerlaken wimmelte. Nach fünf Tagen gab Ries auf. Bis zum Prozess verfrachtete man ihn sicherheitshalber nach Südamerika.

»Capone versuchte zu lächeln. Er versuchte nonchalant zu sein. Aber er sah genau so aus, wie er sich gefühlt haben dürfte – als stünde er kurz vor einem Wutausbruch«, notierte die *New York Times* am 25. Oktober 1931, dem Tag nach dem Urteil. Wegen zahlreicher Verstöße gegen das Prohibitionsgesetz und vor allem wegen Steuerhinterziehung verhängte das Gericht unglaubliche elf Jahre Haft gegen den »Staatsfeind Nummer 1«. Acht davon saß Capone ab. 1939 durfte der Gefangene mit der Nummer 85 die berüchtigte Insel Alcatraz vorzeitig verlassen; die Folgen einer Syphilis-Erkrankung in Jugendtagen hatten ihn zum Pflegefall gemacht. Fortan lebte er zurückgezogen in Florida. 1947, als die Medien vom Ableben des einst berühmten Gangsterbosses berichteten, waren viele Amerikaner verblüfft: Man hatte ihn längst für tot gehalten. Al Capone starb mit achtundvierzig Jahren – ein überraschend hohes Alter in seiner Branche.

Ich hatte nur 40 Dollar in der Tasche, als ich nach Chicago kam. Ich stieg in ein Geschäft ein, das offen dalag, und tat niemandem etwas zuleide. 300 junge Männer haben durch mich 150 bis 200 Dollar die Woche verdient. Dadurch habe ich viele vom Banküberfall abgehalten.
Al Capone

ALPHONSE CAPONE

 BIOGRAPHIE

Alphonse Capone, auch Scarface, »Narbengesicht« genannt, wurde am 17. Januar 1899 in Brooklyn in New York als Sohn italienischer Einwanderer geboren. Als Vierzehnjähriger kam er in Kontakt mit der berüchtigten Straßengang Johnny Torrios. Unter ihren Mitgliedern befand sich auch der später seinerseits bekannte Gangster Lucky Luciano. Etwas später begegnete Al Capone Frankie Yale, ebenfalls ein Krimineller, in dessen Bar auf Coney Island er eine Zeitlang als Rauswerfer arbeitete. 1918 lernte er seine spätere Frau, die Irin Mae Coughlin kennen; im selben Jahr wurde ihr gemeinsamer Sohn geboren. Vorübergehend gab Capone seine kriminelle Karriere auf und lebte als Buchhalter in Baltimore. Zwei Jahre später aber folgte er Torrio nach Chicago, der dort zu einem der wichtigsten Bandenchefs aufgestiegen war, und wurde sein enger Partner. Als 1920 in den USA die Prohibition, das Alkoholverbot, in Kraft trat, bot sich der organisierten Kriminalität ein neues, einträgliches Geschäft. Schwarzbrennerei, Schmuggel und illegaler Ausschank verhalfen den Gangs in kurzer Zeit zu Reichtum und politischem Einfluss. Als Torrio 1925 nur knapp einem Mordanschlag entkam und sich daraufhin zurückzog, übernahm Al Capone sein Imperium aus Nachtklubs, Freudenhäusern, Spielhallen, Brauereien und illegalen Schänken. In zahllose brutale Morde verstrickt, stieg er zum gefürchtetsten Gangster Amerikas auf. Dennoch genoss er durchaus gesellschaftliches Ansehen, schließlich versorgte er die Prominenz mit Alkohol. Er spendete Geld für Wohltätigkeitsorganisationen und gründete Jazz-Clubs. Höhepunkt der Eskalation der Gewalt war das Massaker am Valentinstag 1929, als Al Capone sieben Mitglieder einer konkurrierenden Gang exekutieren ließ. Im Oktober 1931 wurde er wegen Steuerhinterziehung zu elf Jahren Haft verurteilt. Nach seiner vorzeitigen Entlassung 1939 lebte er in Miami, wo er am 25. Januar 1947 starb.

Künstlerische Bearbeitung

Hollywood machte ihn zur Legende. In den 1920er Jahren boomte der Gangsterfilm. Nach Al Capones Verurteilung folgte die zweite Welle: Allein 1931 erschienen rund fünfzig Gangsterfilme. Kurz hintereinander entstanden jene Produktionen, die für das Genre als stilbildend gelten: Mervyn Le Roys *Der kleine Cäsar* (1930, *Little Caesar*), *Der öffentliche Feind* (1931, *The Public Enemy*) von William Wellman und Howard Hawks' *Scarface* (1932). Zugleich startete Chester Gould in der Tageszeitung *Chicago Tribune* die Detektivcomicserie *Dick Tracy*. Auch Capone tauchte darin auf – in der Figur des Big Boy. Mit Gordon Wiles' *The Gangster* (1947) und Richard Wilsons *Al Capone* (1959) erschienen zu Al Capones Lebzeiten zwei weitere Filme, die sich direkt mit seiner Geschichte auseinandersetzten. Großen Erfolg erzielte Brian de Palmas Film *Die Unbestechlichen* (1987, *The Untouchables*) mit Robert de Niro in der Rolle des Al Capone. Sean Connery brachte dieser Film einen Oscar für die beste Nebenrolle. Der berühmteste der unzähligen Mafiafilme, die die organisierte Kriminalität in den USA thematisieren, ist *Der Pate* (1972, *The Godfather*) von Francis Ford Coppola nach dem gleichnamigen Roman von Mario Puzo.

 EMPFEHLUNGEN

Lesenswert:
Robert J. Schoenberg: *Al Capone. Die Biographie*, Düsseldorf 2001.

Laurence Bergreen: *Capone. The Man and the Era*, New York 1996.

Sehenswert:
Die Unbestechlichen (*The Untouchables*). Regie: Brian de Palma; mit Robert de Niro als Al Capone, Kevin Costner, Sean Connery, Andy Garcia. USA 1987.

Der Pate (*The Godfather*). Regie: Francis Ford Coppola; mit Marlon Brando in der Hauptrolle. USA 1971/72.

Besuchenswert:
Die ehemalige Gefängnisinsel Alcatraz bei San Francisco ist heute eine Touristenattraktion.

 **AUF DEN PUNKT GEBRACHT**

Jeder wusste, dass Al Capone zahlreiche Morde begangen oder sie befohlen hatte. Nachweisen konnte man ihm das nie. Im Gefängnis landete er nur deshalb, weil er die Millionen, die er auch durch diese Morde verdiente, nie versteuerte.

Flammendes Fanal: Der Reichstagsbrand
Prozess gegen van der Lubbe, Dimitroff und andere (1933)

■ Georgi Dimitroff,
undatierte Aufnahme

■ Marinus van der Lubbe,
undatierte Aufnahme

Der kleine, stämmige Bulgare mit der üppigen schwarzen Mähne fürchtete sich vor niemandem. Auch nicht vor den neuen Machthabern. Schon vier Mal hatte das Gericht diesen lästigen Angeklagten, der durchweg wie ein Ankläger auftrat, vom Prozess ausgeschlossen, das fünfte Mal folgte bald. Denn nun knöpfte sich Georgi Dimitroff den Zeugen Hermann Göring persönlich vor. Göring, der schnell zum wichtigsten Mann nach Hitler aufsteigen sollte, dem als preußischer Innenminister der gesamte Polizeiapparat unterstand und der schon die ersten Konzentrationslager errichtete, machte kein Hehl daraus, wen er für die Schuldigen hielt. Bereits in der Nacht, als der Reichstag brannte, hatte er der Presse verkündet: »Das ist der Beginn des kommunistischen Aufstandes, sie werden losschlagen. Es darf keine Minute versäumt werden.« Und jetzt musste Göring erleben, wie er von einem dieser Kommunisten demontiert wurde! Keck erkundigte sich Georgi Dimitroff nämlich, ob vielleicht Görings voreilige Schuldzuweisung »die Untersuchungsbehörden beeinflusst und in eine bestimmte Richtung gelenkt« haben könnte? »Wenn ich sie in eine bestimmte Richtung beeinflusst habe, dann war es die richtige Richtung!«, schnauzte Göring zurück. Doch Dimitroff ließ nicht locker. Er drehte den Spieß um, deutete zart an, dass es schließlich die Nationalsozialisten seien, die am meisten vom Brand des Reichstags profitiert hätten. Göring lief langsam rot an. »Haben Sie Angst wegen dieser Fragen?«, setzte Dimitroff nach. »Sie werden Angst haben«, schrie Göring, »wenn ich Sie erwische, wenn Sie hier aus dem Gericht raus sind, Sie Gauner, Sie!« Tatsächlich plante Göring, Dimitroff später »auf der Flucht« zu erschießen. Doch Hitler erhob Einspruch. Vorerst war es Dimitroff gelungen, Zweifel zu säen: Wer hatte wirklich am Abend des 27. Februar 1933 den Reichstag in Brand gesteckt?

Die Flammen schlugen schon die Kuppel empor, der Plenarsaal brannte lichterloh, als zehn Feuerlöschzüge anrückten, um das Berliner Parlamentsgebäude zu retten. Rasch stieß man in den Gängen auf einen halbnackten, schweißtriefenden jungen Mann. Er gab sofort zu, das

Feuer gelegt zu haben, erzählte auch gleich offenherzig, seine bisherigen Versuche, ein Wohlfahrtsamt, das Rote Rathaus und das Stadtschloss abzufackeln, seien leider gescheitert. Hermann Göring, der als einer der Ersten am Tatort eintraf, berichtete den aufgeregten Journalisten, ein holländischer Kommunist sei verhaftet worden. Das entsprach nicht ganz der Wahrheit. Marinus van der Lubbe, ein vierundzwanzigjähriger Maurergeselle mit wirren politischen Ideen, war längst aus der kommunistischen Partei ausgeschlossen worden. Trotzdem verbreitete sich Görings Nachricht schnell. Sie klang allzu plausibel. In der brisanten politischen und sozialen Stimmung am Ende der Weimarer Republik, in Zeiten einer tiefen wirtschaftlichen Krise, rechneten viele mit einer Revolte der extremistischen Kräfte – ob von links oder rechts. Aber welchen Nutzen konnten die Kommunisten aus dem Reichstagsbrand ziehen? Anders sah das bei den Nationalsozialisten aus. Sie stellten die stärkste Partei im Reichstag, in einer Woche sollte ein neues Parlament gewählt werden, und Hitler

Die Tat habe ich begangen. Ich glaube, dass jetzt die Zeit dazu da ist, dass ich einfach ein Urteil für das bekomme, was ich getan habe. Sie können es mir doch glauben, dass ich den Reichstag angesteckt habe.   Van der Lubbe während des Prozesses

■ In der Nacht vom 27. auf den 28. Februar 1933 wird das Reichstagsgebäude durch Brandstiftung in großen Teilen zerstört.

■ Der Niederländer Marinus van der Lubbe (3. v. l.) auf der Anklagebank beim Prozess um den Reichstagsbrand

wollte endlich die absolute Mehrheit erringen. Kam da ein solch infamer Anschlag auf das Symbol der jungen Demokratie nicht gerade recht, um überzeugend den Ordnungshüter zu spielen? Hatte nicht sogar ein britischer Reporter aufgeschnappt, wie Hitler den Reichstagsbrand »ein von Gott gegebenes Signal« nannte und im gleichen Atemzug drohte, die Kommunisten, »die Mörderpest, mit eiserner Faust zerschlagen« zu wollen?

Verdächtig rasant, noch in der Brandnacht, legte Reichskanzler Hitler dem greisen Präsidenten Hindenburg eine Notverordnung vor »Zum Schutz von Volk und Staat«. Hindenburg unterschrieb – und setzte mit einem Federstrich die Grundrechte der Weimarer Verfassung außer Kraft: Künftig gab es kein Post- oder Telefongeheimnis mehr, die Zeitungen durften zensiert, Wohnungen jederzeit durchsucht, verdächtige oder missliebige Personen willkürlich verhaftet werden, ohne Beweise, ohne Anklage, ohne Rechtsbeistand. Eine zusätzliche Klausel, die es der Regierung erlaubte, in die Souveränität der Länder einzugreifen, bereitete die Gleichschaltung des ganzen Landes vor. Unter dem Schock der Ereignisse verabschiedete der Reichstag knapp einen Monat darauf – Hitler hatte die

Wenn das Urteil nach dem wahren Recht gesprochen worden wäre, hätte es anders gelautet. So ist gerade dieses Urteil ein Fehlurteil, das vielleicht mehr als jedes andere die Notwendigkeit einer grundlegenden Reform unseres Rechtslebens, das sich vielfach noch in den Gleisen überwundenen volksfremden liberalistischen Denkens bewegt, erweist und sie dem Volk vor Augen führt.

Völkischer Beobachter, Ende Dezember 1933, unter der Überschrift »Das Fehlurteil von Leipzig«

Wahl inzwischen gewonnen – mit Zweidrittelmehrheit auch das Ermächtigungsgesetz und schaffte sich damit selbst ab. Denn nun konnte die Regierung ohne Beteiligung von Reichstag, Reichsrat und Reichspräsident Gesetze erlassen. Aus der Notverordnung zur Bewältigung der Krise wurde nationalsozialistischer Alltag. Lediglich die Sozialdemokraten stimmten gegen das Ermächtigungsgesetz. Die Kommunisten fragte man erst gar nicht. Gleich nach dem Reichstagsbrand war die Partei verboten worden, Tausende ihrer Mitglieder, aber auch Sozialdemokraten und »linke« Intellektuelle hatte man verhaftet. Die Nationalsozialisten verschwendeten keine Zeit. Wenig später schalteten sie weitere Gegner aus: die sozialistischen Gewerkschaften und die SPD.

Der Reichstagsbrand beschleunigte erheblich die Machtergreifung Hitlers, und kommunistische Exilanten in Paris versäumten es nicht, auf dieses Faktum hinzuweisen. Sie versorgten die ausländische Presse mit entsprechendem Material, und bald glaubten viele zu wissen, wer hinter dem Feuerzauber steckte. Das neue Regime in Deutschland wiederum tat alles, um die Kommunisten an den Pranger zu stellen. Neben van der Lubbe verhaftete man noch den kommunistischen Abgeordneten Ernst Torgler, weil er kurz vor dem Brand den Reichstag verlassen hatte, und drei bulgarische Kommunisten: Georgi Dimitroff, Blagoi Popoff und Wassili Taneff. Ein Kellner bezeugte, er habe die drei mit van der Lubbe in einem Restaurant gesehen.

Marinus van der Lubbe war der einzige, der ein Geständnis ablegte. Und schlimmer noch: Er behauptete, die Tat allein begangen zu haben. Niemand nahm ihm das ab. Die zwanzig Brandherde, von denen die Feuerwehr sprach, konnte einer allein gar nicht gelegt haben. Oder? Viele dachten wie Dimitroff, der im Prozess mit Blick auf van der Lubbe ausrief: »Wir wissen, er ist der Faust des Dramas! Aber wir wollen wissen, wer der Mephistopheles ist!«

Drei Monate dauerte das Verfahren vor dem Reichsgericht in Leipzig. 254 Zeugen ließ man aufmarschieren. Aber keiner taugte dazu, die Schuld der Kommunisten zu belegen. Nur Marinus van der Lubbe blieb stoisch bei seiner Aussage. Sehr viel mehr konnte

Ich hatte tatsächlich vor, in jener Nacht Herrn van der Lubbe sofort aufzuhängen. Wenn ich es nicht getan habe – und kein Mensch hätte mich daran hindern können –, so nur aus dem Grunde, weil ich mir sagte: Wir haben nur den; es muss aber eine ganze Schar gewesen sein; vielleicht brauche ich den Mann noch als Zeugen.
Hermann Göring
im Prozess

■ Blick vom Brandenburger Tor auf das brennende Reichstagsgebäude am Morgen des 28. Februar 1933

■ Der zerstörte Innenraum des Reichstagsgebäudes nach dem Brand

man ihm nicht entlocken: »Wann haben Sie sich dazu entschlossen, das Feuer zu legen?« »Kann ich nicht sagen.« »Warum haben Sie das Feuer gelegt?« »Das weiß ich nicht so genau.« Die meiste Zeit starrte van der Lubbe apathisch vor sich hin, man munkelte etwas von Drogen.

Das Gericht ging zwar bis zum Schluss davon aus, dass es mehr als einen Täter gegeben haben musste, sah sich jedoch gezwungen – und auch die Staatsanwaltschaft plädierte dafür –, Torgler, Dimitrow, Popow und Tanew mangels Beweisen vom Vorwurf des Hochverrats freizusprechen. Marinus van der Lubbe wurde zum Tode verurteilt und schon zwei Wochen später, am 10. Januar 1934, enthauptet. Auf Drängen Hitlers hatte der Reichstag eigens für diesen Fall das Gesetz rückwirkend geändert – bis dahin stand auf Brandstiftung allenfalls Zuchthaus. Das Gericht akzeptierte die »Lex van der Lubbe« und ebnete damit den Weg für weitere Verstöße gegen zentrale rechtsstaatliche Prinzipien: Nun konnte sich niemand mehr darauf verlassen, auf der Rechtsgrundlage verurteilt zu werden, die zum Zeitpunkt der Tat galt.

Die neuen Machthaber empfanden diesen Prozess als Blamage. Zwar hatten sie den Reichstagsbrand entschlossen genutzt, eine Diktatur zu errichten, aber die Kommunisten als Zündler und Aufwiegler zu denunzieren, misslang gründlich. Und obwohl die meisten Historiker längst davon ausgehen, dass van der Lubbe tatsächlich im Alleingang den Reichstag in Brand setzte, hält sich bis heute hartnäckig das Gerücht, die Nationalsozialisten hätten mitgefackelt.

Der *Miesbacher Anzeiger*, nach dem Erlass der Notverordnung vom 28. Februar 1933: »Die Brandverordnung trifft endlich den Herd der deutschen Krankheit, das Geschwür, das das deutsche Blut jahrelang vergiftete und verseuchte, den Bolschewismus, den Todfeind Deutschlands. Diese Notverordnung wird keinen Gegner finden, trotz der geradezu drakonischen Maßnahmen, die sie androht.« Bemerkenswert ist dieser Artikel, weil der *Miesbacher Anzeiger* der Bayerischen Volkspartei nahe stand, die von Hitler angegriffen wurde.

MARINUS VAN DER LUBBE

 BIOGRAPHIE

Marinus van der Lubbe, am 13. Januar 1909 im holländischen Leiden geboren, wuchs in sehr ärmlichen Verhältnissen auf. Nach dem Tod seiner Mutter 1921 kam er zu seiner ältesten Schwester, die mit ihrer Familie in Oegstgeest lebte. Mit fünfzehn begann er eine Maurerlehre. Mitte der 1920er Jahre schloss er sich einem kommunistischen Jugendverband an und zog nach Leiden. Seinen Beruf musste er 1927 aufgeben, als er nach einer Augenverletzung eine stark eingeschränkte Sehfähigkeit zurückbehielt. Da er nur eine geringe Invalidenrente erhielt, verdiente er sich durch Gelegenheitsarbeiten Geld dazu. Er entwickelte sich zu einem kämpferischen Aktivisten. Durch Flugblätter, Streikaufrufe und andere Aktionen geriet er nicht nur mit der Polizei in Konflikt, sondern auch mit der Kommunistischen Partei Hollands, die sich über seine Alleingänge beschwerte. 1931 trat er aus der Partei aus und unternahm mehrere Wanderreisen ins Ausland. Sein eigentliches Ziel, die Sowjetunion, erreichte er aber nie. Nach der Machtübernahme durch die Nationalsozialisten in Deutschland im Januar 1933 brach van der Lubbe nach Berlin auf. Dreimal versuchte er vergeblich, öffentliche Gebäude in Brand zu setzen. Am Abend des 27. Februars wurde er im brennenden Reichstagsgebäude festgenommen. Sieben Monate verbrachte er gefesselt in Einzelhaft. Der Prozess vom 21. September bis 23. Dezember 1933 in Leipzig endete für ihn mit dem Todesurteil wegen Hochverrats und vorsätzlicher Brandstiftung. Die übrigen Angeklagten, der Vorsitzende der KPD-Reichstagsfraktion Ernst Torgler sowie die bulgarischen Kommunisten Georgi Dimitroff, Blagoi Popoff und Wassili Taneff, wurden mangels Beweisen freigesprochen. Am 10. Januar 1934 wurde Marinus van der Lubbe in Leipzig hingerichtet.

Nachgeschichte

1967 erreichte van der Lubbes Bruder ein Wiederaufnahmeverfahren. Zu einer völligen Aufhebung des Urteils kam es jedoch nicht. Das Landgericht Berlin sprach van der Lubbe posthum vom Vorwurf des Hochverrats frei und wandelte das Todesurteil um in eine achtjährige Haftstrafe. 1980 gab es eine Wiederaufnahme des Verfahrens, die mit der Aufhebung des Urteils endete, 1981 aber machte das Kammergericht diese Entscheidung rückgängig.
Bereits vor Prozessbeginn, Anfang August 1933, gaben der deutsche Kommunist Willi Münzenberg und andere das *Braunbuch über Reichstagsbrand und Hitlerterror* heraus, in dem sie die Nationalsozialisten für die Tat verantwortlich machten und damit einen beträchtlichen Einfluss auf die öffentliche Meinung im Ausland ausübten. Anfang 1934 veröffentlichte Münzenberg ein zweites »Braunbuch«. Nach 1945 war es allgemein gängige Auffassung, dass die Nationalsozialisten selbst das Reichs-

tagsgebäude in Brand gesteckt hatten, bis 1959/60 der Amateurhistoriker Fritz Tobias zunächst in einer *Spiegel*-Serie, dann in einem siebenhundertseitigen Buch darlegte, dass van der Lubbe den Brand nur allein gelegt haben könne. Dieses Ergebnis unterstützte 1964 der Historiker Hans Mommsen. Heftiger Gegenwind kam von einer internationalen Forschungsgruppe um den Schweizer Historiker Walther Hofer (»Luxemburger Komitee«), die in zwei 1972 und 1978 erschienenen Dokumentationsbänden Beweise für die Täterschaft der Nationalsozialisten vorlegte und Tobias' Hauptzeugen als Anhänger der Nazis diskreditierten. Die Thesen des »Luxemburger Komitees« wurden ihrerseits fast vollständig widerlegt. Bis heute setzt sich der Streit unter Historikern und in der Öffentlichkeit fort. Beide Seiten haben sich immer wieder gegenseitig vorgeworfen, ihre Ergebnisse auf gefälschte Dokumente zu stützen.

 EMPFEHLUNGEN

Lesenswert:
Martin Schouten: *Marinus van der Lubbe. Eine Biographie*, Frankfurt/Main 1999.

Besuchenswert:
Das Reichstagsgebäude in Berlin.

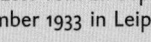 AUF DEN PUNKT GEBRACHT

Die Nationalsozialisten hatten beim Reichstagsbrand ihre Hände nicht im Spiel. Aber sie nutzten ihn entschlossen, um der Weimarer Republik den Todesstoß zu versetzen und Deutschland in die Diktatur zu führen.

Die Entführung des Lindbergh-Babys
Prozess gegen Bruno Hauptmann (1935)

Die Schlagzeile bestand aus nur zwei Wörtern, enthielt keine Namen, und doch verstand jeder Amerikaner sofort, um wen es hier ging: »BABY DEAD – BABY TOT!« Die *New York Daily News*, die die sensationelle Meldung als Erste veröffentlichte, verkaufte drei Millionen Exemplare mehr als sonst. Das ganze Land stand unter Schock und trauerte mit seinem Nationalhelden Charles Lindbergh, denn es handelte sich um seinen erst zwanzig Monate alten Sohn, der knapp zehn Wochen zuvor aus dem Haus der Eltern entführt worden war und den man nun, nicht weit davon entfernt, in einem Gebüsch tot aufgefunden hatte. Die Polizei geriet unter immensen Druck. Jetzt, da es offensichtlich kein Happy End gab, wollte jedermann, die Presse voweg, Rache für die Ermordung des Kindes. Der Täter musste so schnell wie möglich gefasst werden!

Charles Lindbergh hasste Publicity. Seit fünf Jahren kämpfte er um sein Privatleben, seit er im Mai 1927 als Erster nonstop von New York nach Paris geflogen war – sechstausend Kilometer über den Atlantik, in 33,5 Stunden. Dieser historische Flug machte Charles Lindbergh zum Idol; New York feierte ihn mit der größten Konfettiparade, die man je auf dem Broadway gesehen hatte. Und als er kurz darauf die Millionärstochter Anne Morrow heiratete, ein Sohn zur Welt kam, schien das Glück perfekt. Bis zum 1. März 1932. An diesem Abend fand das Kin-

■ Charles Lindbergh mit seiner Frau Anne Morrow Lindbergh

> Wir wollen nichts anderes als unser Kind unversehrt zurück bekommen. Wir werden keine Strafverfolgung einleiten, alle Ihre Forderungen erfüllen.   Anne und Charles Lindbergh in einem Appell an die Entführer, der landesweit im Radio ausgestrahlt wurde

■ Das Haus der Lindberghs in Hopewell, New Jersey. Über die Leiter soll der Kidnapper am 1. März 1932 den zwanzig Monate alten Säugling aus dem Kinderzimmer entführt haben.

dermädchen der Lindberghs das Bett von Charles Junior leer vor, das Fenster offen. Die Familie war in heller Aufregung. Lindbergh, der sofort eine Entführung vermutete, packte ein Gewehr und stürmte aus dem Haus, in der Hoffnung, die Kidnapper noch erwischen zu können. Die Lindberghs wohnten in einer dünn besiedelten Region in New Jersey – ein Ort, den sie eigens ausgewählt hatten, um sich die Presse vom Leib zu halten. Von den Entführern fehlte jede Spur. Fast jede. Denn vor dem Fenster entdeckte man eine Leiter, auf dem Fensterbrett einen Erpresserbrief: 50 000 Dollar Lösegeld sollten die Eltern zahlen. Charles Lindbergh alarmierte die Polizei. Innerhalb kürzester Zeit tummelten sich auch Hunderte Reporter und Kameramänner auf dem Grundstück und zertrampelten die noch nicht gesicherten Spuren.

Beileidtelegramme aus aller Welt trafen ein, Präsident Roosevelt erklärte, dass der Fall Lindbergh »so lange nicht aufgegeben werden darf, bis die Verbrecher unerbittlich der Gerechtigkeit überantwortet sind«. Obwohl noch kein Bundesgesetz existierte, das Kindesentführung ahndete, schickte Washington FBI-Beamte nach New Jersey, wo Oberst Norman Schwarzkopf, Chef der dortigen Staatspolizei – sein Sohn wurde sechzig Jahre später im Golf-Krieg berühmt –, die Ermittlungen bereits an sich gezogen hatte. Charles Lindbergh aber ließ sich das Heft nicht aus der Hand nehmen: Er verhandelte sogar mit der Unterwelt, um etwas über das Schicksal seines Sohnes in Erfahrung zu bringen, selbst Al Capone bot aus dem Gefängnis heraus seine Hilfe an. Vergeblich. Die Kidnapper meldeten sich erneut: »Dem Baby geht es gut«, versicherten sie, Lindbergh würde bald erfahren, wo die Geldübergabe stattfinden sollte. Wie schon im ersten Brief wim-

Werter Herr! Halten Sie 50 000 Dollar bereit. Nach zwei bis vier Tagen werden wir Sie darüber informieren, wohin Sie das Geld liefern sollen. Wir warnen Sie davor, die Öffentlichkeit oder die Polizei zu benachrichtigen.

Aus dem Erpresserbrief, der auf der Fensterbank gefunden wurde

»Ich habe keine Sympathien für Hauptmann, aber man muss sich fragen, was wäre denn, wenn hier ein Unschuldiger vor Gericht gestanden hätte.«
Eleanor Roosevelt

»Haben Sie Angst vor dem elektrischen Stuhl, Bruno?«, fragte ihn ein Reporter. »Sie können sich vorstellen, wie ich mich fühle, wenn ich an meine Frau und mein Kind denke«, erwiderte Hauptmann, »aber ich habe keine Angst um mich selbst, weil ich weiß, dass ich unschuldig bin. Wenn ich am Ende auf den elektrischen Stuhl muss, dann werde ich wie ein Mann, wie ein unschuldiger Mann gehen.«
Interview im Gefängnis

melte es auch in diesem zweiten von orthographischen Fehlern; da das englische »good« wie im Deutschen »gut« geschrieben war, tippte die Polizei sofort auf einen Täter deutscher Herkunft. Doch die Fahndung verlief ergebnislos. Dann ergriff John F. Condon, ein ehemaliger Schulrektor aus dem New Yorker Stadtteil Bronx und ein Bewunderer Lindberghs, die Initiative, setzte eine Annonce in die *Bronx Home News* und diente sich den Kidnappern als Mittelsmann an. Tatsächlich nahmen die Entführer Kontakt zu ihm auf. Lindbergh beschaffte das Geld, Condon wurde nachts zu einem Friedhof gelotst, 50 000 Dollar wechselten den Besitzer. Das Baby blieb verschwunden. Wenige Tage später stieß ein Lastwagenfahrer, der sich abseits der Straße erleichtern wollte, auf die Leiche des Kindes.

■ Der Angeklagte Bruno Richard Hauptmann im Prozess 1934. Bis zuletzt bestritt er seine Schuld an der Entführung und Ermordung des Lindbergh-Babys.

Die Polizei konzentrierte sich jetzt auf die Herkunft der Leiter. Offenkundig sie fachmännisch gezimmert worden, einer der Täter war also möglicherweise ein Tischler. Woher stammte das Holz? Erste Hinweise deuteten auf eine Firma in der Bronx. Dort erinnerte man sich an einen Kunden, der ab und an für wenige Cent Holz kaufte und im Spätherbst mit einer der nummerierten Banknoten aus dem Lösegeld bezahlt hatte: deutscher Dialekt, spitzes Kinn, blasse Wangen, etwa 1,75 Meter groß. Das passte zur Aussage John Condons nach der Geldübergabe auf dem Friedhof. Und deckte sich mit den Angaben eines Tankstellenbesitzers, bei dem kurze Zeit später ebenfalls einer der nummerierten Scheine auftauchte. Diesmal landeten die Ermittler einen Volltreffer. Weil ihm der Kunde nämlich irgendwie merkwürdig vorgekommen war, hatte der Tankstellenbesitzer dessen Autonummer aufgeschrieben: Es handelte sich um einen gewissen Bruno Hauptmann.

Alles schien zu stimmen. Der in Deutschland geborene Bruno Hauptmann hatte bereits in seiner Heimat

wegen Diebstahls im Gefängnis gesessen, bevor er als illegaler Passagier nach Amerika auswanderte. Inzwischen besaß er eine eigene Tischlerei, lebte mit Frau und Kind unauffällig in der Bronx. Seine Nachbarn hielten ihn für einen anständigen und soliden Kerl. Die Polizei aber fand fast 14 000 Dollar in seiner Garage, allesamt nummerierte Banknoten aus dem Lösegeld – ein bisschen viel für einen Tischler, dessen Geschäfte in letzter Zeit nicht besonders gut liefen …

Er habe die Scheine selbst erst kürzlich entdeckt, erzählte Hauptmann den Ermittlern, und zwar in einer Kiste, die ihm sein Freund Isidor Fisch anvertraut habe, bevor er nach Deutschland zurückgefahren sei. Nein, Herrn Fisch könne man leider nicht mehr befragen, er sei bedauerlicherweise vor wenigen Monaten in Leipzig gestorben. Natürlich glaubte ihm die Polizei kein Wort, und auch für die Presse gab es kein Halten mehr. Sie präsentierte Hauptmann als den Entführer und Mörder des Lindbergh-Babys, der Schuldige stand fest. Wirklich? Presse, Polizei, Justiz, niemand suchte nun noch nach anderen Tätern, obwohl man bisher davon ausgegangen war, dass einer allein die Entführung gar nicht be-

■ Eine Menschenmenge wartet am 13. Februar 1935 vor dem Gerichtsgebäude in Hunterdon, in dem eine Jury über das Urteil im Fall der Entführung und Ermordung des Lindbergh-Babys berät.

»Das Geld liegt bereit. Keine Polizei. Kein Geheimdienst. Ich komme allein, wie das letzte Mal.«
Annonce von Dr. Condon vor dem Treffen mit den Kidnappern

»So wahr ich an Gott glaube, ich sterbe unschuldig.«
Hauptmann kurz vor der Hinrichtung

»Die größte Geschichte seit der Wiederauferstehung Christi.«
Der amerikanische Journalist und Essayist H. L. Mencken über den Hauptmann-Prozess

werkstelligt haben konnte. Wenn es sich jedoch um mehrere Täter handelte, dann musste der mögliche Kidnapper Hauptmann nicht unbedingt identisch sein mit dem Mörder des Babys.

Die Behörden sahen sich mit einem ganz anderen Problem konfrontiert: Das gerade verabschiedete Bundesgesetz in Sachen Menschenraub, der »Lindbergh Kidnap Act«, durfte auf Hauptmann noch nicht angewendet werden, die Gesetze des Staates New York erlaubten lediglich, den Angeklagten wegen Erpressung zu verurteilen. So manchem schwante, dass dies den Volkszorn weiter schüren würde. Also lieferte man Hauptmann flugs nach New Jersey aus, wo eine alte Regel besagte: Wer bei einem Einbruch einen Menschen absichtlich oder versehentlich umbrachte, konnte als Mörder mit dem Tode bestraft werden.

Der »Jahrhundert-Prozess«, wie die Medien ihn etwas voreilig nannten, begann Anfang Januar 1935 in Flemington, einem 3000-Seelen-Kaff, wenige hundert Meter von der Grenze zu New York entfernt. Siebenhundert Journalisten tummelten sich im Gerichtssaal, an den Wochenenden strömten bis zu 100 000 Sensationstouristen in den Ort. Bruno Hauptmann hatte keine Chance. Der Hauptzeuge, John Condon, identifizierte seine Stimme, Gutachter bestätigten, die Schrift der Erpresserbriefe sei die des Angeklagten. Viele Indizien wiesen auf Hauptmann, aber Beweise waren es kaum. Letztlich wurde nie geklärt, wie das Lindbergh-Baby zu Tode gekommen war. Am 13. Februar zogen sich die Geschworenen zur Beratung zurück. Sie dauerte den ganzen Tag. Erst kurz vor Mitternacht verkündeten sie das Urteil: schuldig des Mordes ersten Grades. Ein Geständnis hätte Hauptmann das Leben retten können. Doch bis zum Schluss beteuerte er seine Unschuld, lehnte sogar das lukrative Angebot einer Zeitung ab, die ihm 75 000 Dollar für Details des Kidnappings offerierte.

Am 3. April 1936 starb Bruno Hauptmann auf dem elektrischen Stuhl. Das restliche Lösegeld fand man nie.

■ Charles Lindbergh, der Anwalt Joseph Scott und Anne Morrow Lindbergh am 20. Juni 1941 in Hollywood, Kalifornien

BRUNO HAUPTMANN

 BIOGRAPHIE

Bruno Richard Hauptmann wurde 1899 in der sächsischen Stadt Kamenz geboren. Nach achtjähriger Schulzeit ging er bei einem Tischler in die Lehre, dann wurde er als Maschinengewehrschütze an die Westfront einberufen. Sein Vater starb 1917, zwei Brüder verlor er im Ersten Weltkrieg. Zurück in Kamenz, brachten ihn Raubüberfälle und mehrere Diebstähle für über drei Jahre ins Gefängnis. Kurz nach seiner Entlassung wurde er erneut bei einem Diebstahl gefasst; bevor er verurteilt werden konnte, gelang ihm jedoch die Flucht. Dreimal versuchte er als blinder Passagier in die USA einzureisen, zweimal wurde er entdeckt und zurückgeschickt. Beim dritten Mal, im November 1923, schaffte er es. Er lebte in New York und arbeitete zunächst als Tellerwäscher. 1925 heiratete er das deutsche Dienstmädchen Anna Schöffler, mit der er ein Kind bekam. Er arbeitete in verschiedenen Maschinenwerkstätten und auf Baustellen. Durch Investitionen auf dem Aktienmarkt kam er zu einem kleinen Vermögen. Im September 1934 wurde Bruno Hauptmann festgenommen. Einer der registrierten Scheine aus dem Lösegeld, das Anne Morrow und Charles Lindbergh für ihr entführtes Kind gezahlt hatten, war aufgetaucht, die Spur führte zu dem deutschen Tischler. In seiner Garage fand man fast 14000 Dollar des Lösegelds. Obwohl seine Schuld nicht endgültig bewiesen werden konnte und er bis zuletzt auf seiner Unschuld bestand, wurde Hauptmann im Februar 1935 wegen Mordes an dem zwanzig Monate alten Sohn der Lindberghs zum Tode verurteilt. Der Hinrichtungstermin wurde mehrfach verschoben, weil nicht nur seine Frau, sondern auch andere, die das Verfahren für unfair hielten, sowie grundsätzliche Gegner der Todesstrafe ihn zu retten versuchten. Die Neuuntersuchung des Falls, die der Gouverneur von New Jersey, Harold G. Hoffman, heimlich anordnete, blieb jedoch ohne Ergebnis. Eine Revision lehnte das Gericht ab. Am 3. April 1936 wurde Bruno Hauptmann im Staatsgefängnis von Trenton auf dem elektrischen Stuhl hingerichtet.

Nachgeschichte

Ihr ganzes Leben lang versuchte Anna Hauptmann vergeblich, durch Bittschriften eine Wiederaufnahme des Verfahrens zu erreichen. Weder bei den späteren Gouverneuren noch bei den Richtern an den Obersten Gerichtshöfen fand sie Gehör. Noch mit über neunzig Jahren trat sie in der Öffentlichkeit für die Unschuld ihres Mannes ein. 1994 starb sie in Lancaster in New Jersey im Alter von 95 Jahren. Bis in die jüngere Zeit hinein tauchten immer wieder neue Theorien über den Lindbergh-Fall auf, von denen eine besagt, es habe gar keine Entführung gegeben, sondern das Kind sei im Hause Lindbergh umgekommen, möglicherweise durch einen Unglücksfall. Um diesen Vorfall zu vertuschen, habe die Familie eine Entführung inszeniert.

Künstlerische Bearbeitung
Unter einer Reihe von Romanen, die auf den Lindbergh-Fall zurückgehen, ist Agatha Christies Kriminalroman *Mord im Orientexpress* (1934, *Murder on the Orient Express*) die berühmteste Bearbeitung. Das alte Gerichtsgebäude, in dem der Prozess gegen Bruno Hauptmann stattfand, ist seit 1996 ein Veranstaltungsort, an dem hin und wieder auch Harry Kazmans Theaterstück *Lindbergh and Hauptmann: The Trial of the Century* aufgeführt wird.

 EMPFEHLUNGEN

Lesenswert:
A. Scott Berg: *Charles Lindbergh. Ein Idol des 20. Jahrhunderts*, München 1999.

Sehenswert:
Die Entführung des Lindbergh-Babys (*The Linbergh Kidnapping Case*). Regie: Buzz Kulik; mit Anthony Hopkins. USA 1976.

Mord im Orient-Express (*Murder on the Orient Express*). Regie: Sidney Lumet; mit Albert Finney, Lauren Bacall, Martin Balsam, Ingrid Bergman, Jacqueline Bisset, Sean Connery, Vanessa Redgrave. GB 1974.

 AUF DEN PUNKT GEBRACHT

Die Lindbergh-Hysterie führte dazu, dass Bruno Hauptmann schon verurteilt war, bevor der Prozess überhaupt begann. Wie das Baby tatsächlich zu Tode kam, wurde nie geklärt. Das Gericht begnügte sich mit Indizien, um Hauptmann auf den elektrischen Stuhl zu bringen.

Stalins Abrechnung mit Lenins Revolution
Schauprozesse gegen Radek, Bucharin, Rykow und andere (1936–1938)

Stalins Generalstaatsanwalt Andrej Wyschinskij fiel selten aus der Rolle. Aber wenn, dann richtig: »Unser ganzes Land erwartet und fordert das eine: Die Verräter und Spione, die unsere Heimat dem Feinde verschachern wollten, müssen wie räudige Hunde erschossen werden!« Nur wie brachte man dem eigenen Volk und der Weltöffentlichkeit bei, dass die »räudigen Hunde« verdiente Parteigenossen waren? Prominente Bolschewiki der ersten Stunde, die einst für die Revolution Gefängnis, Verbannung, Exil auf sich genommen hatten? Diese verehrten alten Kämpen konnte man nicht einfach ohne Beweise hinmeucheln oder verschwinden lassen, wie es mit so vielen anderen geschah. Aber es gab keine Beweise. Wie auch? Schließlich existierten gar kein Verrat, kein Putschversuch, keine Konterrevolution, um das kapitalistische System wieder einzuführen. Die Anklagen waren frei erfunden. Die Geständnisse ebenso: »Ich bekenne mich schuldig, einer der Führer des Blocks der Rechten und Trotzkisten gewesen zu sein«, gab der Chefideologe der KPdSU, Nikolaj Bucharin, zu Protokoll, »dementsprechend bekenne ich mich verantwortlich für die Gesamtheit der Verbrechen, die diese konterrevolutionäre Organisation beging.« Wie zur Bestätigung wandte sich Wyschinski an einen weiteren der insgesamt einundzwanzig Angeklagten, Alexej Rykow, den früheren Vorsitzenden des Rates der Volkskommissare. Ob er Bucharin für einen Verräter halte? »Einen Verräter, wie mich selbst«, erwiderte Rykow, ohne mit der Wimper zu zucken. Die verblüfften Zuschauer im Haus der Gewerkschaften, nahe des Kremls, standen vor einem Rätsel. Und bis heute erklärt die von Stalin formulierte Methode: »Kein Schlaf, kein Essen und immer Prügel, Prügel und wieder Prügel ...« nur zum Teil, wieso die Elite des Parteiapparats sich bis zur Selbstaufgabe dieser Inszenierung fügte.

Vor dem Regisseur dieses Dramas hatte Lenin die Genossen kurz vor seinem Tod 1924 gewarnt: Josef Stalin sei zwar ein fähiger, aber unberechenbarer

■ Josef Stalin, undatierte Photographie

Generalsekretär, seine wenig freundschaftlichen Beziehungen zu Trotzki könnten die Partei spalten. Deshalb empfehle er, Stalin von seinem Posten zu entfernen. Jeder wusste, dass Lenin den »zweiten Mann der Partei«, Leo Trotzki, als Nachfolger favorisierte. Kaum war der große Revolutionsführer unter der Erde, verbündete sich Stalin mit den Politbüromitgliedern Grigorij Sinowjew und Lew Kamenew, um den Rivalen zu entmachten. Trotzki, der die Revolution 1917 gerettet hatte, indem er die Rote Armee schuf, die den Bürgerkrieg gegen die konservativen Kräfte gewann, wurde nun, innerhalb weniger Jahre, aus der Partei ausgeschlossen, nach Sibirien verbannt und 1929 des Landes verwiesen. Seine Anhänger, die »Trotzkisten«, ließ Stalin unerbittlich verfolgen. Doch obwohl er seine eigene Herrschaft nach und nach festigte, saßen ihm die Kritiker weiter im Nacken. Der erste, Ende der 1920er Jahre eingeleitete Fünfjahresplan verlief nicht so, wie Stalin sich das gedacht hatte. Mit dem Aufbau der Schwerindustrie holte die Sowjetunion zwar langsam ihren industriellen Rückstand auf, aber der Kollektivierung der Landwirtschaft musste mit brutalen Methoden zum Erfolg verholfen werden. Zahlreiche Bauern widersetzten sich, wurden zwangsumgesiedelt, deportiert oder ermordet. Es kam zu Hungersnöten, denen Millionen zum Opfer fielen. Der Diktator des Proletariats probte seine erste Phase des Terrors. Hinrichtungen, Repressalien in jeglicher Form –

■ Während einer Betriebsversammlung im Jahr 1936 sprechen sich Fabrikarbeiter per Handzeichen für die Todesstrafe für Trotzkisten aus. Auf dem Transparent im Hintergrund steht (sinngemäß): »Fegt die Gang der trotzkistischen Mörder vom Angesicht der Erde – das ist der Wille des Volkes.«

Stalin riss die Macht an sich, nicht auf Grund persönlicher Leistungen, sondern mithilfe eines unpersönlichen Apparates. Und es war nicht er, der diesen Apparat geschaffen hatte, sondern der Apparat hatte ihn geschaffen.

Leo Trotzki

Ein Beispiel für die Haltung vieler Künstler – wie auch Sartre und
Brecht –, die Stalins Terror damals verteidigten ist die Aussage des
tschechischen Dichters und Kommunisten Stanislav Kostka Neumann: »Zehn oder mehr Leben von solchen verkommenen Intelli-
genzlern sind nicht so viel wert wie das Leben eines ehrlichen
Proletariers.«

und einige Jahre später auch Schauprozesse – begriff er als Mittel
des Klassenkampfes eigener Prägung. Nicht umsonst hatte sich
Jossif Wissarionowitsch Dschugaschwilij 1910 einen neuen Namen
verpasst: Stalin – der Stählerne.

Die zweite Phase des Terrors begann am 1. Dezember 1934 mit
der Ermordung des Leningrader Parteisekretärs Sergej Kirow.
Auch Kirow war ein altgedienter Genosse, redegewandt und po-
pulär, ein enger Mitarbeiter Stalins. Manchen galt der »Liebling
der Partei« schon als Kronprinz. Bis heute tragen eine russische
Stadt und das renommierte Peters-
burger Ballett seinen Namen. Stalin
eilte sofort nach Leningrad, sprach
von einer Verschwörung, etablierte
den Begriff »Zentrum«: Er erfand
das Leningrader, bald auch das Moskauer »Zentrum«, und immer ver-
bargen sich dahinter unbekannte
Feinde, die je nach Bedarf konkret
benannt werden konnten. Was rasch
geschah. Die Verhaftung und Verurteilung von Kirows Mörder bot Stalin die Chance, missliebige Partei-
funktionäre zu beschuldigen, an der
Ermordung Kirows beteiligt gewesen zu sein, einem von Trotzki aus
dem Ausland gesteuertem »Zentrum« anzugehören – die Vorboten
der großen »Tschistka«, der stalinistischen Säuberung, kündigten sich
an. Auch spätere Prozesse wurden
nach diesem Muster angelegt. Der
Tod Kirows, die angebliche Verbindung zu Trotzki, Spionage für das
Ausland und Sabotage, all das sollte

immer wieder eine Rolle spielen. Natürlich ahnte damals kaum jemand, dass der Geheimdienst NKDW Kirow getötet hatte, wenn nicht auf Befehl Stalins, so doch mit seinem Einverständnis. Sergej Kirow war das erste Opfer der Säuberungspolitik. Stalin wollte die alte Garde, die er fürchtete, endlich loswerden, sie durch junge, unverbrauchte Parteigenossen ersetzen, die nur ihm allein dienten und sich vollständig unterordneten.

Der NKDW benötigte mehr als ein Jahr, um die Schauprozesse in Szene zu setzen. Zaghafte Versuche, schon 1935, scheiterten an der Naivität der Richter, die immer noch glaubten, eigenständig Recht sprechen zu dürfen. Nachdem die Angeklagten mit milden Gefängnisstrafen davongekommen waren, erteilte man den Juristen eine Lektion in Klassenkampf à la Stalin: Keiner von ihnen überlebte das Jahr 1938.

Bis dahin hatte Stalin der Welt drei große öffentliche Schauspiele geliefert, in denen insgesamt vierundfünfzig prominente Parteigenossen sich selbst und sich gegenseitig bezichtigten, die Sowjetunion verraten, mit dem Feind paktiert und eine umfassende trotzkistische Verschwörung geplant zu haben. Nicht wenige Beobachter fielen auf diese Show herein. Der Rahmen einer Gerichtsverhandlung verlieh der Säuberung nach außen hin einen seriösen Charakter. Es gab einen Generalstaatsanwalt, zuweilen auch Verteidiger, und die langen Verhöre brachten überzeugend wirkende Geständnisse. Dass diese Selbstkritik durch Folter erpresst worden war oder durch das – häufig gebrochene – Versprechen, die Familie des Verhafteten ungeschoren zu lassen, wussten nur diejenigen, die Stalins Methoden kannten. Dazu zählten auch die Angeklagten, schließlich hatten sie jahrelang Stalins Terror mitgetragen.

■ Zwei Tage nach der Urteilsverkündung im »Prozess der 21« lauschen Moskauer Fabrikarbeiter einer Resolution, in der die 21 angeklagten und verurteilten »antisowjetischen Rechten und Trotzkisten« angeprangert werden.

»Ein Dschingis-Khan, der Marx zwar gelesen, aber nicht verstanden hat.«
Bucharin über Stalin

Stalin ist zu grob, und dieser Fehler kann in der Funktion des Generalsekretärs nicht geduldet werden. Deshalb schlage ich den Genossen vor, sich zu überlegen, wie man Stalin ablösen könnte, und jemand anderen an diese Stelle zu setzen, der sich von Stalin nur durch einen Vorzug unterscheidet, nämlich dadurch, dass er toleranter, loyaler, höflicher und den Genossen gegenüber aufmerksamer, weniger launenhaft ist.
Lenin im Nachsatz seines Politischen Testaments

■ Vor sowjetischen Soldaten wird ein Zeitungsbericht verlesen, der die Urteile im »Prozess der 21« rechtfertigt.

Gleich 1936, im sogenannten »Prozess der 16«, knöpfte sich Stalin unter anderen seine einstigen Verbündeten gegen Trotzki, Sinowjew und Kamenew, vor; alle sechzehn Angeklagten verurteilte man zum Tode und richtete sie noch am selben Tag hin. Beim »Prozess der 17«, im Jahr darauf, kamen immerhin vier der »Vaterlandsverräter« mit einer zehnjährigen Haftstrafe davon. Einer von ihnen war der Journalist und Diplomat Karl Radek, der 1918 den Frieden von Brest-Litowsk mitausgehandelt hatte. Allerdings bedeutete eine Haftstrafe keine Garantie auf Überleben. Radek verschwand im Gefängnis, man hörte nie wieder etwas von ihm. Den übrigen dreien erging es ähnlich. Im März 1938 mussten sich einundzwanzig weitere gestandene Parteigenossen vor Gericht verantworten, darunter auch Bucharin, Rykow und Genrich Jagoda, bis vor kurzem noch Volkskommissar des stalinistischen Geheimdienstes, der die Schauprozesse arrangierte. Auch sie entgingen dem Erschießungskommando nicht.

Die Aburteilung der Parteiprominenz spiegelte lediglich die Oberfläche der Säuberung. Unter Ausschluss der Öffentlichkeit standen in diesen Jahren Unzählige vor Gerichten, die im Schnellverfahren Todesurteile fällten, Millionen Häftlinge füllten die riesigen Arbeitslager im Norden und Osten der Sowjetunion. Von einhundertvierzig Mitgliedern des Zentralkomitees ließ man gerade mal fünfzehn auf freiem Fuß, siebzehn der achtundzwanzig Politbüromitglieder wurden erschossen. Die Armee blieb ebenfalls nicht verschont: Von fünf Marschällen starben drei, von fünfzehn Generälen dreizehn, bis zu 40 000 Kommandeure brachte man um. Am Ende war die Armee derart geschwächt, dass sie dem deutschen Angriff 1941 zunächst nichts entgegenzusetzen hatte. Der lange Arm Stalins erreichte auch Trotzki: In seinem Exil in Mexiko ermordete ihn 1940 ein Agent des NKWD mit einem Eispickel.

»Bei Stalin war jedes Verbrechen möglich, denn es gab kein einziges, das er nicht begangen hätte. Ihm wird – hoffentlich für alle Zeiten – der Ruhm zufallen, der größte Verbrecher der Geschichte zu sein.« So Milovan Djilas, jugoslawischer Schriftsteller und Politiker, in seinem Buch *Gespräche mit Stalin*

KARL RADEK, NIKOLAJ BUCHARIN, ALEXEJ RYKOW

 BIOGRAPHIEN

Unter den vierundfünfzig Personen, die sich in den drei großen Moskauer Schauprozessen von 1935 bis 1938 zu verantworten hatten, standen mit Karl Radek, Nikolaj Bucharin und Alexej Rykow drei der prominentesten sowjetischen Politiker vor Gericht. Der 1885 in Lemberg geborene Journalist Karl Radek, von 1907 bis 1912 Mitglied der SPD, nahm 1914 Kontakt zu Lenin auf. 1917 arbeitete er im Auslandsbüro der russischen Bolschewiki in Stockholm, 1918/19 beteiligte er sich mit Rosa Luxemburg und Karl Liebknecht am Aufbau der KPD. Ab 1919 war er Mitglied des Zentralkomitees der russischen KP, ab 1920 außerdem Sekretär des Exekutivkomitees der Komintern. Als Anhänger Leo Trotzkis musste Radek 1924 alle Parteiämter aufgeben. Dem Ausschluss aus der KP folgte seine Verbannung in den Ural von 1927 bis 1929. Nachdem er sich Stalin politisch unterworfen hatte, wurde er begnadigt. Unter anderem arbeitete er für die *Prawda*. 1936 erneut aus der KPdSU ausgeschlossen, erhielt er 1937 eine zehnjährige Haftstrafe. Vermutlich 1939 starb er in einem sowjetischen Straflager. Bucharin, 1888 in Moskau geboren, einst ein enger Kampfgefährte Lenins, war von 1917 bis 1929 Chefredakteur der *Prawda*, des Organs der KPdSU. Nach Lenins Tod 1924 unterstützte er als Mitglied des Politbüros und Vorsitzender der Komintern anfangs Stalins Politik,

wandte sich dann aber gegen dessen Industrialisierungs- und Kollektivierungsmaßnahmen. 1929 verlor er wegen »rechter Abweichung« alle Funktionen. Da er sich kurz darauf kompromissbereit zeigte, blieben ihm Anklage und Verurteilung zunächst erspart. 1934 wurde er Herausgeber der *Iswestija* und beteiligte sich an der Ausarbeitung der sowjetischen Verfassung von 1936. Unter dem Vorwurf antisowjetischer Aktivitäten wurde er 1937 verhaftet, am 13. März 1938 zum Tode verurteilt und zwei Tage später erschossen. Im selben Prozess fiel auch das Todesurteil gegen Rykow. 1881 in Saratow geboren, war er 1917/18 Volkskommissar für Innere Angelegenheiten, ab 1922 Mitglied des Politbüros der KPdSU und ab 1924 Vorsitzender des Rates der Volkskommissare, bis er 1930 seine Ämter aufgeben musste.

Nachgeschichte
Zwanzig Millionen Menschen, so schätzt man, fielen den »Säuberungen« Stalins zum Opfer. Offiziell wurde die »Säuberungs«-Politik 1939 abgeschafft. Nach dem Zweiten Weltkrieg gab es allerdings ein blutiges Nachspiel, das als »Leningrader Affäre« in die Geschichte einging. Da Stalin befürchtete, dass die Parteigenossen, die gemeinsam mit der Bevölkerung Leningrads die neunhunderttägige Blockade unter den grausamsten Bedingungen überstanden hatten, ihm

als neue Volkshelden gefährlich werden konnten, ließ er alle ortsansässigen Funktionäre verhaften und erschießen. Generalstaatsanwalt Wyschinskij, Hauptankläger in den Moskauer Schauprozessen, wurde 1949 Außenminister und vertrat 1953/54, bis zu seinem Tod, die Sowjetunion im Weltsicherheitsrat der Vereinten Nationen. Im Februar 1988 hob der Oberste Gerichtshof der UdSSR die Urteile der Schauprozesse offiziell auf.

Künstlerische Bearbeitung
1973–1975 erschien in Paris mit Alexander Solschenizyns dokumentarisch-literarischem Werk *Archipel GULAG* erstmals ein Bericht über Unterdrückung und Terror in der Sowjetunion zwischen 1918 und 1956. Die Veröffentlichung des Werks führte zu Solschenizyns Ausweisung aus der UdSSR.

 EMPFEHLUNGEN

Lesenswert:
Alexander Solschenizyn: *Der Archipel GULAG*, Reinbek 1994.

Anna Larina Bucharina: *Nun bin ich schon weit über zwanzig. Erinnerungen*, Göttingen 1995.

Stefan Heym: *Radek*. Roman, Frankfurt/Main 1999.

Sehenswert:
Erschießt sie wie die Hunde. Die Moskauer Schauprozesse 1936–1938. Dokumentarfilm von Heinrich Billstein, Deutschland 1998.

 AUF DEN PUNKT GEBRACHT

Jemanden zu Unrecht anklagen und ihn dann noch durch Folter zu einem »freiwilligen« öffentlichen Geständnis zwingen – eine größere Pervertierung der Idee eines fairen Prozesses ist kaum denkbar. Und trotzdem hält sich das Mitleid mit den Angeklagten, die alle 1988 rehabilitiert wurden, in Grenzen: Schließlich hatten sie Stalins Terrormethoden zugelassen oder sich an ihnen beteiligt, solange sie in Amt und Würden waren.

»Der Führer Adolf Hitler ist tot ...«
Die Männer des 20. Juli vor dem Volksgerichtshof (1944/45)

> Binnen 24 Stunden muss die Anklage erhoben sein, binnen weiterer 24 Stunden muss das Urteil da sein, und sofort muss der Verbrecher seine Strafe weg haben. Die Zeit der mildernden Umstände als Regel muss vorbei sein.
>
> **Roland Freisler in einem Aufsatz der Akademie für deutsches Recht**

■ Claus Schenk Graf von Stauffenberg in den frühen 1930er Jahren

»Diesmal werde ich kurzen Prozess machen. Diese Verbrecher sollen vor den Volksgerichtshof. Sie dürfen gar nicht zu Wort kommen, und innerhalb von zwei Stunden nach der Verkündung des Urteils muss es vollstreckt werden. Die müssen sofort hängen, ohne jedes Erbarmen.« Die Anweisung des »Führers« war deutlich. Diktatoren begreifen sich immer auch als oberste Gerichtsherren. Adolf Hitler machte da keine Ausnahme. Längst hatte er die Rechtsprechung seinen politischen Zielen angepasst, unter dem Vorwand, die Interessen von Volk und Staat zu schützen. In der Terminologie des Nationalsozialismus hieß das: »Vernichtung von rassischen, politischen und asozialen Volksschädlingen« – Juden, Oppositionelle oder auch Gruppen wie Sinti und Roma und Homosexuelle. Das Recht, im Laufe der Jahre immer willkürlicher ausgelegt und angewendet, wurde zum nationalsozialistischen Kampfinstrument. Schon ein Satz wie »Der Krieg ist verloren« konnte für ein Todesurteil ausreichen. Nur wenige Richter verweigerten sich dem System. Die meisten folgten ihrem Führer anstandslos, und zu seinen willigsten Vollstreckern zählte Roland Freisler, Präsident des Volksgerichtshofs, der einst Hitler versicherte: »Der Volksgerichtshof wird sich stets bemühen, so zu urteilen, wie er glaubt, dass Sie, mein Führer, den Fall selbst beurteilen.« Kein Wunder, dass der Diktator für das geplante Gerichtsschauspiel gegen die Männer, die ihn hatten umbringen wollen, ganz auf Freisler vertraute, ihn in Anspielung auf den Chefankläger der Moskauer Schauprozesse (siehe Seite 190) »unseren Wyschinski« nannte. Freisler war sogar noch radikaler. Gestandenen Militärs wie dem früheren Generalfeldmarschall Erwin von Witzleben ließ er die Hosenträger wegnehmen, um ihn der Lächerlichkeit preiszugeben. Als von Witzleben sich verzweifelt bemühte, seine viel zu weiten Hosen vor dem Hinunterrutschen zu bewahren, schrie ihn Freisler an: »Sie schmutziger alter Mann, was haben Sie immer an Ihren Hosen rumzufummeln?« Kaum einer der Angeklagten durfte mehr als zwei Sätze formulieren, bevor Freisler mit

Gebrüll dazwischenging. Er beschimpfte sie als »Würstchen« und »Jämmerlinge« oder schleuderte ihnen entgegen: »Und so etwas erdreistet sich, unserem geliebten Führer ans Leben zu wollen. Eine Ratte! Austreten, zertreten sollte man so was!« Das ging selbst dem Justizministerium zu weit. Er legte den Plan ad acta, die Prozesse propagandistisch auszuschlachten, und erklärte die Filmaufnahmen zur »geheimen Reichssache«. Zu offensichtlich handelte es sich um ein abgekartetes Spiel, in dem noch nicht einmal pro forma rechtsstaatliche Regeln galten. Es gab jedoch noch

■ Friedrich Werner Graf von der Schulenburg während des Prozesses vor dem Volksgerichtshof in Berlin

»Der Dolch des Mörders war unter der Robe des Juristen verborgen.«
Aus dem Urteil des Nürnberger Juristenprozesses 1948

Leuschner und von Hassell ließ Freisler nicht aussprechen. Er überschrie sie wiederholt. Das machte einen recht schlechten Eindruck. Die politische Führung der Verhandlung war ansonsten nicht zu beanstanden. Leider redete er aber Leuschner als Viertelportion und Goerdeler als halbe Portion an und sprach von den Angeklagten als Würstchen. Darunter litt der Ernst dieser wichtigen Versammlung erheblich. Es fehlt dem Präsidenten völlig an eiskalter überlegener Zurückhaltung, die in solchem Prozess allein geboten ist.
Justizminister Thierack in einem Schreiben an Martin Bormann, den Sekretär Hitlers. Er begründete damit, warum man die Filmaufnahmen vom Prozess nicht öffentlich vorführen sollte.

Aus dem unpolitischen, neutralen, abseits stehenden Richter des liberalen Vielparteien-Staates muss ein instinktsicherer Nationalsozialist werden, der ein Organ hat für die großen politischen Ziele der Bewegung. Politik, Weltanschauung und Recht sind eins.

Curt Rothenberger, Justizstaatssekretär unter Hitler

»Was damals rechtens war, kann heute nicht Unrecht sein.« Hans Filbinger, unter den Nazis Marinerichter und als solcher beteiligt an Todesurteilen; von 1966 bis 1978 Ministerpräsident von Baden-Württemberg

einen zweiten Grund: Die Machthaber nämlich stellten erschüttert fest, dass der Kreis der Verschwörer weitaus größer war, als man vermutet hatte. Er umfasste die konservativ-bürgerliche Elite, das Beamtentum und Militär – Personen, die immer noch an den Schaltstellen saßen, von denen ein Großteil Hitlers Politik bis 1942/43 duldete und unterstützte. Erst die sich abzeichnende Kriegsniederlage brachte viele zur Einsicht. Auch mit Blick auf die Zeit danach: »Das Attentat muss erfolgen, auch wenn es misslingt. Es darf später einmal nicht heißen, es ist niemand gegen das Unrecht aufgestanden«, erklärte Generalstabsoffizier Henning von Tresckow, einer der wenigen Militärs, die schon früh gegen Hitler opponierten.

Nicht alle der unterschiedlichen, aber miteinander vernetzten Widerstandszirkel befürworteten den Tyrannenmord; der Kreisauer Kreis um Helmuth Graf von Moltke zum Beispiel setzte auf heimliche Zusammenarbeit mit den anrückenden Alliierten, um das Ende des Krieges zu beschleunigen. Doch im Sommer 1943 kam die »Operation Walküre« in Gang. Unter diesem Namen existierten bereits von Hitler abgesegnete Pläne, wie ein Ersatzheer zu organisieren sei, sollte es zu Unruhen im Inneren des Reiches kommen. Dies machte sich der Widerstand nun für seine Umsturzabsichten zunutze. Nach dem Anschlag auf Hitler wollte man den Walküre-Befehl in veränderter Fassung herausgeben, das Ersatzheer auffordern, die Zentralen von NSDAP, SS, Gestapo und den Rundfunk zu besetzen. Der Text begann mit den Worten: »Der Führer Adolf Hitler ist tot.«

Voraussetzung für einen erfolgreichen Staatsstreich in Ber-

■ Der Präsident des Volksgerichtshofes, Roland Freisler, während einer Gerichtsverhandlung mit Verteidigern der Angeklagten

lin war das Attentat. Und tatsächlich zündete Claus Schenk Graf von Stauffenberg, einer der wenigen, die zu Hitlers Hauptquartier, der »Wolfsschanze«, Zugang hatten, am 20. Juli 1944 die in seiner Aktentasche versteckte Bombe, verließ die Lagebesprechung, hörte den Sprengsatz explodieren und kam gerade noch durch die Schranke, bevor Alarm gegeben wurde. Er flog zurück nach Berlin, die »Operation Walküre« lief an. Doch wie schon 1939, als der Schreiner Georg Elser eine Bombe im Münchener Bürgerbräukeller platzierte, entkam Hitler auch diesmal. Der Putsch misslang gründlich.

Stauffenberg und vier weitere Verschwörer wurden noch am selben Abend standrechtlich erschossen. Am 8. August begannen die Prozesse vor dem Volksgerichtshof, einen Tag später vollstreckte man die ersten Urteile. Nach Hitlers Devise: »Man soll sie hängen wie Schlachtvieh« endete der Widerstand an Fleischerhaken im Zuchthaus Plötzensee. Bis in die letzten Kriegstage hinein fällten die Nazi-Richter Todesurteile, davon rund zweihundert gegen Mitglieder der Widerstandsbewegung. Die offizielle Statistik des »Dritten Reiches«, die von mindestens 40 000 Todesurteilen in zwölf Jahren ausgeht, ist beispiellos. Ein geglückter Staatsstreich,

■ Roland Freisler, der Präsident des Volksgerichtshofes, verliest am 8. August 1944 die Urteile.

Es ist Zeit, dass jetzt etwas getan wird. Derjenige allerdings, der etwas zu tun wagt, muss sich bewusst sein, dass er wohl als Verräter in die deutsche Geschichte eingehen wird. Unterlässt er jedoch die Tat, dann wäre er ein Verräter vor seinem eigenen Gewissen.

Claus Schenk Graf von Stauffenberg

■ Wie viele Widerständler an der Planung des Attentats beteiligt waren, zeigt eindrucksvoll diese Bildwand in der Gedenkstätte Deutscher Widerstand im Bendlerblock, auf der die Porträts von 176 Mitverschwörern des Hitlerattentäters Claus Schenk Graf von Stauffenberg zu sehen sind. Berlin, Stauffenbergmuseum

eine frühe Kapitulation hätte vielen Menschen das Leben gerettet. Zwischen dem 21. Juli 1944 und Kriegsende, im Mai 1945, starben allein fast fünf Millionen Deutsche, täglich mehr als 16500.

Lediglich sechzehn Richter mussten sich nach dem Krieg vor einem internationalen Tribunal der Alliierten verantworten. Roland Freisler entging diesem Prozess, weil er im Februar 1945 bei einem Bombenangriff von einem herabstürzenden Dachbalken erschlagen worden war. Kein deutsches Gericht hat jemals einen Nazi-Richter verurteilt. Wie auch? Schließlich setzten die meisten ihre Laufbahn nahtlos fort, machten sogar Karriere; der alte Geist prägte noch lange die Rechtsprechung der jungen Bundesrepublik. In dieser Logik entschied das Versorgungsamt München 1974, die Rente von Freislers Witwe zu erhöhen. Man müsse unterstellen, dass ihr Mann, hätte er den Krieg überlebt, »als Rechtsanwalt oder Beamter des höheren Dienstes tätig geworden wäre«.

CLAUS SCHENK GRAF VON STAUFFENBERG

BIOGRAPHIE

Claus Schenk Graf von Stauffenberg, am 15. November 1907 im schwäbischen Jettingen geboren, begann 1926 seine militärische Laufbahn im Bamberger Reiterregiment. Weitere Stationen seiner Ausbildung waren Dresden, Hannover und Berlin. Zu Beginn des Zweiten Weltkriegs nahm er als Generalstabsoffizier unter Generalleutnant Erich Hoepner am Polen- und Frankreichfeldzug teil. Ende Mai 1940 wurde er in die Organisationsabteilung des Oberkommandos des Heeres berufen. Seine Kriegserfahrungen 1942 in der Ukraine, wo er mit der Aufstellung russischer Freiwilligenverbände befasst war, ließen ihn zum entschiedenen Gegner Hitlers werden. Im Februar 1943 wurde er nach Tunesien versetzt; zwei Monate später kam er schwerverletzt nach Deutschland zurück: Er hatte ein Auge, seine rechte Hand und zwei Finger der linken verloren. Nach seiner Ernennung zum Stabschef im Allgemeinen Heeresamt 1943 wurde Stauffenberg zur treibenden Kraft im Kampf gegen Hitler. Im Juni trat er seinen Dienst als Stabschef beim Befehlshaber des Ersatzheeres an, kurz darauf wurde er zum Oberst befördert. Er hatte nun direkten Zugang zu Hitlers Hauptquartier bei Rastenburg, das er am 20. Juli 1944 mit einer Bombe in der Aktentasche betrat. Die Bombe explodierte, Hitler aber kam leicht verletzt davon. Am selben Abend wurden Stauffenberg und vier Mitverschworene, die

Offiziere Friedrich Olbricht, Albrecht Mertz von Quirnheim und Werner von Haeften, in der Berliner Bendlerstraße, Sitz des Heeresersatzamtes, erschossen.

Nachgeschichte

Noch in der Nacht setzte eine großangelegte Fahndung ein. Die am nächsten Tag gebildete Sonderkommission zur Verfolgung der dem Widerstand zugerechneten Personen und ihrer Angehörigen wuchs in kurzer Zeit auf vierhundert Beamte an. Rund siebentausend Verhaftungen gab es im Zusammenhang mit der Verschwörung des 20. Juli, etwa zweihundert Männer und Frauen aus dem engeren Kreis der Widerstandsbewegung wurden hingerichtet. Am 7. August 1944 begannen die Prozesse vor dem »Volksgerichtshof«, der seit 1942 dem Präsidenten Roland Freisler unterstand. 1893 in Celle geboren, war Freisler im Ersten Weltkrieg in russische Gefangenschaft geraten, hatte sich nach der Oktoberrevolution den Revolutionären angeschlossen und wurde sogar bolschewistischer Kommissar, bis er 1920 nach Deutschland zurückkehrte. 1925 trat er in die NSDAP bei. Von 1934 bis 1942 war er Staatssekretär im Reichsjustizministerium. Freisler galt als brillanter Jurist. Hunderte von Schriften aus seiner Feder zeigen, dass er ein rastloser und intelligenter Vordenker des nationalsozialistischen Rechtssystems war. Viele Juraprofessoren haben sich

auf ihn berufen. Die Verfahren gegen die Mitglieder der Widerstandsbewegung leitete er zum großen Teil selbst, mit äußerster Radikalität und unter den entwürdigendsten Umständen für die Opfer. Auf Hitlers Befehl hin wurden die Prozesse gegen die Beteiligten des Umsturzversuches vom 20. Juli und die Vollstreckung der Todesurteile gefilmt. Freisler kam Anfang Februar 1945 bei einem Luftangriff ums Leben.

EMPFEHLUNGEN

Lesenswert:
Joachim Fest: *Staatsstreich. Der lange Weg zum 20. Juli*, München 1997.

Ingo Müller: *Furchtbare Juristen. Die unbewältigte Vergangenheit unserer Justiz*, 1989.

Ralph Angermund: *Deutsche Richterschaft 1919–1945*, Frankfurt/Main 1991.

Sehenswert:
Der 20. Juli. Regie: Falk Harnack; mit Wolfgang Preiß, Annemarie Düringer. BRD 1955.

Operation Walküre. Regie: Franz Peter Wirth; Fernsehspiel, BRD 1971.

Besuchenswert:
Die Gedenkstätte Deutscher Widerstand im Bendlerblock in Berlin-Tiergarten.

Die Gedenkstätte Plötzensee. Hier wurden zwischen 1933 und 1945 an die dreitausend Menschen hingerichtet.

AUF DEN PUNKT GEBRACHT

Obwohl die »furchtbaren Richter« Hitlers die Totengräber des Rechts waren, konnten sie sich problemlos in die Demokratie retten. Der alte Geist wirkte lange nach. Noch 1971 kam ein Berliner Gericht zu dem Schluss, dass die Männer des 20. Juli »nicht aufgrund eines Scheinverfahrens zum Tode verurteilt, ermordet worden sind«.

Ein Urteil schreibt Völkerrecht
Die Nürnberger Prozesse (1945/46)

■ Über dem Eingang des Justizpalastes wehen die Flaggen der Allierten. November 1945

»Die wahre Klägerin vor den Schranken dieses Gerichts ist die Zivilisation.«
Robert H. Jackson in seiner Eröffnungsrede

»Eines Morgens verwechsele ich halb verschlafen meine Zahnbürste mit der meines Nebenmannes, der sagt: ›Verzeihung, diese Bürste trägt meine Initialen. Mein Name ist John Steinbeck.‹ Im Hintergrund planscht John Dos Passos vergnügt in der Badewanne, und ein paar Schritte weiter beklagt sich Ernest Hemingway, mit nicht mehr als einem Frottiertuch um den Bauch, über die lokalen Weinsorten.« Es ging eng zu im Schloss des Bleistiftfabrikanten Faber-Castell. Hier war das internationale Pressecamp untergebracht, und noch 50 Jahre später amüsierte sich der amerikanische Journalist George Herald über das morgendliche Gedränge im Bad. Zu viert oder fünft teilte sich die Prominenz der schreibenden Zunft ein Zimmer, so mancher ertrug nur seufzend die Verhältnisse. Aber was blieb einem anderes übrig, wenn man im Zentrum des Geschehens sein wollte, um für Zeitungen aus aller Welt oder Rundfunkstationen das große Ereignis zu dokumentieren? In dieser Stadt, deren mittelalterlich charmanten Kern die Bomben der Allierten völlig ausradiert hatten, würde man kaum ein besseres Quartier finden. Erstaunlicherweise gehörte ausgerechnet der Justizpalast zu den wenigen unversehrten Gebäuden. Doch nicht nur deswegen wählten die Siegermächte diesen Ort für ihren einzigartigen Prozess. Nürnberg war ein Symbol. Nürnberg stand für Hitlers Machtinszenierungen, für die Aufmärsche der NSDAP bei den Reichsparteitagen, die Rassengesetze, die die Grundlage für die systematische Vernichtung von Millionen europäischer Juden schufen. Welcher Platz hätte geeigneter sein können, mit einem verbrecherischen und diktatorischen System abzurechnen?

Der Beschluss, die Spitzen des Nazi-Staates vor ein Gericht zu bringen, lag zwei Jahre zurück. Nach zunächst unterschiedlichen angelsächsischen und sowjetischen Rechtsvorstellungen – Stalin plädierte dafür, ohne weitere Erörterung fünfzigtausend Kriegsverbrecher standrechtlich zu erschießen – definierten die alliierten Gegner Deutschlands dann 1943 als eines ihrer wichtigsten

Kriegsziele »die Bestrafung der für die Verbrechen Verantwortlichen, und zwar auf dem Wege der Rechtssprechung. Gleichgültig, ob die Betreffenden auf Befehl oder eigenverantwortlich gehandelt haben oder ob sie nur daran beteiligt waren.« Das klang deutlich. Doch im Mai 1945, als die Kapitulation Deutschlands den Zweiten Weltkrieg in Europa beendete, war immer noch nicht klar, ob

Man baute einen juristischen Wolkenkratzer, wie ihn die Welt noch nicht gesehen hat. Das Fundament aber, auf dem er errichtet wurde, der Beton, war der solideste Stoff, der sich auf Erden finden ließ: die Moral und die Vernunft. Es geht bei der Wiederaufrichtung des Rechts in Nürnberg um die Wiederherstellung der Menschheit, zu der wir auch gehören.
Alfred Döblin über die Nürnberger Prozesse

überhaupt ein internationales Tribunal eingerichtet werden, geschweige denn, nach welchen Regeln es funktionieren sollte. Es gab kein Vorbild für ein solches Unterfangen. Man musste erst ein neues Strafrecht formulieren, halbwegs im Einklang mit den bis dahin geltenden Bestimmungen des Völkerrechts. Aber würde das die Legitimität dieses Gerichts nicht in Frage stellen, den Verdacht nähren, es handele sich lediglich um Rachejustiz der Sieger über die Besiegten? Schließlich galt schon damals der rechtsstaatliche Grundsatz, dass eine Tat nur dann verfolgt werden darf, wenn sie zu dem Zeitpunkt, zu dem sie begangen wurde, unter Strafe stand. Für die Verbrechen an der polnischen und russischen Zivilbevölkerung, an Hunderttausenden Kriegsgefangenen, die man einfach

■ Blick auf die international besetzte Richterbank während der Verhandlung

■ Die Angeklagten verfolgen die in mehreren Sprachen geführte Verhandlung über Kopfhörer. 1. Reihe v. l.: Göring, Heß, Ribbentrop, Keitel, 2. Reihe v. l.: Dönitz, Raeder, von Schirach, Sauckel und Jodl

»Wir möchten ausdrücklich klarstellen, dass wir nicht beabsichtigen, das ganze deutsche Volk zu beschuldigen. Der Alpdruck der Nazi-Zeit hat dem deutschen Namen in der ganzen Welt einen neuen und düsteren Sinn gegeben, der Deutschland um ein Jahrhundert zurückwerfen wird. Wahrlich, die Deutschen – nicht weniger als die Welt draußen – haben mit den Angeklagten eine Rechnung zu begleichen.«
Jackson in seiner Eröffnungsrede

verhungern ließ, traf dies zweifellos zu. Sie widersprachen auch deutschem Recht. Als sich jedoch die Alliierten am 8. August auf ein Statut für einen internationalen Militärgerichtshof einigten, erfanden sie den höchst umstrittenen Passus »Verbrechen gegen den Frieden«, der die Verschwörung zur Planung und Durchführung eines Angriffskriegs sanktionierte. Das hatte es vorher noch nicht gegeben. Und der Begriff »Verbrechen gegen die Menschlichkeit« war ebenfalls ein Novum. Darunter fielen »Mord, Ausrottung, Versklavung, Deportation, begangen an irgendeiner Zivilbevölkerung, vor oder während des Krieges; Verfolgung aus politischen, rassischen oder religiösen Gründen, begangen in Ausführung eines Verbrechens«.

Nur wen sollte man exemplarisch für die Untaten der nationalsozialistischen Herrschaft verantwortlich machen? Adolf Hitler, Propagandaminister Josef Goebbels und Heinrich Himmler, als Reichsführer SS unter anderem zuständig für die Organisation und Bewachung der Konzentrationslager, hatten sich umgebracht. Blieb also lediglich die zweite Garde? Nicht ganz. Alle Deutschen kannten diese einundzwanzig Angeklagten, sie waren, wie Alfred Döblin notierte, »die Träger der bis dahin gewaltigsten, gefürchtetsten Namen, jeder Name eine Totenglocke«: zum Beispiel Reichsmarschall Hermann Göring, der zweite Mann hinter Hitler; Reichsaußenminister Joachim von Ribbentrop, Reichsinnenminister Wilhelm Frick, die Militärs Alfred Jodl, Wilhelm Keitel, Erich Raeder, Karl Dönitz; Hitlers Rüstungsminister und Lieblingsarchitekt Albert Speer, Fritz Sauckel, Organisator der Zwangs-

Die Untaten, die wir zu verurteilen und zu bestrafen suchen, waren so ausgeklügelt, so böse und von so verwüstender Wirkung, dass die menschliche Zivilisation es nicht dulden kann, sie unbeachtet zu lassen. Dass wir große Nationen, erfüllt von ihrem Siege und schmerzlich gepeinigt von dem geschehenen Unrecht, nicht Rache üben, sondern ihre gefangenen Feinde freiwillig dem Richterspruch des Gesetzes übergeben, ist eines der bedeutsamsten Zugeständnisse, das die Macht jemals der Vernunft eingeräumt hat.
Robert H. Jackson in seiner Eröffnungsrede

arbeit, Hans Frank, der erst die Ghettoisie-
rung der polnischen Juden, dann deren Vernichtung vorantrieb, Julius Streicher, Herausgeber des antisemitischen Hetzblattes *Der
Stürmer* – Vertreter der Reichsregierung, des
militärischen Generalstabs, der von den Alliierten zu verbrecherischen Organisationen
erklärten NSDAP, SS, SD und Gestapo. Ein
Staat stand vor Gericht.

Die Eröffnung des Prozesses am 20. No-
vember 1945 brachte eine weitere Weltpremiere: Um das Verfahren durch ständiges Dolmetschen nicht unnötig in die Länge zu
ziehen – immerhin traten amerikanische, britische, sowjetische
sowie französische Richter und Staatsanwälte auf, dazu noch die
deutschen Angeklagten samt ihrer Verteidiger – installierte man
an allen Plätzen Kopfhörer, über die per Knopfdruck eine entsprechende Simultanübersetzung empfangen werden konnte. Minutiös beschrieben die Staatsanwälte nun, wie die nationalsozialistische Führung ab 1933 nach und nach die vollständige
politische, wirtschaftliche und kulturelle Kontrolle erlangt hatte;
erst in Deutschland, dann im Ausland, indem sie sich Österreich
und die Tschechoslowakei einverleibte. Die Anklage berichtete
vom Krieg gegen Polen, den Angriffen auf weitere Länder, den
damit verbundenen Verbrechen: Deportation, Zwangsarbeit, Kon-

> Wir müssen den Deutschen klarmachen, dass
> das Vergehen, dessentwegen man ihre ehemali-
> gen Führer vor Gericht stellt, nicht darin besteht,
> dass sie den Krieg verloren haben, sondern darin,
> dass sie ihn begonnen haben.
>
> Robert H. Jackson, der in den Nürnberger
> Prozessen gegen die Hauptkriegsverbrecher
> amerikanischer Chefankläger war

■ Hermann Göring im
Zeugenstand

■ Neben der Richterbank ist eine Schautafel aufgestellt, auf der die hierarchischen Strukturen von Gestapo und Sicherheitsdienst dargestellt sind.

Ohne den Kopfhörer aufzusetzen, blickte sie müde in den Saal. Dann kramte sie aus ihrem Täschchen eine Dose Bonbons hervor, schob sich einen in den Mund, hielt mir einen anderen hin. Ich nahm den Bonbon, sprach höflich meinen zweiten englischen Satz, den ich bereits in Nürnberg gelernt hatte: »Thank you.« Es mag allerdings recht komisch geklungen haben, ungefähr wie »Danke Kuh«, dennoch war ich heilfroh, dass ich mich vor der berühmten Schauspielerin nicht schlimmer blamiert hatte.
Der russische Journalist und Schriftsteller Boris Polewoj über seine Begegnung mit Marlene Dietrich im Nürnberger Gerichtssaal

zentrationslager, Vernichtung. Mehrere Stunden lang reihte sie Vorwürfe an Vorwürfe. »Aus den Stimmen der Staatsanwälte«, hielt der amerikanische Schriftsteller John Dos Passos fest, »formt sich in unseren Ohren langsam ein Refrain: ›... Erschießungen, Verhungern lassen, Folter ... gefoltert und ermordet ... Erschießungen, Prügel und Erhängungen ... Erschießungen, Verhungern lassen und Folter ...‹«

Das Beweismaterial war erdrückend. Dem Gericht gelang es sogar, den heiklen Anklagepunkt »Angriffskrieg« zu untermauern. Die Staatsanwälte zückten das Protokoll einer Besprechung kurz vor Kriegsbeginn, im August 1939, in dem Hitler mit den Worten zitiert wurde: »Jetzt habe ich Polen, wo ich es haben will. Ich befürchte nur, dass im letzten Augenblick ein Schweinehund einen Vermittlungsvorschlag machen wird. Der Anfang zur Zerstörung von Englands Vorherrschaft ist gemacht.« Göring und Co. focht das nicht an. Sie sollten schuld sein an diesen monströsen Verbrechen? Nein, davon hätten sie nichts gewusst. Natürlich wollte man die Juden zur Auswanderung zwingen, und vielleicht sei es dabei auch zu Übergriffen gekommen, aber von Vernichtung höre er jetzt zum ersten Mal, gab der einst zweitmächtigste Mann des »Tausendjährigen Reiches«, Hermann Göring, treuherzig zum Besten. Fast einmütig präsentierten sich die Nazi-Größen als unbedeutende Mitläufer, wälzten die Verantwortung auf all jene ab, die längst unter der Erde lagen – an erster Stelle Hitler, der alle getäuscht habe. Und außerdem habe man ja nur die Befehle des »Führers« befolgt, nicht wahr? Doch dieses Argument wies das Gericht zurück: »Das wahre Entscheidungskriterium ist nicht das Vorhandensein des Befehls, sondern ob es bei der Umsetzung eine von der Moral bestimmte Wahl gab.«

Am 1. Oktober 1946 verhängte das Internationale Kriegsverbrechertribunal elf Todesurteile, dreimal lebenslänglich, vier Freiheitsstrafen zwischen zehn und zwanzig Jahren, drei der Angeklagten sprach es frei. Zwei Wochen darauf wurden zehn der elf Todeskandidaten gehängt. Göring gehörte nicht dazu. Er hatte es vorgezogen, sein Urteil selbst zu vollstrecken – mit einer Kapsel Zyankali.

NÜRNBERGER PROZESSE

 URTEILE

Todesurteile: Martin Bormann, Leiter der Parteikanzlei der NSDAP, Hitlers »Sekretär«, de facto seit 1941 sein Stellvertreter (in Abwesenheit verurteilt; nach langer Suche erklärte ihn die Frankfurter Staatsanwaltschaft 1973 für tot, nachdem sein Skelett gefunden worden war – er starb bei einem Fluchtversuch aus Berlin im Mai 1945); Hans Frank, Generalgouverneur von Polen; Wilhelm Frick, Reichsinnenminister; Hermann Göring, preußischer Ministerpräsident, Hitlers designierter Nachfolger, im Juni 1940 zum Reichsmarschall ernannt, zweiter Mann im Staat (er beging kurz vor der Urteilsvollstreckung Selbstmord); Alfred Jodl, Chef des Wehrmachtführungsstabes; Ernst Kaltenbrunner, Chef des Reichssicherheitshauptamtes; Wilhelm Keitel, Chef des Oberkommandos der Wehrmacht; Joachim von Ribbentrop, Reichsaußenminister; Alfred Rosenberg, Parteiideologe, Leiter des Außenpolitischen Amtes, Reichsminister für die besetzten Ostgebiete; Fritz Sauckel, Generalbevollmächtigter für den Arbeitseinsatz; Arthur Seyss-Inquart, Reichskommissar der besetzten Niederlande; Julius Streicher, Gauleiter von Franken, Gründer des antisemitischen Hetzblattes *Der Stürmer*. **Lebenslängliche Haft:** Walther Funk, Reichswirtschaftsminister und Reichsbankpräsident (1957 aus gesundheitlichen Gründen frei gelassen); Rudolf Heß, bis Mai 1941 Stellvertreter

Hitlers als Parteivorsitzender (nahm sich 1987 in seinem Berliner Gefängnis das Leben); Erich Raeder, Oberbefehlshaber der Kriegsmarine bis 1943 (1955 aus gesundheitlichen Gründen entlassen). **20 Jahre Gefängnis:** Baldur von Schirach, Reichsjugendführer, Gauleiter und Reichsstatthalter von Wien; Albert Speer, Rüstungsminister. **15 Jahre Gefängnis:** Konstantin von Neurath, Reichsaußenminister bis 1938, später Reichsprotektor von Böhmen und Mähren. **10 Jahre Gefängnis:** Karl Dönitz, Oberbefehlshaber der Kriegsmarine und 1945 Nachfolger Hitlers im Amt des Staatsoberhaupts. **Freisprüche:** Hans Fritzsche, Leiter der Rundfunkabteilung; Franz von Papen, Reichskanzler und Hitlers Vizekanzler bis 1934 (in einem Entnazifizierungsverfahren später zu 8 Jahren Arbeitslager verurteilt); Hjalmar Schacht, Reichswirtschaftsminister bis 1937, Reichsbankpräsident bis 1939, Minister ohne Geschäftsbereich bis Januar 1943.

Nachgeschichte

Von 1946 bis 1949 führten die USA in Nürnberg zwölf Nachfolgeprozesse gegen 199 Angeklagte, darunter der Ärzte-Prozess, der Juristen-Prozess, der Prozess gegen Mitarbeiter des Wirtschafts- und Verwaltungshauptamtes und des Rasse- und Siedlungsamtes der SS, der Flick-Prozess, der Einsatzgruppen-Prozess, der Krupp-Prozess und der so genannte Wilhelmstraßenprozess gegen

Beamte des Auswärtigen Amtes. Es gab 36 Todesurteile, 23 lebenslängliche, 102 befristete Freiheitsstrafen und 38 Freisprüche. Im Dezember 1946 erkannte die Generalversammlung der Vereinten Nationen das Nürnberger Urteil als geltendes Völkerrecht an. Im Juli 1950 verabschiedete die UN-Völkerrechtskommission die »Nürnberger Prinzipien«, darunter: das Prinzip der persönlichen Haftung, der Vorrang des Völkerrechts gegenüber nationalem Recht, keine Immunität aufgrund höherer Befehle, die Definition des Verbrechens gegen den Frieden, des Kriegsverbrechens und des Verbrechens gegen die Menschlichkeit.

 EMPFEHLUNGEN

Lesenswert:
Steffen Radlmaier: *Der Nürnberger Lernprozess. Von Kriegsverbrechern und Starreportern*; Eichborn 2001.
Peter Reichel: *Vergangenheitsbewältigung in Deutschland. Die Auseinandersetzung mit der NS-Diktatur von 1945 bis heute*, München 2001.

Sehenswert:
Das Urteil von Nürnberg. Regie: Stanley Kramer; mit Burt Lancaster, Spencer Tracy, Marlene Dietrich, Judy Garland. USA 1961.

Besuchenswert:
Das Dokumentationszentrum Reichsparteitagsgelände und der Schwurgerichtssaal 600 in Nürnberg.

 AUF DEN PUNKT GEBRACHT

Natürlich war das Nürnberger Tribunal Siegerjustiz, die völkerrechtlich auf wackeligen Beinen stand. Aber das Ausmaß der nationalsozialistischen Verbrechen, ihre systematische Planung und Durchführung und die aufklärerische Wirkung des Tribunals rechtfertigten den Prozess allemal. Das Urteil wurde Völkerrecht.

Jeder Kommunist ist ein Spion
Prozess gegen Ethel und Julius Rosenberg (1951)

■ 1949 zündete die Sowjetunion die erste Atombombe. Die USA fühlten sich durch die unerwartet schnelle Aufrüstung der östlichen Großmacht bedroht und verdächtigten Mitglieder der kommunistischen Partei, geheime Informationen an die Russen weitergegeben zu haben.

Julius Rosenberg starb wenige Minuten vor seiner Frau auf dem elektrischen Stuhl. Siebenundfünfzig Sekunden lang jagte man ihm Stromstöße durch den Körper, dann war alles vorbei. Bei Ethel Rosenberg ging es nicht so leicht. Als man sie abschnallte, stellten die Ärzte fest, dass ihr Herz noch schlug. Bob Considine, einer der wenigen Reporter, die am 19. Juni 1953 aus dem Todestrakt von Sing Sing berichten durften, beschrieb, sichtlich verstört, wie die Beamten Ethel wieder auf den Stuhl setzen, ihr die schwarzen Riemen umbanden, »dann weitere Stromstöße und wieder dieser grässliche Anblick, wie sich Rauch über ihrem Kopf kräuselte und zum Deckenfenster aufstieg«. In den Augen der meisten Amerikaner erfuhren die Rosenbergs eine gerechte Strafe. Wer sein Land an die Russen verriet, verdiente den Tod. Das FBI wusste jedoch damals schon, dass Ethel Rosenberg unschuldig war ...

In den 1950er Jahren wähnten sich die Vereinigten Staaten umzingelt von sowjetischen Spionen. Der einstige Verbündete im Kampf gegen Hitler war längst zum Gegner im Kalten Krieg geworden. Argwöhnisch verfolgte man, wie die Sowjetunion ihr Einflussgebiet immer weiter ausdehnte – sogar in China setzte sich der Kommunismus durch. Während an der Heimatfront der re-

> Ich fühlte und fühle noch immer, dass die Sowjetunion wesentlich dazu beigetragen hat, die Bestie Hitler zu vernichten, der sechs Millionen meiner Glaubensgenossen getötet hat!
> Julius Rosenberg während des Prozesses auf die Frage, warum er Mitglied in der kommunistischen Partei sei.

Jeden Tag opfern in Nordkorea junge Amerikaner ihr Leben für unseren »Way of Life«, während diese Angeklagten sich unseren Feinden verschrieben haben. Die Geheimnisse, die sie ausspionierten und weitergaben, sind von unschätzbarem Wert.
        Staaatsanwalt Irving Saypol in seinem Schlußplädoyer

publikanische Senator McCarthy (s. S. 214) Jagd auf Kommunisten machte, mündete das Kräftemessen der politischen Systeme außerhalb Amerikas zunächst im Koreakrieg. General McArthur schlug vor, die Atombombe zu werfen. Damit rührte er an einen wunden Punkt. Denn inzwischen musste Amerika den großen Rivalen fürchten: 1949 hatte auch die Sowjetunion eine erste Atombombe gezündet, etwa vier Jahre zu früh für ihren Forschungsstand, schätzten Wissenschaftler. Woher also stammte das Material? Wer versorgte den Feind mit geheimen Informationen aus dem streng abgeschirmten Los Alamos? Dort, in New Mexico, arbeiteten Experten aus aller Welt am so genannten Manhattan-Projekt. »Wir haben den Wettlauf gegen Deutschland gewonnen«, verkündete Präsident Truman am 6. August 1945, als die erste Atombombe auf Hiroshima fiel, die Stadt in Schutt und Asche legte und hunderttausend Menschen tötete. Nach der Zerstörung Nagasakis kapitulierte Japan, der Zweite Weltkrieg war zu Ende. Jetzt, in den 1950er Jahren, würde das nicht mehr funktionieren; die Sowjetunion hatte das amerikanische Monopol gebrochen und gleichgezogen im Rüstungswettlauf.

■ Das Ehepaar Ethel und Julius Rosenberg bei der Prozesseröffnung am 21. März 1951 in New York

Den Geheimdiensten schwante schon lange, dass hier ein umfangreicher Spionagering sein Unwesen trieb. Schließlich hörte man seit Jahren Berichte ab, die vom sowjetischen Generalkonsulat zum KGB gesandt wurden. Und als es 1947 gelang, den Code dieser »Venona-Botschaften« zu knacken, führte die Spur prompt zu einem der bekanntesten westlichen Wissenschafter: dem englischen Physiker Klaus Fuchs, Leiter des britischen Atomforschungszentrums, Mitarbeiter auch im Manhattan-Projekt. Fuchs gab zu, für die Russen gespitzelt zu haben, mit direkten Kontakten zum KGB könne er allerdings nicht dienen, alles sei über den Amerikaner Harry Gold gelaufen. Und wie

> *Unter diesen Umständen muss ich die Höchststrafe für die teuflische Verschwörung, die eine gottesfürchtige Nation zu zerstören suchte, verhängen; sie soll deutlich machen, dass unsere nationale Sicherheit unantastbar ist.*   Richter Irving Kaufman in der Urteilsbegründung

Fuchs ließ sich auch Gold auf einen Handel mit den Ermittlern ein: Namen weiterer Spione gegen eine geringere Strafe. Eine Ruth kenne er noch, erzählte Gold, deren Mann in Los Alamos beschäftigt gewesen sei. Sie habe ihm das Material über die Atombombe überreicht. Rasch stellte sich heraus, dass es sich um David und Ruth Greenglass handelte. David war der Bruder von Ethel Rosenberg. Noch Jahrzehnte nach dem Tod der Rosenbergs bedauerte er nichts: »Ich musste mich zwischen meiner Schwester und meiner Frau entscheiden. Und ich entschied mich für meine Frau.« David Greenglass bezichtigte seinen Schwager Julius, der Kopf des Unternehmens zu sein, von ihm sei er als Spion angeworben worden und habe mal 150, 2000 der 500 Dollar für die gelieferten Informationen erhalten. Was die Staatsanwaltschaft, später im Prozess, mit der ätzenden Bemerkung kommentierte, da investierte Amerika Millionen in die Atomforschung – und den Russen serviere man die Geheimnisse gegen einen geringfügigen Obolus.

Julius Rosenberg wurde verhaftet. Er stritt sämtliche Vorwürfe ab, verwies darauf, dass er gemeinsam mit seiner Frau schon 1943 aus der Kommunistischen Partei ausgetreten sei. Für die Regierungsbeamten machte ihn das erst recht verdächtig. Würde ein Spion nicht stets dafür sorgen, ein unauffälliges Leben zu führen? Als David und Ruth Greenglass nun Ethel Rosenberg ebenfalls beschuldigten, zumindest Mitwisserin der Verschwörung zu sein, verhaftete man auch sie; gestattete ihr noch nicht einmal, sich von den beiden Söhnen zu verabschieden. Vielleicht erwartete der Geheimdienst, Ethel ohnehin zügig auf freien Fuß setzen zu können, denn niemand glaubte ernsthaft an ihre Mittäterschaft, mit ihrer Festnahme sollte lediglich Druck auf Julius ausgeübt werden. Doch die Rechnung ging nicht auf. Die Rosenbergs leugneten weiter, lehnten jegliche Kooperation ab.

Mittlerweile waren einige ihrer Freunde abgetaucht. Das passte zu David Greenglass' Aussage, Julius Rosenberg habe ihm dringend geraten, sich falsche Pässe zu beschaffen und mit seiner Familie das Land zu verlassen, der Kreis ziehe sich immer enger. Einen der Geflüchteten, den Kommunisten Morton Sobell, den

■ Der Physiker Klaus Fuchs, Leiter des britischen Atomforschungszentrums. Fuchs' Geständnis, für die Russen gespitzelt zu haben, sowie weitere Aussagen anderer bekennender Spione lenkten den Verdacht auf das amerikanische Ehepaar Rosenberg.

Julius Rosenberg seit New Yorker Studientagen kannte, trieben die Ermittler in Mexiko auf und entführten ihn in die USA. Ein ehemaliger Mitarbeiter des Marineministeriums hatte berichtet, er sei von Sobell aufgefordert worden, für die Russen zu spionieren.

In einem Gerichtsgebäude am New Yorker Foley Square begann am 6. April 1951 der Prozess gegen die Rosenbergs und den mitangeklagten Morton Sobell. Wirklich handfeste Beweise, schriftliche Belege konnte die Staatsanwaltschaft nicht vorlegen. Ihr einziger Trumpf bestand aus einer Reihe von Zeugen – allesamt bekennende Spione, die sich eine mildere Strafe erhoffen durften, weil sie bereit waren, gegen die Rosenbergs auszusagen. Niemand stellte die Glaubwürdigkeit dieser Kronzeugen in Frage. Und wer ahnte schon, dass die Anklage sich zuvor mit ihnen zusammengesetzt hatte, um eventuelle Widersprüche, Ungereimtheiten in den Aussagen zu glätten? Staatsanwalt Irving Saypol wusste die Geschworenen, den Richter und die Mehrheit des Landes auf seiner Seite, als er im Schlussplädoyer die patriotischen Register zog: »Diese Angeklagten haben das Leben, vielleicht auch die Freiheit ganzer Generationen auf dem Gewissen. Kann es da Raum für Gnade geben?« Nein. Die Jury beriet zwar sieben Stunden, aber nur deshalb, weil ein einzelner zweifelnder Geschworener über-

■ Vor dem Weißen Haus in Washington fordern Demonstranten im Juni 1953 die Begnadigung der Rosenbergs.»Don't kill our mummy and daddy!« stand auch auf dem Schild, mit dem die beiden Söhne des Ehepaars gegen die Hinrichtung protestierten.

> *Zuerst werdet ihr natürlich sehr um uns trauern, aber ihr werdet nicht allein trauern. Das ist unser Trost, und es wird auch eurer sein müssen. Erinnert euch immer daran, dass wir unschuldig waren und dass wir unser Gewissen nicht betrügen konnten.*
>
> **Aus dem letzten Brief der Rosenbergs an ihre beiden Söhne; am 19. Juni 1953, dem Tag der Hinrichtung**

zeugt werden musste, auch Ethel Rosenberg schuldig zu sprechen. Er sorgte sich um die erst drei und sieben Jahre alten Kinder der Rosenbergs.

Am 5. April 1953 verkündete Richter Irving Kaufman das Urteil: dreißig Jahre Haft für Morton Sobell, Höchststrafe für die Rosenbergs – Tod auf dem elektrischen Stuhl: »Für mich ist ihr Verbrechen schlimmer als Mord. Ich bin der festen Überzeugung, dass ihr Verhalten den Russen die Herstellung der Atombombe ermöglicht hat und somit auch für die kommunistische Aggression in Korea verantwortlich ist, die bereits über 50 000 Todesopfer forderte. Vielleicht werden Millionen unschuldiger Menschen der Preis für diesen Verrat sein, der zweifellos den Verlauf der Geschichte ihres eigenen Landes zu dessen Nachteil verändert hat.«

Zwei Jahre lang kämpfte der Anwalt der Rosenbergs, Emanuel Bloch, um das Leben seiner Mandanten. Weltweit gab es Proteste gegen das Urteil. Wissenschaftler und Künstler, wie Einstein und Picasso, intervenierten, selbst der Papst bat um Milde für die Verurteilten. Doch nichts hatte Erfolg: Berufungen, Petitionen, Gnadengesuche – alles wurde abgewiesen. In einer Sondersitzung am 19. Juni 1953 lehnte der Höchste Gerichtshof der USA einen Aufschub der Hinrichtung ab. Wenige Stunden später waren Ethel und Julius Rosenberg tot.

1997 enthüllte ein ehemaliger KGB-Offizier, dass er sich zwischen 1943 und 1946 viele Male mit Julius Rosenberg getroffen habe. Ob dabei Atomgeheimnisse weitergegeben wurden und welchen Stellenwert man überhaupt Rosenbergs Informationen beimaß, sagte er nicht. Nur so viel: Ethel Rosenberg sei keine Spionin gewesen.

■ Julius Rosenberg wird zur Befragung in das Bundesgebäude in Manhattan gebracht.

ETHEL UND JULIUS ROSENBERG

 BIOGRAPHIEN

Ethel Rosenberg, geb. Greenglass, wurde am 28. September 1915 in New York geboren und wuchs in ärmlichsten Verhältnissen auf. Ihr Vater stammte aus Russland, ihre Mutter aus Österreich. Nach Abschluss der Highschool 1931 arbeitete sie bei einer Speditionsfirma. Seit 1935 Mitglied der Gewerkschaft, beteiligte sie sich 1936 an der Organisation eines Streiks von rund hundertfünfzig Arbeiterinnen. Die danach drohende Entlassung konnte sie abwenden; als eine der ersten Arbeitnehmerinnen reichte sie eine Klage beim gerade gegründeten National Labor Relations Board ein, einer Art Arbeitsgericht, und gewann. 1939 unterschrieb sie einen Wahlaufruf der Kommunistischen Partei und wurde daraufhin vom FBI registriert. Kurz zuvor hatte sie Julius Rosenberg geheiratet. 1943 und 1947 wurden ihre beiden Söhne geboren. Julius Rosenberg, der am 12. Mai 1918 als Sohn polnischer Einwanderer in New York zur Welt gekommen war, hatte 1934 begonnen, Ingenieurwissenschaften zu studieren. Bereits als Schüler politisch engagiert, trat er als Student in die Young Communist League ein. 1940 erhielt er eine Stelle als Ingenieur beim Funk- und Fernmeldekorps der US Army. Nachdem 1945 bekannt geworden war, dass er Anfang der 1940er Jahre der Kommunistischen Partei angehört hatte, wurde er entlassen. Der Versuch, mit Ethels Brüdern David und Bernard Greenglass eine Firma aufzubauen, scheiterte. Im Juli 1950 nahm das FBI Julius Rosenberg unter Spionageverdacht fest. Einen Monat später kam auch seine Frau ins Gefängnis. David Greenglass, der Mitte der 1940er Jahre im Kernwaffenforschungszentrum von Los Alamos beschäftigt war, hatte sie belastet. Am 5. April 1951 verurteilte das Gericht beide wegen Spionage und Verrat von Atomforschungsgeheimnissen an die Sowjetunion zum Tode. Ihr Anwalt Emanuel Bloch, Mitbegründer des »National Committee to Secure Justice in the Rosenberg Case«, regte die Veröffentlichung der Briefe an, die sich Ethel und Julius Rosenberg im Gefängnis schrieben. Ihre Briefe aus dem Totenhaus (Death House Letters) machten die Rosenbergs berühmt, tatsächlich bewirken konnten sie aber ebenso wenig wie die weltweiten massiven Proteste. Am 19. Juni 1953 wurden Julius und Ethel Rosenberg im Gefängnis von Sing Sing auf dem elektrischen Stuhl hingerichtet.

Nachgeschichte
Die Söhne der Rosenbergs, die während der zwei Jahre, die ihre Eltern im Gefängnis verbracht hatten, zwischen Großeltern, Freunden und Waisenhäusern hin- und hergeschoben worden waren, fanden 1957 in Anne und Abel Meeropol schließlich Adoptiveltern. 1990 gründete Robert Meeropol, der jüngere der Brüder, den Rosenberg Fund for Children. Die Stiftung unterstützt Kinder, deren Eltern aus politischen Gründen Opfer von Schikanen oder von Folter und Mord geworden sind. David Greenglass gab im Dezember 2001 zu, einen Meineid geleistet zu haben. In einem Interview des US-Fernsehsenders CBS sagte der Neunundsiebzigjährige, er habe die belastende Aussage gegen seine Schwester mit dem FBI ausgehandelt, um seine Frau und Kinder zu retten. Greenglass war damals wegen Spionage zu fünfzehn Jahren Haft verurteilt worden, nach zehn Jahren kam er frei.

Künstlerische Bearbeitung
Der amerikanische Schriftsteller Edgar Laurence Doctorow (geboren 1931) veröffentlichte 1971 Das Buch Daniel (The Book of Daniel), einen Roman über einen Jungen, dessen Eltern unter ähnlichen Umständen hingerichtet wurden wie die Rosenbergs. 1983 wurde das Buch unter dem Titel Daniel verfilmt.

 EMPFEHLUNGEN

Lesenswert:
Apropos Ethel Rosenberg. Mit einem Essay von Stefana Sabin, Frankfurt/Main 1996.

Sehenswert:
Daniel. Regie: Sidney Lumet; mit Timothy Hutton, Amanda Plummer, Mandy Patinkin, Lindsay Crouse, GB/USA 1983.

 AUF DEN PUNKT GEBRACHT

Die antikommunistische Hysterie im Amerika der 1950er Jahre erklärt einiges und entschuldigt nichts. Ethel Rosenberg starb unschuldig. Bei Julius Rosenberg reichten die Indizien kaum für eine Gefängnisstrafe. Die Weigerung zu kooperieren brachte beide auf den elektrischen Stuhl.

Ein Nationalheld als Sicherheitsrisiko
Staatsverfahren gegen J. Robert Oppenheimer (1954)

■ McCarthy am 16. April 1950
vor dem Senatsausschuss für
»unamerikanische Umtriebe«,
während des Hearings gegen
O. Lattimore, der wegen Spio-
nageverdachts angeklagt war

Sieg oder Niederlage, dazwischen gab es für ihn nichts. Er war ein Besessener, der sich einbildete, die Nation vor dem Untergang retten zu müssen. Als Joseph McCarthy 1957 mit achtundvierzig Jahren starb, nahm das liberale Amerika dies fast mit Erleichterung zur Kenntnis, obwohl die Regierung inzwischen einen zarten Entspannungskurs gegenüber der eigenen Bevölkerung einschlug. Die Nachwirkungen der McCarthy-Ära waren noch allenthalben zu spüren; zu lange und zu radikal hatten er und andere konservative Ideologen ihren Kreuzzug geführt. McCarthys schlichte Devise lautete: »Wir leben nicht im Frieden; es ist Kalter Krieg.« Der Feind lauerte überall. Er hieß Kommunismus. Und breitete sich mehr und mehr aus, infiltrierte sämtliche wichtigen Institutionen, das Außenministerium, das Weiße Haus, die Armee – McCarthys Phantasie kannte keine Grenzen. Schon seit den 1940er Jahren machten verschiedene staatliche Komitees Jagd auf Kommunisten, an vorderster Front der Senatsausschuss für »unamerikanische Umtriebe«, dessen Vorsitz McCarthy 1950 übernahm. Er durfte jeden Bürger vor dieses Gremium laden und zu den intimsten Angelegenheiten befragen, wobei ihm das FBI mit seinen Informationen, zu denen der Angeklagte selbstverständlich keinen Zugang hatte, wertvolle Schützenhilfe leistete. Tausende verloren ihren Job, weil sie der Kommunistischen Partei angehörten oder ihr nahe standen und deshalb als Sicherheitsrisiko galten. In der intensivsten Phase der »Hexenverfolgung« schreckte man sogar vor Sippenhaft nicht zurück: mit Kommunisten verwandt zu sein, reichte als Kündigungsgrund; wer vor den Ausschuss zitiert wurde, musste mit sozialer Ächtung rechnen, zuweilen auch die Kinder von der Schule nehmen. Es war die Zeit der Paranoiker. Besorgt registrierte Amerika, wie die Sowjetunion im Rüstungswettlauf erst aufholte und dann einen Vorsprung gewann. 1949, vier Jahre nach den USA, zündete sie ebenfalls eine Atombombe, und auch bei der Entwicklung der nächsten nuklearen Stufe, der Wasserstoffbombe, zog sie 1953 gleich. Mehr noch: Sowjetische Wissenschaftler brachten eine so genannte

»trockene« Wasserstoffbombe zur Explosion, die sich in einem Flugzeug transportieren ließ. So weit war Amerika nicht. Einen möglichen Angriff hätte man »nur« mit der Atombombe beantworten können. Hardliner beschworen die wildesten Szenarien, McCarthy lief zu demagogischer Hochform auf: »Ich frage euch: Wer ist daran schuld? Waren es loyale Amerikaner, oder waren es Verräter, die unsere Regierung absichtlich falsch beraten haben, die sich als ›Atomhelden‹ feiern ließen und deren Verbrechen endlich untersucht werden müssten?« Jeder wusste, gegen wen sich McCarthys Wut richtete, wen er dafür verantwortlich machte, dass Amerika ins Hintertreffen geraten war: J. Robert Oppenheimer, den einstigen Direktor der Forschungslaboratorien in Los Alamos, wo er das kriegsentscheidende Manhattan-Projekt beaufsichtigt hatte – den Bau der ersten Atombombe. Seit 1947 lei-

■ Anhänger des »Kommunistenjägers« McCarthy demonstrieren in Washington D. C. am 11. November 1954, dem zweiten Tag der Debatte um den McCarthy-Tadelsantrag. Der harte Kurs des Senators stieß nun auch in Regierungskreisen auf Kritik und führte noch im Jahre 1954 zu seiner Amtsenthebung.

Instinktiv wusste er, wie man die Proteste eines Zeugen beiseite fegte, wie man Menschen demütigte und ängstigte. Im Großen und Ganzen hat er nicht mehr produziert als Furcht und Schlagzeilen.
Zitat eines Zeitgenossen über McCarthy

> Wäre ich noch einmal ein junger Mensch und stünde ich erneut vor der Entscheidung über den besten Weg, meinen Lebensunterhalt zu verdienen, so würde ich nicht ein Wissenschaftler oder Pädagoge, sondern eher ein Klempner oder Hausierer werden wollen, in der Hoffnung, mir damit jenes bescheidene Maß an Unabhängigkeit zu sichern, das unter den heutigen Verhältnissen noch erreichbar ist.
>
> Albert Einstein in der Zeitschrift The Reporter über den Fall Oppenheimer. Es ging als »plumber and peddler« statement in die Geschichte ein.

tete Oppenheimer das Institute for Advanced Study in Princeton. Warum aber hielt McCarthy den gefeierten Wissenschaftler für »unamerikanisch« und »illoyal«? Weil Oppenheimer seit Jahren freimütig bekannte, dass er das Wettrüsten für großen Blödsinn hielt. Sollte es zu einem Atomkrieg kommen, rechnete er der Öffentlichkeit vor, dann würden mindestens vierzig Millionen Amerikaner sterben: »Die einzige mögliche Verteidigung ist Frieden.« Zwar ignorierte die Regierung seinen Appell, die Wasserstoffbombe gar nicht erst zu entwickeln, McCarthy warf ihm dennoch »mutwillige Verzögerung« vor; er habe die Vereinigten Staaten dem Risiko ausgesetzt, als Nation ausgelöscht zu werden.

McCarthy hatte Oppenheimer schon lange im Visier. Denn der Atomphysiker, berüchtigt für seine Arroganz, scherte sich nicht um die herrschende politische Doktrin, viele seiner Bekannten gehörten linksgerichteten Kreisen an. Die Schlappe mit der Wasserstoffbombe kam McCarthy gerade recht. Endlich gelang es ihm auch, Präsident Eisenhower davon zu überzeugen, dass Oppenheimer möglicherweise ein Sicherheitsrisiko sei. Eisenhower ordnete an, dem Wissenschaftler unverzüglich den Zugang zu allen Staatsgeheimnissen zu verwehren. Der erfolgsverwöhnte Oppen-

■ McCarthy während eines Presseinterviews im April 1950

heimer, der mit fünfundzwanzig Jahren schon Professor geworden war, durch das Manhattan-Projekt zum National-helden aufstieg und jetzt auf die fünfzig zuging, musste plötzlich um seinen Ruf kämpfen. Ihm drohte kein Gerichtsver-fahren, sondern Schlimmeres: ein Aus-schuss, dessen Mitglieder sorgfältig nach ihrer politischen Zuverlässigkeit ausgewählt wurden, den das FBI mit Material fütterte und der sich nicht scheute, die Gespräche zwischen Op-penheimer und seinen Verteidigern ab-zuhören. Offiziell galt Oppenheimer natürlich nicht als Angeklagter; er trat als Zeuge in eigener Sache auf.

Nur mit Mühe hatte sich McCarthy überreden lassen, den »Fall Oppenhei-mer« an Admiral Lewis Strauss, den Vorsitzenden der Atomenergiekommis-sion, abzugeben. Ihm oblag es nun, zu überprüfen, ob Oppenheimer »das ame-rikanische Militär, den Geheimdienst und die Regierung« negativ beeinflusst hatte. Auch der Vorwurf der Spionage stand im Raum.

Während seiner Zeit in Los Alamos nämlich war Oppenheimer von einem befreundeten Romanistik-Professor aufgefordert wor-den, Militärgeheimnisse an die Sowjets weiterzugeben. Oppen-heimer wies das zwar strikt zurück, meldete den Vorfall jedoch nicht, wie es den Vorschriften entsprochen hätte, sofort der Spio-nageabwehr. Erst Monate später entschloss er sich dazu, erzählte aber, um seinen Freund zu schützen, es habe sich um drei Frem-de gehandelt. Er ahnte nicht, dass dieses Gespräch aufgezeichnet worden, seine Lüge längst enttarnt war und er nun aufs Glatteis geführt werden sollte. Oppenheimer tappte in die Falle, blamier-te sich vor aller Welt. Die erste Runde ging an den Ausschuss: »Haben Sie damals gelogen?« »Ja.« »Warum?« »Weil ich ein Idiot war.« Auch Op-penheimers Beziehungen zu kommunistischen Freunden kamen zur Sprache, in sämtlichen inti-men Details. Vor allem seine Affäre mit einer Stu-dentin, die der kommunistischen Partei angehör-

■ Der amerikanische Atom-physiker Robert Oppenheimer neben einer Photographie der Atombombenexplosion über Hiroshima. Die verheerenden Auswirkungen der Atombom-benabwürfe in Japan verwan-delten Oppenheimer in einen erbitterten Gegner der Atom-waffe.

Ein wahrer Demagoge, der auf der Klaviatur des Kalten Krieges spielte und so phantasti-sche Beschuldigungen erfand, dass ängstli-che Menschen das Schlimmste befürchteten.
Zitat eines Zeitgenossen über McCarthy

te; ein Verhältnis, das er auch nach seiner Ehe fortgesetzt hatte: »Sie verbrachten eine Nacht mit ihr?« »Ja.« Als sie an einem geheimen Kriegsprojekt arbeiteten?« »Ja.« »Hielten Sie das für vereinbar mit guter Sicherheit?«

So ging es in einem fort. Die Crème de la Crème der Wissenschaft und des Militärs traten als Zeugen auf, zum Teil in der Absicht, Oppenheimer zur Seite zu stehen. Und auch sie nahm man mit unfeinen Methoden ins Kreuzverhör. Die Befragung von John McCloy, der kurz vorher noch amerikanischer Hochkommissar in Deutschland gewesen und inzwischen Direktor einer Bank war, kursierte noch viele Jahre danach als Lehrbeispiel in juristischen Seminaren. »Nehmen wir mal an, einer Ihrer Angestellten erhält Besuch von einem Freund, der ihm eröffnet, dass er die Bank ausrauben will, und ihn nun darum bittet, die Stahlkammer offen zu lassen. Nehmen wir ferner an, Ihr Angestellter würde diesen Vorschlag zurückweisen. Würden Sie von ihm erwarten, dass er den Vorfall meldet?« Was hätte McCloy anderes tun können, als diese Frage des Ausschusses zu bejahen? »Nehmen wir mal an, er meldet es erst sehr viel später. Würde Sie das beunruhigen?« »Ja.« »Nehmen wir an, er sagt, es handele sich um einen Freund, er werde den Namen nicht nennen. Würden Sie in ihn dringen, den Namen zu nennen?« »Ich würde es ganz sicher von ihm verlangen, um der Sicherheit der Bank willen.«

Doch manche Zeugen ließen sich nicht reinlegen, wie der Physiknobelpreisträger Isidor Rabi, der Oppenheimer in Schutz nahm und den Ausschuss zurechtwies: »Für

■ Szene aus dem Theaterstück *In der Sache J. Robert Oppenheimer* von Heinar Kipphardt. Das Stück wurde 1964 an der Freien Volksbühne Berlin unter der Regie von Erwin Piscator aufgeführt. Die Rolle des Oppenheimer spielte Dieter Borsche.

seine Loyalität gibt es ein ganz reales und positives Zeugnis: Wir haben die Atombombe. Ein ganzes Arsenal von Atombomben. Was wollen Sie noch? Meerjungfrauen?«

Die knapp vierwöchige Anhörung endete am 6. Mai 1954. Der Ausschuss erklärte J. Robert Oppenheimer zum Sicherheitsrisiko. Seinen Posten in Princeton durfte er zwar behalten, doch auf eine Rehabilitierung musste er bis zur Kennedy-Ära warten. 1963 verlieh ihm die Atomenergiekommission den Enrico-Fermi-Preis, ihre höchste Auszeichnung.

J. ROBERT OPPENHEIMER

BIOGRAPHIE

Julius Robert Oppenheimer wurde am 22. April 1904 in New York geboren. Er war der Sohn eines deutschen Einwanderers und einer Amerikanerin. Von 1922 bis 1925 studierte er an der Harvard University in Massachusetts zunächst Chemie, dann Physik. Anschließend ging er nach England und arbeitete am Cavendish Laboratory in Cambridge. Dort verfasste er seine ersten Arbeiten zur Quantenphysik. 1926 wechselte er nach Göttingen und promovierte im Jahr darauf bei Max Born. Nach Aufenthalten in Leiden, Utrecht und Zürich kehrte er 1929 in die USA zurück, wo er seine langjährige Lehr- und Forschungstätigkeit an der University of California in Berkeley und am Institute of Technology in Pasadena begann. 1943 wurde Oppenheimer Direktor der neu erbauten Laboratorien von Los Alamos in New Mexico und leitete das Manhattan-Projekt, den Bau der ersten Atombombe. Zwei Monate nach dem Abwurf der Atombomben auf Hiroshima und Nagasaki am 6. und 9. August 1945 verließ er Los Alamos. 1947 übernahm der als »Vater der Atombombe« gefeierte Oppenheimer den Vorsitz des General Advisory Committee der staatlichen Atomenergiekommission und wurde außerdem Direktor des Institute for Advanced Study in Princeton, wo er Größen wie Albert Einstein, Kurt Gödel und John von Neumann vorstand. Aus technischen und moralischen Gründen sprach er sich gegen den Bau der Wasserstoffbombe aus und trat für eine internationale Kontrolle der Kernwaffen ein. Nach einer Anhörung wegen »Umgangs mit bekannten Kommunisten« wurde ihm 1954 die Erlaubnis entzogen, an geheimen Projekten mitzuarbeiten. 1963 erhielt er den Enrico-Fermi-Preis. J. Robert Oppenheimer starb am 18. Februar 1967 in Princeton in New Jersey an Kehlkopfkrebs.

Künstlerische Bearbeitung

1953 erschien Arthur Millers Theaterstück Hexenjagd (The Crucible), in dem es zwar vordergründig um die Hexenprozesse in Salem geht, mit dem Miller aber eigentlich gegen die antikommunistische Verfolgungsjagd durch das Untersuchungskomitee von Senator McCarthy polemisierte. Auch Fred Zinnemanns Western Zwölf Uhr Mittags (High Noon) von 1952 spielt auf die Aktivitäten des Senatsausschusses für »unamerikanische Umtriebe« an. Erwähnenswert ist auch Elia Kazans Film Die Faust im Nacken (1954, On the Waterfront), der acht Oscars erhielt, dem Regisseur aber gleichzeitig scharfe Kritik einbrachte: Indem der Film keinen Zweifel daran lässt, dass Verrat in bestimmten Situationen notwendig ist, diente er Kazan, der vor dem McCarthy-Ausschuss gegen mehrere seiner Kollegen ausgesagt hatte, als Rechtfertigung des eigenen Verhaltens. Weltruhm erlangte Heinar Kipphardts Theaterstück In der Sache J. Robert Oppenheimer, das 1964 uraufgeführt wurde. Grundlage des Stücks waren die Protokolle des Untersuchungsausschusses gegen Oppenheimer, dreitausend Seiten, die die Atomenergiekommission im Mai 1954 veröffentlicht hatte. J. Robert Oppenheimer reagierte zunächst sehr verärgert auf das Stück. Er fühlte sich falsch dargestellt und protestierte gegen unrichtig wiedergegebene Einzelheiten. Kipphardt nahm daraufhin einige Änderungen vor. Oppenheimer bedauerte später in einem Brief an den Autor seine heftige Reaktion.

EMPFEHLUNGEN

Lesenswert:
Paul Strathern: Oppenheimer und die Bombe, Frankfurt/Main 1999.

Heinar Kipphardt: In der Sache J. Robert Oppenheimer, Reinbek 2000.

Sehenswert:
The Day After Trinity – J. Robert Oppenheimer and the Atomic Bomb. Regie: Jon Else, USA 1980.

The Crucible (Hexenjagd). Regie: Nicolas Hytner, Drehbuch: Arthur Miller; mit Daniel Day-Lewis und Winona Ryder, USA 1996.

Besuchenswert:
Das Bradbury Science Museum in Los Alamos und das National Atomic Museum in Albuquerque.

AUF DEN PUNKT GEBRACHT

McCarthys Kommunistenhatz machte auch vor Nationalhelden nicht halt. Allein sein Plädoyer für Rüstungskontrolle brachte J. Robert Oppenheimer vor den berüchtigten »Ausschuss für unamerikanische Umtriebe«. Wenige Monate später wäre ihm das vielleicht erspart geblieben: McCarthy wurde 1954 von seinen Senatskollegen gestürzt. Auch ihnen wurde es langsam zu bunt.

Ein Sitzstreik führt zum Aufstand
Prozess gegen Rosa Parks (1955)

Jeder Bus in Montgomery hatte sechsunddreißig Sitze. Die ersten zehn waren für Weiße reserviert, die hinteren zehn für Menschen mit dunkler Hautfarbe. Auf den sechzehn Plätzen dazwischen durfte sich jeder niederlassen – vorausgesetzt, der Bus war nicht voll. Dann mussten Farbige selbstverständlich ihren Sitz räumen. Wie in vielen Bundesstaaten im Süden der USA teilte sich auch in Montgomery, Alabama, die Welt in zwei Sphären, die der Weißen und die der Schwarzen. Die Rassentrennung erstreckte sich auf fast alle Bereiche des öffentlichen Lebens: Züge, Schulen, Krankenhäuser, Restaurants, Hotels, Friseurläden, Theater. Überall in der Stadt klebten kleine Schilder, auf denen »White« oder »Colored« stand, bis hin zu den Wasserspendern. Selbst die Todesanzeigen in den Zeitungen erschienen auf unterschiedlichen Seiten. So wollte es das Gesetz. Und das Gesetz im Öffentlichen Nahverkehr repräsentierte ganz allein der Busfahrer. Schwarze Fahrer stellte niemand ein. Die Regeln wurden von Weißen gemacht. Bis eine bescheidene, sittenstrenge Näherin mittleren Alters die Ordnung Montgomerys mit nur einem Wort ins Wanken brachte: »Nein.« Es sollte ganz Amerika verändern.

Als Rosa Parks am 1. Dezember 1955 in den Bus einstieg, saßen nur wenige Menschen darin. Sie kam gerade von der Arbeit, ihre Füße schmerzten, und froh über die freien Plätze setzte sie sich in den mittleren Teil. Von Haltestelle zu Haltestelle wurde es voller. An der dritten Station, der Cleveland Avenue, waren schließlich alle vorderen Sitze belegt, ein weißer Fahrgast suchte noch. Der Busfahrer drehte sich um, herrschte Rosa Parks und drei andere Farbige an: »Bewegt euch, ich will diese Plätze haben!« Keiner rührte sich. »Es wäre besser für euch, wenn ihr keinen Ärger macht«, drohte der Fahrer. Das wirkte. Drei der Angesprochenen zogen sich in den hinteren Teil des Busses zurück. Rosa Parks blieb sitzen. Sie hatte diese alltäglichen De-

■ Rosa Parks auf dem Weg zum Gerichtssaal in Montgomery, Alabama am 19. März 1956

mütigungen so satt: »Irgendwann muss man einmal ›Halt!‹ sagen«, erklärte sie später, »und dies schien für mich die richtige Haltestelle zu sein, um diesen ständigen Schikanen ein Ende zu bereiten und herauszufinden, auf welche Menschenrechte ich Anspruch hatte.« Rosa Parks wusste um die Konsequenzen ihres Protests. Doch auf die Warnung des Fahrers: »Dann werde ich dich verhaften lassen!«, antwortete sie gelassen und freundlich: »Das dürfen Sie tun.«

■ Department Sheriff Lackey nimmt Fingerabdrücke von Rosa Parks. Montgomery, Alabama, am 22. Februar 1956

Diesmal waren die Behörden Montgomerys an die Falsche geraten. Aber wer hätte auch ahnen können, dass die Verhaftung dieser adretten, fleißigen, tief religiösen Frau, die sich nie in den Vordergrund spielte und sich in ihren zweiundvierzig Lebensjahren nie etwas hatte zu Schulden kommen lassen, die Stadt in ihren Grundfesten erschüttern würde? Rosa Parks ging in die Geschichte ein als einfache Näherin, die nur zufällig am richtigen Ort, zur richtigen Zeit sitzen blieb. Das stimmt nicht ganz. Denn sie war keine naive Person, die aus Versehen eine politische Entscheidung traf. Rosa Parks engagierte sich bereits seit Jahren in verschiedenen Bürgerrechtsgruppen. Die ungerechte Justiz gegen Schwarze, die Lynchmorde, die Verweigerung grundlegender Rechte empörten sie schon lange. Mehrere Male hatte Rosa Parks

Ich wollte nur frei sein, wie jeder andere auch. Ich wollte nicht immerzu gedemütigt werden, wegen etwas, auf das ich keinen Einfluss hatte: die Farbe meiner Haut. **Rosa Parks**

vergeblich versucht, als Wählerin registriert zu werden. In Montgomery und in anderen Regionen des Südens griff man zu vielerlei Tricks, um die schwarze Bevölkerung davon abzuhalten, ihr – seit 1870 gesetzlich verankertes – Wahlrecht auszuüben: Es wurde eine Kopfsteuer erhoben, die viele Farbige gar nicht erst zahlen konnten; diejenigen, die dazu in der Lage waren, mussten einen Schreib- und Lesetest absolvieren, den die Behörden regelmäßig als »nicht bestanden« beurteilten. Die schlichte Mitteilung reichte aus, eine Einspruchsmöglichkeit gab es nicht. Die Rassentrennung schien auf ewige Zeiten festgeschrieben. Doch dann kam der 17. Mai 1954, der Schockwellen durch den Süden sandte – nur vergleichbar mit dem 22. Juli 1862, dem Tag, an dem Abraham Lincoln seine Emanzipationserklärung verlesen hatte, das Gesetz zur Befreiung der Sklaven. Der Oberste Gerichtshof der USA, unter Vorsitz von Richter Earl Warren, erklärte die Rassentrennung an Schulen für verfassungswidrig: »Wir stellen fest, dass bei der öffentlichen Erziehung die Doktrin ›getrennt, aber gleich‹, keinen Platz hat. Kinder, gleich welcher Hautfarbe, sollen gemeinsame Bildungseinrichtungen besuchen.« Obwohl dieses Urteil bis in die 1960er hinein, zum Teil mit Gewalt, durchgesetzt werden musste, war es

■ Bis in die 1950er Jahre schien die staatlich festgeschriebene Rassentrennung im US-amerikanischen Alltag ein unumstößliches Gesetz. Warteräume für Farbige etwa waren durch spezielle Schilder gekennzeichnet.

■ Schwarze Arbeiter streiken 1968 in Memphis für Gleichberechtigung. Mit der Ermordung Martin Luther Kings im selben Jahr erreichten die Rassenkämpfe einen weiteren Höhepunkt.

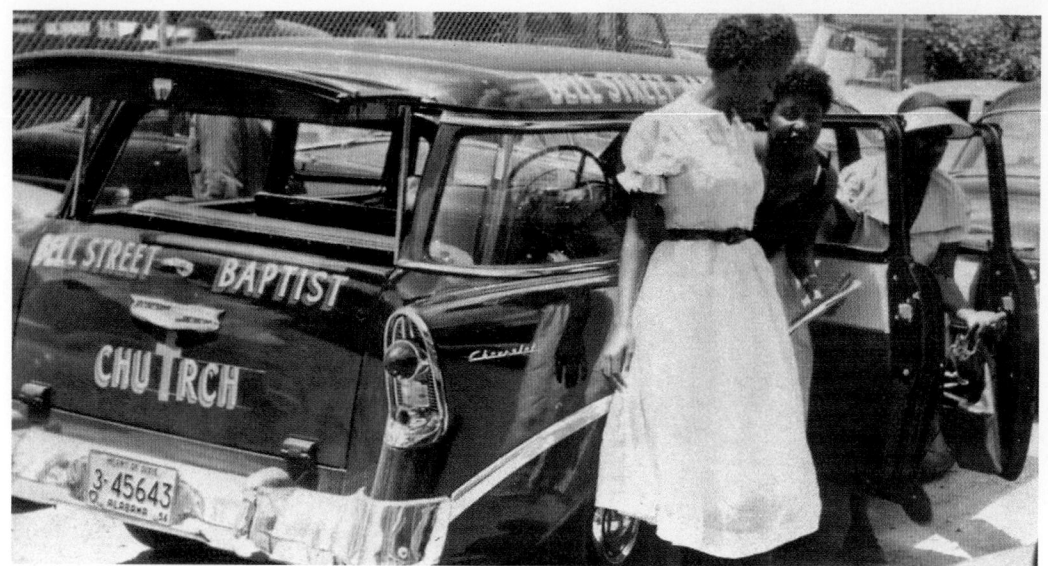

doch eine Basis für weitere Klagen gegen die Segregation. Tatsächlich suchten Rosa Parks und ihre Freunde seit längerem nach einem perfekten Fall, den man bis zum Obersten Gerichthof durchpauken konnte. Jetzt hatten sie ihn gefunden. Denn dank ihrer Seriosität, ihrer strikten friedliebenden, christlichen Haltung und ihres untadeligen Lebenswandels würde es schwer fallen, Rosa Parks als Radikale und Randaliererin zu diffamieren.

■ Zwei Frauen entsteigen einem »station wagon«. Die Kirche unterstützte den Busboykott, indem sie der farbigen Bevölkerung diese Wagen zu Transportzwecken zur Verfügung stellte.

Gegen eine Kaution von hundert Dollar war Rosa Parks nach zwei Stunden aus dem Gefängnis entlassen worden. Der Prozess, dessen Ausgang jetzt schon feststand, sollte vier Tage später, am Montag, dem 5. Dezember 1955, stattfinden. In der schwarzen Gemeinde Montgomerys hatte sich der Vorfall über die engen Netzwerke der Kirchen und Bürgerrechtsgruppen schnell rumgesprochen. Dass man ausgerechnet mit dieser liebenswürdigen Person derart rüde umsprang, entsetzte viele. Eine Frauenorganisation druckte umgehend Flugblätter, die für den 5. Dezember zum Boykott der Busse aufriefen. Nur für einen Tag. Ob das funktionieren würde? Alle warteten gespannt auf den Montagmorgen. Und siehe da: Die Busse blieben leer. Zehntausende solidarisierten sich mit Rosa Parks und feierten sie stürmisch, als sie das Gerichtsgebäude verließ – verurteilt zu zehn Dollar Strafe. Der Prozess hatte gerade einmal fünf Minuten gedauert.

Jetzt überlegt man fieberhaft: Sollte der Boykott fortgesetzt werden? Wenn ja, brauchte man jemanden, der die Leitung übernahm, sich um andere Transportmöglichkeiten kümmerte, das ge-

»Sie ist eine Heldin des Widerstands. Als ihre Zeit gekommen war, blieb sie sitzen.«
Vaclav Havel,
Präsident Tschechiens

■ Eine Gedenktafel erinnert an die Stelle, an der Rosa Parks verhaftet wurde. Der sich anschließende Busboykott in Montgomery, der 381 Tage dauerte, führte zur Aufhebung der Rassentrennung in Bussen und bewirkte Veränderungen im Zivilrecht.

Wir waren zehntklassige Bürger in unserem eigenen Land. Das Feuer unter dem Schmelztiegel wurde ausgelöscht, als es um die Afroamerikaner ging.
Colin Powell, US-Außenminister, über die Zeit der Rassentrennung

meinsame Anliegen unerschrocken nach außen vertrat. Zu aller Überraschung wies jemand auf einen jungen Geistlichen, den die meisten gar nicht kannten: den erst sechsundzwanzigjährigen Dr. Martin Luther King. Nach einigem Zögern willigte er ein und wurde binnen kurzem zum unumstrittenen Star der schwarzen Bürgerrechtsbewegung. Kings Maxime vom gewaltlosen Widerstand à la Ghandi verschaffte ihm rasch auch Respekt liberaler weißer Kreise, 1964 erhielt er dafür den Friedensnobelpreis. Doch bis dahin war es noch ein mühsamer Weg.

Der Busboykott in Montgomery ging weiter – trotz Schikanen, trotz Todesdrohungen, trotz Bombenanschlägen gegen die Anführer der Aktion. Man werde ihn erst beenden, ließen die Boykotteure die Behörden wissen, wenn folgende Bedingungen erfüllt seien: Aufhebung der Rassentrennung, freundliche Behandlung durch die Busfahrer, Einstellung auch schwarzer Fahrer. Während sich die Busgesellschaft, die ihre Hauptklientel eingebüßt hatte, langsam dem Bankrott näherte, blies das weiße Establishment zum Gegenangriff. Die Aggressivität gegenüber der schwarzen Bevölkerung nahm zu; fast neunzig Bürgerrechtler, darunter auch Rosa Parks und Martin Luther King, klagte man an, widerrechtlich einen Busboykott organisiert zu haben. Eine Anklage, weil Zehntausende es vorzogen, zu Fuß zur Arbeit zu gehen? In Montgomery war das möglich. Gleichzeitig erhielten die Protestierenden begeisterte Briefe aus aller Welt, im südafrikanischen Kapstadt boykottierten Schwarze aus Solidarität ebenfalls die Busgesellschaft, viele spendierten Schuhe. Montgomery erlief sich einen neuen Spitznamen: »Walking City«.

Nach dreizehn Monaten gab die Stadt klein bei. Auf Geheiß von oben. Das höchste Gericht der USA hatte die Rassentrennung in Bussen niedergerissen. Für ihr »nein« zum rechten Zeitpunkt wird Rosa Parks bis heute als »Mutter der Bürgerrechtsbewegung« verehrt. Sie und ihre Mitstreiter sahen im Ende des Boykotts nur einen ersten Sieg. Der Kampf war noch lange nicht vorbei. Martin Luther King kostete er 1968 das Leben.

ROSA PARKS

BIOGRAPHIE

Rosa Parks, geb. McCauley, kam am 4. Februar 1913 in Tuskegee in Alabama zur Welt. Als sie zwei Jahre alt war, zog die Mutter mit ihr aufs Land nach Pine Level zu ihren Eltern. Der Vater, ein Tischler und Steinmetz, verließ die Familie. Rosa Parks wurde zunächst von ihrer Mutter unterrichtet, bis sie mit elf Jahren auf eine private Mädchenschule in Montgomery kam. Um das Schulgeld bezahlen zu können, putzte sie die Klassenräume. Als drei Jahre später ihre Großmutter starb, musste Rosa Parks die Schule verlassen, um ihre schwer kranke Mutter zu pflegen. Sie begann in einer Textilfabrik als Näherin zu arbeiten und hatte außerdem zahlreiche Nebentätigkeiten: so putzte sie unter anderem in Häusern von Weißen und verkaufte Früchte auf der Straße. Im Dezember 1932 heiratete sie den Friseur Raymond Parks, der sich in der schwarzen Bürgerrechtsbewegung engagierte. Von ihrem Mann unterstützt, konnte Rosa wieder zur Schule gehen und 1933 ihren High-School-Abschluss machen. Zunächst verhalf ihr dies noch nicht zu besseren Stellen. 1941 schließlich wurde sie Sekretärin bei Maxwell Field, einer Flugschule in Montgomery, die von den berühmten Brüdern Wilbur und Orville Wright gegründet worden und Teil eines staatlichen Luftwaffenkorps war. Da Präsident Franklin D. Roosevelt Rassentrennung in staatlichen Einrichtungen verboten hatte, gab es sie auf diesem Gelände auch nicht. Sobald Rosa Parks aber das Gelände verließ, musste sie sich wieder im Bus in die Abteilung für »Colored« setzen, was sie als schwere Demütigung empfand. Als sie sich am 1. Dezember 1955 in einem Bus weigerte, ihren Platz für einen Weißen zu räumen, wurde sie verhaftet. In dem vier Tage darauf folgenden Prozess sprach das Gericht sie des ordnungswidrigen Verhaltens schuldig. Als Reaktion darauf rief der Womens' Political Council zu einem Busboykott in Montgomery auf, der über ein Jahr andauerte. Rosa Parks, die zu dieser Zeit wieder eine Stelle als Näherin hatte, verlor wie viele andere Boykotteure ihre Arbeit. Im Dezember 1956 hob das Oberste Gericht der USA die Rassentrennung in Bussen auf. 1957 zog Rosa Parks mit ihrem Mann und ihrer Mutter nach Detroit, wo auch ihr jüngerer Bruder lebte. Sie engagierte sich weiterhin in der Bürgerrechtsbewegung. 1964 unterstützte sie die Kandidatur des afroamerikanischen Bürgerrechtsanwalts John Conyers für den Kongress. Nachdem er die Wahl gewonnen hatte, arbeitete sie bis zu ihrem Ruhestand 1988 in seinem Büro in Detroit. 1987, zehn Jahre nach dem Tod ihres Mannes, gründete sie gemeinsam mit Elaine Eason Steele das »Rosa and Raymond Parks Institute for Self-Development«, eine Fortbildungseinrichtung für Jugendliche. Rosa Parks erhielt zahlreiche Auszeichnungen und Ehrentitel mehrerer Colleges und Universitäten. 1999 verlieh Präsident Bill Clinton ihr die Goldene Medaille des US-Kongresses.

Nachgeschichte

Die Cleveland Avenue in Montgomery, in der sich Rosa Parks im Bus weigerte, ihren Platz zu räumen, erhielt ihr zu Ehren ihren Namen. Am 1. Dezember 2000 wurde an der Ecke, an der sie genau fünfundvierzig Jahre zuvor verhaftet worden war, die Rosa Parks Bibliothek einschließlich eines Museums eröffnet, das über den Vorfall sowie über die darauf folgenden Aktivitäten während des 381 Tage andauernden Busstreiks informiert.

EMPFEHLUNGEN

Lesenswert:

Douglas Brinkley: *Rosa Parks*, New York 2000.

Rosa Parks: *My Story*, with Jim Haskins, New York 1999.

Gerd Presler: *Martin Luther King Jr. Mit Selbstzeugnissen und Bilddokumenten*, Reinbek 1997.

Sehenswert:

The Rosa Parks Story. Regie: Julie Dash; mit Angela Bassett als Rosa Parks. USA 2002.

Besuchenswert:

The Rosa Parks Library and Museum in Montgomery.

AUF DEN PUNKT GEBRACHT

Rosa Parks' mutige Weigerung, ihren Sitzplatz für einen Weißen zu räumen, war ein klarer Verstoß gegen das Gesetz von Alabama – ein Gesetz, das die in der Verfassung verbrieften Bürgerrechte missachtete. Und die gelten für alle Amerikaner, unabhängig von der Hautfarbe.

Der Prototyp des Schreibtischtäters
Prozess gegen Adolf Eichmann (1961)

In einem kurzen Weilchen, meine Herren, sehen wir uns ohnehin alle wieder. Das ist das Los aller Menschen. Dies sollen die letzten Worte Eichmanns gewesen sein.

Richter Moshe Landau duldete keine Wutausbrüche in seinem Gerichtssaal. Dies sollte nicht der Schauprozess werden, zu dem ihn die Staatsanwaltschaft offensichtlich machen wollte. Wiederholt rief er die Zuschauer zur Ordnung, wer dennoch seinem Zorn weiter Luft machte, wurde abgeführt: »Wenn Sie das nicht ertragen, dann müssen Sie gehen!« Moshe Landau war nie aus der Fassung zu bringen. Aber zuweilen merkte man ihm an, dass auch er die Worte des Angeklagten nur schwer aushielt.

Adolf Eichmann sah nicht aus wie ein Monster. Wie er da in dem Glaskasten saß, den Rücken gerade, aufmerksam, eifrig bestrebt, jede Frage des Gerichts gewissenhaft zu beantworten, so hatte er zwanzig Jahre zuvor vermutlich auch hinter seinem Schreibtisch gesessen: ein durchschnittlicher Beamter, der sich pflichtbewusst bemühte, die ihm gestellten Aufgaben mit großer Effizienz zu erfüllen – loyal gegenüber seinem Land und seinen Vorgesetzten. Jede Verwaltung schätzt solche Mitarbeiter, egal in welchem Staat, ob damals oder heute. Für Adolf Eichmann markierte der bürokratische Rahmen die Grenzen seiner Welt. Er sorgte für reibungslose Abläufe, koordinierte Fahrpläne, dirigierte Züge, Millionen Menschen aus allen Richtungen Europas zu

■ Adolf Eichmann 1961 vor dem Sondergericht in Jerusalem. Zu seinem Schutz hatte man einen kugelsicheren Glaskasten installiert.

den Vernichtungslagern im Osten: »Eichmann war ein sehr tüchtiger Mörder, einer der tüchtigsten, die ich kannte«, erinnerte sich Robert Kempner, einst stellvertretender Ankläger im Nürnberger Prozess (siehe Seite 202). »Er war eiskalt, in einer gefährlichen Art. Er kannte sich aus, die Judenfrage war eben sein Feld. Ein typischer Profi in seinem Fach.« Eichmann befolgte Anweisungen. Das Leid, das seine Fernschreiben, Stempel, Unterschriften auslösten, fiel nicht in sein Ressort, dafür trugen andere die Verantwortung: »Meine Schuld ist mein Gehorsam, meine Unterwerfung unter Fahnen- und Diensteid. Dieses Gehorchen war nicht leicht. Ich habe nicht mit Gier und Lust Juden verfolgt. Dies tat die Regierung. Ich klage die Regierenden an, dass sie meinen Gehorsam missbraucht haben.« Den eigenen Anteil am Unrecht zu erkennen überforderte seine Vorstellungskraft. Es war diese Beschränktheit Eichmanns, die die Beobachter des Prozesses in Jerusalem zur Weißglut trieb.

Die Weichen für Eichmanns Karriere wurden 1932 gestellt, als er, eher zufällig, in Hitlers NSDAP eintrat. Das Parteiprogramm hatte er nie gelesen, Politik interessierte ihn kaum, er suchte feste Strukturen und einen Job. Schon 1934, ein Jahr nach der Machtergreifung Hitlers, fand er sein Spezialgebiet: im Juden-Referat des SD, des Nachrichten- und Abwehrdienstes der NSDAP. Noch dachte niemand an systematische Vernichtung, noch ging es um Ausgrenzung. Eichmann sondierte Möglichkeiten zur Auswanderung von Juden, fuhr sogar nach Palästina, um über Aufnahmemöglichkeiten zu verhandeln. Wie so viele kam auch Eichmann nicht auf die Idee, die antisemitischen Parolen der Partei, die Nürnberger Gesetze, die den Juden sämtliche bürgerlichen Rechte verwehrten, anzuzweifeln oder nach dem Sinn und Zweck der Verfolgungspolitik zu fragen: »Man lebte halt in einer Zeit des legalisierten Verbrechens«, entschuldigte er sich später im Prozess. Der Anschluss Österreichs stellte Eichmann vor eine erste Bewährungsprobe. Er bestand sie mit Bravour. Die von ihm organisierte »Zentralstelle für Jüdische Auswanderung« in Wien brachte innerhalb von achtzehn Monaten über sechzig Prozent der österreichischen Juden dazu, das Land zu verlassen, unter Verzicht auf einen Großteil ihres Vermögens. Kurz darauf schuf er in Prag das gleiche System, wurde aber bald schon wieder nach Berlin zurückbeordert, ins neu geschaffene

■ Handschrift von Adolf Eichmann. Während seiner Haft verfasste Eichmann ein umfangreiches Tagebuch, in dem er seine Sicht der Ereignisse während des dritten Reichs minutiös darstellte.

So bleibt also nur übrig, dass Sie eine Politik gefördert und mitverwirklicht haben, in der sich der Wille kundtat, die Erde nicht mit dem jüdischen Volk und einer Reihe anderer Volksgruppen zu teilen, als ob Sie und Ihre Vorgesetzten das Recht gehabt hätten, zu entscheiden, wer die Erde bewohnen soll und wer nicht. Keinem Angehörigen des Menschengeschlechts kann zugemutet werden, mit denen, die solches wollen und in die Tat umsetzen, die Erde zusammen zu bewohnen. Dies ist der Grund, der einzige Grund, dass Sie sterben müssen.

Aus dem Urteilsspruch, den Hannah Arendt am Ende ihres Buches *Eichmann in Jerusalem* entwarf

Jeder Eisenbahnzug mit tausend Menschen, den der Angeklagte nach Auschwitz oder eine andere Stätte der Vernichtung geschickt hat, bedeutet, dass der Angeklagte unmittelbar an tausend vorsätzlich überlegter Mordtaten teilgenommen hat. Seine rechtliche und moralische Verantwortung für diese Mordtaten ist um nichts geringer als die Verantwortung dessen, der die Menschen eigenhändig in die Gaskammern geworfen hat.   Aus der Urteilsbegründung

Reichssicherheitshauptamt. Hitler hatte den Zweiten Weltkrieg vom Zaun gebrochen, die politische Gangart verschärft, jetzt sprach man nicht mehr von Auswanderung, sondern von der »Endlösung der Judenfrage«. Auch Eichmann hatte im Januar 1942 an der Wannsee-Konferenz teilgenommen, erstaunt darüber, wie wenig Widerstand die Behörden den Plänen entgegensetzten. Man diskutierte allenfalls über Begriffe: statt Tötungen hieß es fortan »Sonderbehandlung«, statt Deportation »Aussiedlung«. Eichmann, plötzlich in einer Schlüsselposition, begann, seine in Wien und Prag erworbenen Kenntnisse auf das neue Ziel auszurichten. Und obwohl er Auschwitz besuchte, Massenerschießungen mit eigenen Augen sah, reduzierte sich für ihn die Vernichtung von Millionen Juden in erster Line auf ein verwaltungstechnisches Problem. Schließlich hatte er ja nie jemanden eigenhändig umgebracht, oder?

Bereits im Nürnberger Prozess gegen die Hauptkriegsverbrecher war man auf Eichmann aufmerksam geworden. Wegen seines niedrigen Rangs kam jedoch keiner auf die Idee, auch ihn vor Gericht zu bringen. Eichmann tauchte unter: Vier Jahre arbeitete er als Holzfäller in der Lüneburger Heide, dann verschwand er, dank kirchlicher Hilfe, nach Argentinien. Erst 1959 spürte ihn der israelische Geheimdienst auf. Da es kein Auslieferungsabkommen mit Argentinien gab, genehmigte die israelische Regierung ein abenteuerliches Unterfangen: »Das Biest ist in Ketten«, telegraphierte das Geheimdienstkommando im Mai 1960 an den israelischen Ministerpräsidenten Ben Gurion. Es hatte Eichmann gekidnappt; getarnt als Schwerkranker wurde er auf einer Bahre ins Flugzeug nach Israel verfrachtet. Eichmann, der auf seine Entdeckung geradezu gewartet zu haben schien: »Ich nehme an, Sie sind Israelis?«, kooperierte vollständig. Kühl und präzise offenbarte er vor Gericht die Strukturen seiner Behörde, seine Zuständigkeiten, nannte den Massenmord »eines der kapitalsten Verbrechen der Menschheitsgeschichte«. Aber eine persönliche Schuld empfinde er nicht. Er habe nur Befehle ausgeführt, sei ebenfalls ein Opfer der nationalsozialistischen Machthaber gewesen.

Nach achtmonatiger Verhandlung, verurteilte ihn ein Jerusalemer Bezirksgericht am 15. Dezember 1961 zum Tode, wegen Kriegsverbrechen und Verbrechen gegen das jüdische Volk. Adolf Eichmann wurde am 1. Juni 1962 in einem Gefängnis nahe Tel Aviv gehängt, seine Asche in alle Winde verstreut.

ADOLF EICHMANN

 BIOGRAPHIE

Adolf Eichmann, am 19. März 1906 in Solingen geboren, wuchs ab 1914 in Linz auf. Er begann ein Maschinenbaustudium, brach es ab und arbeitete dann als Bergarbeiter, Verkäufer und als Vertreter der »Vacuum Oil Company« in Wien. 1932 trat er der österreichischen NSDAP und der SS bei und kam 1934 nach Berlin in das so genannte »Judenreferat« im Sicherheitsdiensthauptamt. 1938 ging er nach Wien, wo er die Leitung des Referats »Auswanderung und Räumung« aufbaute. In knapp anderthalb Jahren mussten 150 000 Juden Österreich zwangsweise verlassen. Im Dezember 1939 übernahm Eichmann im Reichssicherheitshauptamt in Berlin die Leitung des Referats für »Juden- und Räumungsangelegenheiten«, das die Deportation von über vier Millionen Juden in die Vernichtungslager organisierte. Weitere zwei Millionen fielen seinen Einsatztruppen zum Opfer. Bei der Wannseekonferenz am 20. Januar 1941, auf der die führende Nationalsozialisten die Umsetzung der »Endlösung der Judenfrage« planten, führte Eichmann Protokoll. Nach Ende des Zweiten Weltkriegs floh er aus amerikanischer Gefangenschaft. Vier Jahre lebte er unter falschem Namen noch in Deutschland, bis es ihm 1950 gelang, nach Argentinien zu emigrieren. Unter dem Namen Ricardo Klement wohnte er mit seiner Familie in einem Vorort von Buenos Aires und erhielt eine Anstellung bei Daimler Benz. 1960 wurde er vom israelischen Geheimdienst nach Israel entführt. Nach achtmonatiger Verhandlung verurteilte ihn ein Jerusalemer Gericht am 15. Dezember 1961 wegen Verbrechen gegen das jüdische Volk und wegen Kriegsverbrechen zum Tode. Am 1. Juni 1962 wurde er in Ramleh bei Tel Aviv hingerichtet.

Nachgeschichte

Mit dem Eichmann-Prozess, der weltweit Aufsehen erregte, begann Israel sein kollektives Gedächtnis vom Holocaust zu entwickeln. Zuvor war über den Völkermord an den Juden in Israel geschwiegen worden. Eltern sprachen nicht mit ihren Kindern darüber, die Kinder wussten nichts vom Schicksal ihrer Familien. Viele Israelis fühlten sich schuldig, weil sie vor Beginn der Katastrophe aus Europa geflohen waren und Angehörige zurückgelassen hatten. Und viele Überlebende empfanden Scham, weil sie entkommen waren, und glaubten, sich dafür rechtfertigen zu müssen. Zahlreiche Israelis begegneten den Opfern mit Verachtung und fragten, warum sie sich nicht gewehrt hätten. Dieselbe Kritik übte auch die jüdische Philosophin Hannah Arendt in ihrem Bericht von der Banalität des Bösen (1963) und entfachte damit eine heftige internationale Kontroverse.

Künstlerische Bearbeitung

1983 hatte Heinar Kipphardts Theaterstück Bruder Eichmann in München Premiere. Das Stück zeigt Adolf Eichmann in Untersuchungshaft und in der Todeszelle und stützt sich dabei im Wesentlichen auf die Vernehmungsprotokolle. In die Verhörsituation hinein sind kurze Szenen aus der politischen Gegenwart der 1980er Jahre montiert, die vorführen sollen, dass die selbstgerechte Denkweise und Haltung Eichmanns die gewöhnliche bürgerliche Haltung schlechthin sind. Durch die Analogieszenen und die Nähe des »Bruders« wollte Kipphardt verhindern, dass das Publikum sich nur als Betrachter eines Bühnenstücks versteht. Der Zuschauer soll sich vielmehr im Theater wiedererkennen.

 EMPFEHLUNGEN

Lesenswert:
Jochen von Lang: Das Eichmann-Protokoll. Tonbandaufzeichnungen der israelischen Verhöre, Berlin 2001.

Hannah Arendt: Eichmann in Jerusalem. Ein Bericht von der Banalität des Bösen, München 2000.

Sehenswert:
Ein Spezialist (Un Spécialiste). Rony Brauman / Eyal Sivan: Ein zweistündiger Zusammenschnitt des Prozesses, 1998.

Besuchenswert:
Das Haus der Wannseekonferenz in Berlin, eine Gedenk- und Bildungsstätte.

 AUF DEN PUNKT GEBRACHT

Erst eine abenteuerliche und international heftig umstrittene Entführungsaktion brachte Adolf Eichmann vor ein Gericht. Doch wer, wenn nicht seine Opfer, sollte das Recht haben, über ihn zu urteilen? Auch Eichmanns Richter gehörten dazu: Sie waren in Deutschland geboren worden.

Die Mörder sind unter uns
Der Auschwitz-Prozess (1963–1965)

Dr. Victor Capesius war Apotheker. Seit Februar 1944 versah er seinen Dienst in Auschwitz, manchmal sortierte auch er die ankommenden Transporte in zwei Kategorien: Arbeitsfähige schickte er ins Lager, Kranke, Kinder und viele Frauen gleich in die Gaskammern. Seiner Entscheidung über Leben oder Tod fielen mindestens achttausend Menschen zum Opfer. Und er schreckte nicht davor zurück, sich an dem, was von ihnen blieb, zu bereichern: Zahngold, Geld und andere Wertgegenstände. Auf die Frage, womit er nach dem Krieg seine Apotheke in Göppingen finanziert habe, verweigerte er die Antwort. Dr. Capesius war kein Täter. Als »Glied des gesamten Vernichtungsapparates« hatte er Befehle ausgeführt, das machte ihn zum Gehilfen. Für Mordgehilfen sah das Recht mildere Strafen vor. Das Gericht verurteilte Dr. Victor Capesius zu neun Jahren Zuchthaus.

■ Erste Ortsbesichtigung im Rahmen des Auschwitz-Prozesses am 14. Dezember 1964. Die Gruppe des Frankfurter Schwurgerichts und zahlreiche Journalisten passieren das Lagertor mit der zynischen Aufschrift »Arbeit macht frei«.

Völkermord mit »normalem« Strafrecht fassen zu wollen hat seine Tücken. Die bundesdeutsche Justiz mochte jedoch nicht auf die in Nürnberg (s. S. 202) definierten Regelungen zurückgreifen, bestand auf der Einhaltung des Rückwirkungsverbots. Strafbar sollte nur sein, was auch laut Nazi-Recht hätte sanktioniert werden können. Zum Beispiel Mord oder Beihilfe zum Mord. Diese Gleichsetzung von Völkermord und schlichter Kriminalität führte dazu, dass mit zweierlei Maß gemessen wurde. Oder käme jemand auf die Idee, einen Mann, der zwar selbst keinen Schuss abfeuert, einem Amokschützen aber achttausendmal Mal die Pistole in die Hand drückt, zu neun Jahren Zuchthaus zu verurteilen?

Ende der 1950er Jahre interessierte sich die Justiz kaum noch für Nazi-Verbrecher. Von systematischer Verfolgung konnte ohnehin keine Rede sein, Begnadigungen und Amnestiegesetze korrespondierten mit Volkes Stim-

me: Lasst uns endlich einen Schlussstrich unter die Vergangenheit ziehen! Strafverfahren kamen eher zufällig zustande, wie der so genannte Ulmer Einsatzgruppenprozess 1958. Einer der Angeklagten, der als Polizeichef in Memel an der Ermordung Hunderter litauischer Juden beteiligt gewesen war, hatte ihn selbst provoziert. Nach dem Krieg klagte er auf Wiedereinstellung in den Staatsdienst. Der Fall machte Schlagzeilen, und ein Zeitungsleser erkannte den einstigen Polizeichef wieder. Dieser Prozess läutete eine Wende ein, die Landesjustizminister gründeten eine Zentralstelle, um die Ermittlungen gegen NS-Straftäter endlich zu koordinieren. Auch die Verhaftung Adolf Eichmanns (s. S. 226) beschleunigte so manches Verfahren, weil man den Blick des Auslands nun erneut auf sich spürte, was den wenigen zäh forschenden Staatsanwälten die Arbeit erheblich erleichterte. Zu ihnen gehörte der hessische Generalstaatsanwalt Fritz Bauer, der 1933 – als Jude und Sozialdemokrat – aus dem Staatsdienst entfernt und ins Konzentrationslager gesteckt worden war. 1936 emigrierte er erst nach Dänemark, dann nach Schweden, 1949 kehrte er nach Deutschland zurück. Ohne ihn hätte es vielleicht nie einen Auschwitz-Prozess gegeben. Und wieder spielte der Zufall eine Rolle. Durch einen früheren Auschwitz-Häftling gelangte Fritz Bauer in den Besitz aufschlussreicher Dokumente: Listen, die Namen von in Auschwitz erschossenen Juden verzeichneten, den Grund für ihre Ermordung sowie die Namen der Mörder – Angehörige der

■ An der »Rampe« im ehemaligen Konzentrationslager Auschwitz-Birkenau endeten die Fahrten zahlreicher Deportationszüge.

Seit dem Dezember 1963 warten die Staatsanwälte, dass einer der Angeklagten ein menschliches Wort zu den Zeugen und Zeuginnen findet, die überlebt haben, aber deren ganze Familien ausgerottet sind. Die Luft würde gereinigt werden, wenn endlich einmal ein menschliches Wort fiele. Es ist nicht gefallen und es wird wohl auch nicht fallen.

Der hessische Generalstaatsanwalt Fritz Bauer

Die Beweisaufnahme hat mit glasklarer Härte ergeben, dass wir es in Auschwitz mit einem Mordzentrum unvorstellbarer Entsetzlichkeit zu tun haben und dass dessen Funktionieren von dem bewussten und gewollten Zusammenwirken der Angeklagten und Tausender anderer abhing. Ihre Untaten waren von so ungezügelter und zugleich sachlich-bürokratisch organisierter Lieblosigkeit, Bosheit und Mordgier, dass niemand sie ohne tiefe Scham darüber, dass Menschen zu dergleichen fähig sind, überdenken kann.

Aus dem Plädoyer der Staatsanwaltschaft

■ Blick auf die Anklagebank mit Victor Capesius (Mitte) und Wilhelm Boger (rechts daneben mit Brille). Das öffentliche Interesse am Auschwitz-Prozess war so groß, dass das Verfahren im April 1964 vom Plenarsaal der Stadtverordnetenversammlung in das größere Frankfurter Bürgerhaus Gallus verlegt wurde.

SS. Es handelte sich um ein Schreiben, in dem Lagerkommandant Rudolf Höß um die Einstellung der gegen seine Untergebenen eingeleiteten Verfahren bat. Fritz Bauer begann das Knäuel aufzurollen. Bald schon wurden die Ersten verhaftet. Keiner von ihnen lebte unter einem anderen Namen, mit einer Ausnahme: Richard Baer, der letzte Kommandant des Lagers. Sein Vorgänger Rudolf Höß war bereits 1947 von einem polnischen Gericht zum Tode verurteilt und in Auschwitz gehängt worden.

Von Anfang an plante Fritz Bauer einen großen Prozess. Zumindest einmal sollte vor einem deutschen Gericht der gesamte Vernichtungsapparat auf der Tagesordnung stehen: Der planmäßige Massenmord an Juden, die Brutalität der Lager wie Auschwitz, Sobidor, Majdanek, mit ihren Gaskammern und Krematorien, die Ausbeutung der Häftlinge in den benachbarten Industriekomplexen von IG-Farben, Krupp und Siemens, die »deutsche Gründlichkeit« bis hin zur Wiederverwertung körperlicher Restbestände – Haare, die zu Säcken, Körperfette, die zu Seifen verarbeitet wurden, Zahngold, das man den Leichen aus dem Gebiss brach, die fein säuberlich sortierten Schuhe, Brillen, Kleidungsstücke. In seinem Urteil notierte das Frankfurter Gericht später: »Über dem Lagertor waren die Worte zu lesen: ›Arbeit

macht frei‹. Unsichtbar aber stand geschrieben: ›Ihr, die Ihr hier eingeht, lasst alle Hoffnung fahren.‹ Denn hinter dem Tor begann eine Hölle, die für das normale menschliche Gehirn nicht auszudenken ist und die zu schildern die Worte fehlen.«

Doch die Vernichtungslager waren kaum aus dem Nichts entstanden. Sie funktionierten auch nicht per Knopfdruck. Die Maschinerie wurde von Menschen in Gang gesetzt und am Laufen gehalten. Menschen, die vor und nach dem Krieg ein unauffälliges Leben geführt hatten – als Kaufleute, Krankenpfleger, Tischler, Angestellte, Apotheker. Und die in Auschwitz Häftlinge selektierten, vergasten, mit immer gemeineren Methoden quälten oder den Nachschub an Zyklon B organisierten. Die Recherchen der Staatsanwaltschaft dauerten Jahre. Sie musste jedem einzelnen Täter konkrete Verbrechen nachweisen können, fast zwanzig Jahre danach Dokumente und Zeugen finden. Nur noch Mord und Beihilfe zum Mord durften verfolgt werden, andere Straftaten, bis hin zum Totschlag, waren verjährt. Wer also nicht aus niedrigen Beweggründen wie Rassenhass, aus Heimtücke oder Grausamkeit getötet oder sich an den Morden beteiligt hatte, kam davon. Adolf Eichmann hätte gute Chancen auf einen Freispruch gehabt.

Die Ermittler befragten mehr als 1300 Zeugen, darunter Hunderte ehemaliger Auschwitz-Häftlinge; Reisen nach Auschwitz unternahmen sie auf privater Ebene – noch gab es keine diplomatischen Beziehungen zwischen der Bundesrepublik und Polen. Schließlich hatten sie genügend Material, um gegen zweiundzwanzig frühere SS-Angehörige Anklage zu erheben, unter anderem gegen Robert Mulka, in Auschwitz Adjutant von Höß, Friedrich Wilhelm Boger und Hans Stark, beide Mitglieder der Politischen Abteilung, Victor Capesius, Leiter der SS-Lagerapotheke, Rapportführer Oswald Kaduk, Josef Klehr, Leiter der Desinfektionsabteilung. Ex-Lagerkommandant Richard Baer war kurz vor dem Prozess in Untersuchungshaft gestorben. Wenige Tage vor Weihnachten, am 20. Dezember 1963, trat das Gericht in Frankfurt erstmals zusammen. Wer über die Jahre Verfahren gegen Nazi-Verbrecher verfolgt hatte, erlebte ein Déjà-vu: Robert Mulka, immerhin damals die Rechte Hand des Lagerkomman-

■ Im Prozess gegen 22 ehemalige Bewacher des Konzentrationslagers wurde eine Fülle von Material ausgewertet. Das Photo zeigt die hinter dem Richtertisch ausgelegten Aktenberge.

»Wir wären der Wahrheit ein gutes Stück näher gekommen, wenn Sie nicht so hartnäckig eine Mauer des Schweigens um sich errichtet hätten. Vielleicht ist es dem einen oder anderen von Ihnen während des Verfahrens deutlich geworden, dass es hier nicht um Rache geht, sondern um Sühne.« Der Gerichtsvorsitzende Hans Hofmeyer, der an die Angeklagten appellierte, wenigstens das Schlusswort zu nutzen, um zur Aufklärung beizutragen. Sein Appell war vergeblich.

■ Der Angeklagte Joseph Klehr, ehemals Leiter der »Desinfektionsabteilung« im Konzentrationslager Auschwitz

»Da hat man jüdische Kinder nach Auschwitz gebracht. Ein Lastwagen kam und hielt einen Moment vor der Politischen Abteilung. Da ist ein kleiner Junge runtergesprungen. Er hat einen Apfel in der Hand gehabt. Da ist Boger zu dem Kind gegangen, hat es bei den Füßen gepackt und mit dem Kopf gegen die Baracke geschmettert. Dann hat er den Apfel genommen… und ich habe gesehen, wie er den Apfel des Kindes gegessen hat.« Aussage der Zeugin Dunja Wasserström, die Dolmetscherin in der Politischen Abteilung in Auschwitz war. Sie kam eigens aus Mexiko angereist, um im Prozess auszusagen.

danten, behauptete schlankweg, von den Gaskammern und Krematorien, von dem, was sich innerhalb des Lagers abspielte, keine Ahnung gehabt zu haben: »Ich habe darüber keine Klagen bekommen.« Bis zum Überdruss fielen Sätze wie: »Ich habe nur Befehlen gehorcht, ich wollte nur meinem Land dienen.«

Victor Capesius verstieg sich sogar zu der Behauptung, er habe ja immerhin bei der Selektion auch vielen Menschen das Leben gerettet, nämlich denen, die er nicht gleich ins Gas schickte. Mit unverhohlenem Zorn schrieb der Reporter Bernd Naumann seinen Lesern: »Das Konzentrations- und Vernichtungslager Auschwitz war, wenn den Angeklagten geglaubt werden soll, eine Ruhestätte, von kleineren Übeln abgesehen, die das Leben vieler auf engem Raum nun einmal mit sich bringt, und abgesehen von den Vergasungen, ›was natürlich furchtbar war‹.«

Doch die zahlreichen Zeugen, die sich bereit erklärt hatten auszusagen, enthüllten die wahre Seite von Auschwitz, identifizierten ihre einstigen Peiniger, ordneten ihnen eine Grausamkeit nach der anderen zu. Viele Opfer waren eigens für diesen Prozess zum ersten Mal wieder nach Deutschland gereist.

Das Mammutverfahren endete nach fast zwei Jahren. Am 19. August 1965 sprach das Gericht drei der Angeklagten frei. Sechs wurden zu lebenslanger Haft verurteilt, die übrigen zu Freiheitsstrafen zwischen vierzehn und dreieinhalb Jahren. Die unteren Ränge, befanden die Richter, »waren genauso nötig, um den Plan der Vernichtung der Menschen in Auschwitz durchzuführen, wie diejenigen, die am Schreibtisch diesen Plan entworfen haben«.

»Ich schäme mich heute. Ich bedaure meinen damaligen Irrweg sehr, aber ich kann ihn nicht mehr ungeschehen machen.«
Der Angeklagte Hans Stark, der als einziger wirkliche Reue zeigte. Er war schon mit 16 in die SS eingetreten, mit 19 nach Auschwitz abkommandiert worden.

DER AUSCHWITZ-PROZESS

GESCHICHTE

Mit dem Auschwitz-Prozess erreichte die Auseinandersetzung mit dem Holocaust in Deutschland erstmals eine öffentliche Dimension – dass es zu diesem Prozess gekommen ist, geht vor allem auf Fritz Bauer zurück, einem der bedeutendsten Vorkämpfer für eine gesellschaftliche Verantwortung des Justizwesens beim Wiederaufbau einer demokratischen Gesellschaft. Ab 1956 hessischer Generalstaatsanwalt, war er für die Anklageerhebung im Auschwitz-Prozess von 1963 bis 1965 verantwortlich. Am 16. Juli 1903 in Stuttgart geboren, war Bauer nach seinem Jurastudium ab 1930 jüngster Amtsrichter in Deutschland. 1933 wurde er aufgrund seiner jüdischen Herkunft monatelang im Konzentrationslager Heuburg inhaftiert. Er emigrierte 1936 nach Dänemark und floh 1943 nach Schweden. Von 1945 bis 1949 lebte er in Kopenhagen, dann kehrte er nach Deutschland zurück. 1950 wurde er Generalstaatsanwalt am Oberlandesgericht in Braunschweig. Bauer hatte einen wesentlichen Anteil am Zustandekommen des Eichmann-Prozesses in Jerusalem. Nachdem er dem israelischen Geheimdienst einen entscheidenden Hinweis gegeben hatte, konnte Adolf Eichmann 1960 gefasst werden. Fritz Bauer starb am 1. Juli 1968.

Nachgeschichte

1966 gab es in Frankfurt am Main einen zweiten Auschwitz-Prozess. Zwei der drei Angeklagten erhielten dreieinhalb beziehungsweise fünf Jahre Haft, der dritte eine lebenslängliche Freiheitsstrafe. 1969 amnestierte der Bundestag die Tatgehilfen, und dies mit neunjähriger Rückwirkung. Nutznießer waren vor allem Schreibtischtäter, die sich als »Planer und Organisatoren« am Holocaust beteiligt hatten. Die Verfolgung unzähliger Nazi-Verbrechen wurde damit verhindert; zahlreiche Ermittlungsverfahren mussten eingestellt werden. 1975 begann in Düsseldorf der Prozess gegen sechzehn Angehöriger des Personals im Konzentrations- und Vernichtungslager Majdanek. Als der längste Strafprozess gegen NS-Verbrecher in der Geschichte der Bundesrepublik im Juni 1981 endete, kam es wegen der milden Urteile im Gerichtssaal zu Tumulten und zu Protestkundgebungen. Der 27. Januar, der Tag, an dem Auschwitz durch sowjetische Truppen befreit wurde (1945), ist seit 1996 offizieller Gedenktag für die Opfer des Nationalsozialismus.

Künstlerische Bearbeitung

Kurz nach der Urteilsverkündung erschien *Die Ermittlung* von Peter Weiss, ein Bühnenstück unter Verwendung von Aussagen und Dokumentationsmaterial des Auschwitz-Prozesses. Am 19. Oktober 1965 in einer »gemeinsamen Uraufführung« auf fünfzehn Bühnen gleichzeitig gezeigt (in Städten der Bundesrepublik und der DDR), rief es heftige Kontroversen hervor und stieß Westdeutschland zum Teil auf scharfe Kritik von konservativer Seite. Man warf Weiss unter anderem vor, dass es ihm als Kommunisten weniger um Vergangenheitsbewältigung als um »Kollektiv-Gehirnwäsche« gehe. In den folgenden zwei Jahren nahmen zahlreiche deutsche Theater das Stück in ihren Spielplan auf, weitere Inszenierungen gab es in Stockholm, Amsterdam, New York, Moskau, Prag und Warschau.

EMPFEHLUNGEN

Lesenswert:
Gerhard Werle und Thomas Wanders: *Auschwitz vor Gericht. Völkermord und bundesdeutsche Strafjustiz*, München 1995.

Hörenswert:
Peter Weiss: *Die Ermittlung*. Hörspielbearbeitung: Hermann Naber, Regie: Peter Schulze-Rohr, 2001. 2 Kassetten.

Sehenswert:
Strafsache 4 Ks 2/63. Auschwitz vor dem Frankfurter Schwurgericht. Dreiteilige Fernsehdokumentation von Rolf Bickel und Dietrich Wagner, 1993.

Besuchenswert:
Das Vernichtungslager Auschwitz-Birkenau ist heute eine Gedenkstätte.

AUF DEN PUNKT GEBRACHT

Der Auschwitz-Prozess schreckte die Bundesrepublik unvermutet auf. Längst hatte man heimlich einen Schlussstrich unter die Nazi-Verbrechen gezogen. Plötzlich war die Ruhe dahin, und schlimmer noch: Es ging nicht mehr nur um die Großen, die Befehlshaber von einst, die man als Ausnahmen abbuchen konnte. Der Auschwitz-Prozess offenbarte, dass ein ganzes Volk die Vernichtung der Juden geduldet, der Nachbar mitgemordet hatte.

Ein Schlafmittel weckt den Gesetzgeber
Der Contergan-Prozess (1968–1970)

■ Dr. Sievers (l.), einer der Angeklagten, im Gespräch mit seinen Verteidigern. Photo vom 18. Dezember 1970

■ Der Stuttgarter Herbert Keller, Zeuge im Alsdorfer Contergan-Prozess, vor der Verhandlung, am 4. November 1968

Phokos ist das griechische Wort für Seehund. Von ihm leitet sich der Begriff Phokomelie ab. Er steht für körperliche Missbildungen wie Hände mit oft nur zwei, drei oder vier Fingern, die unmittelbar an den Schultern, oder Beinstummel, die an den Hüften angewachsen sind – so wie man es von Robben kennt. Phokomelie tritt nur selten auf. Sie geht häufig einher mit anderen Defekten: verwachsenen Speiseröhren und Därmen, fehlenden Lungenlappen, Gallenblasen und Gehörgängen, Deformierung der äußeren Ohrmuscheln bis hin zur völligen Taubheit. Die Wahrscheinlichkeit, dass ein Kind mit derartigen Fehlbildungen zur Welt kommt, liegt bei eins zu einer Million. Zwischen 1958 und 1962 stieg die Quote jedoch rasant an, weltweit wurden mehr als etwa fünftausend Kinder geboren, die solche Symptome aufwiesen, knapp die Hälfte davon in Deutschland. Sie überlebten. Noch einmal so viele starben bereits im Mutterleib oder kurz nach der Geburt. Als einer der Ersten forschte der Hamburger Kinderarzt Widukind Lenz systematisch nach den Ursachen für diese Missbildungen und entdeckte schließlich den einzigen gemeinsamen Nenner: Alle Mütter hatten während der Schwangerschaft das Schlafmittel Contergan eingenommen. Umgehend schrieb Lenz an die Herstellerfirma Chemie Grünenthal GmbH in Stolberg bei Aachen: »Ich halte es für erforderlich, dass das Medikament sofort aus dem Handel zurückgezogen wird!« Eine Reaktion blieb aus.

Auf Contergan, beziehungsweise den darin enthaltenen Wirkstoff Thalidomid, war man in den Labors von Grünenthal Mitte der 1950er Jahre eher zufällig gestoßen. Da keiner so recht wusste, wozu diese Substanz gut sein sollte und was sie auslöste, wurde sie erst an Ratten, dann an Meerschweinchen und Kaninchen getestet. Der Stoff machte die Tiere dösig, sie schliefen friedlich ein, schienen ihn aber ansonsten prächtig zu vertragen. So sehr die Forscher die Dosis auch erhöhten – es schadete den Versuchsobjekten nicht. Bei Grünenthal knallten die Sektkorken. Offenbar hatte man ein Schlafmittel ohne Nebenwirkungen entwickelt, und besser noch: Niemand konnte sich damit umbringen! Mit der Aufschrift: »völlig ungiftig« und dem Werbespruch »Für Greis und Kind gleich gut geeignet« ging Contergan 1957 in den Handel, stach schnell sämtliche Konkurrenten aus, 1961 verkaufte Grünenthal allein in Deutschland zwanzig Millionen Tabletten. Da war der Schaden längst angerichtet. Schon früh berichteten Ärzte von heftigen Nebenwirkungen: Nervenschäden, Ohrensausen, Gliederzittern. Grünenthal wiegelte ab, steckte noch mehr Geld in eine aggressive Werbekampagne, bombardierte Praxen und Kliniken mit positiven Studien, versuchte kritische Gutachten zu unterdrücken und empfahl Contergan sogar als besonders geeignet für

■ Ein »Contergankind« fährt auf einem Spezialfahrrad, das von dem Kölner Fahrlehrer H. E. Weinert entwickelt wurde. Photo vom 15. November 1966

schwangere Frauen – ohne den Wirkstoff je an trächtigen Tieren ausprobiert zu haben. Die Beschwerden füllten inzwischen mehrere Aktenordner. Aber erst als die Presse Wind von Lenz' Verdacht bekam und den Skandal an die Öffentlichkeit brachte, nahm Grünenthal das Produkt vom Markt. Zu spät. Nur wenige Tage darauf begann die Staatsanwaltschaft zu ermitteln, wegen »fahrlässiger Körperverletzung mit Todesfolge, vorsätzlicher Gesundheitsschädigung und schweren Verstoßes gegen das Arzneimittelgesetz«.

Grünenthal verweigerte jegliche Kooperation, tat alles, um einen Prozess zu verhindern. Man streute Gerüchte über andere Ursachen und wälzte damit die Schuld auf die betroffenen Mütter ab. Möglicherweise seien die Defekte ja auf missglückte Abtreibungen zurückzuführen? Vielleicht auch auf zu intensiven Fernsehkonsum? Und könnte es nicht am hohen Alter der Schwangeren gelegen haben? Freundlich gesinnte Gutachter wurden mit schicken Reisen oder lukrativen Aufträgen belohnt, hartnäckige Kritiker und Ermittler diffamiert. Die Staatsanwaltschaft, die sich mühsam in die komplizierte Materie einarbeitete, sah sich mit einem Hase-und-Igel-Spiel konfrontiert: Wo immer sie auftauchte – Grünenthal war schon da gewesen. Es vergingen sechseinhalb Jahre, bevor es überhaupt zu einem Prozess

»Im Rahmen der Luftschutzplanung weist Contergan nach wie vor alle Vorzüge auf, die für die Luftschutzbevorratung notwendig sind.« Aus einer Empfehlung von Grünenthal an die Bundesbeschaffungsstelle: Noch 1961 empfahl die Firma damit, Contergan für den Katastrophenfall bereitzuhalten.

»Rauchen Sie? Wie viel Alkohol trinken Sie? Hatten Sie einen Abtreibungsversuch? Gibt es Erbkrankheiten in Ihrer Familie? Gab es Streit zwischen Ihnen und Ihrem Mann? Wie viel Fernsehen schauen Sie?« Fragen, die sich die wenigen Mütter, die sehr spät im Prozess doch noch als Zeugen aufgerufen wurden, von der Verteidigung gefallen lassen mussten.

■ Erster Verhandlungstag im Bergarbeiter-Casino »Anna« in Alsdorf nahe Aachen. Am 27. Mai 1968 begann hier der Prozess gegen sieben führende Mitarbeiter der Firma Grünenthal.

Contergan und Contergan-forte führen ohne Neben-effekte je nach der Dosis eine sichere Beruhigung oder schnelle Schlafbereit-schaft herbei. Die ungiftige Substanz ist ohne Ge-schmack und frei von Barbituraten, Alkaloiden und Brom. Ihre Anwen-dung empfiehlt sich be-sonders in der Pädiatrie und Geriatrie.

Contergan-Werbung, die überschrieben war mit »Gelassen«.

gegen leitende Mitarbeiter des Konzerns kam, darunter auch der Firmenchef; die geschädigten Kinder befanden sich mittlerweile im schulpflichtigen Alter. Bis dahin hatten sie noch keine Entschädigung erhalten, die Eltern fochten ihren täglichen Kampf mit den Krankenkassen, Sozial- und Gesundheitsämtern alleine aus.

Obwohl die Staatsanwälte in ihrer fast tausend Seiten umfassenden Anklageschrift akribisch belegten, dass es in allen Ländern, in denen Thalidomid verkauft worden war, eine überdurchschnittliche Häufigkeit der entsprechenden Missbildungen gab, drohte das Verfahren zum Desaster zu werden. Zum ersten Mal in der bundesdeutschen Rechtsgeschichte lieferten sich zahllose Gutachter eine unerbittliche Schlacht. Das achtzehnköpfige Verteidigerteam ließ einen prominenten Experten nach dem anderen aus dem Ausland einfliegen, ohne dass ihre Aussagen wesentlich zur Klärung beitrugen. Regelmäßige Befangenheitsanträge gegen Richter, Staatsanwälte und auch Sachverständige kosteten ebenfalls viel Zeit. Und genau darin bestand das Ziel. Denn dank der langen Ermittlungsphase und der Verzögerungstaktik im Prozess näherte sich der Verjährungstermin. Die Anklage geriet ins Hintertreffen. Ihre personelle und finanzielle Ausstattung konnte mit der, die der Verteidigung zur Verfügung stand, nicht mithalten. Grünenthal hatte zudem im Gerichtsgebäude ein Pressezentrum eingerichtet, das Journalisten, die des Hickhacks müde geworden und peu à peu dem Verfahren ferngeblieben waren, mit praktischen Zusammenfassungen, ganz im Sinne der Firma, versorgte. Über die Opfer sprach niemand mehr. Dafür rückte die Frage in den Vordergrund, wie groß die persönliche Schuld der einzelnen Mitarbeiter zu werten sei. Verteilte sich die Verantwortung auf so viele Schultern, dass es am Ende unmöglich sein würde einen von ihnen zu verurteilen?

Grünenthal wies schließlich einen Ausweg aus der verzwickten Lage und offerierte 104 Millionen Mark Entschädigung plus Zinsen – unter zwei Voraussetzungen: keine weiteren Forderungen der Opfer und keine Verurteilung. Alle Beteiligten akzeptierten. Nach zweieinhalb Jahren wurde das Verfahren wegen »geringer Schuld« eingestellt.

DER CONTERGAN-PROZESS

NACHGESCHICHTE

Der Prozess um die Entschädigung der Contergan-Opfer, der am 27. Mai 1968 in Alsdorf bei Aachen begann, wurde nach insgesamt 283 Verhandlungstagen am 18. Dezember 1970 »wegen Geringfügigkeit« eingestellt. Auch in keinem anderen Land kam es jemals zu einer Verurteilung der Verursacher der Schäden durch das Schlaf- und Beruhigungsmittel Contergan mit dem Wirkstoff Thalidomid. Außer den insgesamt 114 Millionen Mark (100 Millionen Mark Entschädigung für die Opfer, plus zehn Prozent Zinsen, plus vier Millionen Mark Entschädigung für jene erwachsenen Patienten, bei denen die Einnahme von Contergan zu schwerwiegenden Nervenschäden geführt hatte) hat die Firma Chemie Grünenthal GmbH keinen Pfennig mehr für die Contergan-Opfer gezahlt. Die Bereitstellung der Summe war an die Bedingung geknüpft, dass die Opfer auf alle weiteren Ansprüche verzichteten. Die schweren Spätschäden, die Contergan verursachte und von denen damals noch keiner wusste, konnten damit nicht mehr vor Gericht verhandelt werden. Zahlreiche weitere Prozesse gab es im Zusammenhang mit Spenden, die der Verband der Eltern geschädigter Kinder, das »Contergankinder-Hilfswerk« (gegründet 1963), gesammelt hatte. Ein großer Teil des Geldes floss in die Verwaltung des Verbandes, und nur wenig kam den Opfern

zugute. Die Interessenvertreter zermürbten sich in Streitereien. Schließlich verfiel die Bundesregierung auf die Idee, eine eigene Behindertenstiftung zu gründen, die das Geld, das den Contergan-Geschädigten zustand, verwalten und an die Opfer in Form von Renten weitergeben sollte. Nicht alle Eltern stimmten dem zu, schließlich hatten sie das Geld vor Gericht erstritten. Es jetzt erst einmal an den Staat abzutreten, der bestimmte, wer wie viel bekam, passte nicht allen. Es kam erneut zu Prozessen, doch die Gerichte entschieden zugunsten der Stiftungslösung. In Deutschland hatte der Prozess tiefgreifenden Einfluss auf die Gesetzgebung. Um künftige Arzneimittelkatastrophen zu verhindern, trat infolge des Contergan-Skandals am 1. Januar 1978 das Arzneimittelgesetz in Kraft, das für alle neuen Medikamente klinische Prüfungen vorschreibt, bevor sie zugelassen werden können. Zuvor hatte es nur sehr allgemeine Regeln zur Arzneimittelsicherheit geben, man vertraute den Angaben der Hersteller. Auch die Produzentenhaftung wurde reformiert: Die Beweispflicht liegt seither nicht mehr beim Opfer, sondern der Hersteller muss nachweisen, dass sein Produkt nicht zu Schäden führt. Nachdem der Wirkstoff Thalidomid jahrzehntelang als Arzneimittel geächtet war, gab 1998 die US-amerikanische Gesundheitsbehörde ihn zum Einsatz ge-

gen Lepra frei. In den USA war Thalidomid als Schlafmittel nie zugelassen worden. Darüber hinaus wird auch der Einsatz gegen Rheuma und Krebs, insbesondere gegen Knochenmarkkrebs, untersucht. Zu den schweren Nebenwirkungen zählen starke, teilweise irreversible Nervenschädigungen. Thalidomid wird heute weltweit in mindestens sechs Ländern hergestellt; in China und Brasilien werden die größten Mengen produziert. In Deutschland ist Thalidomid nicht zugelassen, kann daher also nur im Rahmen kontrollierter Studien verabreicht werden. Der Name Contergan blieb an den Opfern hängen. Niemand bringt ihn heute noch mit der Firma Chemie Grünenthal GmbH in Verbindung.

EMPFEHLUNGEN

Lesenswert:
Gero Gemballa: *Der dreifache Skandal. 30 Jahre nach Contergan.* Eine Dokumentation, Hamburg, Zürich 1993.

Sehenswert:
Der dreifache Skandal. 30 Jahre nach Contergan. Regie: Gero Gemballa, Dokumentation, Deutschland 1992. Video.

Die Stimme Thomas Quasthoff. Ich singe um mein Leben. Regie: Michael Harder, Deutschland 2000.

AUF DEN PUNKT GEBRACHT

Die Gutachterschlacht im Contergan-Prozess hätte sich ewig hinziehen können, der Ausgang war ungewiss. Eine Firma konnte man damals nicht verklagen, nur deren Mitarbeiter, die sich darauf zurückzogen, ein Rädchen im Getriebe gewesen zu sein. Das Verfahren wurde zum Lehrstück: Heute lässt es die Pharmaindustrie selten so weit kommen. Rasche Entschädigungen verhindern Prozesse – und negative Schlagzeilen.

Massaker in My Lai
Prozess gegen William Calley (1970/71)

> Der Gefangene muss entwaffnet, durchsucht, festgenommen und bewacht werden, aber er muss auch die gesamte Zeit wie ein menschliches Wesen behandelt werden. Er darf nicht gequält, getötet, verstümmelt oder entwürdigt werden, selbst wenn er sich weigert, zu reden. Wenn die Gefangene eine Frau ist, behandele sie mit allem Respekt, der ihrem Geschlecht zusteht. Regel Nummer 1 in *The enemy in your hands*, ein Heft, das man amerikanischen Soldaten in die Hand drückte, bevor sie in den Vietnamkrieg zogen

Das Schlachten begann um acht Uhr früh. Ein alter Mann wurde das erste Opfer; er starb durch einen Bajonettstich in den Rücken. Den nächsten warfen die Soldaten in den Brunnen, eine Handgranate hinterher. Dann fielen die ersten Schüsse. Sie trafen zwanzig Frauen, die kniend vor einem Tempel beteten. Achtzig Personen, die man aus den mit Stroh bedeckten Hütten gezerrt hatte, standen auf dem Dorfplatz: »Nicht Vietcong, nicht Vietcong!«, riefen sie. »Du weißt, was du zu tun hast«, wies Oberleutnant William Calley den Gefreiten Paul Meadlo an. Als Calley nach zehn Minuten wiederkam, bewachte Meadlo die Gefangenen immer noch. »Was soll das?«, schnauzte Calley, »Ich will sie tot sehen. Los!« Meadlo folgte dem Beispiel seines Vorgesetzten, beide schossen auf die Gruppe. Alles versank in Chaos, Geschrei, Blut: »Ich war vollkommen weggetreten«, erzählte einer der Soldaten später, »ich hatte keine Ahnung mehr, was das Ziel war oder der Zweck. Ich habe einfach angefangen zu töten, auf jede erdenkliche Weise zu töten. Es kam eben über mich. Ich wusste nicht, dass ich so etwas in mir hatte.« Kaum einer widerstand diesem Rausch, aber es gab Ausnahmen. Der Hubschrauberpilot Hugh Thompson, der das Massaker aus der Luft sah, landete, zog neun noch lebende Menschen aus dem Entwässerungsgraben und brachte sie in ein Militärkrankenhaus: »Sie hatten eine ganze Reihe an den Graben gestellt – so wie damals bei den Nazis ... Ein Offizier befahl, sie alle niederzumähen, aber der Soldat brachte es nicht über sich. Er warf die Maschinenpistole auf den Boden. Der Offizier hob sie auf und schoss selbst.« Und wieder handelt es sich um William Calley. Er führte eine der beiden Einheiten der Charlie-Kompanie an, die den Feind in My Lai aufspüren sollten. »Sie können keinen netteren Jungen finden«, sagte sein Anwalt. Das einzige, was man

■ Der angeklagte Oberleutnant William Calley am 14. November 1969 in Fort Benning auf dem Weg zu einer gerichtlichen Untersuchung

ihm – vielleicht – vorwerfen müsse, sei, dass er seine Befehle »ein wenig zu eifrig« befolgt habe.

Das Gemetzel dauerte fast vier Stunden. Gegen Mittag existierte My Lai nicht mehr. Die Häuser waren gesprengt, die Hütten abgebrannt worden, fünfhundertvier Einwohner, vorwiegend Frauen, einige alte Männer, hundertfünfundsiebzig Kinder und sechsundsiebzig Säuglinge lagen tot über das gesamte Areal verstreut. Oder starben gerade an ihren Verstümmelungen, Schuss- und Brandwunden. Die offizielle Bilanz, die am Abend des 16. März 1968 von den Militärs veröffentlicht wurde, lautete: hundertachtundzwanzig Verluste der gegnerischen, keine auf amerikanischer Seite. Bedauerlicherweise seien einige Zivilisten zu Tode gekommen.

Die USA brauchten dringend einen Erfolg. Seit mehr als drei Jahren kämpften sie in Südvietnam vergeblich gegen die oppositionelle FNL (Front National de Libération du Vietnam-Sud), den vom kommunistischen Norden unterstützten Vietcong. Der Süden sollte unter allen Umständen verteidigt werden, getreu der Dominotheorie: Gab man auch nur ein Land dem Kommunismus preis, würde sich über kurz oder lang ganz Südostasien dem Einfluss des Westens entziehen. Doch der Vietcong schien unbesiegbar – obwohl man die Truppen immer weiter verstärkt, mittlerweile fünfhunderttausend amerikanische Soldaten nach Vietnam geschickt hatte. Als der Norden im Januar 1968

■ Ein vietnamesischer Überlebender und Zeuge des My-Lai-Massakers im Kreise seiner Kinder. Aufgenommen am 2. April 1971 in einem Dorf bei My Lai

»Ich kam nach Hause und erzählte allen meinen Freunden und Verwandten von My Lai. Alle sagten: ›Sei still. Sei still. Dies geht dich nichts an. Kümmere dich einfach nicht darum.‹ Nur eine einzige Person sagte: ›Schreib einen Brief an die Armee.‹ Und das tat ich.«
Der Soldat Ronald Ridenhour, der Soldaten befragte, die in My Lai dabei gewesen waren. Ohne sein Engagement wäre der Skandal vielleicht nie an die Öffentlichkeit gelangt.

»Ich habe ihn als guten Jungen rausgeschickt, und sie haben aus ihm einen Mörder gemacht.« Die Mutter von Paul Meadlo

■ William Calley am 24. Juni 1974 in Zivilkleidung auf dem Weg zum Kriegsgericht in Fort Benning

■ Ernest Medina bestreitet bei einer Pressekonferenz im Pentagon am 4. Dezember 1969, den Befehl zu dem Massaker in My Lai gegeben zu haben.

seine breit angelegte sogenannte »Tet-Offensive« auf Städte des Südens startete, dachte Präsident Johnson zum ersten Mal laut über Friedensverhandlungen nach. In Vietnam änderte das nichts. Die Gefechte gingen weiter. Sie konzentrierten sich vor allem auf die Region Pinkville in der südvietnamesischen Provinz Quang Ngai. Hier vermuteten die USA die größte Hochburg des Vietcong. Monatelange Bombardements hatten die meisten Gebäude zerstört, hundertvierzigtausend Einheimische obdachlos gemacht – was nicht gerade zur vietnamesisch-amerikanischen Freundschaft beitrug, dem Vietcong dagegen reichlich Zulauf bescherte. Amerikanische Soldaten befanden sich in feindlichem Gebiet, im tiefen, fast undurchdringlichen Dschungel, in einem Land, dessen Sprache und Mentalität sie nicht verstanden, das ihnen unheimlich war. Der Gegner lauerte überall. Und jeder konnte ein Feind sein – auch wenn er wie ein Zivilist aussah. Unter den GIs kursierte der Spruch: »Alles, was tot und nicht weiß ist, ist ein Vietcong.«

Am 15. März 1968 schwor Ernest Medina, Chef der »Charlie-Kompanie«, seine Männer auf ihren Einsatz in Pinkville ein. Der Feind sollte umstellt und vernichtet, das Vieh erschossen, die Brunnen vergiftet, My Lai völlig zerstört werden. Das Übliche eben. Nur, wer war der Feind? Er habe nie dazu aufgefordert, behauptete Medina vor dem Kriegsgericht, auch Frauen und Kinder zu töten. Ja, angefeuert habe er seine Soldaten schon, schließlich sei ein Teil der Truppe am Tag zuvor durch eine Landmine getötet oder schwer verletzt worden, ein gewisses Bedürfnis nach Rache könne man nicht leugnen. Aber Frauen und Kinder? Niemals würde er einen solchen Verstoß gegen das Kriegsrecht dulden! Einige Soldaten, darunter auch Calley, erzählten allerdings eine andere Version: Medina habe ihnen versichert, alle Zivilisten hätten My Lai längst verlassen. Wer sich dort noch aufhalte, gehöre zum Vietcong. Nie geklärt wurde auch, warum Medina, der als Teil der Nachhut erst gegen neun oder zehn Uhr in My Lai eintraf, das Massaker nicht beendete. Angeblich hatte er da-

■ Opfer des Massakers von My Lai im März 1968. Mehr als 100 Bewohner des südvietnamesischen Dorfes wurden bei dem Gemetzel durch US-Truppen ermordet.

von gar nichts mitbekommen. Das Kriegsgericht ließ später diese Lüge durchgehen und sprach Medina frei.

Gleich nach den Morden in My Lai begann die große Vertuschungsaktion. Calley appellierte an den Kameradschaftsgeist, die wenigen Soldaten, die das Massaker erschütterte, wurden unter Druck gesetzt oder an neue Standorte verlegt. Trotzdem reichte Hugh Thompson eine Beschwerde ein, in der er die Soldaten der Kriegsverbrechen bezichtigte. Das Hauptquartier ordnete zwar eine Überprüfung an, der zuständige Offizier legte sich jedoch nicht allzu sehr ins Zeug. Ob wahllos getötet worden sei bei diesem Einsatz? Nein, hörte er. Und: Kein Kommentar. Aber es habe Tote unter den Zivilisten gegeben? Ja, etwa zwanzig bis achtundzwanzig. Okay, Fall erledigt.

Ohne Ronald Ridenhour wäre es vielleicht geglückt, My Lai totzuschweigen. Ridenhour, ebenfalls als Soldat in Vietnam, erfuhr zufällig von den Vorgängen in Pinkville und recherchierte auf eigene Faust. Gleich nach seiner Entlassung aus der Armee, im März 1969, schrieb er einen Bericht über das Massaker und schickte ihn an das Verteidigungs- und Außenministerium, den Präsidenten und mehrere Kongressabgeordnete. In aller Stille leitete der Generalstab eine Untersuchung ein. Erst im November drang der Skandal an die Öffentlichkeit. Titelgeschichten in *Times* und *Newsweek* zwangen das Pentagon, eine unabhängige Kommission unter General William Peers einzusetzen, die nun, über Monate hinweg, fast vierhundert Zeugen befragte und dann empfahl, Dutzende von Soldaten wegen Vergewaltigung, Mord oder

»Es waren doch Kinder und Säuglinge?« »Ja.« »Und die hätten angreifen können?« »Sie hätten scharfe Handgranaten haben können. Die Mütter hätten sie auf uns werfen können.« »Säuglinge?« »Ja.« »Waren die Säuglinge in den Armen ihrer Mütter?« »Ich glaube schon.« »Und die Säuglinge gingen zum Angriff über?« »Ich war jeden Augenblick darauf gefasst, dass sie einen Gegenangriff starten würden.« Paul Meadlo in seiner Aussage vor dem Kriegsgericht. Er war auch angeklagt, wurde aber nicht verurteilt, weil er als Kronzeuge gegen Calley aussagte.

■ Der Helikopterpilot Hugh Thompson mit Reportern im Pentagon am 4. Dezember 1969. Mit seinem Einsatz rettete er neun verwundeten Vietnamesen das Leben.

»Wir sahen eine Frau, die verwundet war. Als wir über Funk Hilfe angefordert hatten, kam ein Soldat, ging zu ihr rüber, stupste sie mit dem Fuß an und erschoss sie.
Es war der traurigste Tag meines Lebens. Ich konnte einfach nicht glauben, dass Menschen derart die Kontrolle verlieren. Und es gab Leute, die gesagt haben: So etwas passiert ständig. Ich kann es nicht glauben.«
Hugh Thompson

Vertuschung anzuklagen. Doch die meisten hatten Vietnam und die Armee inzwischen verlassen, genossen deswegen Immunität und durften nicht mehr vor ein Kriegsgericht zitiert werden. Nur eine Hand voll Soldaten blieb übrig. Verurteilt wurde nur einer: William Calley, der sich auf die Befehle Medinas berief. »Worauf haben Sie gefeuert?«, fragte das Gericht, »Auf den Feind, Sir.« »Auf Menschen?« »Auf den Feind, Sir.« »Waren es Männer?« »Ich habe keinen Unterschied gemacht.« »Was meinen Sie damit?« »Sie waren alle der Feind, sie mussten vernichtet werden, Sir.«

Viele sahen in William Calley einen Helden. Die Jury stand unter immensem politischen Druck. Erst nach dreizehntägiger Beratung sprach sie den Angeklagten schuldig des Mordes an zweiundzwanzig Zivilisten. Das Kriegsgericht verurteilte ihn am 31. März 1971 zu lebenslanger Haft mit schwerer Arbeit. Calley verbrachte nur dreieinhalb Jahre im Gefängnis. 1974 wurde er auf Ehrenwort entlassen, 1975 begnadigt. Von den hochrangigen Offizieren, die geholfen hatten, das Massaker zu vertuschen, musste sich nur ein einziger vor dem Kriegsgericht verantworten. Der Prozess endete mit einem Freispruch. Dennoch setzte My Lai eine Zäsur. Zwei Wochen nach dem Urteil gegen Calley forderte erstmals eine Mehrheit der Amerikaner den Rückzug aus Vietnam. Und noch 1991 schickten US-Kommandeure ihre Truppen mit der Ermahnung in den Golfkrieg: »Keine My Lais – ist das klar?!«

Überall, wo wir hinsahen, waren Leichen. Kinder, zwei-, drei-, vier-, fünfjährige, Frauen, sehr alte Männer, keine, die im wehrfähigen Alter waren. Es können 100, 200 oder auch 500 Tote gewesen sein.
Der Helikopterpilot Hugh Thompson über das My-Lai-Massaker

WILLIAM CALLEY

 BIOGRAPHIE

William Calley wurde am 8. Juni 1943 in Miami in Florida geboren. 1964 verließ er das Palm Beach Community College ohne Abschluss, arbeitete bei einer Versicherungsfirma, dann als Zugschaffner und Autowäscher. Er lebte einige Monate in San Francisco, bevor er, zuletzt arbeitslos und ohne Geld, 1966 in die Armee eintrat. Seine Grundausbildung erhielt er in Fort Benning, Georgia, dann wurde er nach Fort Lewis in Washington versetzt. Auf der Officers Candidate School absolvierte er ein sechsmonatiges Trainingsprogramm zum Lieutenant. 1967 kam er auf den Militärstützpunkt Scofield Barracks auf Oahu, Hawaii, um die Soldaten der »Charlie-Kompanie« auszubilden. Im Dezember 1967 wurde die Truppe nach Vietnam entsandt. Am 16. März 1968 erreichten sie das Dorf My Lai und brachten über fünfhundert Bewohner auf bestialische Weise um. Achtzehn Monate lang gelang es den Militärs, die Wahrheit zu verbergen, bis die New York Times das Massaker aufdeckte. Nur auf enormen öffentlichen Druck hin kam es zu einer Untersuchung der Ereignisse. Im März 1971 wurde William Calley als Hauptschuldiger von einem Kriegsgericht zu lebenslanger Haft verurteilt. Der Prozess in Fort Benning, Georgia, hatte mehr als vier Monate gedauert. Bereits während des Prozesses erzählte Calley einem Journalisten seine Version von My Lai, die dann als Buch erschien. Vor allem aus den Südstaaten der USA erreichten ihn unzählige Sympathiebekundungen. Über zehntausend Fanbriefe hatte seine Sekretärin für den »Helden« zu bearbeiten. Aber auch Gouverneure ergriffen öffentlich Partei für ihn. Die sechs Militärrichter, die Calley verurteilten, sahen sich Beschimpfungen und Drohungen ausgesetzt, viele forderten einen Freispruch. Man sah in Calley den Sündenbock für die Fehler von Militär und Regierung. Präsident Nixon begnadigte ihn schließlich nach nur drei Jahren Haft. 1976 heiratete Calley und zog nach Columbus, Georgia. Heute, 2002, ist er Geschäftsführer des Juweliergeschäfts seines Schwiegervaters und weigert sich, noch irgendwelche Interviews zu My Lai zu geben.

Nachgeschichte

Auch Ernest Medina, Chef der »Charlie-Kompanie«, musste sich vor Gericht verantworten. Der Prozess endete im September 1971 mit einem Freispruch. Medina verließ die Armee und begann in einer Helikopterfirma zu arbeiten. Später gestand er, dass er gelogen habe. Er habe sehr wohl gesehen, wie Zivilisten getötet wurden, es aber nicht gesagt, »weil ich das Militär, die Vereinigten Staaten, meine Familie und mich selbst nicht in Misskredit bringen wollte«. Der Pilot Hugh Thompson, der neun Dorfbewohner vor dem Tod gerettet hatte, wurde 1998 mit der »Soldier's Medal« ausgezeichnet. Zwischen 1954 und 1975 starben in Vietnam schätzungsweise 58 000 amerikanische, 200 000 südvietnamesische, 900 000 nordvietnamesische Soldaten und eine Million Zivilisten.

Künstlerische Bearbeitung

Der Schriftsteller Tim O'Brien (1946 geboren), der 1969/70 in Vietnam kämpfte, veröffentlichte mit seinen Erinnerungen If I Die in a Combat Zone, Box Me Up and Ship Me Home 1973 eines der ersten Bücher eines Soldaten über den Vietnamkrieg. Seine Kriegserfahrungen verarbeitete er auch in weiteren Werken, wie in dem Roman Going After Cacciato, der 1979 mit dem National Book Award ausgezeichnet wurde und zu den besten Büchern zum Thema Vietnamkrieg gehört, in den Geschichten The Things They Carried (1990) und dem Roman In the Lake of the Woods (1994), der auf dem Massaker in My Lai basiert.

 EMPFEHLUNGEN

Lesenswert:
Tim O'Brien: Geheimnisse und Lügen, Frankfurt 1998.

Tim O'Brien: Going After Cacciato, New York 1999.

Sehenswert:
Apocalypse Now. Regie: Francis Ford Coppola; mit Martin Sheen und Marlon Brando, USA 1979; bzw. Apocalypse Now Redux, USA 2001.

 AUF DEN PUNKT GEBRACHT

Die jüngste Fassung der Genfer Konvention, in der die internationalen Regeln für eine humane Behandlung von Kriegsgefangenen festgeschrieben sind, stammt aus dem Jahr 1949. Aber Papier ist geduldig. Und doch gab es auch Soldaten, die das Massaker in My Lai entsetzt hat. Sonst wäre es nie an die Öffentlichkeit gelangt.

Würden Sie von diesem Mann einen Gebrauchtwagen kaufen?

Die Vereinigten Staaten gegen Richard Nixon (1973/74)

Leon Jaworski war ratlos. Was sollte er nur tun? Seit Monaten suchten die Presse, der Senatsausschuss, ein Bundesgericht, eine ganze Nation nach Antworten auf zwei zentrale Fragen: Was hatte der Präsident gewusst? Und wann hatte er es gewusst? Leon Jaworski, vor einigen Wochen erst zum Sonderermittler berufen, gehörte zu den wenigen, die zumindest einen Teil der Antwort kannten. Er hielt Material in den Händen, das Richard Nixons tiefe Verstrickung in den Watergate-Skandal belegte: Tonbänder, auf denen der Präsident den Zahlungen von Schweigegeldern zustimmte, mit seinen Beratern über Vertuschung und die Behinderung der Justiz konspirierte – ein klarer Fall von Amtsmissbrauch. Es müsste reichen, den ersten Mann im Staat zu stürzen. Gerade diskutierte der Rechtsausschuss des Repräsentantenhauses erstmals über ein Amtsenthebungsverfahren. Aber noch lagen den Politikern die Tonbänder nicht vor. Nixon weigerte sich, sie herauszurücken, Jaworski durfte sie nicht weitergeben. Ohne dieses entscheidende Beweismaterial würde jedoch eine Mehrheit des Ausschusses gegen ein Impeachment stimmen, Nixon käme davon. Der Sonderermittler befand sich in einer Zwickmühle. Ob er selbst Richard Nixon anklagen sollte? Ging das überhaupt, solange der Präsident im Amt war? Niemand hatte es je probiert, die Verfassung hielt keinen entsprechenden Passus parat. Leon Jaworski spielte mehrere Möglichkeiten durch: Was, wenn es ihm tatsächlich gelänge, ein Verfahren gegen Nixon anzustrengen, dieser sich aber sträubte, vor Gericht zu erscheinen? Sollte er ihn dann von der Polizei aus dem Weißen Haus zerren lassen? Und wenn Nixon es auf eine Machtprobe anlegte? Als Oberbefehlshaber der Streitkräfte konnte er jederzeit die Armee mobilisieren. Diese

> *Im Weißen Haus gab es ein Krebsgeschwür, gegen das etwas getan werden musste, weil es täglich weiter anwuchs. Und wenn es keine Notoperation gegeben hätte, dann hätte es den Präsidenten selbst getötet.*
>
> Präsidentenberater John Dean im April 1973 vor dem Watergate-Untersuchungsausschuss

■ Das Watergate-Gebäude in Washington, D. C., 1972/73

Bilder mochte man sich wirklich nicht vorstellen. Nein, es war unmöglich, einem amtierenden Präsidenten auf juristischem Wege beizukommen. Er musste auf die Politik setzen. Leon Jaworski beschloss, dem Ausschuss unter die Arme zu greifen, um endlich einen Schlussstrich unter diese Affäre zu ziehen, die achtzehn Monate zuvor mit einem Einbruch im Washingtoner Watergate-Gebäude begonnen und die Vereinigten Staaten in eine Vertrauenskrise gestürzt hatte.

»Gestern morgen um 2.30 Uhr wurden fünf Personen, darunter ein früherer Mitarbeiter des CIA, festgenommen. Nach Auskunft der Behörden planten sie die Installierung von Abhöranlagen in den hiesigen Räumen der Demokratischen Partei«, hieß es am 18. Juni 1972 in der *Washington Post*. Deren Reporter Bob Woodward und Carl Bernstein kam die Sache merkwürdig vor. Kaum ein halbes Jahr vor der Präsidentschaftswahl brachen Abhörspezialisten in das Hauptquartier der Demokraten ein? Wer außer dem politischen Gegner konnte ein Interesse an einer Lauschaktion haben? Andererseits lag Nixon, der sich mit seiner Entspannungspolitik gegenüber China und der Sowjetunion Renommee erworben hatte, in den Umfragen vor seinem Konkurrenten George McGovern. Woodward und Bernstein nahmen die Spur auf. Zu ihrer Überraschung führte sie zügig mitten ins Wahlkampfkomitee der Republikaner, einige der Mitarbeiter wurden verhaftet. Der Präsident nannte Watergate einen »bizarren Zwischenfall«, versicherte, das Weiße Haus habe damit rein gar nichts zu tun. Einundsechzig Prozent der Wähler glaubten ihm und bescherten Nixon im November eine zweite Amtszeit. Doch dann ging der Ärger erst richtig los. Bald schon fand die Presse erste Hinweise darauf, dass vom Weißen Haus aus illegal politische Rivalen ausspioniert worden waren – Politiker, Regierungsbeamte, Journalisten.

■ »Ich bin kein Betrüger«, behauptete Richard Nixon 1973. Noch nach seinem Rücktritt am 9. August 1974 machte er das Siegeszeichen.

»Würden Sie von diesem Mann einen Gebrauchtwagen kaufen?«, fragte 1960 der Journalist Hunter S. Thompson als Richard Nixon gegen John F. Kennedy kandidierte. Die Republikaner verwendeten den Ausspruch für ein Wahlplakat, auf dem eine Karikatur Nixons zu sehen war.

■ Szene aus dem US-Film *Die Unbestechlichen* von 1976, mit Dustin Hoffman als Carl Bernstein und Robert Redford als Bob Woodward

Als Justizminister Richardson sich weigerte, Cox' Entlassungsurkunde zu unterzeichnen, erklärte Nixon: »Ich bedaure, dass Sie sich in Ihrem Handeln Cox und seiner Unabhängigkeit mehr verpflichtet fühlen als dem übergeordneten öffentlichen Interesse.« Darauf Richardson: »Vielleicht besteht ein Unterschied zwischen Ihrer und meiner Auffassung von öffentlichem Interesse.«

Immer häufiger fielen die Namen der beiden Nixon-Berater, John Ehrlichman und John Dean, sowie der seines Stabschefs, Bob Haldeman. Der Watergate-Skandal erreichte langsam, aber sicher den innersten Zirkel des Präsidenten, vor allem, als einer der Einbrecher, der so genannten Klempner, vor Gericht zu Protokoll gab, auf ihn und die anderen sei politischer Druck ausgeübt worden, damit sie im Prozess Meineide leisteten, ihr Schweigen habe man durch Geld erkauft. Einstimmig votierte daraufhin der Senat dafür, einen Untersuchungsausschuss einzurichten, Nixon sah sich gezwungen, die Notbremse zu ziehen. Im April 1973 verkündete er die Rücktritte von Haldeman, Ehrlichman, Justizminister Kleindienst sowie Deans Entlassung. Außerdem werde er einen Sonderermittler einberufen: Archibald Cox, Rechtsprofessor an der Harvard-Universität. Der Befreiungsschlag missglückte. John Dean machte dem Präsidenten einen Strich durch die Rechnung. Bei seiner Anhörung vor dem Senatsausschuss belastete er Nixon schwer, behauptete, bereits im September, also noch vor der Wahl, sei der Präsident über den Einbruch im Watergate-Komplex voll im Bilde gewesen, ebenso über die Versuche, das FBI von Ermittlungen abzuhalten. Sogar der Zahlung von Schweigegeldern habe er zugestimmt. Nixon stritt sämtliche Vorwürfe ab. Aussage stand gegen Aussage, denn Dean konnte keine Dokumente vorlegen, die seine Vorwürfe bestätigten. Der Präsident frohlockte. Zu früh. Das wahre Desaster folgte kurze Zeit später, als Alexander Butterfield, der ehemalige Stellvertreter Haldemans, vor dem Untersuchungsausschuss auftrat. Unabsichtlich, fast beiläufig, offenbarte Butterfield ein weitverzweigtes Abhörsystem im Weißen Haus: »In allen Büroräumen des Präsidenten gibt es Anlagen. Sie werden vom Geheimdienst gewartet und sind nur vier Leuten bekannt.« Umgehend verlangte Sonderankläger Cox, ihm die Bänder auszuhändigen. Nixon beschied ihn knapp: »Nein. Ausgeschlossen.« Diese Aufnahmen enthielten seine persönlichsten Gedanken, dazu Gespräche mit ausländischen Staatsgästen, Kongressabgeordneten, seiner Familie. Er sei nicht gewillt, einen solchen Vertrauensbruch zu begehen, auch stünde die nationale Sicherheit auf dem Spiel. Cox rief die Gerichte an. Ihr Urteil fiel eindeutig aus: Wenn der Präsident die Herausgabe der Bänder verweigere, müsse er mit Beschlagnahme rechnen. Empört beauftragte Nixon seinen Justizminister, Cox zu feuern. Der Justizminister, um seinen Ruf besorgt, reichte stattdessen seine Demission ein. Sein Stellvertreter tat es ihm gleich. Erst der Stellvertreter des Stellvertreters unterzeichnete Cox' Entlassung. Drei Rücktritte innerhalb weniger Stunden – fasziniert schrieb die Presse vom »Samstag-Massaker«. Ein Sturm der Entrüstung brach los. Am Dienstag, dem 22. Oktober, lagen dem Kongress vierundvierzig Anträge vor. Zweiundzwanzig davon betrafen ein Amtsenthebungsverfahren gegen den Präsidenten.

Nixon hatte nichts gewonnen. Endlich erklärte er sich bereit, dem neuen Sonderermittler Jaworski einige Bänder zu überlassen, darunter eines vom Mai 1973, auf dem Nixon davon sprach, eine Million Dollar auftreiben zu können, um die »Klempner« zum Schweigen zu verpflichten. Bei einer anderen Aufnahme waren achtzehn Minuten

> »Sie können eine Million Dollar kriegen. Und zwar in bar. Die Frage ist nur, wer zum Teufel soll das in die Hand nehmen? Irgendwelche Vorschläge?« Richard Nixon auf dem Band vom 21. März 1973 im Gespräch mit Dean und Haldeman über die Höhe der Schweigegelder

■ Bob Haldeman, der ehemalige Stabschef des Weißen Hauses, verlässt am 21. Dezember 1977 das Gefängnis in Lompoc, um die Weihnachtsfeiertage mit seiner Familie zu verbringen. Er war 18 Monate in Haft.

»Schreiben Sie für Nixon niemals etwas, das komplizierter ist als ein Artikel im *Reader's Digest*.«   Henry Kissinger

»Wie töricht, Tonbänder zu haben. Bänder sind wie Liebesbriefe. Man hätte sie verbrennen müssen.«
          Nixons Ehefrau Patricia

Würde ich den Kampf um meine persönliche Ehrenrettung während der vor uns liegenden Monate fortsetzen, würde dies fast die ganze Zeit und Aufmerksamkeit sowohl des Präsidenten als auch des Kongresses in Anspruch nehmen, und dies in einer Zeit, in der wir unsere ganze Aufmerksamkeit auf die wichtigen Aufgaben, den Weltfrieden zu erhalten und wirtschaftliches Wachstum ohne Inflation im eigenen Land zu erreichen, richten sollten. Deshalb werde ich morgen Mittag als Präsident zurücktreten.
Richard Nixon in seiner Rücktrittserklärung am 8. August 1974

■ Diese Rücktrittserklärung unterzeichnete Richard Nixon am 9. August 1974, um einer Amtsenthebung zu entgehen. Als erster Präsident der USA trat er damit von seinem Amt zurück.

gelöscht worden. Jaworski wollte weitere Bänder. Der Präsident blieb stur. Offerierte dann aber Abschriften der Gespräche, die er vorher überarbeitete, ganze Seiten wanderten in den Müll. Die Situation spitzte sich immer weiter zu. Jaworski zog schließlich vor den Obersten Gerichtshof, der Nixon die größte Niederlage beibrachte: Selbst die einst von ihm ernannten Richter stimmten am 24. Juli 1974 für die Herausgabe der Bänder. Drei Tage darauf beschloss das Repräsentantenhaus die Einleitung eines Amtsenthebungsverfahrens.

Noch hoffte Nixon auf eine Wende. Anfang August veröffentlichte er weitere Abschriften seiner Gespräche. Und einer dieser Texte beantwortete endlich die meistgestellten Fragen der letzten zwei Jahre: Der Präsident hatte schon wenige Tage nach dem Einbruch alles gewusst und gemeinsam mit seinen Mitarbeitern ausbaldowert, wie diese unangenehme Affäre vertuscht, die Ermittlungen verhindert werden könnten.

Am 9. August, um 12 Uhr Mittags, trat Richard Nixon als erster Präsident der USA zurück. Unmittelbar danach flog er ins heimische Kalifornien, die Tonbänder nahm er mit. Vier Wochen später mussten auch die strafrechtlichen Ermittlungen ad acta gelegt werden. Sein Nachfolger Gerald Ford hatte eine Begnadigung unterzeichnet. Sie erstreckte sich selbstverständlich nicht auf Nixons einstige Vertraute. Viele von ihnen wurden wegen des Watergate-Debakels zu hohen Haftstrafen verurteilt.

RICHARD NIXON

 BIOGRAPHIE

Richard Milhous Nixon wurde am 9. Januar 1913 in Yorba Linda, Kalifornien, geboren. Nach Abschluss seines Studiums an der Duke University Law School in North Carolina arbeitete er einige Jahre als Rechtsanwalt in Whittier, Kalifornien. 1940 heiratete er Pat Ryan. Im Zweiten Weltkrieg diente Nixon als Marineoffizier im Südpazifik. Von 1947 bis 1951 war er republikanischer Abgeordneter im US-Repräsentantenhaus, anschließend bis 1953 Senator von Kalifornien und trat als scharfer Gegner der Kommunisten auf. Unter Dwight D. Eisenhower, 1953 bis 1961, war Nixon Vizepräsident. Bei den Präsidentschaftswahlen 1960 unterlag er knapp John F. Kennedy, acht Jahre später aber siegte er über den Demokraten Hubert H. Humphrey und trat 1969 sein Amt als 37. Präsident der USA an. Mit Henry A. Kissinger als Berater, der 1973 Außenminister wurde, strebte Nixon eine Entspannung in der Außenpolitik an. Er nahm diplomatische Beziehungen zur Volksrepublik China auf und besuchte als erster US-Präsident die UdSSR. Er bemühte sich um die Beendigung des Vietnamkriegs und schloss – nachdem er den Krieg zunächst auf das neutrale Kambodscha ausgeweitet hatte – 1973 schließlich ein Waffenstillstandsabkommen. Die Aufdeckung der Watergate-Affäre führte dazu, dass Nixon am 8. August 1974 seinen Rück-tritt erklärte, um einer Amtsenthebung durch den Kongress zuvorzukommen. Einen Monat später begnadigte ihn sein Nachfolger Gerald R. Ford und entzog ihn damit einer strafrechtlichen Verfolgung – ein Schritt, für den Ford heftig kritisiert wurde. Nixon starb am 22. April 1994 in New York.

Nachgeschichte

Viele von Nixons engsten Beratern, darunter auch Bob Haldeman, John Ehrlichman und John Mitchell, wurden wegen Verschwörung, Behinderung der Justiz und Meineid verurteilt. Sie erhielten zweieinhalb bis acht Jahre Haft. Die Strafen wurde später allerdings auf ein bis vier Jahre reduziert. Auch Nixons Berater John Dean, der als erster wichtiger Mitarbeiter im Zusammenhang mit der Watergate-Affäre ausgesagt hatte, wurde verurteilt; er verbrachte schließlich 127 Tage in Haft. Das Vertrauen der Amerikaner in die Politik war zutiefst erschüttert. Watergate wurde zum Synonym für den politischen Skandal oder Amtsmissbrauch schlechthin. In Anlehnung an Watergate erhielten auch andere politische Skandale ihre Namen; die Iran-Contra-Affäre während der Amtszeit von Präsident Ronald Reagan wurde auch »Irangate« genannt, und in Deutschland gab es die Barschel-Pfeiffer- oder »Waterkantgate«-Affäre.

Künstlerische Bearbeitung

Zwei Jahre nach den Ereignissen erschien Alan J. Pakulas Watergate-Verfilmung *Die Unbestechlichen* (1976, *All The President's Men*), die den Regisseur weltberühmt machte und ihm die Oscarnominierung für die beste Regie sowie die renommierten Regiepreise des New York Film Critics Circle und des National Board of Review einbrachten. Der Politthriller beruht auf dem Buch *The Final Days* der Reporter Bob Woodward und Carl Bernstein von der *Washington Post*, die den Skandal damals aufgedeckt und der Zeitung damit den Pulitzerpreis verschafft hatten. Ebenfalls sehr erfolgreich war Oliver Stones Filmbiographie *Nixon* (1995) mit Anthony Hopkins in der Hauptrolle.

 EMPFEHLUNGEN

Lesenswert:
Bob Woodward, Carl Bernstein: *The Final Days. Die letzten Tage der Ära Nixon*, Berlin 1999.

Hunter S. Thompson: *Fear and Loathing: On the Campaign Trail 72*, New York 1983.

Sehenswert:
Die Unbestechlichen. Regie: Alan J. Pakula; mit Robert Redford, Dustin Hoffman. USA 1976.

Nixon – Der Untergang eines Präsidenten. Regie: Oliver Stone; mit Anthony Hopkins, Ed Harris. USA 1995.

 AUF DEN PUNKT GEBRACHT

Nur der Kongress kann einen Präsidenten zu Fall bringen. Aber ohne den Druck, den die Justiz ausübte, wäre die Beweislage im Fall Watergate dünn, ein Amtsenthebungsverfahren zum Scheitern verurteilt gewesen. Erst die einstimmige Entscheidung des Obersten Gerichtshofs, dass die Tonbänder herausgegeben werden müssten, zwang Richard Nixon zum Rücktritt.

Der deutsche Herbst
Terroristenprozess in Stammheim (1975–1977)

»Antiimperialistischer Kampf, wenn das nicht nur Geschwätz sein soll, heißt: Vernichtung, Zerstörung, Zerschlagung des imperialistischen Herrschaftssystems – politisch, ökonomisch, militärisch.« 1974 kündigte Ulrike Meinhof mit diesen Worten den dritten Hungerstreik an, an dessen Folgen Holger Meins starb.

■ Verleihplakat des BRD-Politdramas *Stammheim* von 1986

»Jetzt schließen Sie mich doch gefälligst aus!«, verlangte Andreas Baader. »Das ist keine Frage Ihres Wunsches«, erklärte Richter Prinzing geduldig, obwohl er wusste, was ihn jetzt erwartete. Und richtig: »Muss ich Sie erst beschimpfen?«, fragte Baader. Er musste. Die Regeln sahen es so vor. Nach einigen Minuten gab Theodor Prinzing auf: »Sie haben gestört. Sie, Frau Ensslin, haben mich eine ›alte Sau‹ genannt. Trifft das zu? Und, Herr Baader, Sie haben mich ein ›faschistisches Arschloch‹ geheißen.« Ein letzter Versuch: »Möchten Sie sich vielleicht jetzt zur Person äußern?« »Altes Schwein«, konterte Gudrun Ensslin, auch Ulrike Meinhof rang sich noch mal ein »Du Arschloch« ab, und Jan Carl Raspe drohte, über die Absperrung zu springen. Der Prozess wurde ohne die Angeklagten fortgesetzt. Seit vier Monaten ging das nun schon so. Immer noch war die Staatsanwaltschaft nicht dazu gekommen, die Anklageschrift zu verlesen: Bildung einer kriminellen Vereinigung, fünffacher Mord, vierundfünfzigfacher Mordversuch, schwere Körperverletzung, sechs Sprengstoffanschläge, mehrere Banküberfälle. Verzweifelt bemühte sich die Justiz, Terrorismus als »normalen Straffall« zu behandeln, während sie gleichzeitig auf eigens für diesen Prozess geschaffene Gesetze zurückgreifen musste, um zu verhindern, dass die einst meistgesuchten Terroristen der Bundesrepublik das Verfahren lahm legten. Die Anwälte drängten darauf, den Prozess auszusetzen, weil ihre Mandanten verhandlungsunfähig seien. Die Mandanten wiederum sträubten sich gegen die ihnen zusätzlich zugewiesenen »Zwangsverteidiger«. Das Gericht verwies kühl auf die neuen Bestimmungen: Wenn Angeklagte eine Verhandlungsunfähigkeit absichtlich herbeiführten, beispielsweise durch Hungerstreiks, durfte der Prozess auch in ihrer Abwesenheit weitergehen. Und Pflichtverteidiger seien unumgänglich, da sich schon jetzt

Baader, Andreas Bernd.
6. 5. 43 München
Haftbefehl

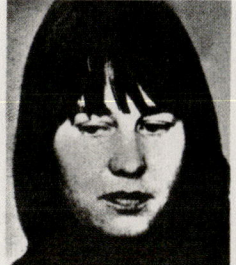
Meinhof, Ulrike, gesch. Röhl,
7. 10. 34 Oldenburg
Haftbefehl

Ensslin, Gudrun, 15. 8. 40 Bartholomae
Haftbefehl

Augustin, Ronald,
20. 11. 49 Amsterdam
Haftbefehl

Raspe, Jan-Carl, 24. 7. 44 Seefeld
Haftbefehl

Jünschke, Klaus, 6. 9. 47 Mannheim
Haftbefehl

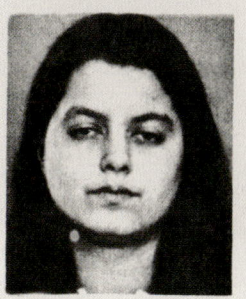
Stachowiak, Ilse, 17. 5. 54
Frankfurt/M.

Möller, Irmgard, 13. 5. 47 Bielefeld
Haftbefehl

die Reihen der Wahlverteidiger lichteten. Was ebenfalls an den neuen Gesetzen lag. Allein der Verdacht, gemeinsame Sache mit seinen Mandanten zu machen, reichte aus, einen Anwalt auszuschließen. Fünf Verteidiger waren bereits untergetaucht oder verhaftet worden. Zuweilen saßen weder der Angeklagte noch ein Anwalt seines Vertrauens im Gerichtssaal. Der Rechtsstaat lotete seine Grenzen aus. Gespräche zwischen Verteidiger und Mandanten wurden illegal belauscht, später verwehrte man ihnen den Kontakt vollständig – und bot damit Gewalttätern die Gelegenheit, sich als Märtyrer eines »faschistischen, imperialistischen Systems« zu stilisieren. Erst im Gefängnis entfaltete die erste Generation der Roten Armee Fraktion ihre wahre Sprengkraft. Längst hatten sich Nachfolger auf denselben Irrweg begeben, der zwei Jahre später, 1977, im berüchtigten »deutschen Herbst« mündete – genau eine Dekade nach dem Ereignis, das fünfundsechzig Prozent aller Studenten als Auslöser für ihre Politisierung nannten: der Tod des Studenten Benno Ohnesorg am 2. Juni 1967 in Berlin.

Hier befand sich das Zentrum der Protestbewegung, die gegen alles zu Felde zog, womit sich die bundesdeutsche Nachkriegsgesellschaft bestens arrangiert hatte: Die nationalsozialistische Ära war erfolgreich verdrängt worden, jetzt gehörte man wieder zu

■ Die Fahndungsphotos der Baader-Meinhof-Gruppe wurden bundesweit ausgehängt.

»Erfolgsmeldungen über uns können nur heißen: verhaftet oder tot. Wir sind hier, um den bewaffneten Widerstand gegen die bestehende Eigentumsordnung und die fortschreitende Ausbeutung des Volkes zu organisieren. Der Kampf hat erst begonnen.« Andreas Baader, Anfang 1972, kurz vor der Verhaftung des RAF-Kerns

den »Guten«, stand bedingungslos an der Seite der USA, die im Kalten Krieg die Freiheit verteidigten. Über die Massaker in Vietnam, die Unterstützung der Folterregime in Chile und Persien sah man geflissentlich hinweg. Die wohlstandsgesättigte Republik wollte ihre Ruhe, wer sie störte, galt als Nestbeschmutzer. Im Einvernehmen mit der polizeilichen Strategie schlug auch die konservative Presse immer brutaler auf die außerparlamentarische Opposition ein. In diese zunehmend feindseligere Stimmung fiel der Staatsbesuch des persischen Schahs. Untätig sah die Polizei eine Weile zu, wie Mitglieder des iranischen Geheimdienstes, so genannte Jubelperser, demonstrierende Studenten verprügelten. Dann griff sie ein – gegen die Studenten. Im

■ In den Prozess gegen die Baader-Meinhof-Gruppe mischten sich auch ausländische Intellektuelle ein. Der französische Philosoph und Schriftsteller Jean-Paul Sartre (hier bei seiner Ankunft vor dem Stammheimer Untersuchungsgefängnis) forderte nach einem Gespräch mit Andreas Baader die Bildung eines internationalen Kommitees zur Verteidigung der deutschen Anarchisten.

Verlauf der Auseinandersetzung erschoss ein Polizist Benno Ohnesorg. Für viele sollte das Datum ein Wendepunkt werden, ein Teil der Szene radikalisierte sich: »Man kann mit den Leuten, die Auschwitz gemacht haben, nicht argumentieren. Wir müssen uns bewaffnen!«, schrie eine aufgelöste junge Frau. Sie hieß Gudrun Ensslin, eine Pfarrerstochter aus dem Schwäbischen. »Aus Protest gegen die Gleichgültigkeit, mit der die Menschen dem Völkermord in Vietnam zusehen«, zündete sie gemeinsam mit Andreas Baader im Jahr darauf zwei Kaufhäuser in Frankfurt an. Beide wurden schnell gefasst, verurteilt und Mitte 1969 vorerst wieder auf freien Fuß gesetzt. Sie schlüpften in der Wohnung der Journalistin Ulrike Meinhof unter. Langsam bildete sich der Kern der Roten Armee Fraktion: Horst Mahler, der als Anwalt Ensslin und Baader im Brandstifterprozess vertreten hatte, Jan Carl Raspe, Holger Meins

Das Gefühl, es explodiert einem der Kopf (das Gefühl, die Schädeldecke müsste eigentlich zerreißen, abplatzen) / das Gefühl, es würde einem das Rückenmark ins Gehirn gepresst / das Gefühl, das Gehirn schrumpelt einem allmählich zusammen wie Backobst / das Gefühl, man stünde ununterbrochen, unmerklich unter Strom, man würde ferngesteuert, das Gefühl, die Zelle fährt / das Gefühl, man verstummt
Ulrike Meinhof über die Isolationshaft.
In: *Brief einer Gefangenen aus dem Toten Trakt,* 1972/73

und einige mehr. Sprösslinge gutbürgerlicher Familien rüsteten sich zum Terror gegen den Staat. Doch erst die erneute Verhaftung Baaders, der seine Reststrafe absitzen sollte, brachte die Entscheidung. Die Gruppe befreite Baader (Mai 1970), der Schritt in die Illegalität war vollzogen. Schon im Frühjahr 1972 fanden sich alle im Gefängnis wieder. Aber diese zwei Jahre hatten die Bundesrepublik verändert: Sprengstoffanschläge auf staatliche und amerikanische Einrichtungen, Tote, Verletzte, wilde Schießereien zwischen Polizisten und Terroristen, eine hysterische Presse, die Jagd auf echte und angebliche Sympathisanten machte. Der Schriftsteller Heinrich Böll brachte es auf die knappe Formel: »Sechs gegen sechzig Millionen.«

Auch im Gefängnis ging der Kampf weiter. Die von Amnesty International als Folter definierten Haftbedingungen – strikte Isolierung, zum Teil im »Toten Trakt« – wurden zur stärksten Waffe der RAF, bescherten ihr unerwarteten Zulauf. Zwei Hungerstreiks folgten. Beim dritten starb Holger Meins. Die Szene hatte ihren ersten Märtyrer. Sie antwortete mit einer Racheaktion. Am Tag danach, dem 10. November 1974, erschossen Mitglieder der nächsten RAF-Generation den Berliner Kammergerichtspräsidenten Günter von Drenkmann, im April 1975 jagten sie mit fünfzehn Kilo TNT die deutsche Botschaft in Stockholm in die Luft. Einen Monat später begann der Prozess gegen die übrigen vier Angeklagten. Für sechzehn Millionen Mark war in Stuttgart-Stammheim der sicherste Gerichtssaal der Republik gebaut worden. Verurteilt wurden nur drei Terroristen. Zermürbt durch die Haftbedingungen, die erbitterten Streitereien innerhalb der Gruppe, die jeden Gedanken an Reue als Verrat empfand, erhängte sich Ulrike Meinhof in ihrer Zelle. Ungerührt setzte Richter Prinzing noch vor der Beerdigung das Verfahren fort. In vergifteter Atmosphäre kämpften beide Seiten um Terrain. Anwalt Otto Schily beantragte, prominente Zeugen wie den früheren amerikanischen Präsidenten Richard Nixon zu laden, um zu klären, ob Gewalt gerechtfertigt sei, wenn »mittels militärischer Einrichtungen auf dem Boden der Bundesrepublik Deutschland Völkermord vollzogen worden ist. Das sind die gleichen Bilder: das jüdische Kind

»Die Bullen sind Schweine. Wir sagen, der Typ in der Uniform ist ein Schwein, das ist kein Mensch, und so haben wir uns mit ihm auseinanderzusetzen. Und natürlich kann geschossen werden.«
Ulrike Meinhof, 1970, kurz nach der Befreiung Baaders, auf einem von ihr besprochenen Tonband, das der *Spiegel* in Auszügen abdruckte

■ Die Bleistiftskizze eines Gerichtszeichners zeigt die Angeklagten am 5. Juni 1974 im Gerichtssaal.

■ Strenge Kontrollen durch den Bundesgrenzschutz am Eingang zur Strafvollzugsanstalt in Stuttgart-Stammheim, in der auch der Prozess stattfindet. Photo vom 6. Juni 1975

im Ghetto, das mit erhobenen Händen auf SS-Leute zugeht, und die vietnamesischen Kinder, die schreiend, napalmverbrannt dem Photographen entgegenlaufen nach den Flächenbombardements«. Doch Richter Prinzing verwahrte sich dagegen, den Prozess zu einem politischem Forum zu machen: »Der Vietnam-Krieg ist nicht Gegenstand dieses Verfahrens.«

Ende April 1977 verhängte das Gericht dreimal lebenslängliche Haft. Dann spitzte sich die Lage dramatisch zu. Die RAF ermordete den Bankier Jürgen Ponto, im September entführte sie Arbeitgeberpräsident Schleyer, vier seiner Begleiter starben. Ein Tauziehen um die Freilassung der inhaftierten Terroristen begann. Die Bundesregierung dachte nicht daran, sich auf den Handel einzulassen, aber sie wollte Zeit gewinnen. Die Krise verschärfte sich, als zwölf Tage darauf ein palästinensisches Kommando eine deutsche Lufthansa-Maschine nach Mogadischu entführte und den Flugkapitän hinrichtete. Am 18. Oktober stürmte eine Sondereinheit das Flugzeug, erschoss drei der Kidnapper, befreite die Geiseln. Noch in derselben Nacht brachten sich Andreas Baader, Gudrun Ensslin und Jan Carl Raspe in Stammheim um. Am nächsten Tag fand die Polizei Hanns Martin Schleyer tot im Kofferraum eines Wagens.

»Ich weigere mich zu akzeptieren, dass es Friedhöfe erster und zweiter Klasse geben soll. Alle Feindschaft sollte nach dem Tode ruhen.« Manfred Rommel, Bürgermeister von Stuttgart. Er reagierte damit auf den Protest von Stuttgarter Bürgern, die nach den Selbstmorden 1977 in Stammheim erklärt hatten, die Leichen der Terroristen sollte man einfach auf die Müllkippe werfen, aber nicht auf ihren schönen Friedhöfen bestatten.

Eine Frage ist, ob der Terrorismus ein Produkt der Hirne der Täter ist, der Baaders und Meinhofs. Oder ob der Terrorismus eine Widerspiegelung gewisser gesellschaftlicher Situationen in der westlichen Welt ist, dass der Terrorismus gewissermaßen die Probleme reflektiert, die objektiv bestehen. Wenn letzteres der Fall ist, dann nützt es nichts, auf Köpfe einzuschlagen oder, wie manche fordern, sie abzuschlagen, sondern dann gilt es, auf die historischen Ursachen und Gesetzmäßigkeiten einzuwirken. Deshalb werden wir auch in dem gesamten Kampf nicht nur militärische Kategorien verwenden, sondern zunehmend auch, ich spreche das ungern aus, aber die Tendenz zeichnet sich ab, gleichsam völkerrechtliche Kategorien einzuführen haben.

Horst Herold, Chef des Bundeskriminalamts, in einer Rede zur Zeit des Stammheimer-Prozesses

DIE BAADER-MEINHOF-GRUPPE

 BIOGRAPHIE

Ulrike Meinhof, 1934 als Tochter eines Kunsthistorikerehepaars geboren, studierte Philosophie, Pädagogik, Soziologie und Germanistik in Marburg und Münster. 1958 trat sie dem Sozialistischen Deutschen Studentenbund (SDS) bei und engagierte sich stark in der Anti-Atom-Bewegung. 1960 bis 1964 war sie Chefredakteurin der Zeitschrift *konkret* in Hamburg. 1968 zog sie nach Berlin und arbeitete für das Fernsehmagazin *Panorama*, 1969/70 lehrte sie am Institut für Publizistik der Freien Universität. Im Mai 1970 nahm sie an der gewaltsamen Befreiung von Andreas Baader teil, der wegen Brandanschlägen auf zwei Kaufhäuser im Gefängnis saß. Diese Aktion gilt als Geburtsstunde der Roten Armee Fraktion (RAF), zu deren Kern außerdem Gudrun Ensslin, Holger Meins und Jan Carl Raspe gehörten. Sie lebten von da an im Untergrund, verschafften sich durch Banküberfälle Geld. Mit Brand- und Sprengstoffanschlägen gegen Einrichtungen der US-Armee und des Axel-Springer-Konzerns begann der »antiimperialistische Kampf« der RAF. Im Frühjahr 1972 wurden die fünf führenden Mitglieder festgenommen, 1973 begann der Prozess. Im November 1974 starb Holger Meins an den Folgen eines Hungerstreiks. Ulrike Meinhof, Andreas Baader, Gudrun Ensslin und Jan Carl Raspe nahmen sich im Gefängnis das Leben.

Nachgeschichte

Die Behörden waren nicht ganz unschuldig daran, dass RAF-Sympathisanten die Selbstmorde anzweifelten und von Mord an den Häftlingen sprachen: Die Ermittlungen wurden teilweise nachlässig geführt; der Untersuchungsausschuss des Stuttgarter Landtags überging einige kritische Punkte. Nach der Schleyer-Entführung ließ der RAF-Terrorismus nach, bis 1991 gab es allerdings weitere einzelne Anschläge, wie die Ermordung des Diplomaten Gero von Braunmühl (1986), von Alfred Herrhausen, dem Vorstandssprecher der Deutschen Bank (1989), und Treuhand-Chef Detlev Carsten Rohwedder (1991). Alle diese Attentate blieben unaufgeklärt, die dritte RAF-Generation weitgehend unbekannt. Im April 1992 verkündete die RAF, sie werde ihre Angriffe einstellen. Seit der Festnahme von Birgit Hogefeld und dem Tod von Wolfgang Grams 1993 gilt sie als zerschlagen. Im April 1998 erklärte die RAF ihre Selbstauflösung.

Künstlerische Bearbeitung

Den Tod der RAF-Häftlinge machte Gerhard Richter 1988 zum Thema eines Zyklus von fünfzehn Bildern (Museum of Modern Art, New York). Unmittelbar auf die Ereignisse vom Herbst 1977 reagierten elf Regisseure, darunter Rainer Werner Fassbinder, Alexander Kluge, Volker Schlöndorff, mit dem Filmprojekt *Deutschland im Herbst*. Auch der vielfach ausgezeichnete Fernsehfilm *Todesspiel* von Heinrich Breloer (1997) befasst sich mit dieser Zeit. Den Prozess rekonstruierte Reinhard Hauff in seinem Film *Stammheim* und gewann dafür bei den Berliner Filmfestspielen 1986 den Goldenen Bären. Weitere bekannte filmische Auseinandersetzungen mit dem Terrorismus der RAF sind *Die verlorene Ehre der Katharina Blum* (1975) von Volker Schlöndorff und Margarethe von Trotta nach Heinrich Bölls gleichnamiger Erzählung, *Die dritte Generation* von Fassbinder (1979), *Die bleierne Zeit* (1981) von Margarethe von Trotta sowie aus jüngerer Zeit *Innere Sicherheit* von Christian Petzold (2000) und *Blackbox BRD* (2001) von Andreas Veiel. Christian Friedrich Delius schrieb eine Romantrilogie *Deutscher Herbst* (1981–1992).

 EMPFEHLUNGEN

Lesenswert:
Stefan Aust: *Der Baader-Meinhof-Komplex*, München 1998.
Dorothea Hauser: *Baader und Herold – Beschreibung eines Kampfes*, Berlin 1997.
Ulrike Meinhof: *Die Würde des Menschen ist antastbar. Aufsätze und Polemiken*, Berlin 1980.

Sehenswert:
Stammheim. Regie: Reinhard Hauff; mit Therese Affolter, Ulrich Tukur, BRD 1986.

Todesspiel. Regie: Heinrich Breloer; mit Hans Brenner als Hanns Martin Schleyer, 1997.

 AUF DEN PUNKT GEBRACHT

Im Kampf gegen den Terrorismus ist auch ein Rechtsstaat gezwungen, die Freiheiten seiner Bürger, die er eigentlich verteidigt, einzuschränken. Die Bundesrepublik der 1970er Jahre ging dabei zweifellos zu weit. Man schloss damals schon Wetten ab, ob das Urteil im Baader-Meinhof-Prozess vor einer höheren Instanz Bestand haben würde. Wegen der Selbstmorde in Stammheim fiel dieser Test jedoch aus.

Die Kaiserin der Kommunisten
Prozess gegen die »Viererbande« (1980/81)

■ Die Angeklagte Jiang Qing lässt sich während ihrer Aussage im Prozess nicht beirren. Photo vom 5. Januar 1981

Der Schauprozess wollte nicht so recht gelingen. Selbst die kurzen, nur minutenlangen Filmaufnahmen, die im Fernsehen gezeigt wurden, konnten kaum verbergen, dass der Staatsanwalt bei der Hauptangeklagten auf Granit biss. Kein Hauch von Schuldbewusstsein umwehte Jiang Qing. Sie verteidigte sich mit Klauen und Zähnen, beschimpfte ihre Richter als »Faschisten« und »Konterrevolutionäre«, Polizisten, die sie abführen sollten, briet die Dreiundsiebzigjährige schon mal eins über. Ihre Unberechenbarkeit drängte das Gericht mehr und mehr in die Defensive, denn noch bemühte man sich, den vor vier Jahren verstorbenen und vom Volk als »großen Steuermann« verehrten Mao Tse-tung aus der ganzen Sache herauszuhalten. Ein Gott durfte nicht kriminell sein. Für seine Witwe Jiang Qing, einst die mächtigste, jetzt die meistgehasste Frau Chinas, galten andere Regeln. Für ihre Verbündeten erst recht. Jiang Qing aber dachte gar nicht daran, sich zu beugen. Schließlich habe sie lediglich den Willen ihres Mannes vollstreckt, die Direktiven der von ihm beherrschten Partei befolgt: »Ihr lasst mich die Schulden Maos bezahlen«, warf sie ihren Anklägern vor, »ihr wollt mich verleumden und den Vorsitzenden Mao verleumden. Damit verleumdet ihr Tausende, die sich der Großen Proletarischen Kulturrevolution anschlossen!« Die frühere Schauspielerin Jiang Qing hatte ihre Paraderolle gefunden, schwelgte geradezu darin: »Hast du mich im Fernsehen erlebt?«, erkundigte sie sich bei einer ihrer Bewacherinnen, »Ich war doch in Hochform, oder?« Zweifellos. Die neue Führung Chinas sah sich schon bald zu einem vorsichtigen Eingeständnis gezwungen: »Genosse Mao beging in seinen späten Lebensjahren Fehler, besonders in der Großen Proletarischen Kulturrevolution, die er persönlich in Gang setzte und führte. Diese Fehler brachten der Partei und dem Volk schweres Un-

> Sie ist eine sehr, sehr bösartige Frau. Sie ist derart bösartig, dass jedes böse Wort, das über sie gesagt wird, nicht böse genug ist, sie zu charakterisieren. Wenn Sie mich bitten würden, sie zu benoten: Jiang Qing rangiert tausendmal Tausende Grade unter Null.   Deng Xiaoping

glück.« Doch Jiang Qing landete nur einen Punktsieg. Der Ausgang des Verfahrens stand bereits fest. Mit Jiang Qing und dem Rest der Viererbande musste abgerechnet werden, um einen langen Machtkampf endgültig zu beenden. Deswegen ging es in diesem Fall nicht um »Fehler«, sondern um Straftaten.

Als Mao Tse-tung 1966 die »Große Proletarische Kulturrevolution« anzettelte, war er eigentlich politisch schon abgeschrieben, ein alter Mann in den Siebzigern, der sich sein Scheitern nicht eingestehen wollte. Knapp zwanzig Jahre zuvor hatte er der kommunistischen Partei zum Sieg verholfen, die Volksrepublik China ausgerufen, seitdem nutzte er das bevölkerungsreichste Land der Erde als Experimentierlabor. Mao träumte vom allseits verwendbaren Menschentypus, der sich zugleich in der Landwirtschaft, wie der Industrie, in Politik und Kultur betätigte. Ob Bauern oder Professoren – alle sollten gleich, niemand dem anderen untertan sein. Kampagnen und Gegenkampagnen wechselten einander ab, erst forderte Mao das Volk zur Kritik auf – »Lasst hundert Blumen blühen!« –, und nachdem das Ergebnis verheerend ausfiel, erklärte er die Kritiker, vorwiegend Intellektuelle, zu Staatsfeinden. Hunderttausende wurden aufs Land verbannt oder hingerichtet. Es kam noch schlimmer. 1958 setzte Mao zum »Großen Sprung nach vorn« an. Anstelle der ihm verhassten Zentralverwaltung schuf er ein Netz eigenverantwortlich wirtschaftender lokaler Ein-

»Wir werden die alte Welt in tausend Stücke schlagen. Wir werden eine neue Welt schaffen und die Große Proletarische Kulturrevolution bis zu Ende durchführen.«

Losung der Rotgardisten

■ Zu Beginn der Kulturrevolution, 1966, tragen Kinder bei einem Propagandamarsch in Sutschau Plakate mit dem Porträt von Mao Tse-tung.

heiten: die Volkskommune, deren straff organisiertes Zusammenleben eine Art Familienersatz bilden sollte. Aber der erhoffte ideologische und vor allem ökonomische Erfolg blieb aus. Maos Ideen führten China sogar in die furchtbarste Hungersnot, die es je gegeben hatte; sie kostete Millionen Menschen das Leben. Es kam zu schweren Auseinandersetzungen innerhalb der Partei. Die Genossen hatten es langsam satt, immerzu die Scherben der »permanenten Revolution« aufzusammeln. Man ließ Mao zwar das Amt des Parteivorsitzenden, doch die Herrschaft übten nun Anhänger eines pragmatischeren Kurses aus. Der neue Staatspräsident Liu Shaoqi und Deng Xiaoping, Generalsekretär des Zentralkomitees, leiteten zaghafte privatwirtschaftliche Reformen ein. Mao sah darin einen Schwenk zum Kapitalismus, der »das Denken der Kader und Massen korrumpieren wird«, kehrte Peking verbittert den Rücken, zog sich in die Nähe von Shanghai zurück – und sann auf Rache.

Viele Verbündete waren ihm nicht mehr geblieben. Zu den wenigen, die noch treu an Maos Seite standen, zählte Jiang Qing, seine vierte Ehefrau, die er 1945 geheiratet hatte. Während der große Vorsitzende sich in die innere Emigration begab und über seinen Schriften brütete, machte sich die einstige Schauspielerin Jiang Qing daran, die Theaterlandschaft Shanghais zu reformieren, ganz im ideologischen Sinne Maos. Sie verteufelte westliche Tendenzen als »Schmutz und Dekadenz, die das Volk vergiften« und prangerte die traditionelle Pekingoper, die Figuren wie Kaiser und Konkubinen auf die Bühne brachte, als konterrevolutionär an. Unterstützt wurde sie dabei von den Journalisten Zhang Chunqiao und Yao Wenyuan, später stieß der Textilarbeiter Wang Hongwen dazu. Mao selbst erfand den Namen, unter dem

man sie 1980 vor Gericht stellte: die Viererbande. Als Sprachrohr Maos, und mit seiner Hilfe, startete die Gruppe von Shanghai aus einen Eroberungsfeldzug, der schließlich ganz China ins Chaos stürzte und über Jahre lähmte. Ihre Basis fand sie an Schulen und Universitäten, wo junge Menschen 1966 gegen das starre System aufbegehrten und in den Streik traten. Dieser Ausbruch überraschte alle. Aber Mao und die Viererbande nutzten ihn am konsequentesten. Während die Partei versuchte, den Aufruhr durch Gewalt einzudämmen, solidarisierten sich die Getreuen um Mao mit den Schülern und Studenten gegen die »reaktionären Genossen, die eine terroristische Diktatur der Bourgeoisie ausüben«; sie rekrutierten die Jugendlichen als »Rote Garden«, bildeten Revolutionskomitees. Die Bewegung breitete sich rasant aus, Mao wurde Kult. Schon kurze Zeit später, im August 1966, zollten Millionen Jungkommunisten dem großen Vorsitzenden auf dem Platz des Himmlischen Friedens in Peking ihren Respekt. Sieben weitere Aufmärsche folgten. Es war ein Staatsstreich. Nach dem Motto »Ohne Niederreißen kann es keinen Aufbruch gegen« zogen die Rotgardisten durchs Land, griffen jeden an, der westliche Kleidung trug, zerstörten alles, was Tradition repräsentierte. Sie plünderten Luxusgeschäfte, Tempel, Museen – unermessliche Kunstschätze wurden zu Kleinholz gemacht. Angesehene Professoren, Lehrer oder hochrangige Parteimitglieder sahen sich einer entfesselten Kraft gegenüber, die sie drangsalierte, demütigte und hinrichtete. Wer Geige spielte, galt als verdächtig, wer Lederhandschuhe besaß, auch. Die Verfolgungen nahmen immer absurdere Züge an, sogar das ›Haltsignal‹

■ Deng Xiaoping am 14. September 1977 auf dem 11. Kongress der chinesischen KP in Peking. Nach dem Tode Maos und der Verhaftung der Viererbande war er an die Spitze der KP gelangt.

■ Der ehemalige Vize-Parteichef Wang Hongwen steht am 20. November 1980 vor dem Sondergericht in Peking. Das Gericht verurteilte ihn im Januar 1981 zu einer lebenslangen Haftstrafe.

■ Chinesische Wandzeitungen in Peking berichten im Januar 1977 über die Großkampagne gegen die Viererbande.

Ihre Sünden rechtfertigen zehntausend Tode. Selbst wenn sie tot ist, trägt sie immer noch die Schuld. Und wenn sie tausend Schnitte und eine Myriade Messerstiche erleiden müsste, hätte sie damit ihre Schulden noch längst nicht bezahlt.

Wandzeitung in Shanghai 1976 über Jiang Qing

der Ampeln war den Rotgardisten ein Dorn im Auge – als Missbrauch der Farbe Rot. Im ganzen Land bekämpften sich verfeindete Fraktionen, bis die Partei vor der rabiaten Unerschrockenheit ihrer Gegner die Waffen streckte. Die »Große Proletarische Kulturrevolution« hatte gesiegt, an Mao und der Viererbande, die bald ins Politbüro aufstieg, führte kein Weg mehr vorbei. Wieder öffnete der Vorsitzende sein Versuchslabor, und Jiang Qing leitete die Experimente. Sie war jetzt die einflussreichste Frau Chinas, bezeichnete sich sogar als »Kaiserin der kommunistischen Gesellschaft«. Auf ein Fingerschnipsen von ihr starben Hunderttausende, änderten Millionen Beruf, Wohnort und Kleidung. Erst mit Maos Tod 1976 war der Spuk vorbei. Die Viererbande und zahlreiche ihrer Anhänger wurden verhaftet, die Kulturrevolution für beendet erklärt. Vier Jahre verbrachten Jiang Qing und ihre Gefolgsleute im Gefängnis, bevor man ihnen den Prozess machte, wegen Unterdrückung, Konterrevolution – und Verstoßes gegen die Lehren Maos! Wer Reue zeigte, wie Yao Wenyuan und Wang Hongwen, erhielt eine lange Haftstrafe. Zhang Chunqiao, der während der Verhandlung keinen Ton sagte, und die renitente Jiang Qing verurteilte das Gericht zum Tode. Nach zwei Jahren wandelte man die Strafe in »lebenslänglich« um. Anfang Mai 1991 durfte Jiang Qing das Gefängnis verlassen. Sie war an Krebs erkrankt. Wenige Tage danach beging sie Selbstmord.

JIANG QING

BIOGRAPHIE

Jiang Qing (auch Chiang Ch'ing, »grüner Fluss«) wurde als Luan Shu Meng 1914 in der Provinz Shandong geboren. Nach einer Schauspielausbildung ging sie nach Shanghai und spielte in mehreren Filmen mit. 1937 trat sie der Kommunistischen Partei Chinas bei (KPCh) und zog kurz darauf in die Stadt Yenan in der Provinz Shaanxi, Mittelpunkt der kommunistischen Bewegung. Dort traf sie Mao Tse-tung, den sie 1945 heiratete. Sie war seine vierte Frau. Nachdem Mao Tse-tung am 1. Oktober 1949 in Peking die Volksrepublik China ausgerufen hatte und selbst als Vorsitzender der Zentralen Volksregierung an die Spitze des Staates getreten war, arbeitete sie im Kulturministerium als eine Art Zensorin. Unter anderem begann sie Anfang der 1960er Jahre mit der Umgestaltung der Pekingoper; die bekannteste Bühnenspielform Chinas nutzte sie zu Propagandazwecken, indem sie das klassische Repertoire durch historische und zeitgenössische revolutionäre Theaterstücke ersetzen oder bereits vorhandene Textbücher umarbeiten ließ. Jiang Qing, die zunehmend Einfluss auf die Politik gewann, spielte eine entscheidende Rolle in der »Großen Proletarischen Kulturrevolution«, der »sozialistischen Erziehungskampagne«, die die linke Fraktion um Mao Tse-tung 1965/66 mithilfe der Roten Garden einleitete, um

eine »Tendenz zum Kapitalismus« und »bürgerlich-reaktionäres Denken«, das in der Partei um sich greife, zu bekämpfen. Den gewaltsamen Auseinandersetzungen fielen Millionen von Menschen zum Opfer. Der Terror richtete sich an erster Stelle gegen Lehrer, Professoren, Schriftsteller, Künstler und Angehörige der ehemaligen Oberschicht sowie gegen Opponenten in der Partei. Sie wurden gedemütigt, misshandelt, getötet, teilweise zur Verrichtung körperlicher Arbeit aufs Land geschickt. Die Kulturrevolution wurde begleitet von einer kultischen Verehrung Mao Tse-tungs. Neben ihm stieg Jiang Qing, seit 1969 Mitglied des Politbüros der KPCh, zu einer der mächtigsten Persönlichkeiten Chinas auf. Ihr Versuch, nach dem Tod ihres Mannes 1976 die Führung der Partei zu übernehmen, scheiterte. Im selben Jahr wurde sie als Anführerin der »Viererbande« verhaftet und 1980 zusammen mit den Journalisten Zhang Chunqiao und Yao Wenyuan sowie dem Textilarbeiter Wang Hongwen wegen Verbrechen während der Kulturrevolution vor Gericht gestellt. Der Prozess endete für sie mit dem Todesurteil. 1983 wurde sie zu lebenslanger Haft begnadigt, im Frühjahr 1991 wegen einer Krebserkrankung begnadigt. Zehn Tage später, am 14. Mai, nahm sie sich das Leben.

Nachgeschichte
Anfang der 1980er Jahre kam der Pragmatiker Deng Xiaoping an die Macht. Er sollte bis in die 1990er Jahre hinein die dominierende Gestalt in China werden. Er war ein alter Weggefährte Maos und ein Intimfeind Jiang Qings. Deng vollzog in China den Wandel hin zu privatwirtschaftlichen Reformen, die zu einem rasanten Wirtschaftswachstum führten; Profit war fortan keine Schande mehr. Von Demokratie konnte deshalb noch lange keine Rede sein. Im Grunde wandelte sich China von einem totalitären in einen autoritären Staat, da Deng nicht daran dachte, die Führungsrolle der kommunistischen Partei infrage stellen zu lassen. Deng war verantwortlich für die blutige Niederschlagung der von Studenten ausgelösten Massendemonstrationen für mehr Freiheit und Frieden auf dem Platz des Himmlischen Friedens im April 1989 in Peking. KPCh-Chef Zhao Ziyang, der den Anliegen der Studenten viel Sympathie entgegenbracht hatte, wurde entmachtet. Deng zog sich in den 1990er Jahren nach und nach aus der Politik zurück. Er starb 1997 im Alter von 92 Jahren.

AUF DEN PUNKT GEBRACHT

Erst der Tod Maos ermöglichte den Prozess gegen die »Viererbande«. Er war eine Abrechnung mit Maos Irrwegen. Doch den geradezu kultisch verehrten »großen Steuermann« konnte man schlecht an den Pranger stellen. Also hielt man sich an Jiang Qing und Co., die mit Begeisterung die politischen Ideen Maos in die Tat umgesetzt hatten.

EMPFEHLUNGEN

Lesenswert:
Tilemann Grimm: *Mao Tse-tung.* Mit Selbstzeugnissen und Bilddokumenten, Reinbek 1998.

Oskar Weggel: *China*, München 2002.

Die Mauer des Schweigens fällt
Maxi-Prozess gegen die sizilianische Mafia (1986/87)

»Demokratie gibt es in Sizilien nicht«, konstatierte Elda Pucci, die 1983 für kurze Zeit Bürgermeisterin von Palermo wurde. Als sie daran ging, die Vergabe wichtiger städtischer Dienstleistungen wie Straßenreinigung und Wasser neu zu ordnen, wurde sie gestürzt. Diese Dienstleistungen waren profitable Einnahmequellen der Mafia.

■ Giovanni Falcone, der prominenteste Richter und Mafia-Jäger Italiens

»Ich möchte Sie warnen, Richter Falcone. Nach diesem Verhör werden Sie berühmt sein. Aber man wird versuchen, Sie physisch und beruflich zu vernichten. Vergessen Sie nie, dass Sie heute ein Konto bei der Cosa Nostra eröffnen, das erst mit Ihrem Tod ausgeglichen sein wird. Sind Sie sicher, dass Sie fortfahren wollen?« Giovanni Falcone zögerte keine Sekunde. Zu lange hatte er auf diesen Moment gewartet. Endlich war ein Mafioso bereit, das Gesetz der »omertà«, des Schweigens, zu brechen. Und Tommaso Buscetta gehörte zu den ganz großen Fischen. Nicht umsonst nannte man ihn »Boss zweier Welten«. Nach seiner Flucht vor der sizilianischen Polizei hatte er erst in den USA, dann von Brasilien aus einen großen Rauschgift-Schmuggelring aufgezogen. Die Geschäfte zwischen dem amerikanischen und dem europäischen Kontinent florierten prächtig, bis Ende 1983 brasilianische Ermittler Buscetta aufspürten, verhafteten und an Italien auslieferten. Hier konnte er sich seines Lebens kaum noch sicher sein. In Sizilien nämlich tobte ein Mafia-Krieg, der keine der »ehrenwerten Familien« verschonte, auch zwei Söhne Buscettas zählten zu den Opfern. Hinter den Morden stand die Gruppe aus Corleone, einem Städtchen fünfzig Kilometer südlich von Palermo. Ihr Chef, Luciano Leggio, der im Gefängnis saß, und sein Stadthalter Totò Riina, nach dem die Polizei seit Jahren fahndete, wollten die alleinige Macht. Mit brutaler Gewalt kündigten sie die bis dahin gültige Einvernehmlichkeit auf. Die beschaulichen Zeiten der Cosa Nostra waren endgültig vorbei. Auch deshalb rang sich Tommaso Buscetta nun dazu durch, die eiserne Regel der verschwiegenen Gesellschaft zu missachten. Er vertraute sich Giovanni Falcone an, einem der profiliertesten Mafia-Jäger Italiens, und lieferte die Grundlage für einen rekordverdächtigen Prozess: 475 Angeklagte, über tausend

»Ich bin ein toter Mann.« Falcone 1988, als Rom langsam, aber sicher die Ermittlungen gegen die Mafia boykottierte und die Untersuchungsrichter in Palermo im Stich ließ

Zeugen, Hunderte von Anwälten und eine vierzig Bände umfassende Anklageschrift. Erstmals wurden die inneren Strukturen der Mafia öffentlich verhandelt; danach mussten selbst Zweifler einräumen: die Cosa Nostra existierte wirklich.

Die Aussagen Buscettas waren eine Sensation. Sie veränderten Falcones Bild der Mafia tiefgreifend. Zwar hatte er sich vor Jahren schon an die Fersen der Cosa Nostra geheftet und auch einige Erfolge erzielt, doch die »omertà«, die das Kartell wie ein undurchdringlicher Ring umgab, ließ die Ermittler immer wieder an Grenzen stoßen. Man ahnte vieles und wusste kaum etwas. Buscetta offenbarte die strikt hierarchische Organisationsstruktur der Mafia, die sich aus einzelnen, über ganz Sizilien verstreute Sippen zusammensetzte, an deren Spitze jeweils der »capo« stand. Diese »Familien« wiederum wählten einen Vertreter in eine übergeordnete »Kommission«, die wichtige Richtungsentscheidungen traf oder beschloss, welche hochrangigen Persönlichkeiten umgebracht werden sollten. Die Mafia brauchte keine geschriebenen Gesetze, ihr System, das Sizilien seit über hundert Jahren in Griff hielt, funktionierte auch so. Sie schuf eine eigene Welt: kein Geschäft in Palermo und Umgebung, in dem sie

■ Nach dem Attentat auf Falcone, bei dem auch seine Frau und drei Leibwächter getötet wurden, kam es in Palermo zu Massenprotesten, wie etwa dieser Anti-Mafia-Demonstration im Juni 1992.

Dies ist der Prozess gegen die Mafia-Organisation, die sich »Cosa Nostra« nennt und die mit den Mitteln der Gewalt und Einschüchterung Tod und Schrecken verbreitet hat und es nach wie vor tut.

Aus der in weiten Teilen von Falcone verfassten Anklageschrift, die das gesamte Panorama der sizilianischen Mafia detailliert darstellt

> »Das Revolutionärste, was man in Sizilien überhaupt nur tun konnte, war, einfach die Gesetze anzuwenden und die Schuldigen zu bestrafen.«
> Giovanni Falcone

> »Die Frage, ob ich mal spazieren gehen soll, stelle ich mir schon seit Jahren nicht mehr.« Staatsanwalt Giuseppe Ayala über die scharfen Sicherheitsvorkehrungen für die Untersuchungsrichter

nicht mitmischte, keine Verwaltung, die sie nicht vollständig kontrollierte. Wer sich weigerte mitzuspielen, wurde gewarnt, dann umgebracht. Lange Gefängnisstrafen fürchteten Mafiosi kaum; ihre Netze umspannten die Justiz, sogar höchste politische Kreise. Zeugen fanden sich so gut wie nie; Sizilien lebte von und mit der Mafia – und Morddrohungen führten regelmäßig zu spontanem Gedächtnisverlust. Von Buscetta erfuhr Falcone die Hintergründe des Mafia-Krieges, der die Untersuchungsrichter bisher vor ein Rätsel gestellt hatte. Und er nannte Namen, ordnete sie Morden, Schutzgelderpressungen, dem Heroinschmuggel zu. Nur bei den Verbindungen zur Politik blieb er zurückhaltend: »Ich traue Ihnen, Richter Falcone. Aber sonst traue ich niemandem. Ich glaube nicht, dass der italienische Staat die ernsthafte Absicht hat, die Mafia zu bekämpfen.« Wie richtig Buscetta mit seiner Einschätzung lag, zeigte sich Jahre später.

Vorerst jedoch liefen die Ermittlungen auf Hochtouren. Falcone und sein enger Freund und Kollege Paolo Borsellino vergruben sich in einen abgeschirmten Bunker, setzten Mosaikstein um Mosaikstein zusammen, ihre Scherze wurden immer morbider: »Ach übrigens, Giovanni, wann gibst du mir einen Schlüssel für dein Schließfach?«, fragte Borsellino. »Warum sollte ich?«, gab Falcone zurück. »Damit ich deine Sachen herausholen kann, wenn sie dich umgelegt haben.« In einer Nacht- und Nebelaktion verhaftete die Polizei schließlich mehrere hundert Mafiosi, auch in Übersee. Denn Buscetta hatte die so genannte »Pizza-Connection« ent-

■ Giovanni Falcone und Paolo Borsellino, die beide kurz hintereinander Opfer der Mafia wurden

hüllt, in deren Zentrum eine von der Cosa Nostra betriebene Restaurantkette in den USA stand, die der Tarnung von Drogenschmuggel und als Geldwaschanlage diente. Die zahlreichen Verhaftungen lösten ein gewaltiges Medienecho aus, verblüfft registriert man, dass die Mafiosi nicht sofort wieder auf freien Fuß kamen. Das war neu. Die Stimmung schlug um, zaghafter Protest gegen die Cosa Nostra formierte sich, der Begriff »Palermoer Frühling« machte die Runde.

■ Der ehemalige Chef der sizilianischen Mafia-Bosse, Totò Riina, bei seiner Festnahme am 16. Januar 1993 in Palermo

Eigens für den Maxi-Prozess, wie man ihn seines Umfangs wegen taufte, ließ die Justiz einen neuen Gerichtssaal in der Größenordnung einer Sporthalle bauen: an einem Ende der Richtertisch, am anderen dreißig Käfige, in denen die Angeklagten Platz fanden, dazwischen genügend Raum für die Anwälte und Hunderte von Zuschauern. Zunächst schienen diejenigen, die das Großverfahren als unpraktikabel kritisierten, Recht zu behalten. Randalierende Angeklagte und Verteidiger, die das Gericht mit Anträgen bombardierten, zogen den Prozess derart in die Länge, dass die starren Fristen der Untersuchungshaft abzulaufen drohten – die Mafiosi hätten freigelassen werden müssen. Das Verfahren stand vollends auf der Kippe, als die Anwälte forderten, sämtliche 8607 Seiten der Anklageschrift, einschließlich der vielen tausend Seiten Belastungsmaterial, zu verlesen. Eilig intervenierte das Parlament in Rom und strich kurzerhand die entsprechende Regelung zur Untersuchungshaft. An den Beweisen, die Falcone und seine Mitarbeiter vorlegten, gab es wenig zu rütteln. Ihr größter Trumpf war der Kronzeuge Buscetta. Das erkannten selbst die versammelten Mafiosi an, wie sich Staatsanwalt Giuseppe Ayala erinnerte: »Man konnte die Bedeutung der Zeugen daran ablesen, wie viel Lärm die Angeklagten während einer Aussage machten. Als Buscetta aussagte, konnte man eine Fliege summen hören.«

»Es war ein echtes Vergnügen, seinen Analysen zu lauschen; er stellte nie eine überflüssige Frage, stellte sich nie dumm. Er war der Einzige, der durchblickte.«
Tommaso Buscetta
über Falcone

Nach knapp zwei Jahren, am 16. Dezember 1987, verkündete Richter Alfonso Giordano das Urteil. Er fällte 344 Schuldsprüche, viele der wichtigsten Mafia-Bosse Palermos erhielten lebenslänglich, insgesamt wurden 2665 Jahre Haft verhängt. Einhundertvierzehn Angeklagte kamen frei. Was nicht in allen Fällen gut ausging: Den Ersten erschoss die

In meiner Gegend kannst du ohne die Cosa Nostra nicht einmal einen Nagel einschlagen.
Leonardo Messina, Ex-Mafioso aus dem sizilianischen Cataldo

■ Blumen liegen zum Zeichen der Trauer auf der Motorhaube des Wagens, in dem der Richter Paolo Borsellino bei dem Bombenattentat am 19. Juli 1992 ums Leben kam.

»Die Mafia pfeift aus dem letzten Loch. Solche großen öffentlichen Mordanschläge sind bei der Mafia nicht üblich. Sie mordet gewöhnlich im Stillen. Ich glaube, sie kämpft ums Überleben.«
Tommaso Buscetta nach dem Mordanschlag auf Falcone

Mafia bereits eine Stunde nach seiner Entlassung aus dem Gefängnis; weitere Morde folgten. Für Falcone brachen jetzt harte Zeiten an. Während er die nächsten Maxi-Prozesse vorbereitete, ließ die Unterstützung aus Rom nach. Man begann, die Arbeit der Mafia-Jäger sogar massiv zu behindern. Frustriert wechselte Falcone von Palermo ins römische Justizministerium, um dort den Kampf gegen die Cosa Nostra fortzusetzen – mit Erfolg: Der Oberste Gerichtshof Italiens bestätigte die Urteile im Maxi-Prozess, nachdem Falcone einen mafiafreundlichen Richter rechtzeitig von seinem Posten entfernt hatte. Es war ein Schlag ins Gesicht der Cosa Nostra, die langsam begriff, dass Falcone ihnen in Rom weitaus gefährlicher werden konnte als in Palermo. Es wurde Zeit, das Konto auszugleichen. Am 23. Mai 1992 tötete ein fünfhundert Kilo schwerer Sprengsatz Giovanni Falcone, seine Frau und drei seiner Leibwächter. Zwei Monate später erlitt sein Freund Paolo Borsellino das gleiche Schicksal.

Diese Morde empörten Italien derart, dass sich die Regierung zu neuen Anstrengungen im Kampf gegen die Mafia aufraffte. Auch Buscetta und andere Mafiosi mochten dem Gemetzel nicht mehr zusehen. Sie öffneten die Büchse der Pandora, legten detailliert die Beziehungen zwischen Cosa Nostra und Politik dar. Die folgenden Ermittlungen fegten ganze Regionalparlamente hinweg und stürzten die Regierung in Rom. Die Mafia wurde zurechtgestutzt. Aber sie lebt fort.

GIOVANNI FALCONE

 BIOGRAPHIE

Giovanni Falcone kam 1939 inmitten der Mafia-Hochburg Palermo in Sizilien zur Welt und wuchs in dem verarmten Bezirk Kalsa auf. Zu seinen Spielkameraden zählten außer Paolo Borsellino, seinem späteren Richterkollegen (geboren 1940), viele zukünftige Mitglieder der Mafia. So war er wie kaum ein zweiter Ermittler mit der Mentalität und den Eigenarten seiner Landsleute vertraut. 1965 trat er die Stelle des Amtsrichters in Lentini an. Wenig später wechselte er nach Trapani, wo er sich als stellvertretender Staatsanwalt der ersten größeren Mafia-Fälle annahm. 1978 wurde er nach Palermo versetzt. Nachdem er den ehemaligen Mafia-Boss Tommaso Buscetta dazu hatte bewegen können, mit der Justiz zusammenzuarbeiten, erhob die Staatsanwaltschaft von Palermo Anklage gegen 475 Mafiosi. Der Maxi-Prozess gegen die Cosa Nostra unter der Federführung von Giovanni Falcone und Paolo Borsellino begann am 10. Februar 1986 und endete am 16. Dezember 1987. Ab März 1991 leitete Falcone die Abteilung Strafrecht im Justizministerium in Rom. Knapp drei Jahre nachdem er einem ersten Anschlag entgangen war, fiel er im Mai 1992 in Capaci einem Bombenattentat zum Opfer. Mit ihm kamen seine Frau Francesca Morvillo und drei Leibwächter ums Leben. Zwei Monate später wurde auch Paolo Borsellino in Palermo von einer Autobombe getötet. Außer ihm starben fünf Leibwächter.

Nachgeschichte

Der Maxi-Prozess von 1986/87, in dem erstmals über die Cosa Nostra als Ganzes verhandelt wurde, zeigte, dass es sich bei der Mafia um eine festgefügte, hierarchische Organisation handelte, die Sizilien vollständig unter Kontrolle hatte und längst auch global operierte. Behauptungen, die Mafia sei nur ein Gerücht, in Wirklichkeit gebe es sie gar nicht oder wenn, dann als lockeren Verbund, konnten damit endgültig aus der Welt geschafft werden. Nach den Morden an Falcone und Borsellino, auch als Reaktion auf die Empörung von Volk und Presse, verabschiedete das Parlament in Rom die Gesetze, die Ermittler in Sizilien schon seit Jahren gefordert hatten, wie etwa ein Zeugenschutzprogramm. In der Folge wechselten Hunderte von Mafiosi die Fronten und arbeiteten mit der Anti-Mafia-Bewegung zusammen. So kam es auch zu Offenbarungen hinsichtlich der Verhältnisse zwischen Mafia und Politik. Es wurde gegen zahlreiche italienische Spitzenpolitiker wegen möglicher Verwicklung in Straftaten ermittelt. Schlagzeilen machte der Fall des christdemokratischen Ministerpräsidenten Giulio Andreotti, gegen den achtundzwanzigmal, unter anderem wegen Verbindung zur Mafia und Beihilfe zum Mord, ermittelt wurde. Alle Verfahren endeten für ihn mit Freispruch.

Künstlerische Bearbeitung

Berühmt wurden die Mafia-Romane von Leonardo Sciascia (1921–1989). Der sizilianische Autor war Zeit seines Lebens seiner Heimat eng verbunden und setzte sich intensiv mit dem sozialen und kulturellen Phänomen Mafia auseinander. Die bedrohliche Atmosphäre dieses Systems, in dem Staat, Politik, Kirche und organisiertes Verbrechen unauflöslich miteinander verbunden sind, vermittelt er in Büchern wie *Der Tag der Eule*, *Tote auf Bestellung*, *Tote Richter reden nicht*, *Todo Modo oder das Spiel um die Macht* und *Man schläft bei offenen Türen*.

 EMPFEHLUNGEN

Lesenswert:

Alexander Stille: *Die Richter. Der Tod, die Mafia und die italienische Republik*, München 1997.

Giovanni Falcone / Marcelle Padovani: *Inside Mafia*, München 1992.

Leonardo Sciascia: *Tote auf Bestellung*, Berlin 2001.

Sehenswert:

Excellent Cadavers (Falcone). Regie: Ricky Tognazzi; mit Chazz Palminteri. USA 1999.

 AUF DEN PUNKT GEBRACHT

Rom war keine Hilfe im Kampf gegen die Mafia. Tief mit der Cosa Nostra verstrickte Politiker und Justizbeamte sabotierten jahrelang die Bemühungen einer Handvoll engagierter Untersuchungsrichter. Falcone, Borsellino, Dalla Chiesa und viele andere bezahlten die mangelnde Unterstützung mit ihrem Leben.

Ein juristisches Nachspiel des Kalten Krieges
Prozess gegen Erich Honecker und andere (1992/93)

»Es ist nicht alles Recht, was Gesetz ist.«
Ein Richter in einem der so genannten Mauerschützen-Prozesse

■ Mit erhobener Faust betritt Erich Honecker am 30. November 1992 den Gerichtssaal in Berlin-Moabit.

Wie mag man sich fühlen, wenn der nahende eigene Tod öffentlich verhandelt wird? Der Leberkrebs ihres Mandanten wachse mit höchster Geschwindigkeit, legte die Verteidigung en detail dar: im Juli fünf Zentimeter, im September siebeneinhalb, im Oktober acht; jetzt, im November, betrage Erich Honeckers Lebenserwartung lediglich noch drei bis sechs Monate. Was ein Vertreter der Nebenklage sofort in Zweifel zog. Hatten nicht Moskauer Ärzte erst im Sommer dem Angeklagten beste körperliche Verfassung attestiert? Wenn ja, dann könne dies hier nicht dieselbe Person sein. Deshalb beantrage er eine erkennungsdienstliche Feststellung, irgendwo würden sich ja wohl alte Fingerabdrücke des Herrn Honecker auftreiben lassen. Zu allem Überfluss schleppte er auch noch einen Mediziner an, der in ärztlichen Kreisen einen durchaus problematischen Ruf genoss: Julius Hackethal, der das Gericht um die Erkenntnis bereicherte, bei dem Krebs handele es sich in Wirklichkeit um einen Bandwurm. Der Prozess bewegte sich am Rande der Groteske. Und Würdelosigkeit. Über das eigentliche Thema, die mehr als zweihundert Toten an der Berliner Mauer und der innerdeutschen Grenze, war bisher kaum gesprochen worden. Der Mann, dessen Leberkrebs inzwischen neun Zentimeter maß, wusste genau, dass er an dieser Diskussion auch nicht würde teilnehmen müssen: »Eine Verteidigung erübrigt sich, weil ich Ihr Urteil nicht mehr erleben werde. Die Strafe, die Sie mir offensichtlich zudenken, wird mich nicht mehr erreichen. Ein Prozess gegen mich ist aus diesem Grunde schon eine Farce. Er ist ein politisches Schauspiel.«
Tatsächlich geschah hier etwas ganz Außergewöhnliches. Ein deutsches Staatsoberhaupt stand vor Gericht. Das hatte es zuletzt vor neunhundert Jahren gegeben. Doch Heinrich der Löwe (s. S. 30) herrschte noch über seine Herzogtümer, als ihn der Kaiser 1179 zur Rechenschaft zog; Erich Honeckers Reich, die DDR, existierte schon seit zwei Jahren nicht mehr. Sein Volk war freiwillig zum Klassenfeind übergelaufen, der Kalte Krieg gehörte der Vergangenheit an. Fast. Denn natürlich saßen sich nun die Rivalen von einst gegenüber: ein Teil der

ehemaligen DDR-Führungsriege auf der einen, west-, jetzt ge-
samtdeutsche Richter und Staatsanwälte auf der anderen Seite.
Sie setzten fort, was die DDR-Justiz in der kurzen Phase zwischen
Honeckers Sturz und dem Beitritt zur Bundesrepublik nicht hatte
zu Ende führen können – die Abrechnung mit einem Unrechts-
staat, der seinen eigenen Bürgern wesentliche Freiheiten vorent-
hielt, sie an der Ausreise hinderte, durch Minen, Selbstschussanlagen und Grenzsoldaten, die mit einer Belobigung rechnen
durften, wenn sie einen Flüchtenden erschossen. Republikflucht
galt als Straftat, die unbedingt verhindert werden musste, den Tod
nahm man dabei billigend in Kauf: »Die Anwendung der Schuss-
waffe ist gerechtfertigt«, hieß es im Grenzgesetz der DDR. Genau

■ Blick auf den Todesstreifen
mit Wachturm und Streifen-
wagen der DDR-Grenztruppen
im Berliner Bezirk Wedding.
Bei Fluchtversuchen in den
Westteil der Stadt wurden
entlang des Todesstreifens
über 70 Menschen von DDR-
Grenzposten erschossen.

das stellte die Justiz vor ein großes
Problem. Wie sollte man jemanden verurteilen, der sich nur an die
Gesetze seines Landes gehalten
hatte? Die Richter verfielen auf
einen heftig umstrittenen Trick,
beriefen sich auf die Radbruchsche
Formel, nach der bestimmte Gesetze so offensichtlich allen Vorstellungen von Recht und Mensch-

*Es soll alles ausgerottet werden, was diese Epoche, in der
Arbeiter und Bauern regierten, in einem anderen als furchtbaren, verbrecherischen Licht erscheinen lässt. Total sollen der
Sieg der Marktwirtschaft und die Niederlage des Sozialismus
sein. Man will, wie es Hitler einst von Stalingrad sagte, »dass
der Feind sich nie mehr erheben wird«. Die deutschen
Kapitalisten hatten eben immer einen Hang zum Totalen.*

Honecker am 2. Dezember 1992 vor Gericht

272

> *Dieser Prozess ist so politisch, wie ein Prozess gegen die politische und militärische Führung der DDR nur sein kann. Warum führt man mich und meine Genossen dem Volke vor, wie einst die römischen Cäsaren ihre gefangenen Gegner vorführten?*
> Honecker am 2. Dezember 1992 vor Gericht

lichkeit zuwiderlaufen, dass sie ungültig sind. Wie zum Beispiel die Judengesetze der Nazis. Aber konnte man von einem zwanzigjährigen Grenzsoldaten eine solche Bewusstseinsdimension erwarten? Ja, befanden die Richter eines Mauerschützen-Prozesses: »Wenn es um die Tötung von Menschen im Interesse der Machterhaltung der Obrigkeit geht, darf man im letzten Viertel des 20. Jahrhunderts sein Gewissen nicht so schnell abschalten.« Diese Schuldsprüche in den Prozessen gegen die Grenzsoldaten – meistens Freisprüche oder Bewährungsstrafen – wurden höchstrichterlich bestätigt und gaben damit den Weg frei, auch prominentere Angeklagte, die Befehlshaber, vor Gericht zu stellen.

Am 12. November 1992 war es soweit. Gegen sechs betagte Herren, nahezu alle im Rentenalter, hatte die Staatsanwaltschaft Anklage erhoben: »In Ausübung ihrer politischen Ämter, insbesondere als Mitglieder des Nationalen Verteidigungsrats, waren die Angeschuldigten maßgeblich an der Errichtung und dem Ausbau der Grenzsperranlagen zur Bundesrepublik Deutschland und dem Westteil Berlins beteiligt.« Der Prozess begann etwas unglücklich. Zwei der Beschuldigten fielen gleich aus: Ex-Ministerpräsident Willi Stoph wegen eines Herzanfalls zwei Tage zuvor und Erich Mielke, der frühere Chef des DDR-Ministeriums für Staatssicherheit. Er musste sich bereits in einem anderen Prozess verantworten, für einen Polizistenmord, der mehr als sechzig Jahre zurücklag. Peinlicherweise stützte man sich dabei auf Nazi-Akten, was einiges Stirnrunzeln verursachte. Zwei Prozesse gleichzeitig mochte man dem fast fünfundachtzigjährigen Mielke nicht zumuten. Übrig blieben also nur noch vier Mitglieder des Nationalen Verteidigungsrates, dem in DDR-Zeiten die Grenzsicherung

■ Beim so genannten Honecker-Prozess, der am 12. November 1992 im Kriminalgericht Berlin-Moabit begann, saßen auch der frühere DDR-Verteidigungsminister Heinz Kessler (l.) und dessen Stellvertreter Fritz Streletz (3. v. l.) auf der Anklagebank. Im Prozess ging es vor allem um die an der innerdeutschen Grenze erschossenen Flüchtlinge.

oblag: Erich Honecker, einst Staatsratsvorsitzender, der ehemalige Verteidigungsminister Heinz Kessler, Fritz Streletz, Sekretär des Nationalen Verteidigungsrats, und der ewig mit seinem Hörgerät kämpfende Hans Albrecht, bis 1989 erster Sekretär der SED-Bezirksleitung in Suhl. Der Gehörschaden lieferte ihm eine feine Aus-

rede: Während der Sitzungen des Nationalen Verteidigungsrates habe er immer am Ende des Tisches gesessen und sowieso kaum etwas mitbekommen.

Erich Honecker ergriff nur ein einziges Mal das Wort – dafür gleich einen ganzen Vormittag lang. Er deklarierte das Verfahren als »Nürnberger Prozess gegen Kommunisten« und erteilte dem Gericht eine vielbeachtete Geschichtslektion. Es sei völlig korrekt, dass er 1961 für die Durchführung des Mauerbaus zuständig gewesen sei, aber die Entscheidung, das eine von dem anderen Deutschland radikal abzuschneiden, habe der Warschauer Pakt gefällt; der Einfluss der politischen Führung der DDR sei gering gewesen. Und was wäre wohl passiert, wenn man weiter zugelas-

■ Erich Honecker und Ex-Stasi-Chef Erich Mielke (l.) auf der Anklagebank. In der Mitte: Honecker-Anwalt Friedrich Wolf

Sie waren selbst Teile eines Systems. Nicht nur sie wirkten auf den Apparat ein, dieser wirkte genauso auf sie ein. Ihr Verhalten muss vor dem gesamten historischen Hintergrund gesehen werden. Die Teilung Deutschlands haben die Angeklagten ebenso wenig zu verantworten wie die Eingliederung Ostdeutschlands in den sowjetischen Macht-block. Das Grenzregime war eine Auswirkung des Kalten Krieges, der von beiden Machtblöcken betrieben wurde.

Aus dem Urteil gegen Kessler, Streletz und Albrecht

»Am schwersten wiegt, dass sie junge Grenzsoldaten zu Mitschuldigen werden ließen und die Grenze gegen den eigenen Souverän, das Volk, gerichtet haben.«

Aus der Urteilsbegründung

sen hätte, dass Hunderttausende der DDR den Rücken kehrten und in den Westen flohen? Honecker erinnerte an die Intervention der Sowjets 1956 in Ungarn, 1968 in der CSSR, erklärte, dies habe man 1961 in Ost-Berlin verhindern wollen – einen Krieg, der noch mehr Menschenleben gekostet hätte. Diese Rede beeindruckte nicht wenige. Tatsächlich werteten auch die Richter später im Urteil den Bau der Mauer als Produkt des Kalten Krieges, warfen allerdings den Mitgliedern des Nationalen Verteidigungsrates die Art und Weise der Grenzsicherung vor. Für die Todesschüsse, Minen und Selbstschussanlagen trügen sie ganz allein die Verantwortung.

Honecker betraf das längst nicht mehr. Mit Verweis auf die ärztlichen Gutachten forderten seine Anwälte eine Einstellung des Verfahrens, während die Staatsanwaltschaft und auch der Richter kaum gewillt waren, den Angeklagten so schnell ziehen zu lassen. Das Tauziehen um die Freilassung Honeckers nahm immer bizarrere Formen an. Die Verteidigung legte Beschwerde beim Berliner Verfassungsgericht ein, das schließlich die Einstellung des Verfahrens anordnete, mit der Begründung: Es verstößt gegen die Würde des Menschen, jemanden vor Gericht zu stellen, der sein Urteil nicht mehr erleben wird. Außer, man will ihn durch den Prozess bestrafen, was aber nicht zulässig ist. Denn bis es zu einem Urteil kommt, gilt jeder Angeklagte als unschuldig. Am 13. Januar 1993 bestieg Honecker das Flugzeug Richtung Chile, nun konnte nur noch die Geschichte ihr Urteil über ihn fällen.

Seine früheren Mitstreiter Kessler, Streletz und Albrecht wurden acht Monate darauf wegen Anstiftung zum Totschlag zu Freiheitsstrafen zwischen vier- und siebeneinhalb Jahren verurteilt. Die Verteidigung erkundigte sich sicherheitshalber noch einmal nach der Höhe des Strafmaßes; ein Teil der Urteilsverlesung war im Tumult untergegangen. Die Genossen aus den Zuschauerbänken hatten wütend protestiert. Unter ihnen auch der einstige Nachfolger Honeckers, Egon Krenz, der seinem eigenen Prozess entgegensah. Geschlossene Solidaritätsfront bis zum bitteren Ende: Abgesang mit der »Internationalen«.

■ Mit Triumphgeste verlässt Erich Honecker am 29. Juli 1992 die chilenische Botschaft in Moskau, begleitet von seiner Frau Margot und dem chilenischen Sonderbotschafter R. James Holger.

ERICH HONECKER

 BIOGRAPHIE

Erich Honecker, am 25. August 1912 als drittes Kind eines Bergarbeiters in Neunkirchen an der Saar geboren, trat mit zehn Jahren in die Kommunistische Kindergruppe Wiebelskirchen ein. 1926 wurde er Mitglied des Kommunistischen Jugendverbandes Deutschlands (KJVD), ab 1930 gehörte er der KPD an. Nach einer Dachdeckerlehre arbeitete er hauptamtlich im KJVD im Saargebiet. 1930/31 besuchte er eine Parteischule in Moskau. Nach der Machtergreifung der Nationalsozialisten Anfang 1933 leitete er die Untergrundaktivitäten seines Verbandes, erst im Saarland, dann in Berlin, wo er 1935 von der Gestapo verhaftet und 1937 wegen »Vorbereitung zum Hochverrat« zu zehn Jahren Zuchthaus verurteilt wurde. Im April 1945 von den Sowjets befreit, schloss er sich der aus der UdSSR zurückgekehrten »Gruppe Ulbricht« an. Als Jugendsekretär des Zentralkomitees der KPD gründete er im März 1946 mit Heinz Kessler, dem späteren Verteidigungsminister der DDR, die Freie Deutsche Jugend (FDJ), deren Vorsitzender er bis Mai 1955 blieb. Im April 1946 wurde Honecker Mitglied des Parteivorstands der Sozialistischen Einheitspartei Deutschlands (SED), 1949 Mitglied des Zentralkomitees sowie Abgeordneter der Provisorischen Volkskammer und schließlich der Volkskammer der DDR. 1958 übernahm er die Leitung der Abteilung für Sicherheitsfragen. Ab 1960 Sekretär des Nationalen Verteidigungsrates, leitete er im darauf-folgenden Jahr die geheimen Vorbereitungen und die Durchführung des Baus der Berliner Mauer. Nach dem Sturz Walter Ulbrichts 1971 trat er dessen Nachfolge als Parteichef und Vorsitzender des Nationalen Verteidigungsrats an. 1976 wurde er als Vorsitzender des Staatsrates auch Staatsoberhaupt der DDR. Am 18. Oktober 1989 trat er unter Druck von allen Ämtern zurück, im Dezember schloss die SED ihn aus der Partei aus. Nach der Wiedervereinigung stand er im Zusammenhang mit den Schüssen auf Flüchtlinge an der innerdeutschen Grenze wegen Totschlags vor Gericht. Das Verfahren wurde 1993 aufgrund seiner Erkrankung eingestellt. Honecker starb am 29. Mai 1994 in Santiago de Chile.

Nachgeschichte

Der Honecker-Prozess gegen zunächst sechs Mitglieder des Nationalen Verteidigungsrates der DDR endete nach zehn Monaten im September 1993 mit den Urteilen gegen Ex-Verteidigungsminister Heinz Kessler, seinen Stellvertreter Fritz Streletz und den ehemaligen Suhler SED-Bezirkschef Hans Albrecht. Kessler (zu siebeneinhalb) und Streletz (zu fünfeinhalb) Jahren Haft verurteilt wurden 1998 bzw. 1997 wegen gesundheitlicher Beschwerden vorzeitig aus der Haft entlassen. Gegen Albrecht hatte das Gericht eine viereinhalbjährige Freiheitsstrafe verhängt. Im Januar 1995 begann mit dem so genannten Polit-büro-Prozess ein weiterer Prozess gegen die politische Führung der DDR wegen der Todesschüsse an der Berliner Mauer. Darin verurteilte das Landgericht Berlin 1997 den letzten DDR-Staats- und Parteichef Egon Krenz zu sechseinhalb Jahren Haft sowie den Ost-Berliner SED-Chef Günter Schabowski und den SED-Wirtschaftsexperten Günther Kleiber zu je dreijährigen Gefängnisstrafen. Zu Prozessbeginn saßen auch die DDR-Spitzenpolitiker Harry Tisch, Kurt Hager, Erich Mückenberger und Horst Dohlus mit auf der Anklagebank. Sie schieden jedoch wegen ihres Todes (Harry Tisch) beziehungsweise aus gesundheitlichen Gründen aus. Günter Schabowski wurde zum zehnten Jahrestag der deutschen Wiedervereinigung nach gut neun Monaten Haft begnadigt. Heinz Kessler, Fritz Streletz und Egon Krenz zogen wegen ihrer Verurteilungen vor den Europäischen Gerichtshof für Menschenrechte, die Richter in Straßburg aber wiesen die Klagen im März 2001 einstimmig ab.

 EMPFEHLUNGEN

Lesenswert:
Uwe Wesel: Ein Staat vor Gericht. Der Honecker-Prozess, Frankfurt 1994.

Besuchenswert:
Das Mauermuseum am ehemaligen Grenzübergang Ckeckpoint Charlie in Berlin.

 AUF DEN PUNKT GEBRACHT

Natürlich saß hier auch ein deutscher Staat über den anderen zu Gericht. Dennoch kann man kaum von »Siegerjustiz« sprechen, dazu war das Urteil viel zu ausgewogen. Vielleicht hätte es so, nach dem Sturz des SED-Regimes, auch in der DDR gefällt werden können.

Live dabei
Prozess gegen O. J. Simpson (1995)

> Dieser Mann ist krank.
> Dieser Mann ist ein Terrorist, der unter uns herumläuft. Wir haben einen Mann gesehen, der vielleicht der schlimmste Typ von Volksverhetzer ist.
> Ronald Goldmanns Vater über Johnnie Cochran, O. J. Simpsons Anwalt

■ Im Simpson-Prozess setzte Verteidiger Johnnie Cochran die Strickmütze auf, in der Haare des angeklagten O. J. Simpson gefunden worden sind. In seinem Schlussplädoyer warf er der Staatsanwaltschaft vor, dass sie aus Imagegründen den Sensationsprozess gegen das Sportidol um welchen Preis auch immer gewinnen wolle.

Es gab kein Entkommen. Wann immer man den Fernseher einschaltete, flimmerte das Gerichtsdrama im kalifornischen Santa Monica über die Mattscheibe, wen man auch traf – unweigerlich kam das Gespräch auf O. J. Simpson. Selbst ausländische Staatsgäste waren infiziert. Kaum hatte der russische Präsident Boris Jelzin nach der Landung in Washington das Flugzeug verlassen, stellte er Bill Clinton die Frage, die alle umtrieb: »Und, glauben Sie, er war's?«

Die Antwort zog einen Riss durch das Land und wurde offenkundig von der Hautfarbe bestimmt: Rund zwei Drittel der weißen Bevölkerung zweifelten nicht an der Schuld Simpsons; bei den Afroamerikanern verhielt es sich genau umgekehrt, sie sahen in ihm sogar das Opfer einer rassistisch motivierten Verschwörung. O. J. Simpson, der während seiner außerordentlich erfolgreichen Karriere erst als Footballstar, dann als Schauspieler ein Idol aller Amerikaner gewesen war, musste nun im Prozess den diskriminierten Schwarzen mimen, um seinen Kopf zu retten. Gespannt wartete man auf das Urteil. Die Polizei von Los Angeles rechnete mit Ausschreitungen, sollte Simpson wegen Mordes schuldig gesprochen werden.

Auch dagegen hätten die Fernsehstationen vermutlich wenig einzuwenden gehabt. »Der größte zum Leben erweckte Schundroman«, wie ein Reporter das Verfahren charakterisierte, verschaffte den Sendern einen grandiosen Quotenhit. Sie übertrugen jede Minute dieses 133 Tage dauernden Prozesses. Millionen klebten süchtig vor der Glotze, um ja keinen Höhepunkt zu verpassen. Ohne TV lief gar nichts. Von Anfang an. Schon die spektakuläre Verhaftung O. J. Simpsons wurde dank schnell eingesetzter Nachrichtenhelikopter live in jedes Wohnzimmer ausgestrahlt. Atemlos beobachteten die Zuschauer den über die Stadtautobahn jagenden weißen Bronco, am Steuer ein durchgeknallter Simpson, der sich zuweilen eine Pistole an die Schlä-

fe hielt, verfolgt von mehreren Wagen der Polizei, die ihn schließlich vor seinem eigenen Haus stellte.

Eine knappe Woche zuvor, am späten Abend des 12. Juni 1994, hatte man Simpsons geschiedene Ehefrau Nicole Brown und ihren Liebhaber Ronald Goldman erstochen aufgefunden. Als die Ermittler morgens früh um fünf Uhr dem Ex-Mann die Todesnachricht überbringen wollten, fanden sie zwar keinen O. J. vor, dafür aber zahlreiche Blutflecken mitten in der Auffahrt und am Tor, im Garten einen rechten Lederhandschuh, ebenfalls voller Blut. Das linke Pendant war am Tatort, in Nicoles Haus, entdeckt worden. Ab sofort stand Simpson unter Verdacht. Sein Mitbewohner erzählte der Polizei, Simpson sei am Abend zuvor nach Chicago geflogen, um an einem Golfturnier teilzunehmen; das Taxi sollte ihn gegen 23 Uhr abholen. Er selbst habe ihn zuletzt um 21.36 Uhr gesehen. Schon bei den ersten Vernehmungen verwickelte sich Simpson in Widersprüche. Woher denn die tiefen Schnitte an seiner Hand rührten? Tja, das wisse er auch nicht so genau. Möglicherweise habe er sich verletzt, als er noch etwas aus

■ O. J. Simpson bei der Anprobe der Lederhandschuhe im Gerichtssaal in Los Angeles. Für die Anklage wurde diese Anprobe zum Desaster, denn die Handschuhe passten nicht.

»Ich bin der wichtigste Zeuge im Prozess des Jahrhunderts. Wenn ich untergehe, ist auch die Anklage hinüber.« So hatte Mark Fuhrman gegenüber einer Drehbuchautorin geprahlt – und er sollte Recht behalten.

seinem Auto holte, bevor er ins Taxi gestiegen sei. Etwas später fiel ihm eine andere Variante ein: Die Wunden stammten angeblich von einem Glas, das er aus Trauer über den Mord an seiner Frau zerbrochen hatte. Jeder weitere Ermittlungsschritt brachte Simpson stärker in die Bredouille. Man sicherte Fußabdrücke, deren Waffelmuster auf exklusive Bruno-Magli-Schuhe in Größe 12 hindeuteten; Simpson besaß ein solches Paar dieser Größe. Auch die DNA-Analyse des fremden Blutes an den Leichen wies auf Simpson hin –

■ Für die Familienmitglieder des Mordopfers Ron Goldman (v. l. Kim, Fred und Patti Goldman) und den für die polizeiliche Untersuchung verantwortlichen Polizisten Tom Lange (vorn) war die Verkündung des Urteils »nicht schuldig« ein Schock. Erst der Schuldspruch des Zivilgerichts von 1997, der Simpson zu über 33 Millionen Dollar Schadenersatz verurteilte, sollte ihnen Genugtuung geben.

mit einer Wahrscheinlichkeit von eins zu zig Milliarden. Der Taxifahrer wurde zum wirkungsvollsten Zeugen der Anklage. Schon um 22.35 Uhr, weit vor der verabredeten Zeit, habe er Simpsons Haus erreicht, aber vergeblich geklingelt. Kurz vor 23 Uhr sei ihm dann eine dunkle, hohe Gestalt aufgefallen, die ins Haus ging. Wenige Minuten darauf habe Simpson die Tür geöffnet und sich für die Verspätung entschuldigt: Er sei eingeschlafen.

Die Medien schwelgten geradezu in Superlativen und Sportmetaphern. Man schrieb vom »Super Bowl der Mordprozesse«, kürte die Verteidiger zum »Dream Team«, und Richter Lance Ito, der den Kameras Zutritt zu seinem Gerichtssaal gestattete, heizte die Stimmung weiter an: »Ich erhoffe mir einige juristische Finessen.« Die Show konnte beginnen. Wem würde es gelingen, die Geschworenen auf seine Seite zu ziehen? Es sah nach einem sicheren Fall für die Anklage aus, die peu à peu einen Nationalhelden demontierte, O. J. Simpson als krankhaft eifersüchtigen Wüterich darstellte, der seine Exfrau viele Male geschlagen und misshandelt hatte; 1989 war er dafür sogar verurteilt worden. Die Verteidigung mühte sich verzweifelt, die Aussagen der Zeugen, die vorgelegten Beweise in Zweifel zu ziehen. Sie schien auf verlorenem Posten.

»Das ist Gerechtigkeit.«
Denise Brown, die Schwester von Nicole Brown Simpson, nach dem Schuldspruch des Zivilgerichts 1997

Der Tag des Verbrechens war für mich der schlimmste Alptraum meines Lebens. Dies ist nun der zweitschlimmste.
Goldmans Vater nach dem Freispruch für O. J. Simpson

Doch dann beging die Staatsanwaltschaft einige entscheidende Fehler. Sie erlaubte Simpson, den blutgetränkten Handschuh anzuprobieren. Es sollte eines der prägendsten Bilder dieses Prozesses werden: »Er passt nicht!«, rief Simpson beim vergeblichen Versuch, sich den Handschuh überzustreifen. Was Anwalt Johnnie Cochran im Schlussplädoyer zu dem schicken Reim verhalf: »When it doesn't fit, you must acquit!« – Wenn er nicht passt, muss es einen Freispruch geben! Die Anklage erlebte ihr erstes Desaster, das zweite folgte rasch. Es hatte einen Namen: Mark Fuhrman, einer der ermittelnden Polizisten. Die bestens präparierte Verteidigung schritt zum Kreuzverhör. Ob Fuhrman jemals das *n*-Wort benutzt habe? Die politische Korrektheit gestattete es nicht, das Wort »Nigger« auszusprechen. Nein, niemals, versicherte Fuhrman. Es war eine Lüge – und der Super-GAU für die Anklage. Denn nun riefen Simpsons Anwälte eine Drehbuchautorin in den Zeugenstand, die von einem Interview berichtete, in dem Fuhrman nicht nur ständig von »Niggern« gesprochen, sondern auch zugegeben hatte, manchmal Beweise zu fingieren, um eine Verurteilung »abzusichern«. Die Aufnahme mit dem Interview existierte noch. Sie wurde im Gerichtssaal abgespielt. Jetzt stand die Rassenfrage im Raum. Und Johnnie Cochran sorgte dafür, dass sie den Prozess fortan dominierte: Fuhrman verachte Schwarze, Fuhrman lasse sich dazu hinreißen, Beweise zu fälschen – was also könnte ihn daran gehindert haben, dies im Fall Simpson ebenfalls zu tun? Zum Beispiel einen Handschuh vom Tatort mitzunehmen und in den Garten seines Mandanten zu legen? Reichte das, um die Jury zu beeindrucken? Immerhin waren neun der zwölf Geschwore-

»Ich bin erleichtert, dass der Alptraum vorbei ist.«

O. J. Simpson nach dem Ende des Strafprozesses

■ Die Angehörigen von O. J. Simpson (v. l. seine Mutter Eunice, seine Tochte Arnelle, sein Sohn Jason und seine Schwester Shirley Baker) jubeln bei der Verkündung des Urteils.

■ Der umstrittene Zeuge Mark Fuhrman bei seiner Aussage im Simpson-Prozess. Er galt als Schlüsselfigur im Verfahren, entpuppte sich für die Anklage aber als herbe Enttäuschung.

nen Afroamerikaner. Cochran zog alle Register, bis zum bitteren Ende. Als er Fuhrman mit Hitler verglich: »Er will alle Schwarzen verbrennen. Das ist Rassismus. Ein Genozid«, distanzierte sich selbst sein Partner Robert Shapiro und erklärte, er werde nie wieder mit Cochran zusammenarbeiten. »Tag für Tag, Zeuge für Zeuge werden einige unserer liebsten Grundsätze ausgehöhlt«, notierte ein Prozessbeobachter. »Der Polizei geht es nicht um Gerechtigkeit, den Anwälten nicht um Recht, die Geschworenen können kein vorurteilsfreies Urteil gewährleisten, und der Richter sorgt nicht für Ordnung.«

3. Oktober 1995, 10 Uhr morgens: Die Telefongesellschaften registrierten einen abrupten Rückgang der Ferngespräche um fünfzig Prozent, in den Großstädten Amerikas brannten die Sicherungen durch, weil in jedem Büro, jedem Wohnzimmer plötzlich die Fernseher eingeschaltet wurden. Seit der Beerdigung John F. Kennedys war es in den Straßen nicht mehr so ruhig gewesen. Nach nur dreistündiger Beratung verkündete die Jury ihr Urteil. Freispruch für O. J. Simpson. Die Rassenunruhen fielen aus.

War er's? Oder war er's nicht? Vieles spricht dafür, aber Amerika streitet bis heute. Eine wichtige Frage immerhin wurde in diesem Prozess endlich geklärt. Wer bringt höhere Einschaltquoten: Gott oder O. J. Simpson? Kurz vor Ende des Prozesses bekannte sich CNN-Talkmaster Larry King zu seinem schlimmsten Alptraum: »Ich habe Gott für eine Show am Dienstag gebucht, und dann ruft Simpson an und will am selben Tag kommen.« Und wie würde er sich entscheiden? »Gott sagen: Du kommst Mittwoch dran ...«

O. J. SIMPSON

BIOGRAPHIE

Orenthal James Simpson wurde am 9. Juli 1947 in San Francisco geboren. Nach Abschluss der High School startete er eine Karriere als professioneller Football-Spieler. 1967 heiratete er Marguerite Whitley; im Jahr darauf kam ihr erstes von drei Kindern zur Welt. In den 1970er Jahren wurde O. J. Simpson als Star-Running-Back der University of Southern California Trojans berühmt und stieg zu einem der erfolgreichsten und populärsten Football-Spieler Amerikas auf. Er brach mehrere Rekorde der National Collegiate Athletic Association (NCAA) und gewann die Heisman Trophy. Als Mitglied der National Football League wurde er 1973 und 1975 zum »Player of the Year« gewählt. 1978 zerbrach seine Ehe. Im Jahr darauf ertrank sein ältestes Kind. Wenige Wochen später zog sich O. J. Simpson überraschend vom Football zurück. Eine Zeitlang arbeitete er als Sportkommentator, später trat er als Schauspieler in der Krimi-Komödie *Die nackte Kanone* (*Naked Gun*) und in dem Film *The Klansman* auf. Außerdem war er regelmäßig in der Fernsehwerbung des Autovermieters Hertz zu sehen. 1985 heiratete er die Kellnerin Nicole Brown, mit der er seit Ende der 1970er Jahre eine Liebesbeziehung hatte. 1985 wurde ihre Tochter, 1988 ihr Sohn geboren. In dieser Ehe

zeigte sich O. J. Simpson als äußerst eifersüchtig. Mehrmals beklagte sich Nicole Brown Simpson bei Freunden und der Familie, dass er sie geschlagen habe. Übergriffe auf seine Frau brachten ihm 1989 eine zweijährige Bewährungsstrafe ein. Neben einer Geldstrafe musste er außerdem noch fünfhundert Dollar an das »Battered Women's Program« zahlen. 1992 reichte Nicole Brown Simpson die Scheidung ein. Am 12. Juni 1994 wurden sie und ihr Geliebter Ronald Goldman in ihrer Wohnung in Brentwood ermordet. Einen Tag später nahm die Polizei O. J. Simpson ins Verhör. Der Strafprozess gegen ihn vor dem Obersten Gericht in Los Angeles dauerte vom 24. Januar bis zum 3. Oktober 1995. Er endete mit einem Freispruch. O. J. Simpson lebt heute mit seiner Tochter und seinem Sohn in Kendall in Florida.

Nachgeschichte

Ein Jahr nach dem Freispruch strengte Ronald Goldmans Vater einen Zivilprozess an. Die Verhandlung vor dem Gericht in Santa Monica in Kalifornien begann am 16. September 1996. Diesmal ging es um Schadenersatzforderungen. Die Jury war mit neun Weißen, einem Schwarzen, einem Spanier und einem Asiaten besetzt. Nach der Vernehmung

von über hundert Zeugen sprach das Gericht O. J. Simpson am 4. Februar 1997 schuldig und verurteilte ihn zu insgesamt 33,5 Millionen Dollar Schadenersatz. Simpson ging mit seinem gesamten persönlichen Vermögen in Konkurs. Seine beschlagnahmten Sporttrophäen wurden versteigert und brachten 740 000 Dollar. Damit beglich er einen Teil der Anwaltskosten. Einige Millionen hatte O. J. Simpson zu Zeiten, als er noch Football spielte, in einen Pensionsfond eingebracht, der nach kalifornischem Recht nicht gepfändet werden darf. So erhält er heute eine monatliche Rente von 25 000 Dollar. Umfragen nach dem Strafprozess gegen Simpson kamen zu dem Ergebnis, dass über die Hälfte der Amerikaner ihre Achtung vor dem Rechtssystem verloren hätten. Im Jahr davor waren es nur 28 Prozent gewesen. Laut einer Gallupumfrage von 1999 sind 36 Prozent der Amerikaner davon überzeugt, dass Simpson die Morde verübt hat, 38 Prozent halten es für wahrscheinlich. Nur 6 Prozent glauben an seine Unschuld.

AUF DEN PUNKT GEBRACHT

Wer die beste Geschichte erzählt, die überzeugendere Show liefert, gewinnt die Geschworenen für sich. Der Freispruch für O. J. Simpson hat das Justizsystem Amerikas in Frage gestellt. Ändern wird sich dadurch vermutlich nichts. Den Angehörigen von Nicole Brown und Ronald Goldman blieb nur die Genugtuung eines Zivilprozesses. Vierzehn Monate nach dem Freispruch wurde O. J. Simpson dazu verdonnert, mehr als 33 Millionen Dollar Schadensersatz zu zahlen.

EMPFEHLUNGEN

Lesenswert:
Alan M. Dershowitz: *Reasonable Doubts. The Criminal Justice System and the O. J. Simpson Case*, New York 1996.

Toni Morrison and Claudia Brodsky Lacour (Ed.): *Birth of a Nation'hood. Gaze, Script, and Spectacle in the O. J. Simpson Trial.*

Vergewaltiger – wir kriegen euch!

Kriegsverbrecherprozesse vor dem Jugoslawien-Tribunal (1998–2001)

> *Es gibt keine Worte auf dieser Welt, die meine Gefühle beschreiben könnten. Es ist das Schlimmste, was ich je erlebt habe.*
>
> Zeugin 50 nach ihrer Aussage in dem Prozess gegen Kunarac und Co.

■ Die Ankläger und Richter des UN-Kriegsverbrechertribunals in Den Haag am 23. November 2001. Vorne links die Chefanklägerin Carla del Ponte

Vergewaltigungsopfer in Verwirrung zu stürzen ist leicht. Sie sind traumatisiert, oft depressiv, nicht selten suizidgefährdet. Sie leiden unter Alpträumen, Panikattacken, Konzentrations- und Gedächtnisstörungen. Wenn aber eine Verurteilung fast ausschließlich von der Glaubwürdigkeit der Opfer abhängt, liegt die Strategie der Verteidigung auf der Hand. Sie muss die Zeugen in Widersprüche verwickeln, nur so lässt sich vielleicht ein Schlupfloch für ihre Mandanten öffnen. Etwa so: Wie viele Balkone denn das Haus gehabt habe, wie viele Etagen, Wohnungen? »Hören Sie«, fauchte die Zeugin mit der Nummer 75, »ich wurde doch nicht von einem Gebäude vergewaltigt!« Natürlich konnte sie keinen Plan des Hauses zeichnen, sie erinnerte sich auch nicht, ob sie fünfzig-, fünfundsiebzig- oder hundertmal auf jede erdenkliche Art sexuell gedemütigt worden war. Aber dass die drei Männer dort drüben auf der Anklagebank zu den Vergewaltigern gehörten, das würde sie nie vergessen. Dragoljub Kunarac, Radomir Kovac und Zoran Vukovic schrieben Geschichte. Sie hätten sicher gerne darauf verzichtet. Denn erstmals verhandelte ein internationales Tribunal organisierte sexualisierte Gewalt und Versklavung als Kriegsverbrechen.

Zeugin 75 war eine von 20 000 Frauen, die im Bosnienkrieg vergewaltigt wurden. Oder von 50 000. Oder 60 000 – genau weiß das

niemand. Auch nicht, wie viele es allein in
den 1990er Jahren, bei der Besetzung Ku-
waits durch den Irak, bei den Massakern
in Ruanda, in Indonesien oder der Republik Kongo. Schon vor mehr als 2000 Jahren fielen Alexander der Große und seine
Soldaten über die Ehefrauen, Töchter und
Mütter ihrer Gegner her. In fast allen Kriegen galten und gelten Frauen als »zentra-
les Angriffsfeld«. Vergewaltigungen zielen mitten in die Familien,
sollen die soziale Gemeinschaft zerstören. Selbst einfache Soldaten wissen, dass sie im taktischen Einvernehmen mit ihren Befehlshabern handeln. Eine Bosnierin berichtete, wie ein Soldat ihr
zurief: »Jetzt wirst du ein serbisches Kind bekommen!« Was tut
eine durch Schwangerschaft gebrandmarkte Frau? Das Kind ist
Teil von ihr, aber auch Teil des verhassten Feindes. Und wie wird
ihr Mann, werden die Angehörigen auf diese »Schande« reagie-
ren? Kaum ein Opfer wagte es, über die Verbrechen öffentlich zu
reden. Es erfordert den ganzen Mut eines Menschen, dieses Tabu
zu brechen, über die Einzelheiten einer Vergewaltigung vor Fremden und vor den Tätern zu berichten, die furchtbaren Geschehe-
nisse neu zu durchleben und in Worte zu fassen. Doch viele Bosnierinnen wollten ihre Peiniger nicht einfach davonkommen
lassen. Die Resolution 827 des UN-Sicherheitsrats bot dafür die
Grundlage. In der Tradition von Nürnberg (s. S. 202) schufen die
Vereinten Nationen 1993 den Internationalen Strafgerichtshof für
Kriegsverbrechen im ehemaligen Jugoslawien – ein knappes Jahr
nach Beginn des Dramas in Foca, einer Stadt in Bosnien-Herzegowina.

Im März 1992 hatte Bosnien-Herzegowina die Staatengemein-
schaft mit Jugoslawien aufgekündigt. Am 6. April, einen Tag nach
der internationalen Anerkennung der Unabhängigkeit, griffen
bosnisch-serbische Einheiten Stadt um Stadt an, vertrieben, er-
mordeten und internierten die muslimische Bevölkerung. Im Juni
erreichten sie die Dörfer um Foca. Viele Männer wurden sofort
erschossen, die Frauen und Kinder eingesammelt und in Internierungslager gebracht. Gleich am ersten Tag kam es zu Massen-
vergewaltigungen, auch zwölfjährige Mädchen zählten zu den
Opfern: »Ich war bis zum Zehnten bei Bewusstsein«, berichtete
Zeugin 75, »Dann haben einige von ihnen Wasser gebracht, es
über mich ausgegossen, und ich war ganz nass vom Wasser, als ich
wieder zu Bewusstsein kam. Aber das war ihnen egal. Sie mach-

■ Der angeklagte Serbe Dragoljub Kunarac versuchte zunächst, die ihm zur Last geleg-
ten Vergewaltigungen mosle-
mischer Frauen abzustreiten.
Er wurde zu 28 Jahren Haft
verurteilt.

»Vergewaltigung spart Bomben. Damit erreicht man ›eth-
nische Säuberungen‹ wirksa-
mer und mit weniger Kosten.
Vergewaltigung ist eine Ökonomie des Krieges.«
Psychologin Dr. Ruth Seifert
von der Bundeswehrhoch-
schule in München

■ Wegen maßgeblicher
Beteiligung an Massenverge-
waltigungen wurde der bosnische Serbe Zoran Vukovic
zu 12 Jahren Haft verurteilt.

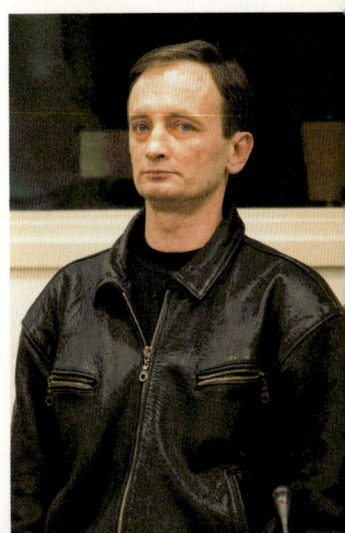

■ Moslemische Bosnierinnen verfolgen am 3. Juli 2001 den Auftritt des früheren jugoslawischen Präsidenten Slobodan Milosevic vor dem Kriegsverbrechertribunal in Den Haag. Milosevic weigerte sich, die Rechtmäßigkeit des Tribunals anzuerkennen und zur Anklage Stellung zu beziehen.

Es gab nicht eine Nacht, in der sie sich keine Mädchen holten. Sie holten immer erst die Mädchen, und wenn keine Mädchen mehr da waren, dann holten sie die jungen Frauen. Aber im Laufe der Zeit wurde es schlimmer. Ich habe keine einzige Nacht mit meinen Kindern verbracht.

Zeugin 105, die mit ihrem siebenjährigen Sohn und ihrer zwölfjährigen Tochter im Internierungslager gefangen gehalten wurde

ten einfach weiter.« Tag und Nacht, über Monate. Manche hielten sich sogar »Privatsklavinnen«: Sex, kochen, waschen, saubermachen – alles inklusive. Der Angeklagte Radomir Kovac versuchte denn auch, sich mit der Behauptung herauszureden, er habe mit Zeugin 87 ein Liebesverhältnis gehabt. Dragoljub Kunarac und Zoran Vukovic griffen zu nicht minder absurden Ausreden. Der eine erklärte, da müsse ein anderer unter seinem Namen diese furchtbaren Verbrechen begangen haben, der zweite schwor, zum fraglichen Zeitpunkt impotent gewesen zu sein. Eine medizinische Untersuchung seiner Hoden konnte das allerdings nicht bestätigen. Gegen die Aussagen ihrer Opfer kamen sie ohnehin kaum an. Am 22. Februar 2001 verurteilte Richterin Florence Mumba alle drei Angeklagten wegen Verbrechen gegen die Menschlichkeit: systematisch organisierter Vergewaltigung, Folter und Versklavung von Frauen und Mädchen, in Verbindung mit einem Angriff auf die muslimische Bevölkerung. Dass, wie die Zeuginnen berichtet hatten, oberste Kommandeure die Vergewaltigungen zuließen, um die Kampfmoral der Truppe zu heben, vermindere die Schuld der Angeklagten nicht: »Gesetzlose Opportunisten sollten keine Gnade erwarten, egal wie niedrig ihre Position in der Befehlskette sein mag.« Das Tribunal verhängte stattliche Strafen: achtundzwanzig Jahre Haft für Kunarac, zwanzig für Kovac, zwölf für Vukovic.

Auch die Richter in Den Haag brauchten eine Weile, den Umgang mit Vergewaltigungsopfern zu lernen. Der allererste Prozess wegen Vergewaltigung musste 1998 neu aufgerollt werden, weil die Verteidigung die Aussagen der Zeugin anzweifelte und sie erneut ins Kreuzverhör nehmen wollte, nach dem Motto: Wer sich eineinhalb Jahre lang in psychiatrische Behandlung begeben hatte, konnte sich ja schon mal irren, oder? Die psychiatrische Behandlung war die Folge einer Vergewaltigung, der der angeklagte Kroate Anto Furundzija zugesehen hatte, während er ungerührt sein Verhör mit dem Opfer fortsetzte. Das Tribunal brach den Prozess ab und ging dazu über, den Zeuginnenschutz zu intensivieren: Fortan wurden sie psychologisch betreut und durften anonym aussagen. Anto Furundzija, einst Kommandeur einer Spezialtruppe, die sich »Jokers« (Spaßmacher) nannte, entkam seiner Strafe nicht: zehn Jahre Haft wegen Anstiftung zu Folter und Vergewaltigung.

INTERNATIONALES STRAFGERICHT FÜR DAS EHEMALIGE JUGOSLAWIEN

 GESCHICHTE

Das Internationale Strafgericht für das ehemalige Jugoslawien (International Criminal Tribunal for the former Yugoslavia, ICTY) mit Sitz in Den Haag wurde im Mai 1993 vom Sicherheitsrat der Vereinten Nationen gegründet, um Verbrechen gegen die Menschlichkeit, Völkermord und Kriegsverbrechen im früheren Jugoslawien ab dem 1. Januar 1991 zu ahnden. Damit werden erstmals seit den Prozessen von Nürnberg (1945–1949) und Tokio (1946–1948) Kriegsverbrechen auf internationaler Ebene verfolgt. Den ersten Richterspruch verkündete das Tribunal im November 1996: Wegen Massenerschießungen von unbewaffneten Muslimen erhielt der bosnische Kroate Drazen Erdemovic eine zehnjährige Haftstrafe. Im Juli 1997 fällte das Tribunal erstmals seit den Nürnberger Prozessen ein Urteil wegen Verbrechen gegen die Menschlichkeit: Für die Beteiligung an »ethnischen Säuberungen« gegen Muslime in Bosnien-Herzegowina wurde der bosnische Serbe Dusko Tadic zu zwanzig Jahren Freiheitsstrafe verurteilt. Mit Slobodan Milosevic klagte das Gericht im Mai 1999 erstmals auch ein amtierendes Staatsoberhaupt an. Der ehemalige jugoslawische Präsident, im Oktober 2000 in einem Volksaufstand gestürzt, muss sich seit dem 12. Februar 2002 vor dem Kriegsverbrechertribunal für den Völkermord in Bosnien und Verbrechen gegen die Mensch-

lichkeit im Kosovo und in Kroatien sowie für schwere Verstöße gegen die Genfer Konventionen von 1949 verantworten. Als das ICTY im Dezember 1998 gegen den bosnisch-kroatischen Kommandeur Anto Furundzija eine zehnjährige Haftstrafe verhängte, war dies das erste Mal, dass ein internationales Kriegsverbrechertribunal ein Urteil fällte, das sich ausschließlich auf den Vorwurf der Vergewaltigung gründete. Damit erkannte das Gericht Vergewaltigung offiziell als Kriegsverbrechen an. Im sogenannten Foca-Prozess gegen die drei bosnischen Serben Dragoljub Kunarac, Radomir Kovac und Zoran Vukovic, der im Februar 2001 mit hohen Freiheitsstrafen endete, ging es zum ersten Mal um organisierte sexualisierte Gewalt als Teil militärischer Vertreibungspolitik. Außerdem stand hier erstmals in der Geschichte der Rechtsprechung überhaupt sexuelle Versklavung als Straftatbestand zur Verhandlung. Mit dem Internationalen Strafgericht in Ruanda gründete der UN-Sicherheitsrat das zweite Internationale Kriegsverbrechertribunal nach dem Zweiten Weltkrieg. Das Tribunal mit Sitz in Arusha in Tansania hat den Auftrag, die Massenmorde während des Bürgerkriegs zwischen den Hutus und den Tutsi 1994 zu untersuchen, denen fast eine Million Tutsi zum Opfer fielen. 1998 wurde der ehemalige Premierminister von Ruanda, Jean Kambanda, zu

lebenslanger Haft verurteilt. Im Juli 1998 verabschiedeten die Vereinten Nationen das Statut für einen ständigen Internationalen Strafgerichtshofs (International Criminal Court, ICC) mit Sitz in Den Haag. Er soll Verbrechen wie Völkermord, Verbrechen gegen die Menschlichkeit und Kriegsverbrechen untersuchen und die Verantwortlichen verurteilen. Das Statut trat am 1. Juli 2002 in Kraft.

 EMPFEHLUNGEN

Lesenswert:
medica mondiale e. V. (Hg.): *Das Kriegsverbrechertribunal in Den Haag. Sexualisierte Gewalt im Krieg vor Gericht.* (Der Verein unterstützt Frauen und Mädchen in Kriegs- und Krisengebieten, www.medicamondiale.org)

Susan Brownmiller: *Gegen unseren Willen. Vergewaltigung und Männerherrschaft,* Frankfurt/Main 1994.

Sehenswert:
Calling The Ghosts. A Story About Rape, War and Women. Regie: Mandy Jacobson und Karmen Jelincic. Dokumentarfilm. USA / Kroatien 1996.

 AUF DEN PUNKT GEBRACHT

Ehemalige Staatschefs stehen selten vor Gericht. Slobodan Milosevic ist eine der wenigen Ausnahmen. Ob sein Prozess mit einer Verurteilung endet – auch daran wird man den Erfolg des UN-Kriegsverbrechertribunals für das ehemalige Jugoslawien messen. Dabei hat es längst Geschichte geschrieben. Die Entscheidung, Vergewaltigung als Verbrechen gegen die Menschlichkeit zu sanktionieren, kann nicht mehr zurückgenommen werden.

PERSONENREGISTER

BILDNACHWEIS

Der Verlag dankt allen, die uns Bilder zur Verfügung gestellt haben, für die freundliche Genehmigung zum Abdruck.

AKG Berlin: S. 1, 7 oben und unten, 10, 14 unten, 15, 17, 18 oben und unten, 21 oben und U1, 22, 28, 30–32, 33 unten, 42–44, 47 und 4/U4, 48–50, 53 oben und unten, 54, 56, 57 oben, 59, 60, 62 und 4, 64, 65, 68–70, 72, 73, 75, 76, 79 und 4, 80–82, 87, 90–92 oben und unten, 94, 95, 97, 100–102, 104, 105 und U1, 107, 108, 111–116, 118–120, 126, 127, 131 oben und unten, 132, 134–137, 138, 140–142, 146, 147, 150–154, 162, 169, 179, 181 und U4, 182, 197–199, 202–206, 209, 211, 212, 214, 216, 222 unten, 246 · AKG Berlin/AP: S. 226, 236 oben und unten, 237, 243, 256, 258 · AKG Berlin/British Library: S. 66 · AKG Berlin/Dieter E. Hoppe: S. 34 · AKG Berlin/Erich Lessing: S. 6, 20, 26, 27, 33 oben, 74, 78 · AKG Berlin/Jerome da Cunha: S. 110 · AKG Berlin/Orsi Battaglini: S. 21 unten · AKG Berlin/Schütze/Rodemann: S. 16 · AKG Berlin/Suzanne Held: S. 12 · Associated Press: S. 130, 166–168, 220 und 5, 221, 222 oben, 223, 224, 242 oben und unten, 244 · dpa Hamburg: S. 9 unten, 11, 98 und 4, 125, 156 links und rechts, 157, 159, 160, 163 und Buchrücken, 172–176, 178 oben und unten, 180, 184 und U4, 185–188, 190 und U4, 191–194, 196, 200, 208, 210, 215, 217, 227, 228, 230–234, 238, 240, 241, 247–250, 253–255, 259–262, 264–268, 270–274, 276, 277 und U1, 278–280, 282 und 5, 283, 284, 292 · Jauch und Scheikowski, Porep: S. 8, 9 oben, 24 und 4, 25, 36 und U4, 40, 41 und 5, 46, 52, 57 unten und U1, 58, 63 und U4, 84, 96, 106, 121 und 5, 122, 124, 128, 144, 148, 158 und 5/U1, 164, 170, 252 · Private Collection/Bridgeman Art Library: S. 3, 85, 86, 88 · Ullstein Bilderdienst: S. 218

IMPRESSUM

Die Deutsche Bibliothek – CIP-Einheitsaufnahme
Ein Titeldatensatz für diese Publikation ist bei
Der Deutschen Bibliothek erhältlich.

Copyright © 2002 Gerstenberg Verlag, Hildesheim
Alle Rechte vorbehalten.
Gestaltung und Satz: typocepta, Wilhelm Schäfer, Köln
Satz aus der Berthold Concorde und der DTL Caspari
Druck und Bindung: Canale, Torino
Printed in Italy
ISBN 3-8067-2531-4